"十四五"全国高等教育供应链管理专业精品规划教材

智慧供应链管理

刘伟华　李　波　编著

中国财富出版社有限公司

图书在版编目（CIP）数据

智慧供应链管理/刘伟华，李波编著．—北京：中国财富出版社有限公司，2022.6（2025.2 重印）

（“十四五”全国高等教育供应链管理专业精品规划教材）

ISBN 978－7－5047－7725－6

Ⅰ.①智… Ⅱ.①刘… ②李… Ⅲ.①智能技术—应用—供应链管理—高等学校—教材 Ⅳ.①F252.1－39

中国版本图书馆 CIP 数据核字（2022）第 099624 号

策划编辑	黄正丽	**责任编辑**	白　昕　于名珏	**版权编辑**	李　洋
责任印制	尚立业　苟　宁	**责任校对**	杨小静	**责任发行**	敬　东

出版发行	中国财富出版社有限公司		
社　　址	北京市丰台区南四环西路 188 号 5 区 20 楼	**邮政编码**	100070
电　　话	010－52227588 转 2098（发行部）		010－52227588 转 321（总编室）
	010－52227566（24 小时读者服务）		010－52227588 转 305（质检部）
网　　址	http://www.cfpress.com.cn	**排　　版**	宝蕾元
经　　销	新华书店	**印　　刷**	北京九州迅驰传媒文化有限公司
书　　号	ISBN 978－7－5047－7725－6/F·3444		
开　　本	787mm×1092mm　1/16	**版　　次**	2022 年 11 月第 1 版
印　　张	18.5	**印　　次**	2025 年 2 月第 3 次印刷
字　　数	394 千字	**定　　价**	59.80 元

“十四五”全国高等教育供应链管理专业精品规划教材编委会

总 序

进入21世纪以来，经济全球化作为世界经济运行的趋势，使得资本、技术、劳动力、信息等要素实现了全球优化配置和流通。作为现代服务业的重要组成部分，供应链与物流产业发挥着支撑国民经济运行和发展的重要作用，已成为衡量一个国家现代化发展水平和综合国力的重要标志。党的十八大以来，我国现代物流产业进入发展快车道，供应链与物流产业地位稳步提升。2020年全球范围内新型冠状病毒肺炎疫情的暴发、2022年的俄乌冲突对全球产生了广泛的影响，全球产业链和供应链加速重构。因此，加强供应链与物流管理理论、技术和方法的研究与学习，具有重要的现实意义。

随着国家经济、社会的发展，我国高等教育展示出新的发展形势。一是高等教育的作用从基础支撑转向支撑与引领并重；二是高等教育从大众化阶段进入普及化阶段，成为每个人职业生涯的“基础教育”；三是高等教育从相对单一的类型结构转变为更加合理、体系完备的类型结构，多样化将成为我国高等教育发展的最显著的特点；四是随着我国综合国力的增强，我国高等教育将走向世界舞台，在全球范围内发挥作用。

为适应我国经济发展需要，加快培养企业急需的供应链管理人才，推动供应链管理人才队伍建设，中国物流与采购联合会、教育部高等学校物流管理与工程类专业教学指导委员会积极推动供应链管理专业的本科目录申报工作。2017年，第一所开设供应链管理专业的本科院校开始招生，2018年备案院校为8所，2019年达到17所，2020年供应链管理专业正式进入教育部本科专业目录。截至2021年，全国有20个省（自治区、直辖市）的55所高校设立了供应链管理专业，基本覆盖了我国大部分地区。供应链管理专业作为新文科建设中的一个新设立的专业，在专业建设中需要面向国际、面向未来，站在战略高地，抓住机遇、突出亮点，做到供应链、价值链、产业链紧密结合；同时要尊重各高校的自主办学权，主动打破学科边界，课程与实践都要展现新文科专业的创新本质。

针对我国经济发展特点、高等教育的新形势，以及全国高校供应链管理专业的设立情况，本套教材编委会提出了七个方面的总体要求。一是坚持正确的政治导向，培养新时代的物流与供应链人才；二是立足中国社会主义的伟大实践，服务国家战略的客观需要；三是适应新时代社会经济发展的现实需要，同时做到战略引领；四是服务全球经济的转型发展，应对新科技革命的必然需要；五是创新教材内容与教学方式，适应新文科发展趋势；六是强化实践与创新能力的培养，拓展教材的适用领域和参考价值；七是完善质量评价与控制体系，保持教材的可持续发展。

作为我国第一套自主编写的供应链管理专业系列教材，期望能紧密贴合《物流管理与工程类专业教学质量国家标准》，综合集成培养方案、课程体系、师资队伍、教学条件、质量保障体系五个方面，为推进我国供应链管理专业知识体系的构建，助力我国供应链管理人才的培养贡献力量。

黄有方

2022年10月20日

序　言

随着新科技革命和新产业革命的全面推进，以物联网、人工智能、云计算、大数据、第五代移动通信技术、区块链为代表的信息技术和智能技术迅猛发展，经济社会发展的智慧化趋势日益凸显，越来越多的企业开始将新技术融入供应链决策和运营管理过程中，期望通过全面提升供应链管理智慧化水平来提高供应链整体运作效率和市场竞争力。供应链管理进入智慧供应链管理新阶段。

智慧供应链是以物联网和互联网为依托，以增强客户价值为导向，通过创新、协同、共享的运作模式和大数据、人工智能等先进技术，实现产品设计、采购供应、生产制造、商品销售、客户服务等全过程高效协同的组织形态。其"智慧"特征突出表现在基于现代智能技术和供应链技术的应用，实现供应链要素的集成化、供应链决策的智能化、供应链组织的生态化、供应链运营的协同化和供应链控制的可视化。智慧供应链管理从智慧供应链整体目标出发，对供应链中的商流、物流、信息流与资金流进行统一计划、组织、协调和控制，致力于实现供应链总成本的最小化和服务水平的最优化。

近年来，供应链创新与应用已经引起我国政府的高度重视，全国性的城市和企业试点工作已取得显著成效。智慧供应链管理对于现代供应链创新与应用具有重要价值，其理论知识、实践方法已成为物流管理专业和供应链管理专业学生必须掌握的内容。然而，传统的供应链管理相关书籍无法直接作为教材用于智慧供应链管理课程的教学。因此，教育部高等学校物流管理与工程类专业教学指导委员会（简称"物流教指委"）于 2019 年 7 月召开供应链管理专业建设第一次座谈会，就提出建设高质量供应链管理专业教材的设想；2020 年 10 月，在昆明召开的物流教指委教学研讨年会上，再次提出建设一套完整的供应链管理专业教材的目标。天津大学的刘伟华教授和李波教授应邀承担了《智慧供应链管理》这一教材建设任务，并率先完成了教材编写。该教材撰写受益于刘伟华教授领衔主持的国家社会科学基金重大项目"智慧供应链创新与应用研究"（课题编号：18ZDA060）的资助，借助天津大学教学团队在智慧物流与供应链管理领域的研究特色和长期积累，为社会贡献了一本较为领先和实用的教学用书。

总体上看，该书有以下三个方面的特色。一是内容体系较为完整。全书涵盖智慧供应链管理的基本概念、智慧供应链管理的运作创新、智慧供应链管理的典型应用三个方面，从理论到实践形成了较为完整的体系架构。二是书中汇集了最新的产业发展实践成果，试图较为全面和客观地反映智慧供应链管理的最新理论与实践方法，给广大读者提供供应链管理新视野。三是书稿的体例设计较为新颖，除了主要的学习内容外，还包括学习目的、本章小结、关键概念、思考题和案例分析等，也有配套的教学资源。

该书对智慧供应链管理领域的知识、技术和方法进行了较为系统的总结。我们也期待未来有更多的专家、学者投入到智慧供应链管理的研究与实践中，不断提炼这一领域的教学与科研成果，并应用于教材更新和课堂教学中，加快推动我国供应链管理人才的培养，促进供应链管理专业高质量发展。

刘志学

2022 年 9 月 10 日

前　言

“十四五”以来，我国经济进入智慧发展的快车道。智慧经济全面影响下，我国的供应链管理也逐步走向智慧供应链的新阶段。智慧供应链是以物流互联网和物流大数据为依托，以增强客户价值为导向，通过协同共享、创新模式和人工智能先进技术，实现产品设计、采购、生产、销售、服务等全过程高效协同的组织形态。其“智慧”的特征突出表现在基于现代智能技术和供应链技术的应用，供应链全程运作可以实现可感、可视、可控等功能。智慧供应链通过柔性化管理、快速化响应和智慧化协同，实现供应链创新、生态和谐的发展目标。

当前，传统的供应链管理仍然在企业生产运作中发挥重要的作用，但智慧供应链在各行各业中已经开始“崭露头角”。京东集团通过价值型供应链管理、数字孪生供应链管理推动了企业服务能力的提升；海尔集团通过生态链管理，全面提升了服务能力，支持了“人单合一，小微引爆”的价值创新；联想集团通过智能供应链管理，建立端到端的运作体系和物流体系，构建高效供应链，实现了订单精细化高效管理，产品供应全球 30 多家制造基地，超过 2000 家核心供应商，为 180 个区域市场提供产品和服务，连续多年上榜 Gartner（高德纳）公布的年度全球供应链 25 强。

在产业界快速发展的背景下，有感于产业技术快速发展，在国家社科基金重大项目“智慧供应链创新与应用研究”（课题编号：18ZDA060）的资助下，天津大学团队经过多年在这一领域的积累和深耕，结合产业界的最新实践趋势，编写了《智慧供应链管理》这一教材，力图将智慧供应链管理的经典理论与实践方法进行总结。

本书一共分为十章，第一章是智慧供应链的概念与发展，第二章是智慧供应链管理系统的组成，第三章是智慧供应链管理的关键技术，第四章是智慧供应链的运行机理，第五章是智慧供应链管理的运作过程，第六章是智慧供应链管理的运作模式，第七章是智慧供应链网络系统规划，第八章是智慧供应链管理中的智能技术应用，第九章是智慧供应链管理的创新方法，第十章是智慧供应链管理的典型实践案例分析。

在本教材撰写过程中，我们也参考了大量学者的相关著作与文献，在此表示感谢。同时，我们也试图全面、完整、客观地反映智慧供应链管理的全新理论与实践方法，但限于认识有限，可能仍然停留在对智慧供应链管理理论与实践方法的粗浅探索层面。本书必然存在疏漏与不足之处，敬请各位读者不吝指正。

感谢“十四五”全国高等教育供应链管理专业精品规划教材编委会对本书的指导，感谢物流教指委副主任委员、供应链管理专业工作组组长刘志学教授对本书的推荐，感谢中国财富出版社有限公司王波社长的辛苦工作，感谢国家社科基金重大项目“智慧供应链创新与应用研究”（课题编号：18ZDA060）的资助，感谢教育部第二批新工科研究与实践项目“智慧经济与创新驱动视角下的物流工程专业改造升级探索与实践”（课题编号：E－GKRWJC20202903）和教育部首批新文科研究与改革实践项目“‘智能＋’视角下基于产业引领型创新的管工交叉型专业升级改造研究”（课题编号：2021140030）的资助。感谢天津大学管理与经济学部的博士生王敏学、闫晓宇、魏婉莹、梁艳杰、龙尚松、魏爽，以及硕士生温书凝、张卉、吕琪、雷皎洁等人参与撰稿，感谢博士生闫晓宇、魏爽帮忙进行全文系统校对。

本书可作为物流管理专业、物流工程专业、供应链管理专业的本科生、研究生教学的参考资料，也可作为“供应链管理”课程的教学参考书，对物流与供应链管理领域的管理人员和技术人员也有一定的帮助。

本书编写组
2021 年 6 月 3 日

作者简介

刘伟华，天津大学运营与供应链管理系主任、教授、博士生导师，兼任中国物流学会副会长，教育部物流教指委委员兼青年组组长，全国物流标准化技术委员会委员，国家社科基金重大项目首席专家。近年来，先后在物流与供应链管理国际高水平学术期刊 EJOR、IJOPM 等发表 SCI、SSCI 检索论文 90 余篇，出版《服务供应链管理》等 12 部专著。主持国家社科基金重大项目、国家重点研发计划子课题等 19 个国家和省部级以上课题。先后获得改革开放 40 年交通运输与物流杰出专家 40 人、中国智库创新人才青年标兵奖、宝钢教育基金优秀教师奖、中国物流与采购联合会科技进步一等奖等多项荣誉，担任多个国际期刊副主编或编委职务。2013 年入选天津市“131”创新型人才计划，2015 年入选天津市“五个一批”人才计划，2021 年入选天津大学首批英才教授。

李波，天津大学运营与供应链管理系教授、博士生导师，国家社科基金重大项目首席专家，2021 年入选爱思唯尔（Elsevier）发布的“中国高被引学者”榜单，入选教育部“新世纪优秀人才支持计划”。主要研究领域为供应链管理、行为运营管理等。近五年在国内外期刊发表文章 50 余篇。负责完成国家自然科学基金项目 3 项、教育部项目 2 项、省级重大课题 1 项，参与国家社科重大课题 1 项和国家自然科学重点基金项目 1 项，工程院管理咨询课题 1 项及各种涉及企业合作开发的横向课题 20 多项。研究成果曾获天津市科技进步二等奖，天津市社会科学优秀成果三等奖，中国物流与采购联合会科学技术二、三等奖。并分别在多家出版社出版多本专著和教材。

作者简介

目　录

第一章　智慧供应链的概念与发展

❖ 学习目的

通过本章的学习，学员应该能够：

- 掌握智慧供应链的基本概念及特点。
- 理解传统供应链与智慧供应链之间的关系。
- 了解智慧物流与智慧供应链之间的关系。
- 熟悉智慧供应链发展的重要意义和面临的挑战。

案例 1－1　AIRBUS 的高可视性如同晴空一般万里无云

AIRBUS（空中客车公司）是世界上最大的商务客机制造商之一，它承担着生产全球一半以上的大型新客机（超过 100 个座位）的重任。随着其供应商在地理位置上越来越分散，AIRBUS 发现它越来越难以跟踪各个部件、组件和其他材料从供应商仓库运送到其 18 个制造基地过程中的具体情况。

为提高流程可视性，AIRBUS 创建了一个智能的感应解决方案，应用 RFID（射频识别）标签来提高可视性。

管理者们都希望了解其供应链的各个环节，包括即将离港的货物情况、签约制造商组装线上正在生产的每个部件、销售中心或客户库房中正在卸载的每个货盘等。但是，这种无所不在的可视性并不需要供应链合作伙伴付出任何额外的努力。简单来说，这种可视性让信息共享变得更加容易。关键数据将来源于供应链中涉及的货车、码头、货架和部件及产品。这种可视性不仅可以用于实现更佳的规划，还可以从根本上实现实时执行。这种可视性还可以扩展到供应链运营领域中去。

第一节 智慧供应链与智慧供应链管理

一、智慧供应链的概念

智慧供应链是结合物联网技术和现代供应链管理的理论、方法和技术，在企业中和企业间构建的，实现供应链智能化、网络化和自动化的技术与管理综合集成系统。近年来，很多学者也进一步阐述了智慧供应链的精髓与思想，如智慧供应链是一种具备按需定制化、流程可视化、智能反应以及拥有良好的预警系统等特点的柔性组织，能够实现供应链的精敏化；智慧供应链是将一系列现代科学技术应用到产业供应链管理过程中，实现供应链体系的高度智能化。也有学者认为智慧供应链是将智能技术与管理融合的集成系统，具备可视化、透明化和协同性三大特点。

综上可以看出，智慧供应链的核心是着眼于使供应链中的成员实现无缝对接，尽量消除不对称信息因素的影响，最终从根本上解决供应链效率问题。因此，本书对智慧供应链采用如下定义：智慧供应链是以互联网和大数据为依托，以增强客户价值为导向，通过协同、共享、创新的运作模式和人工智能等先进技术，实现产品设计、采购、生产、销售、服务等全过程高效协同的组织形态。

智慧供应链的目标是实现供应链成员在物流、商流、信息流以及资金流等方面的无缝衔接，努力消除信息不对称对供应链各类活动的负面影响，从根本上提高供应链的效率。供应链决策的智能化、供应链运营的可视化、供应链组织的生态化以及供应链要素的集成化组成了智慧供应链的核心要素，将供应链管理的宏观战略决策、微观实际运营、活动实体组织以及客观因素这四个层面结合并统一协调，使其相互作用、相互促进。

二、智慧供应链管理定义与基本思想

借鉴《物流术语》国家标准（GB/T 18354—2021）对供应链管理的定义，本书对智慧供应链管理的定义为：从智慧供应链整体目标出发，对智慧供应链中采购、生产、销售各环节的商流、物流、信息流及资金流进行统一计划、组织、协调、控制的活动和过程。

从智慧供应链管理本质上来看，其管理的基础是供应链管理的相关理论，其管理的功能目标是实现供应链成本最小化和服务水平最大化。与传统供应链管理相比，智慧供应链管理更多地通过先进科学技术（如物联网、大数据、云计算等技术）的支持开展管理与创新活动。主要体现在三个方面：第一，智慧供应链管理在供应链运作管理层面通过人工智能设备与设施等提升运作效率；第二，智慧供应链管理利用信息交互、数据分析等在需求预测、资源分配与利益分配等方面提供客观数据，为实现供应链协同管理提供基础；第三，智慧供应链管理还将对供应链运作模式及实际情景的商业模式，借助技术手段进行创新与改革。

因此，相较于传统供应链管理，智慧供应链管理具有更多市场要素、技术要素以及服务要素。智慧供应链管理区别于传统供应链管理具有以下特点。

1. 强调先进技术的渗透性

智慧供应链管理过程中要求其管理者与运营者借助包括物联网、互联网、大数据、云计算以及人工智能在内的各种科技手段，对客户需求全过程进行精准分析和有效管理，并主动调整管理过程来适应引入新技术带来的变化。

2. 强调可视化

智慧供应链管理过程中倾向于使用可视化手段来表现数据，利用移动互联网或者物联网技术来收集或访问数据。可视性增强后，共享会变得更容易，这就意味着智慧供应链管理过程中的对象（而非人员）将承担更多的信息报告和共享工作。值得注意的是，制约可视性的因素不再是信息太少而是信息太多，因此，智慧供应链管理过程中会利用智能建模、分析和模拟功能来获知并规划一切信息。

3. 强调更高效的协作性和协同配合性

智慧供应链管理过程中注重供应链上各个环节的协同与配合，在高度整合的信息机制下，供应链内部企业能更好地掌握来自供应链内部和外部的信息，并及时完成数据交换和共享，以针对变化随时与上下游企业联系并做出适当调整，以进行更有效的协作，从而提高供应链的绩效。

4. 强调更强的可延展性

智慧供应链管理过程中基于智慧信息网络，借助先进信息集成技术以实现信息共享，企业之间可随时沟通，供应链延展性也会大大增强，供应链绩效不会因供应链层级的递增而明显下降。

智慧供应链管理的目标是实现供应链成员在物流、商流、信息流以及资金流等方面的活动无缝衔接，努力消除信息不对称对供应链各类活动的负面影响，从根本上提高供应链的效率。供应链决策的智能化、供应链运营的可视化、供应链组织的生态化以及供应链要素的集成化组成了智慧供应链管理的核心要素，将供应链管理的宏观战略决策、微观实际运营、活动实体组织以及客观因素这四个层面结合并统一协调，使其相互作用、相互促进。

案例1-2 顺丰集团携手博世中国共同打造智慧供应链新平台

2021年3月1日，顺丰集团与博世中国暨2020年10月签订战略合作协议之后，召开了第一次季度会议，基于协议内容双方分别就数字化供应链，智慧物流与运输的智能化、网联化等领域进行了回顾。

经过三个多月的协同努力，双方已经在多个项目上取得实质性进展。其中包括：仓配一体化精益运营、网络优化的方案实施、汽车后市场服务的大数据和AI（人工智能）驱动需求预测、实现国际物流全链路可视化的供应链控制、基于物联网技术的智能驾驶等。基于优势资源的整合，双方在大数据决策、智慧供应链、新能源可持续发展等领域紧密合作、联合创新，并通过一系列可落地的推广项目，提升供应链精细化运营效率及客户体验，以主动引领市场需求的变化，增强双方各自的竞争力。

第二节 供应链与智慧供应链的关系

本节主要阐述供应链与智慧供应链的关系，指出供应链管理是智慧供应链的理论基础，而智慧供应链是先进技术支持下供应链管理的进一步运营创新，可以大大提升创造额外价值的能力。同时，本节还阐述了智慧物流系统与智慧供应链系统的关系，即智慧物流系统是智慧供应链系统的一个组成部分。

一、供应链与智慧供应链的关系

本质上，供应链的理论与功能是基础，在智慧供应链中有关供应链的理论与功能并没有改变，只是将供应链的运作模式以及相关领域的商业模式依靠先进技术的支持进行了创新与变革。因此，智慧供应链是在供应链的基础理论支持下，进行诸如在其生态圈、商业模式等视角及其在不同管理层次上的创新发展，同时也引领着各产业发展的方向。

1. 供应链企业利益联盟与产业生态圈的建立

在供应链网络中，供应链上各个企业之间的协同管理能够实现供应链企业利益联盟，乃至进一步构建产业生态圈，将各企业紧密联合，充分发挥供应链既有优势，而智慧供应链无疑能够更好地实现这一目标。

从决策视角，可以将供应链协同分为战略层、战术层及操作层三种维度；从协同的内容及运行流程角度，可以将其分为物流协同、信息共享协同、供应链关系协同、供应链网链结构优化与参数优化协同等。智慧供应链可以利用先进科学技术，例如物联网、人工智能、大数据、云计算等，提供软件和硬件支持，一方面从实操层面提供设备设施，另一方面利用信息交互、数据分析等在利益分配方面提供客观数据以便决策，为实现供应链协同管理的目标增加可行性。智慧供应链中先进技术支持的协同生态圈系统如图1－1所示。

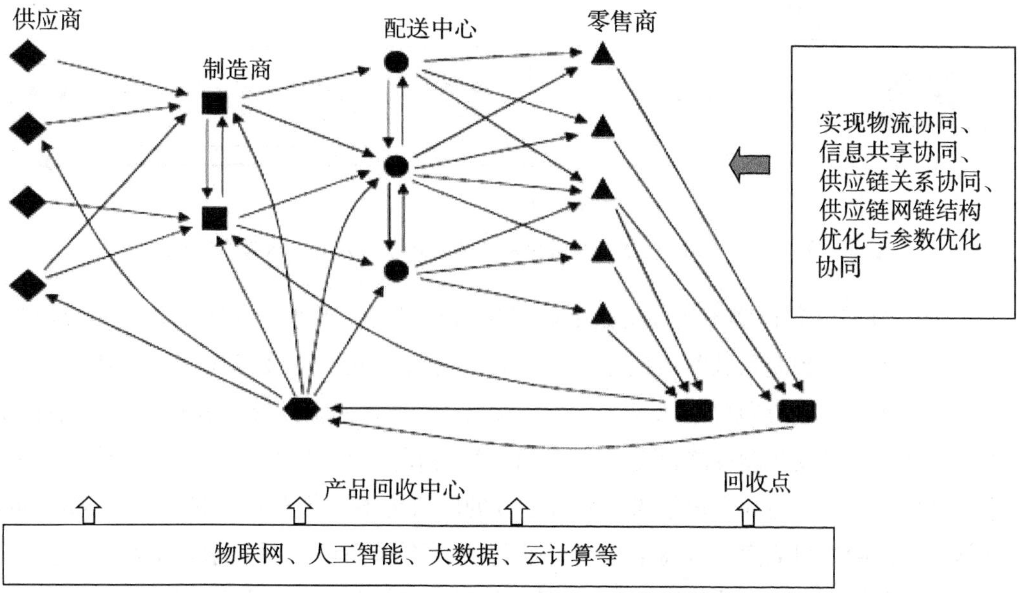

图1－1　智慧供应链中先进技术支持的协同生态圈系统

2. 供应链管理柔性与创新商业模式的出现

供应链管理柔性（Supply Chain Management Flexibility）是指供应链系统对于各环节需求变化的敏捷性或适应力。智慧供应链超强的感知能力与迅捷稳定的信息传递能力无疑能够为柔性供应链提供最重要的连接纽带，保证需求等信息的迅速、准确传递，再加上物联网、人工智能等技术应用下生产设施设备的高度智能化，使得供应链能够对变化迅速作出响应。

与此同时，这种灵敏、高效的生产运作方式也为新的商业模式创造了条件，从被动响应市场需求的变化到主动利用需求差异性提供定制化服务，比如C2M（Customer to Manufacturer，用户直连制造）商业模式在智慧供应链中获得了繁荣发展的可能。C2M是一种新兴商业模式，其生产模式是将消费者需求端和制造端直接连接起来，使得用户端到制造端信息互通，其影响范围包括生产制造、电子商务、金融投资等诸多领域。

图1－2给出了C2M模式中智慧供应链的运作模式及其先进技术支持。可以看出，C2M模式是一种拉式的供应链系统，首先是应用大数据分析技术针对零售端获取的大量消费数据进行分析，包括需求预测、偏好分析、消费分析等，将分析的结果提供给上游制造商进行研发和生产，然后把生产出的产品再投放市场进行销售。这其中关联了消费者的个性化偏好、零售端的数据挖掘及制造端的研发与生产多个环节。

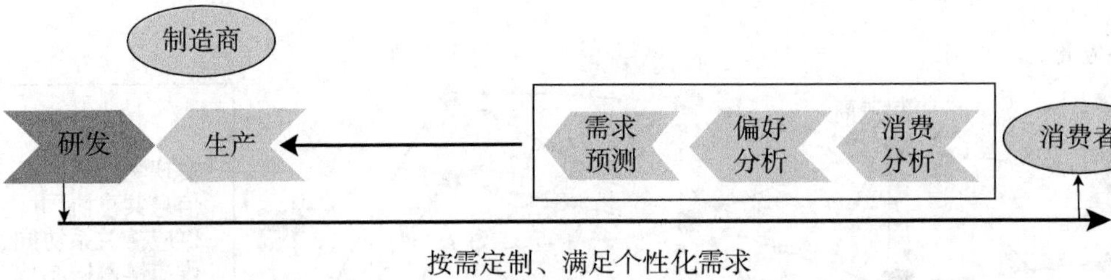

图1－2 C2M模式中智慧供应链的运作模式及其先进技术支持

而C2M模式得以实现的前提是工业互联网的兴起。工业互联网是指利用大数据分析软件，将人、数据和机器连接起来，本质上是将物联网等技术应用于制造产业流程中，属于智慧供应链范畴，大大提高了传统行业的效率。另外，利用先进网络技术、智能控制技术以及智能设施设备等打造出了智慧供应链，实现重组工业结构，提高供应链柔性，为制造商和客户带来了前所未有的解决方案。智慧供应链中C2M模式可以继续延伸，例如制造商与电商平台结合使得流程更加简便、服务水平更高。因此，工业互联网和智慧供应链给传统工业和其他诸多领域带来变革的同时也带来机遇。

3. 区块链技术与智慧供应链可信性追溯

区块链是一种去中心化的数据库，也是一种不可篡改、不可伪造的分布式账本，它实现了参与各方的信息共享。在区块链系统中，所有交易都被贴上时间标签，并通过智能合约、共识机制等对交易进行验证。一个完整的区块链是由多个信息存储区块构成的，各区块记录了交易时间、交易金额、参与方身份等诸多信息。用户可以访问信息存储区块中所有的关联区块，所以，区块链可以实现对所有执行的资产和指令的完整记录，可靠性强。

在智慧供应链中，区块链技术的应用具有极大优势，不仅能够弥补传统供应链的缺陷，而且能够实现运营创新，开拓新的业务模式。具体来说，区块链技术摆脱了供应链参与者对可信中央组织的依赖性，各方可以直接开展认证的数据通信。得益于能够进行实时验证，供应链的透明性将得到显著提升，同时也为供应链金融等业务模式提供发展的坚实基础。

在区块链技术支持下，供应链运行中涉及的数量、批次、位置、日期、价格、质量等关键数据都能被各方实时获取，从而实现物料的全程可追溯，假冒伪劣、灰色交易、冷链中断等问题将能得到有效解决，实现外包合同可视化，运作更加符合规范，降低流通成本，提高整个供应链的价值创造能力。

此外，消费者需求越发个性化、多元化，对供应链管理水平提出更高要求，而应用区块链技术后，供应链各方可以通过用户数据分析，更为精准、低成本地组织生产经营活动，避免供需错位。同时，较高的交易安全性也能增强消费者购买意愿，提高客单价。

应用区块链技术的智慧供应链在食品安全、奢侈品防伪乃至慈善物品分配等领域都有极为显著的优势和应用价值，同时也为供应链金融等新型商业模式提供发展的基础，让传统供应链得以革新，而未来还会有更多领域受益。

图 1－3 为食品安全追溯智慧供应链系统，可以看出，基于区块链技术的系统可以提高食品供应链上食品的安全性和透明性，从食品的源头来保证食品的安全问题。这样可以极大提高食品供应链的可视化水平，改善食品供应链中存在的信息不透明、食品安全无法保证的问题。

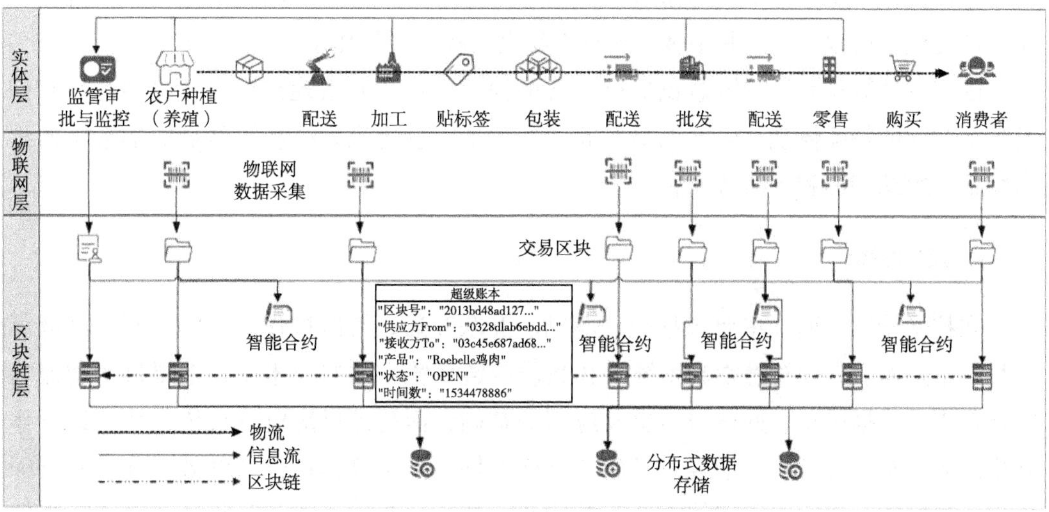

图 1－3　食品安全追溯智慧供应链系统

案例 1－3　基于区块链技术的智慧供应链系统

钻石作为珍贵宝石价值极高，属于奢侈品，因此，其品质、真伪等备受消费者关注。同时，售卖钻石的巨大获利空间也催生了以次充好等商业欺诈现象，但传统供应链中对此并不能够有效处理。

通过建立云区块链解决方案，智慧供应链可以实现对所有钻石的数字认证，有效解决假冒伪劣对各方造成的损失。世界范围内，钻石认证有着严格的标准，以便保障其来源的安全性、可靠性，但巨大利益诱惑下，不法分子会通过欺诈性文件来销售假冒伪劣钻石或向保险机构骗保。基于区块链技术的智慧供应链系统，如果使用云区块链解决方案，就可以使用颜色、硬度、清晰度等数十种甚至上百种钻石特征为每一颗钻石创建专属ID（标识），为钻石供应商、认证机构等提供了便捷化、统一化的认证工具，能够有效降低认证成本，保障交易安全，同时也可以增加开采流通过程中的中转节点记录，将物流信息保存在区块链中，方便消费者追溯查验。

二、智慧物流系统与智慧供应链系统的关系

物流系统是供应链系统的一部分，同样，智慧物流系统也是智慧供应链系统的一个组成部分。智慧物流系统是利用人工智能、大数据、云计算等实现操作无人化、运营数字化、决策智能化，最终形成从大规模自动化应用到智能无人化系统的转变。因为智慧供应链系统是一个动态系统，包括不同环节之间持续不断的信息流、物流和资金流的变化，所以，在这其中智慧物流系统会发挥重要的作用。

随着智慧物流系统和智慧供应链系统的快速发展，其表现出许多关键特征。它们总体上共同的特征体现在以下三个方面，分别是智慧物流系统和智慧供应链系统的技术特征、组织特征和创新特征。

1. 技术特征

在技术特征方面，主要包括数据驱动、互联互通、智能操作与实时控制、高度可视性四个层面。其中智慧物流系统给智慧供应链系统在这些技术支持上提供了物流运营作业中的数据采集、处理与传递及应用的基础，而智慧供应链系统依据物流运营作业中的数据控制与分析，增强成员间的合作协同，以提高供应链的绩效。在技术特征方面，先进技术的应用更多体现在智慧物流系统中，是因为物流运作的自动化、智能化与智慧化，大大推进了智慧供应链系统在智慧物流系统基础上，从全局视角进行统一监控、跟踪与控制。

以下详细阐述相应的四个层面。

（1）数据驱动。智慧物流系统和智慧供应链系统中，大数据平台是整个系统的“大脑”，是整个系统的关键所在。通过大数据技术的挖掘与处理，可以实现基于消费者数据支持的前端研发和生产，有效地缩短物流和供应链的反应时间，节约成本。以大数据驱动决策与执行，为智慧物流系统和智慧供应链系统赋能。

（2）互联互通。智慧物流系统和智慧供应链系统中的所有要素在物联网平台上实现互联互通，不仅可以实现供应链上所有节点企业的信息交互连接，还可以实现所有

货物的全面多渠道连接。一切业务数字化，货物的动态数据使供应链上的节点企业之间实现有效互动。

（3）智能操作与实时控制。通过大数据的信息挖掘和信息赋能，以及人工智能技术的应用，实现机器学习，在不需要人工干预的情况下，就可以基于实际情况做出相应的决策。通过云计算处理实时共享信息，以获得相应的权限，从而应对异常情况的发生，避免产生损失。

（4）高度可视性。智慧物流系统和智慧供应链系统的可视性不仅取决于信息的可用性，还取决于共享数据的准确性、及时性、有用性和结构性。使用物联网和传感器等技术可以有效地支持从远程位置实时监视、控制、规划并优化智慧物流系统和智慧供应链系统的动态操作。

2. 组织特征

在组织特征方面，主要表现为物流与供应链网络结构中的深度协同及去中心化。显然，这两方面都涉及供应链网络中各个企业之间的经营关系，包括供需资源的分配、信息共享的程度、客户响应的能力等。传统供应链中一般都存在一个核心企业，如汽车供应链中的丰田汽车公司、大众汽车公司，它们都是其所在供应链中的核心企业，而其上下游企业都围绕该核心企业进行物流的生产运作。智慧供应链中，这种物流运作模式也可能会发生改变，因为供应链的协同模式在技术支撑下已经发生了变化。因此，在组织特征下，因为技术的进步，深化了供应链上企业之间的系统关系，反而会推进物流运作过程中的去中心化问题。接下来详细阐述组织特征的两个组成部分。

（1）物流与供应链网络结构中的深度协同。这种协同涉及跨集团、跨企业、跨组织之间的协同，能够有效减轻信息不对称带来的影响。比如基于智慧物流系统的全局优化智能算法，能够调度整个物流系统中各参与方高效地进行分工合作。而智慧供应链上各节点企业基于互联网平台可以主动形成供应链联盟，来快速响应市场的剧烈变化，且同时满足客户的个性化需求，提高了智慧供应链系统整体的竞争力。

（2）去中心化。在智慧物流系统和智慧供应链系统的网络结构中，因为深度协同及信息的透明化，供需运作不再是围绕一个或几个核心企业或环节来进行组织，而是各节点之间会对相关资源进行有效重组来满足用户的需求。因此，去中心化发展越来越成为智慧物流系统和智慧供应链系统建设的方向，能够有助于实现各项资源的充分整合，提高智慧供应链系统的灵活性和柔性。

3. 创新特征

在创新特征方面，主要表现为智慧物流系统与智慧供应链系统中的自主决策、自主学习能力的提升及场景化创新和模式化创新，即主要是利用智慧物流系统产生的大量数据进行大数据分析、数据挖掘等。同时，智慧物流系统还提供了大量的应用场景，这些应用场景促使智慧供应链系统中不同协同模式、创新模式的革新。所以，智慧物流系统为智慧供应链系统提供了产生数据价值与应用场景的实践基础。

下面来阐述创新特征的组成部分。

（1）智慧物流系统与智慧供应链系统中自主决策、自主学习能力的提升。区块链、云计算与人工智能等技术的应用有助于构建智慧物流系统和智慧供应链系统的“大脑”，帮助组织在感知中进行决策，在执行中进行学习和在学习中进行优化，因此，在智慧物流系统与智慧供应链系统的实际运作中不断升级。智慧物流系统和智慧供应链系统实现了自主决策，也能够有效地推动企业向着程控化和自动化方向发展。

（2）智慧物流系统与智慧供应链系统中的场景化创新和模式化创新。智慧物流系统和智慧供应链系统的创新就是要处理好各类场景的竞争关系，包括从电子商店到移动商店、再到云商店的场景转变。未来的供应链创新将依托各种各样的场景进行服务，针对消费者在不同时空的需求，来强化场景体验是未来供应链商业模式创新的重要发展方向。

综合以上，表1－1总结了三个特征角度下的智慧物流系统与智慧供应链系统的关系。

表1－1　三个特征角度下的智慧物流系统与智慧供应链系统的关系

特征	体现的内容	关系
技术特征	数据驱动、互联互通、智能操作与实时控制和高度可视性	智慧物流系统的自动化、智能化与智慧化极大推进智慧供应链系统从全局视角进行统一监控、跟踪与控制与协同
组织特征	物流与供应链网络结构中的深度协同及去中心化	技术支持深化供应链上企业间的关系，推进物流运作中的去中心化
创新特征	自主决策、自主学习能力的提升与场景化创新和模式化创新	智慧物流系统为智慧供应链系统提供了产生数据价值与应用场景、创新模式的实践基础

案例1－4　一汽－大众佛山工厂的智慧物流系统

一汽－大众汽车有限公司（简称“一汽－大众”）提供三大汽车品牌的丰富产品，在产品配置、技术实力、生产制造等方面处于行业领先地位，佛山工厂是一汽－大众最先进的制造工厂之一。2019年11月，一汽－大众佛山工厂生产基地携手智能设备供应商联合创新，打造了业内首例“超市2.0”物流方案，搭建了厂级协同的智慧物流系统，如图1-4所示。

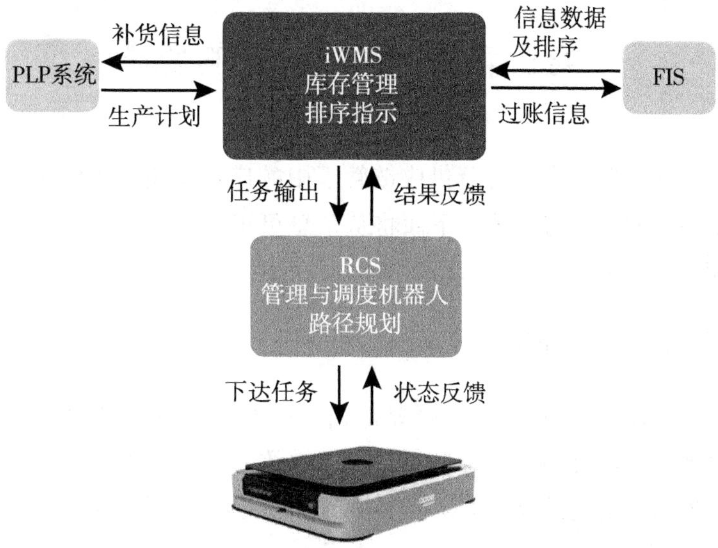

图1-4 一汽-大众佛山工厂智慧物流系统

汽车制造工厂中零部件的存储和拣选仓库被称为“超市”。佛山工厂拥有全球大规模使用二维码导航技术和自动化模式管理的零部件“超市”，占地约3000平方米，使用47台机器人，存储500多箱零部件。其智慧物流系统主要集成了移动机器人控制系统（RCS）、智能仓储管理系统（iWMS，由智能设备供应商提供）、生产信息和控制系统（FIS），以及PLP（分组级协议）系统，四者无缝对接，真正做到了生产与物流管理的系统化、一体化、透明化和智能化。

PLP系统是一汽-大众的物流总控平台，它将零部件包装信息、零部件主数据、超市入库单据等入库相关数据下达至iWMS，作业员使用iWMS通过REST（表述性状态转移）协议具体的作业任务发送给RCS，RCS再向机器人下达搬运动作指令。iWMS可实时反馈执行结果给上层业务系统，保证信息的可视化追踪。

而一汽-大众的FIS控制工厂所有的车辆生产排程。它根据生产计划，将生产每辆汽车所需的零部件统计后下发给生产和物流系统，生产和物流系统据此安排产线资源和物流资源，从而保证生产全过程信息的一致性以及生产信息跟踪的及时性。PLP系统同时也下发一份生产计划给iWMS，iWMS同样据此生成“超市”的零部件拣选出库计划，保证超市零部件能按时拣选出库并精准送至产线各个工位。

FIS、PLP系统、iWMS、RCS组成了整套智慧物流系统，多系统协同联动，数据互通。智慧物流系统的架设，可以对一汽-大众佛山工厂生产基地的生产管理流程持续提供重组和优化的数据支撑，为企业提高企业生产管理水平打下坚实基础，使生产管理更加信息化、自动化、数字化和科学化，有利于实现建立“智能工厂”的目标。

第三节　智慧供应链的变革

随着各类先进信息技术在智慧供应链管理中的广泛应用，相对于传统供应链，智慧供应链有了一系列转变与变革。下面将从信息可视化、运营成本与风险控制及服务模式三个方面来分别阐述。

一、信息可视化的变革

供应链中普遍存在牛鞭效应，即供应链上的信息流从终端客户向制造商传递时，由于无法有效地实现信息的共享，信息扭曲，导致需求信息出现越来越大的波动，最终导致供应链失调，出现供应商货物积压或零售商缺货等现象，如图 1－5 所示。

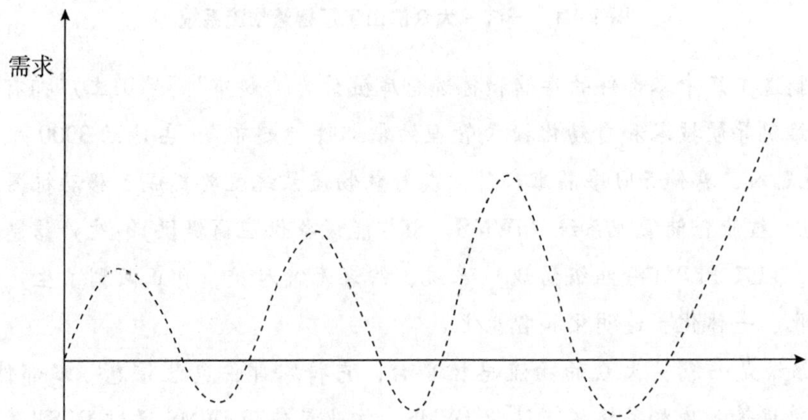

图 1－5　供应链牛鞭效应中的需求传递示意图

而智慧供应链中，因为拥有良好的可视化技术，如物联网中的 RFID 技术、传感技术及各种互联互通的网络技术，因此，可以把采集的物流运作中的数据连入网络进行实时传递，实现企业之间的信息充分共享。通过及时的信息共享，企业就可以对自身或外部环境做出反应，敏捷性大大增强。进而，供应链上的企业管理者还能够依据掌握的全面产品信息和供应链运作信息，更好地感应市场变化，对市场需求波动快速响应，组织好匹配市场需求的生产能力并实现有计划的制造生产管理。信息的可视化与透明性，大大降低供应链上牛鞭效应的影响。

传统供应链中，企业成员之间的信息交流大多存在于具有直接供应与需求关系的企业之间。然而，在实际的交流过程中，因为供应链上不同企业采用不统一的信息标准系统，导致供应链内部信息无法自由流通和共享。而智慧供应链依托智能化信息技术的集成，能够采用有效的技术手段来解决各系统之间的异构性问题，从而实现供应链内部企业之间的信息共享，保证信息流无障碍流通，提高信息流的运转效率。

二、运营成本与风险控制的变革

在新的经济时代，随着先进技术的发展，许多创新的管理模式应运而生。在采用这些创新的管理模式提升供应链运作效率的同时，也发现传统供应链抵抗各类干扰事件的能力不足。如丰田汽车公司的“精益”管理模式，由于其比较严格的流程和时间管理，在出现较大的干扰情形下，可能出现供应链的中断。在这种环境下，柔性化的智慧供应链能解决此类问题。

事实上，智慧供应链并不是简单地运用单一信息技术，而是可以根据供应链运营的整体特点和要求，通过融合化、系统化的信息技术，优化甚至提高供应链的效率和效益，真正做到供应链管理的及时化、透明化、互动化和可追溯化，从而最大限度地为供应链各利益相关方实现价值。例如，智慧供应链可以通过物联网（IoT）、人工智能（AI）和区块链等技术实现端到端的供应链可视化、实时洞察、敏捷响应，从而让供应链具有安全永续性，帮助改善客户体验并降低运营成本。

进一步，智慧供应链所具有的信息整合性、可视性、可延展性等特点，使得供应链内部企业能够实时、准确地通过了解供应链中各节点企业的生产、销售、库存情况，保证和上下游企业的协作，避免传统供应链由于合作失调导致的缺货问题。因此，智慧供应链能够从全局和整体角度将破坏合作的运营风险降到最低。

三、服务模式的变革

随着智慧供应链的发展，供应链结构和服务模式发生了明显变化。新业态、新模式、新技术、新服务都快速涌现。供应链发展方式和商业模式也开始转型，效率驱动、数字驱动、体验驱动、消费者驱动特征愈加明显。例如，在大数据技术下催生的一系列创新的供应链服务模式：实时服务、众包模式、共享物流等。

1. 智慧供应链中的实时服务

智慧供应链中的实时服务主要包括物流作业的实时追踪服务、实时风险管理服务、实时动态路径选择服务、实时库存服务等。借助实时服务，第三方物流服务商可对实时数据进行快速处理，提升客户服务水平，并使整个供应链更透明、更灵活。

其具体内容包括以下几个方面。一是实时追踪服务，通过随时随地传输发货数据，可为企业提供与位置、物流状况、货物完整性有关的信息。二是实时风险管理服务，一旦商品完整性在运输过程中发生变化，可及时将信息传输给货主企业，让货主企业立即采取策略应对这种供应链风险，比如温度控制、产品召回等。三是实时动态路径选择服务，可对运输卡车的位置及活动进行有效追踪，还可改变事先设定好的循环取货的路径方案，更加灵活地确定取货和送货位置。四是实时库存服务，实时库存服务是在库存可视化的基础上形成的一种服务，是全渠道运作的基础。借助这种服务，在管理软件的支持下，零售商运作的每条渠道都能实现库存可视化。让客户对整体供应链系统进行控制、运作，并让其与RFID、传感、3D扫描等技术实现有机结合。

2. 智慧供应链中的众包模式

众包模式主要包括众包物流、众包导航、众包挖掘等。借助众包物流，物流服务商可对网络进行强化，降低物流运输成本，给物流企业带来新的商业机会，帮助货主企业降低物流运输成本，让其获取更加灵活的物流配送方案，以便更好地进行物物交换。

具体内容如下。

（1）众包物流。在现有的轨道、公路等可用的运输能力中，还有70%的运输能力没有得到利用。因此，让客户参与取货、送货，不仅能降低运输成本，还能通过对运输量的整合，减少碳排放。

（2）众包导航。微博等能提供实时信息的社交网络能对物流运输中的突发事件（如道路事故、交通堵塞等）做出快速反应，其反应速度比传统的导航系统、车载系统要快很多。

（3）众包挖掘。借助社交网络对与公司、产品、品牌有关的评论进行核实，借助微博对折扣、优惠、特别服务进行更新，快速处理消费者投诉，对客户反馈事件进行检查落实，以及时做出响应。

3. 智慧供应链中的共享物流

智慧供应链还有一种模式是共享物流，也就是随着供应链与互联网的深度结合，企业在物流运营服务中，能够共享相关的资源。供应链上的企业通过实施该模式，既能有效提高物流资源的利用率，降低运输过程中的货品损耗，还能提高资源的利用率，促进供应链整体体系中服务水平的提高。

案例1－5 苏宁小店线上线下供应链渠道结合的智慧服务

2017年年底，苏宁集团提出并快速布局“智慧零售大开发”发展战略。第一家苏宁小店落户南京。

1. “苏宁小店 App + 便利店”

苏宁小店采取线上 App（小程序）与线下实体店相结合的全渠道零售模式，以“苏宁小店 App + 便利店”的线上线下（Online to Offline，O2O）模式运营，充分利用“互联网 +”技术打造消费场景体验和智慧零售终端，打破传统零售情境下线上销售和线下销售的壁垒，实现传统零售的真实性和互联网零售虚拟性的高度融合。

以此为基础，消费者可自主选择 App 下单或门店购买以及送货上门和门店自提的到货服务。因此，苏宁小店开发独立的线上 App 以便捕捉线上消费需求；同时，苏宁小店还采用“建、购、租”的方式快速建店、广泛布局，抓住门店零售这个传统零售体系的“神经末梢”来收揽线下需求，实现了供应链下游的线上和线下流量渠道合作的协同体系。

2. 双线融合的服务网络体系构建

另外，在“智慧社区”理念引导下，苏宁小店通过线上线下的双线融合来深耕社区，致力于打造精细化的私域需求。苏宁小店以 App 和社交软件等线上渠道为出发点，广泛吸收线上需求，并结合基于会员体系的卓越用户服务，开展物流快递代收、代寄与回收等全链条的服务，形成了线上线下供应、快递服务、产品回收等综合性的服务网络体系。

目前，苏宁小店服务于上万个社区和上亿位顾客，并在 2020 年的新冠肺炎疫情防控期间发挥了重要作用。凭借数以千计的互联网门店，苏宁小店成功跻身社区营销与供应的强势竞争者行列。苏宁小店基于苏宁集团的线上线下供应、零售生态体系，依托于 1 小时场景生活圈，目前已成为苏宁场景零售的核心产品和供应链生态的流量入口。

第四节 智慧供应链的发展现状与发展趋势

智慧供应链是供应链系统发展到目前为止的一个最先进的阶段。从供应链的整体发展历程出发，可分为五个阶段，即初级供应链阶段、响应供应链阶段、可靠供应链阶段、柔性供应链阶段和智慧供应链阶段。

（1）初级供应链阶段。在 20 世纪 90 年代，刚提出供应链管理这个概念时，属于初级供应链阶段。此时，企业通常按照预算安排生产与交货，没有专职的供应链管理部门进行产销协调。

（2）响应供应链阶段。随着市场竞争加剧及供应链上企业协同的要求提升，响应供应链应运而生。此时，供应链的战略不仅注重企业的直接成本，同时也注重考虑客户的交互，需要对客户订单进行快速响应。如戴尔公司的供应链系统就是早期典型的响应供应链系统，其特点是能够快速地、灵活地满足多样且个性化的用户需求。因此，供应链企业依据按订单生产、大规模定制等策略来实现对用户的快速响应。延迟概念且增加模块化设计均是响应供应链系统中的实施策略。

（3）可靠供应链阶段。响应供应链的结构有可能造成用户服务缺乏稳定性。因此，随后诞生了可靠供应链。可靠供应链系统强调需求计划与执行业务的协同，关注终端客户需求、服务和满意度，全面展开需求预测及产销协同和跨部门协作。

（4）柔性供应链阶段。与可靠供应链相比，柔性供应链其实是内部充分整合后的供应链，这种类型的供应链关注供应链整体成本，主张跨部门充分协同、柔性化和精益敏捷兼具的供应链能力，其中，精益敏捷是其主要特征。

（5）智慧供应链阶段。随着信息技术的飞速发展，受供应链终端需求计划驱动逐步扩展到端到端的供应链运作，智慧供应链应运而生。智慧供应链强调与用户及供应商的信息分享和互动协同，真正实现了通过需求感知形成需求计划，聚焦于横向流程端到端整合，并在此基础上形成智慧供应链。

显然，智慧供应链是目前供应链发展进程中最为先进的高级阶段，但就智慧供应链本身的发展而言，其还处在上升阶段。以制造业供应链为例，在“工业 4.0”以及“中国制造 2025”等宏观发展趋势推动下，供应链未来必将朝着更加智慧的方向发展。同时，随着全球经济进入供应链时代，企业与企业之间的竞争开始转化为企业所处的供应链与供应链之间的竞争。在智能制造环境下，打造智慧、高效的供应链是制造企业在市场竞争中获得优势的关键。

近年来，随着新一代物联网技术的广泛采用，尤其是人工智能、工业机器人、云计算等技术迅速发展，商流、信息流、资金流和物流得以高效衔接，由初级供应链阶段发展到智慧供应链新阶段。智慧供应链与生产制造企业的生产系统相连接，通过供应链服务，提供智能虚拟仓库和精准物流配送，制造企业可以专注于制造，不再需要实体仓库，这将从根本上改变制造企业的运作流程，提高管理和生产效率。

第五节　智慧供应链发展面临的挑战

虽然目前智慧供应链系统已经在各行各业得到很快的发展，但因为技术的进步远远快于供应链系统的建设进程，包括物流设施基础、数据处理与标准化基础、相关法律法规基础、人才与思想理念基础等，智慧供应链的发展还存在诸多挑战。

1. 物流设施基础方面

当前我国很多区域的物流设施建设还相对滞后，仓储与运输等环节缺少现代化设施，传统设施功能单一，操作流程繁杂，难以适应智慧物流产业运营的需要，这极大降低了物流运作效率。同时，我国物流设施基础在空间分布上不均衡，新型物流设施建设主要集中在东部地区，并已初具规模，而中西部地区则相对分散，甚至仍处于落后的状态，这也在一定程度上阻碍了智慧物流的发展。

2. 数据处理与标准化基础方面

智慧供应链的发展离不开大数据的支持，即如何对海量数据进行有效处理并能及时应对数据变化，是智慧供应链要面临的一大挑战。供应链中的数据类型多种多样，有结构化数据，如事务性数据、时段性数据等；也有非结构化数据，如温度、二维码、地理位置等感应数据；还有一些新类型的数据，如声音、图示、录像等。这些数据集复杂多样，处理起来非常困难，其中，最核心的问题就是如何将数据转换成商业价值。

智慧供应链中的信息有效传递须建立在共同的标准和协议基础之上，但目前我国物流与供应链领域的软件和硬件的标准化还在路上。如我国的货车类型有两万种之多，车辆装载单元化短板凸显，严重影响了社会车辆的交换互用。此外，供应链上交换互用的信息、票据、单证也不统一，如我国各类运输单证多种多样，导致供应链上信息传递失真。这都表明供应链中的标准化已成为下一步发展的挑战与制约。

3. 相关法律法规基础方面

智慧物流与智慧供应链管理下的监管及法律体系目前还不能适应所发生的变化，诚信体系有待建立。智慧供应链打破了链上企业的边界和所有权限制，由于所有权和使用权边界难以确认，与之相关的监管制度，特别是财税制度可能就无法适应市场需求，不利于鼓励企业创新，甚至会阻碍企业创新。

另外，在智慧供应链中，应用数据的同时，还会不可避免地面临用户个人隐私保护问题。由于智慧供应链发展很快，链上企业对用户信息安全的保护意识并不高，出现了很多用户信息泄露的问题，也使得用户对物联网技术的安全性和可信度产生怀疑。因此，如何避免用户个人隐私泄露是智慧供应链发展过程中也必须考虑的一个问题。

以上这些问题都要求监管部门加快研究先进技术支持下供应链企业运作的新规则，同时，供应链上出现的新业态与新商业模式也要求政府变革监管规则，进而形成一种开放、包容、共享、公平的营商环境。进一步来说，还需要建立一种社会化诚信管理体系。

4. 人才与思想理念基础方面

智慧供应链的健康发展，需要建立科学系统的物流与供应链运作体系，这不仅需要有效的管理方法，而且离不开专业的高端人才。而目前高素质人才供给不足、从业者素质参差不齐，是制约智慧供应链发展的主要问题。另外，供应链上企业的观念需要发生转变，即面对新一轮的技术革命，如何推动企业借助先进技术的支持，加入智慧供应链的生态体系，形成协同共享的产业新生态是智慧供应链下一步发展面临的挑战。

目前，中国制造业正加速向智能制造转型升级，智慧供应链建设也因此成为制造业升级发展的必然趋势。而我国制造企业对智慧供应链的认识还不足，因此，如何推动制造企业对智慧供应链的理解，制定智慧供应链发展战略，明确个性化的供应链发展方向，引领企业生产向智能化迭代升级，是智慧供应链发展面临的另一大挑战。

❖ 本章小结

智慧供应链是以互联网和大数据为依托，以增强客户价值为导向，通过协同、共享、创新的运作模式和人工智能等先进技术，实现产品设计、采购、生产、销售、服务等全过程高效协同的组织形态。与传统供应链相比，智慧供应链具有更多的市场要素、技术要素以及服务要素。智慧供应链的特点包括：技术渗透性更强，可视化特征更明显，协作性更强、协同配合更高效和可延展性更强。供应链与智慧供应链的关系是：智慧供应链中有关供应链的理论与功能并没有改变，只是将供应链的运作模式以及相关领域的商业模式依靠先进技术的支持进行了创新与变革。智慧供应链的发展，更有利于企业利益联盟与生态圈的建立、有利于供应链管理柔性与创新商业模式的出现、有利于区块链技术与智慧供应链可信性追溯等。智慧物流系统是智慧供应链系统的一个组成部分。智慧供应链的变革主要体现在：信息可视化的变革、运营成本与风险控制的变革、服务模式的变革三方面。智慧供应链的发展使我国物流发展方式和商业模式发生了重大转型，优化了我国物流结构，并催生了一系列新的服务模式，但同时其发展也面临着巨大的挑战。

❖ 关键概念

智慧供应链　智慧供应链管理　牛鞭效应　供应链管理柔性　众包模式　可视化

❖ 思考题

1. 如何理解智慧供应链的概念？
2. 什么是智慧物流？智慧物流系统与智慧供应链系统之间有什么关系？

3. 智慧供应链有哪些特点？

4. 供应链的发展历程是什么？智慧供应链的变革体现在哪些方面？

5. 智慧供应链发展面临的挑战有哪些？

❖ 案例分析

名创优品的数字化供应链转型

名创优品作为主打新日用品牌并在全球广泛布局的实体零售代表，面对实体零售行业发展的困局，通过建立市场驱动的数字化供应链，摸索出一条数字化转型之路，成功实现了从小百货品牌到对标全球时尚百货品牌的华丽转型，为整个实体零售行业带来令人眼前一亮的范例。

1. 实体零售困局下的“内忧外患”

随着互联网技术的广泛应用，网络零售成为零售业一种蓬勃发展的新渠道，实体零售的发展遭遇困境，想要逆转突围，必须寻找新的机遇。名创优品也面临着同样的困扰，创业初期的遗留问题也逐渐暴露。主要表现如下。

（1）人员管理方面

为了保证管理的精准性和合理性，名创优品门店的选址和店员招聘由加盟方完成，名创优品负责人员管理和日常经营。连接店铺和总部的节点是各个区域的区域经理，一方面对区域内门店进行指导经营，另一方面也起到监督管控作用。

尽管店长一般都会尽可能招募信任的员工，但实际上，经常发生店员迟到早退的情况。甚至还有部分店长为了谋取私利，故意虚假上报店员数量，导致系统中存在“吃空饷”的人头数。这种情况下，由于管辖范围内门店众多，区域经理很难彻底排查清楚。即便区域经理亲自上门排查，不良店长还会以“请假”“调休”等各种理由搪塞，形成“内外勾结”。

（2）货品管理方面

名创优品旗下商品品类众多，单个门店有3000多个SKU（存货单位），如何合理地将这些SKU进行分配、上货和陈列是一项技术活。名创优品的做法是总部和区域经理根据经验完成门店的铺货策略，形成纸质的货品清单交付给门店，店员根据货品清单完成货物的上架和陈列。区域经理不定期前往门店实地检查，通过线下或者微信群的方式告知结果。这种方法虽然加强了货品的管控，但区域经理巡店的效率不高，信息的层层传递容易出现失真，货品的管控不及时、不全面。

（3）外部环境方面

名创优品并不是第一个专门做零售小百货的连锁店。国外更早成立的连锁百货企业早已经对中国市场这块大蛋糕虎视眈眈。国内屈臣氏、三福百货，还有许许多多相似的山寨店铺，都是名创优品的直接竞争对手。与这些经验更丰富的企业相比，想要从它们口中分得市场的一杯羹，对于名创优品而言又谈何容易。

为了抢占更多市场份额，2018 年名创优品上线了一期 SAP（思爱普）公司的 ERP 系统，主要为了加强集团化管控能力，在门店完成试点运作后才开始在全国推广。ERP 系统的上线使得名创优品摆脱了以往零散式的管理手段，在商品计划、库存管理、物流跟踪、财务一体化、人力资源管理等方面取得了优秀绩效，为名创优品增加了竞争的砝码。

尽管名创优品想方设法提升内外管理的效率，但是这些做法实际上早已经是竞争对手玩转多年的“套路”。快速增长的门店数量、不断扩张的海外市场、日新月异的市场环境，都给名创优品内外部管理带来巨大压力，同样也是其从一个新秀品牌转型为实体零售巨头道路上必经的重重关卡。

2. 数字化转型的探索

面对内部管理和外部环境的内忧外患，名创优品意识到数字化转型已迫在眉睫，须尽快启动。

名创优品希望构建基于市场驱动的数字化供应链体系，如图 1－6 所示，用来弥补供应链上的信息鸿沟，解决名创优品的运营问题。基于市场驱动的数字化供应链体系主要由智能供应链和执行供应链构成，前者解决决策问题，后者解决执行力问题。最终的结果是每个门店都有个性化的管理策略、配货模型、陈列规则等，真正实现“千店千面”。

图 1－6　基于市场驱动的数字化供应链体系

3. 数字化转型结果初现

（1）市场驱动的数字化供应链——前台

名创优品的前台是主要对接和服务客户群体的触手。在线上渠道，名创优品通过小程序、微信、短信，实现了与客户的互动；在线下渠道，通过门店内的物联网采集客户群体的行为信息，通过销售点（Point of Sale，POS）系统采集门店销售信息。客户在线下门店内的偏好信息，为名创优品提升复购率带来数字化支撑。而客户群体交易形成的数据，也成为影响门店陈列、上货、补货的关键决策参考。

通过线上线下融合，极大促进了客户的复购行为。基于线下购买数据做的线上商品推荐，使得客户加购的转化率明显提升，是促销模块加购转化率的 3 倍；而基于线上行为数据的短信触达召回有效率，比基于线下购买的短信触达提升了 3～6 倍。

（2）市场驱动的数字化供应链——中台

中台是名创优品用于数据处理、业务支撑的支柱。在实施数字化转型之前，名创优品内部的业务数据是分散化管理，即分散在各项业务所在的资源库，缺乏统一的存储和使用规范，缺少统一管理，很难从数据中获取价值。

门店部署人工智能（AI）设备后，实现了门店在线、人在线、货在线的互联状态。这其中产生的所有数据都会存储在中心数据库。除了线下渠道，线上渠道的数据也受到名创优品的高度重视。以往存放在第三方的用户数据，逐步开始向自有的App和小程序引流。融合两种数据之后，名创优品开始对这些千万量级的数据进一步深度挖掘，构建了各个门店的"门店画像"和"客户画像"，并应用在从总部到门店的关键决策活动中，实现"千店千面"的新零售业态。

（3）市场驱动的数字化供应链——后台

后台是名创优品用于约束和规范内部管理的抓手，克服了过去门店管理的不规范、供应链环节的信息不对称、信息不完备等现象。

总部的远程巡店系统完成了门店现场的在线管理，包括对门店陈列规范性、新品上架的及时性、门店布局的标准性，以及门店常规运行情况的检查、分析与处理等。远程巡店系统上线之后，区域经理巡店效率大大提升。以往每天最多只能实地考察2家门店，现在每天可以完成6家巡店任务，既提升了效率，又节省了巡店的成本。通过AI考勤制度，以往数据库中"吃空饷"的情况不再存在，门店员工的管理制度更趋向流程化和规范化。

在智能供应链的指挥下，以ERP系统为主的执行供应链提高了其精准、个性、高效的执行力，保证了名创优品"千店千面"的实现。在供应链管理方面，基于"SAP + IaaS（基础设施即服务）"的服务架构，名创优品在全球实现了供应链管理的敏捷部署，将供应商生命周期纳入考核体系，对关键节点进行异常报警。同时优化国内总部与海外市场分仓供应链，提高了总部与门店之间的单据流通效率。通过多部门系统之间的交互协同，跟单职能实施系统化后，效率提升了40%。物流管理方面，名创优品搭建了全球通用的物流业务流程模板，实现了仓库模式、仓内结构、业务流程等方面的标准化。以名创优品广州仓为例，经过数字化部署后，每日单仓正常入库金额均高于以往峰值。

1. 名创优品的线下实体零售困局是什么？

2. 名创优品的数字化转型路径是什么？对比其他类似企业的发展战略，指出名创优品的数字化转型的特点。

3. 名创优品的数字化转型中设计了前台、中台和后台，它们各自的作用分别是什么？举例说明。

第二章　智慧供应链管理系统的组成

❖ 学习目的

通过本章的学习，学员应该能够：

- 理解智慧供应链管理系统的体系架构。
- 了解智慧供应链管理系统的功能。
- 掌握智慧供应链管理系统的组成及其基于智慧技术的供应链协同架构。
- 熟悉智慧供应链管理系统的实践应用。

案例 2-1　英国奥卡多的“B2C+O2O”模式智慧供应链

奥卡多是目前世界上少有的专门进行网上销售的在线食品零售商，它没有自己的线下商店，所有的产品均在网上销售，并负责送货上门。它将高端食品、农产品及生鲜品作为主要的经营范围，建立了独一无二的在线网店销售模式，同时兼营其他品牌商品。奥卡多靠着前期优秀的销售业绩，吸引了家乐福等大型线下零售商也将其商品在自己的在线平台上进行销售，同时，奥卡多还积极开发自主品牌。另外，奥卡多还在城市的主要街道安装了虚拟橱窗进行展示，消费者通过触摸屏完成选购，并利用流动车辆定期举办食品试吃等展销活动。

在供应链模式及物流服务方面，奥卡多追求扁平化供应链，以客户订单作为驱动，直接将商品配送到客户所在位置。为了保证高效率、低成本的配送，奥卡多在哈特菲尔德修建了面积高达 28000 平方米的物流中心。物流中心选址在高速路口，由商品供应商负责供货，在该中心处理后出库，完成配送。物流中心选择了自动化的智能仓储设备，每周能完成十多万单的配送任务。除了能高效率地完成农产品的配送任务外，物流中心的订单完成准确率也高达 99%，并且客户订单都是当日下单，次日准时送达，配送范围也是满足了大部分英国个人家庭需求。在物流技术上，企业选择了全程的冷链物流技术，选用冷藏车配送，运用自动化的仓储机器人进行上下架作业，形成了先进的智慧物流系统。

第一节　智慧供应链管理系统的体系架构

智慧供应链管理系统是基于物联网、人工智能、大数据等技术，实现数据获取、收集、传输和智能决策的智慧化物流与供应链管理系统。不同技术视角和成员协同视角下的智慧供应链管理系统的体系架构有所不同。

一、技术视角下的体系架构

智慧物流技术是智慧供应链管理系统的关键技术支撑。智慧物流在传统物流功能和经典管理理论基础上，通过智慧方法来提高物流运作效率，甚至创造额外价值。传统物流与智慧物流的区别就在于物流信息系统的智慧化水平。先进技术的应用与管理理念的结合使得智慧供应链管理系统的运作更加出色。

智慧供应链管理系统是基于物联网技术在物流业的应用上提出的，因此，智慧供应链管理系统的技术架构遵循物联网的组成结构，包括感知层、网络层和应用层。其中感知层负责收集物流与供应链业务运营中的大量数据，并初步处理；网络层负责处理后的信息的传递与交互；应用层对各类应用中的统计数据信息结合具体场景进行深入分析。智慧供应链管理系统的技术架构图如图 2－1 所示。

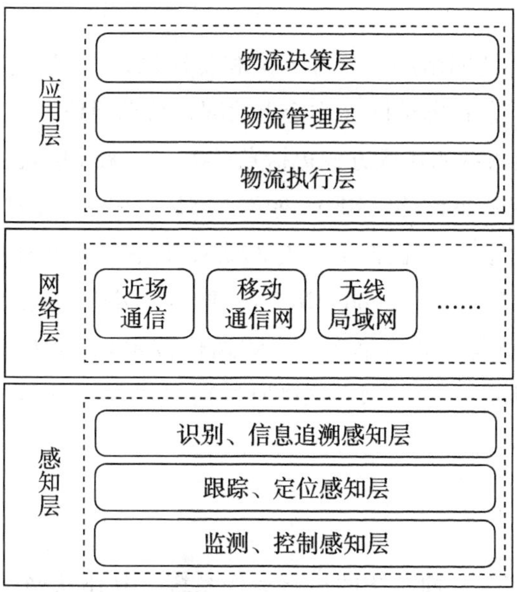

图 2－1　智慧供应链管理系统的技术架构图

1. 感知层

感知层是智慧供应链管理系统实现对货物、运作环境、物流设施设备感知的基础，也是智慧供应链管理系统的底层出发点。具体划分为三个层次：识别、信息追溯感知层，跟踪、定位感知层，监测、控制感知层。

最底层是监测、控制感知层，主要解决物流运营过程中的安全控制问题。常常采用诸如视频监控、温度传感器、湿度传感器以及移动网络等手段。

中间层是跟踪、定位感知层，主要解决物流运营过程中的可视化、透明化问题。常常有室外定位技术和室内定位技术两大类，其中室外定位技术主要有全球定位系统（Global Positioning System，GPS）、北斗卫星定位系统（Beidou Satellite Positioning System）等；室内定位技术有红外线定位技术、无线保真（WiFi）定位技术、超宽带定位技术、射频识别（Radio Frequency Identification，RFID）定位技术等。

最顶层是识别、信息追溯感知层，主要解决物流运营过程中的数字化管理问题。智慧供应链管理系统中借助条码、电子产品标签（Electronic Product Code，EPC）、RFID、无线传感器网络（WSN）、区块链等技术可以快速对货物进行识别和追溯。

2. 网络层

网络层是连接智慧供应链管理系统感知层与应用层的桥梁，负责将感知层获取的信息安全可靠地传输到应用层，实现互联互通，为进一步处理信息与分析应用提供基础。

智慧供应链管理系统网络层包含接入网和传输网，分别实现数据的接入功能和传输功能。典型的传输网包括电信网（固定电话网、移动通信网）、广电网、互联网、专用网（数字集群）。接入网的接入方式包括光纤接入、无线接入、以太网接入、卫星接入等，可实现底层的传感器网络、RFID 网络“最后一公里”的接入。目前，在智慧供应链管理系统中，使用比较广泛的通信与网络技术主要有红外线网络通信、超宽带、近场通信（Near Field Communication，NFC）、WiFi、威迈、蓝牙、ZigBee（蜂舞协议，也称紫蜂，是用于短距离、低速率下的无线通信技术）、第四代移动通信技术、IPv6（Internet Protocol Version 6，第 6 版互联网协议）、车联网、无线局域网（Wireless Local Area Network，WLAN）等。

3. 应用层

应用层是智慧供应链管理系统的后端运作系统，利用从网络层接收到的感知层获取的信息，并进行分析、决策与物流作业操作。应用层通常使用大数据技术、云计算技术、智能控制技术、数据挖掘技术、视频分析技术等先进技术来辅助分析数据信息、做出决策，并最终利用智能设备落地执行。

依据物流作业层次，应用层可划分为物流执行层、物流管理层和物流决策层。首先，物流执行层由物流执行系统组成，主要进行数据交互与设备控制。该层通过数据集成平台接受来自物流管理层的调度控制指令，并及时反馈物流设备的指令执行情况和设备故障等信息。其次，物流管理层负责承上启下，与物流决策层的决策管理系统通过应用流程集成平台进行集成，与各种物流设备控制器通过数据集成平台进行数据交换，从而管控具体物流活动。物流管理层主要是针对具体物流活动进行管理和控制，如仓储管理系统、分拣管理系统、运输管理系统等。最后，物流决策层面向高层决策者，主要是以智慧供应链管理系统为应用背景，对物流系统进行智能化整合，为高层决策者提供有力支持。

二、成员协同视角下的体系架构

构建智慧供应链管理系统，关键在于构建自动化、信息化与智能化的信息系统，这不仅需要先进技术的支持，还需要实现供应链成员间的协同。智慧技术支持可以为供应链协同提供良好基础，但并非拥有强大的信息与智能技术体系就一定能实现供应链上下游企业间的协同运作。技术仅仅是提供一个支撑，只有在此基础上考虑供应链上利益分配与协调机制的作用，才能真正实现协同目标。接下来将从成员协同视角，详细阐述智慧供应链管理系统的体系架构。智慧供应链管理系统的成员协同架构图如图 2 – 2 所示。

智慧供应链管理系统的成员协同架构分为三个层次：最底层是以自动化为基础的运营层，中间层是以数字化为基础的战术层，最顶层是以智慧化为基础的战略层。在智能信息技术的支持下，每层内各成员主体和业务模块横向联通协作，层与层之间由战略层纵向统领协同。

1. 运营层

运营层事实上等同于智慧供应链管理系统的技术架构中应用层的最底层，即物流执行层。该层次主要基于物联网、人工智能、大数据等技术与智能装备，完成物流活动中最基本的业务活动，包括入库、上架、拣选、理货与盘点、出库、包装加工、运输与配送等，尤其是从产地仓、销售协同仓、门店仓到消费者实现 B2B 运输、共同配送、即时配送。其中各种智能装备、互接互联网络等可以实现货物的自动识别、传递与监控、追溯等功能。因此，该层次可以通过各种自动化数据获取、传递，收集物流活动中的详细数据，从而构建出各种各样的物流信息系统数据库，如仓储数据库、运输调度数据库、零售订单数据库等，而这些是其他层次进行进一步分析与协调调度的数据基础。

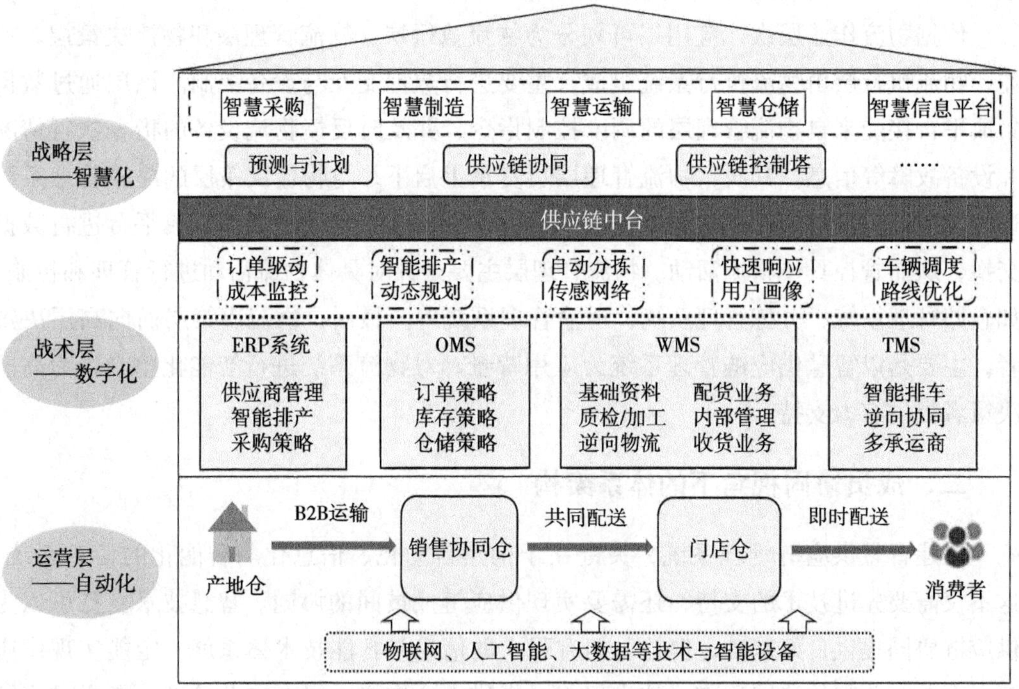

图2-2　智慧供应链管理系统的成员协同架构图

2. 战术层

该层次由对运营层的相关物流功能进行信息集成的物流信息系统组成，如制造业的企业资源计划（Enterprise Resource Planning，ERP）系统、订单管理系统（Order Management System，OMS）、仓库管理系统（Warehouse Management System，WMS）、运输管理系统（Transportation Management System，TMS）等。这些系统在供应链局部范围内进行纵横双向的信息集成，形成一个全面的信息系统，如WMS，其可以全面集成一个仓储中心内的所有物流运作信息，并与上游供货商、下游零售商进行关于订货、配送等相关信息的电子交换。智慧供应链管理系统就是通过将以前独立的各个信息系统进行集成，实现供应链的协同，如宝洁公司的信息系统与沃尔玛的订货系统进行连接，实现自动补货功能。通过各类物流信息系统的互联与信息协同，可以实现订单自动转入仓储中心，实现仓储自动分拣；也可以实现订单自动进入制造企业，实现智能排产与生产计划的优化；还可以自动针对运输资源进行动态调度，实现配送路径的优化等。总结而言，本层次能够在各类物流信息系统支持下实现供应链协同，使得消费者的个性化需求可以被满足，并在实现快速响应的同时为企业降低成本。

3. 战略层

战略层是智慧供应链管理系统的成员协同架构的最顶层，其主要应用对象为企业高层管理者，因此，智慧供应链的支持主要作用于预测分析、决策规划、模拟分析、供应链联盟等关键决策方面。具体来说，该层次基于运营层和战术层的数据，从智慧采购、智慧制造、智慧运输、智慧仓储与智慧信息平台五个方面实现物流资源调配、模拟分析与数字中台的协调控制、资源利用的预测与计划等，充分规划以实现供应链协同，进一步提升供应链管理系统的智能化水平。其中，资源利用的预测与计划是最重要的功能，能够让高层管理者对整个供应链的协同运作有更加精准的把控。比如，ONE Network 是一家致力于为客户实现直接贸易伙伴组成的供应链可视化的公司，其开发的控制塔产品1.0 目标是可视化，而控制塔产品2.0 升级为指标预测分析，然后控制塔产品3.0 转向由消费者驱动预测分析。目前控制塔产品4.0 开始从以企业为中心逐步转移到以消费者微驱动的网络视图为中心，且实现了供应链网络下各个成员相互协作与信息可视化。其发展的过程就是从供应链上成员之间的可视化，到依据大数据与人工智能的预测分析、自主控制来驱动整个供应链管理系统的调整与优化过程。

案例2－2　沃尔玛利用大数据技术实现智慧供应链协同

智慧供应链协同主要依托于先进信息技术，沃尔玛就是利用大数据等技术，打造数据驱动、信息互通的智能供应链管理系统。沃尔玛拥有每小时超过100 万单的交易量，自有数据基础庞大，便于大数据技术的应用。通过大量收集顾客数据，并将其储存在数据库中，沃尔玛将所有数据输入综合技术平台进行处理，而后仓储经理利用该系统进行分析，挖掘具体销售数据中蕴含的信息，有针对性地优化产品分类，并通过质量检验将产品分配到当地社区。

通过该系统，沃尔玛与分布在90 多个国家、近2 万家供应商联系越发紧密，供应商可以共享沃尔玛在系统中的数据和分析结果。供应商们通过自家公司的零售平台与沃尔玛系统对接，借此追踪自家公司的产品，这样就可以了解每家商场内不同类型产品的需求状况，及时获取各个商场需要再次进货的时间和数量，并据此调整自己的供应运营策略。此外，供应商还能够对数据库信息进行查询，搜索销售、装运、订单、发票、索赔及预告等相关信息；还可以进入沃尔玛分类计划系统，在销售数据和商店特性的基础上创造专门为店面量身打造的模块化布局，更好地满足消费者的需求，实现供应链协同与多方共赢。

第二节　智慧供应链管理系统的功能

一、智慧物流系统的功能

智慧物流系统是智慧供应链管理系统的重要组成部分，其功能主要包括以下七大部分，即物流运营的感知功能、物流数据的集成功能、物流分析的模拟功能、物流决策的优化功能、物流系统的协调功能、物流系统的及时反馈功能、物流系统的自动修正功能，如表2-1所示。

表2-1　智慧物流系统的功能

功能	功能描述
物流运营的感知功能	智慧物流系统中货物进出、拣选、存储、搬运、运输、配送等运营环节采用先进信息技术对发生的物流数据进行实时采集，以便管理者及时掌握运输、配送等工作状态，实现了智慧物流系统的信息自动获取
物流数据的集成功能	智慧物流系统将获取的所有数据传输到数据中心或数据中台中的各类数据库，依据物流业务场景和实现的业务功能对数据进行分类，并存进数据库，让各类数据按照需求进行集成
物流分析的模拟功能	应用各种智能分析工具、智能模拟仿真模型等来分析某个具体物流决策问题
物流决策的优化功能	物流决策是指按照物流业务的预定目标，基于物流数据分析和一定的知识、经验，根据相关联的客观条件、环境可能性等，确定出解决问题的若干方案，并依据物流理论和优化方法从中选择一个满意的可行方案，并对该方案的实施进行检查，直到相关目标实现
物流系统的协调功能	物流系统的协调是指考虑整个智慧物流系统的体系架构，根据实际需求来逐步进行物流子系统的智能化、智慧化操作，并最终把各个子系统进行整合
物流系统的及时反馈功能	当运营过程中存在问题或出现意料之外的情况时，智慧物流系统会实现自动反馈，提醒管理者进行必要的控制与协调。及时反馈功能是智慧物流系统实现自我修正、自我完善的基础，也是企业及时发现问题、反馈问题和解决问题的一个重要基础
物流系统的自动修正功能	系统运营中出现问题并自动反馈回来时，智慧物流系统自动搜索存储的数据仓库/知识库来寻求各种解决方案，并选择其中最有效的可能解决方案，按照最便捷高效的方式给出，以指导管理者及时修正存在的问题。同时，智慧物流系统还会把问题解决过程记录并存储，以便之后遇到类似问题时再次查询，指导物流实践

1. 物流运营的感知功能

智慧物流系统中货物进出、拣选、存储、搬运、运输、配送等运营环节采用先进信息技术对发生的物流数据进行实时采集，以便管理者及时掌握运输、配送等工作状态，实现了智慧物流系统的信息自动获取。

2. 物流数据的集成功能

智慧物流系统将获取的所有数据传输到数据中心或数据中台中的各类数据库，依据物流业务场景和实现的业务功能对数据进行分类，并存进数据库，让各类数据按照需求进行集成。

当前物流企业都在致力于打造数据中台，即一种数据与业务整合的调度运营中心。具体而言，就是把企业的所有共性物流需求进行集成抽象，建立一个平台化或组件化的集成系统，并以接口形式或组件形式等来共享给企业物流业务各部门应用。数据中台是一种运营的创新，是数据集成平台与业务功能的一种整合，具有柔性特征和扩展能力，使得物流数据的开放性、动态性和联系性全面实现，并帮助企业提高运营效率和创新能力。

3. 物流分析的模拟功能

该功能就是应用各种智能分析工具、智能模拟仿真模型等来分析某个具体物流决策问题。比如，依据问题需求，提出可能的诸如物流资源配置的优化方案，然后通过智能分析或实践验证，来监测存在的问题并对提出的解决方案进行分析。基于数据集成平台中的历史数据支持，利用智能模拟仿真模型可以自动调用原有的历史数据，也可以根据实际需求调整，缩小与优化目标的偏差，且及时查找物流作业中的瓶颈问题，得出合适的物流解决方案。

在一家物流企业中，接到一笔利润可观的订单，即需要从仓库出货，运输配送一大批货物到达某地，其中具有严格的时间限制。如有一个 2022 年 1 月 31 日前需要完成的高收益订单，但是，目前该企业已经根据前期接受的订单制订出了详细的物流服务计划，且到 2022 年 1 月 31 日前物流服务计划都已经安排完毕。那么，这个订单是否能够接受呢？若接受，怎样来安排企业的所有物流资源来完成该订单？若把该订单插入目前安排好的物流服务计划中，对其他已经接受的订单会造成什么影响？为了解决这个问题，就需要采用物流分析的模拟功能，假设把这个订单插入已有的物流服务计划中，模拟增加这笔订单后，对企业各类资源配置、调度与控制的影响，来评估增加这笔订单后完成各项任务的可行性及其产生的影响，以便能做出正确的决策。

4. 物流决策的优化功能

物流决策是指按照物流业务的预定目标，基于物流数据分析和一定的知识、经验，根据相关联的客观条件、环境可能性等，确定出解决问题的若干方案，并依据物流理论和优化方法从中选择一个满意的可行方案，并对该方案的实施进行检查，直到相关目标实现。

按照不同的管理层次、管理职能和复杂程度等可以把物流决策分成结构化决策、非结构化决策和半结构化决策。首先是物流的结构化决策问题，即在物流业务活动中有固定的规律可遵循，且可用确定的语言或模型来进行描述的问题。比如，一个配送中心的出入库管理流程就是结构化决策问题，其是固定的、重复性的，涉及的数据量可能很大，货物每天进出的频率很高，决策过程的规律性强。其次是物流的非结构化决策问题，即那些比较复杂、没有固定规律可循，且不能用明确的语言或模型进行描述的问题。比如，物流企业的竞争战略就是一个非结构化决策问题，与其外部环境、同行业发展、市场需求等密切相关，但又没有固定规律可以遵循，也不能够用清晰的语言或模型来表达出来。最后是物流的半结构化决策问题，即介于结构化决策与非结构化决策之间的决策问题，能够依据一部分数据，但不能完全确定的决策问题。

物流决策问题因为涉及面广、资源调度复杂，因此，大多决策问题属于半结构化、非结构化决策问题。但是，随着智慧物流系统中先进信息技术的深入应用，物流全流程上的信息量大大增加，掌握信息后，很多非结构化决策问题转变为半结构化决策问题，甚至逐步演变为结构化决策问题。而应用云计算、大数据、区块链等技术能更好地来辅助企业实现物流活动中的非结构化决策问题，即依据大量数据的分析，根据不同的物流业务情况来评估时间、成本、服务质量或环境等约束条件，进行各种预测分析，帮助管理者制定合理的决策。

5. 物流系统的协调功能

智慧物流系统是一个对物流运营过程进行全面协调的复杂系统。系统中各个业务功能及其流程之间都是密切关联的，任何一个物流子系统或一部分物流业务都不会独立存在。因此，考虑整个智慧物流系统的体系架构，根据实际需求来逐步进行物流子系统的智能化、智慧化操作，并最终把各个子系统进行综合。综合应用智慧物流系统包括应用物流各业务之间的流程、信息综合系统和不同管理层次上垂直的定位、监控、管理与决策系统，以及从水平方向、垂直方向实现全面智能化、智慧化的矩阵式集成系统，最终实现互联互通、信息共享与透明化、资源配置优化与协调控制。

6. 物流系统的及时反馈功能

智慧物流系统具有及时反馈功能。因为智慧物流系统中的业务不断更新，当运营过程中存在问题或出现意料之外的情况时，智慧物流系统会实现自动反馈，提醒管理者进行必要的控制与协调。因此，及时反馈功能存在于智慧物流系统的每一个环节，并为智慧物流系统各个层次上的管理者提供相关的运营状态信息，是智慧物流系统实现自我修正、自我完善的基础，也是企业及时发现问题、反馈问题和解决问题的一个重要基础。

7. 物流系统的自动修正功能

智慧物流系统还具有自动修正功能，即系统运营中出现问题并自动反馈回来时，智慧物流系统自动搜索存储的数据仓库/知识库来寻求各种解决方案，并选择其中最有效的解决方案，按照最便捷高效的方式给出，以指导管理者及时修正存在的问题。同时，智慧物流系统还会把问题解决过程记录并存储，以便之后遇到类似问题时再次查询，指导物流实践。

二、智慧供应链管理系统的协同功能

智慧供应链管理系统的协同功能可以分别从运营层、战术层和战略层三层次上来阐述，如图 2 – 3 所示。其中最底层是运营层的协同，该层针对物流系统中的各项物流活动，如运输、仓储、配送、流通加工等，进行精准控制与协调，通过制订物流作业精准控制计划降本增效和提高客户服务水平。中间层是战术层的协同，主要作用是上通下达，能够充分贯彻上层的战略方针，制订供应链上下游协同计划。通过计划，充分利用各类资源，实现利润最大化目标。最顶层是战略层的协同，基于长期发展的视角，综合各方信息制定长期协同战略，如实现供应联盟、资源协作联盟等，目标是实现供应链企业多赢。

具体而言，从智慧供应链管理系统中影响协同的要素角度来说，主要有以下几个方面的协同。

（1）供应链结构规划的协同。供应链结构规划就是构建供应链的网络，包括链上都有哪些成员，成员之间的关系及复杂程度等，以及链长、链宽等结构设计。

（2）供应链网络参数优化的协同。供应链网络参数优化包括设施选址优化、干线与支线的布局优化、仓储设施的布局优化及库存采购策略优化等。

（3）供应链企业间关系的协同。供应链企业间关系的协同包括链上交易的各个企业之间和渠道之间的收益分配机制、激励与风险分担机制、契约与保障机制、信任与合作机制等方面的协同。

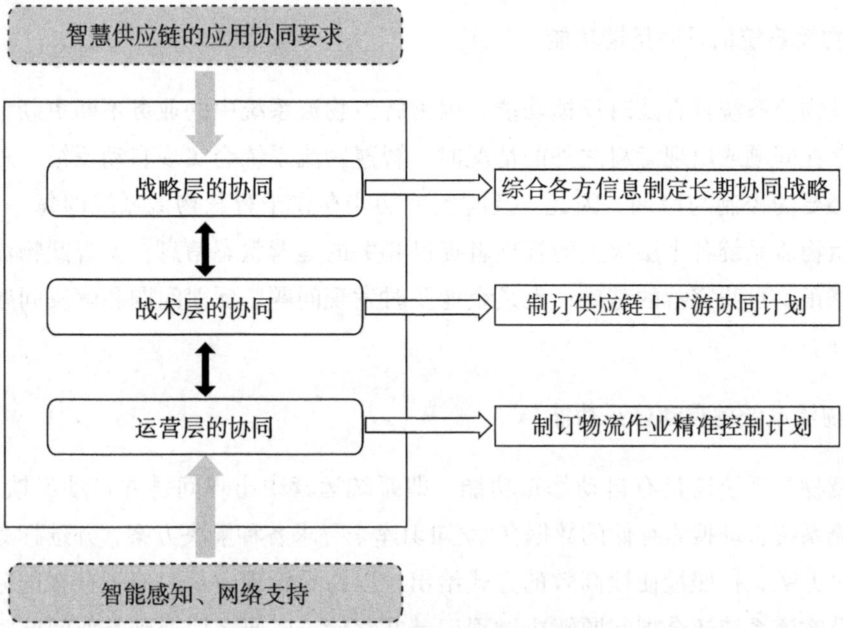

图2-3　智慧供应链管理系统的协同功能

（4）供应链物流功能间的流程协同。供应链物流功能间的流程协同就是各个物流活动之间的无缝衔接，包括物流订单接收、自动补货、产能配置、拣选与库存等方面的协同。

（5）供应链信息系统的协同。供应链上涉及很多企业内部信息系统和跨企业的信息系统，这些信息系统通过对链上企业之间的工作、商业交易信息的互联互通及消费者需求预测的信息分享等进行协同。

事实上，基于人工智能、大数据等先进技术的智慧供应链管理系统能够很好地实现链上各方的协同，这种协同可以帮助供应链上的企业实现以下功能。

1. 快速响应个性化、多元化的客户需求

目前电子商务飞速发展，通过电商平台销售的产品的长尾特性使得消费者的选择面变宽，企业之间的竞争也越来越激烈，导致产品的更新换代周期大大缩短。智慧供应链管理系统中，随着各种智能技术的深入应用，不仅能够获取大量消费者的需求数据、个性化或多元化的偏好数据，还可以通过供应链中台在链上及时共享消费者的需求数据，实现供应链协同，进而快速响应消费者的需求，降低成本。

2. 提高服务水平

在智慧供应链管理系统的数字中台上，可以实现对产品的原材料采购、设计研发、生产、销售、订单支付、产品配送与售后服务等全生命周期进行反馈、监控与控制，可以及时发现问题，以便不断调整策略和运营手段来提高服务水平，实现降本增效的目标。

3. 实现资源优势互补

智慧供应链管理系统中上下游企业之间通过数字中台建立合作关系后，不仅在需求信息、监控与反馈控制方面能够进行协同，在彼此分享资源方面也可以进行优势互补，实现资源合理利用的协同，来保证各个企业能够发挥各自领域内的领先优势。它们通过建立联盟，形成一体，来获得全体成员各自利润更高的多赢结果。

4. 实现专业化的分工与组织优势

目前激烈的市场竞争与创新产品生命周期短的特征，使得供应链上的企业更加专注于自身核心业务的发展，通过各种不同业务的外包，将那些非核心业务交由专业的第三方服务商进行，以便持续保持自己的领先优势。因此，专业化组织发展很快，如第三方物流等。

这种趋势促进了组织间的合作和协调。各个企业之间基于自身利益建立战略合作关系，分享利益，如发展基于合作的数据分享战略，研究更有效的分割数据策略，从而把有选择的、安全的信息同供应链伙伴共享。再比如下游零售企业实施供应链的协同，更关注产品销售方面，而把产品的设计与生产、物流与配送等活动交由供应链的上下游企业去实施，进一步提高自身的市场竞争力。

案例2-3　澳洲EWE的智慧物流体系

EWE是澳洲领先的跨境物流解决方案提供商，致力于搭建全球化的供应链生态圈。EWE业务横跨国际递送、智能仓网服务、供应链金融以及咨询服务等多个领域。

EWE为零售商提供全球化的智能仓网服务。通过自建仓和第三方标准仓网络，经大数据精准预测，将货品预先送至各个仓储点，客户下单后，EWE将从最近仓储点配送给客户，为客户提供更加快速、便捷的服务。EWE的智能仓网具有良好的成本管控能力，能够快速响应，及时送达，有效提升商品周转速度，为新零售业提供良好支持。

EWE为跨境电商提供全球范围内门到门的国际递送的供应链整合解决方案。相较于传统的国际快递，EWE不仅拥有更高的效率、更优的性价比，还能够全程可视化追踪包裹、提供定制化服务。目前，EWE已采用电子快递单全面替代纸质快递单，客户可通过电脑或手机随时随地下单。电子快递单自动生成包裹的专属ID，伴随包裹整个旅程。包裹入库后，将通过EWE智能高效的自动分拣系统，完成扫码、称重、口岸分配、贴转运单等工作。专属ID帮助系统自动识别离港口岸，将包裹准确运送到对应的“口岸托盘”上。EWE通过包裹的专属ID，从出库，到机场、口岸，中转国内快递，直至消费者手中，可全程追踪包裹。截至2018年，已有1000多家澳洲企业成为EWE的客户，来一起致力于建设更高效、更智能的全球供应链体系。

第三节　智慧供应链管理系统的组成

智慧供应链管理系统结合先进的信息技术与现代供应链管理思想及方法，实现供应链管理的自动化、数字化和智慧化，是先进技术在物流管理与供应链管理领域的综合应用。本节把智慧供应链管理系统的总体构成分成两部分来重点阐述，一是智慧供应链管理中物流系统的组成，侧重物流过程中的主要功能实现视角；二是智慧供应链管理系统的组成，强调供应链整体的控制与集成管理功能。

一、智慧供应链管理中物流系统的组成

智慧供应链管理中物流系统包括了智慧订单管理子系统、智慧仓储管理子系统、智慧运输管理子系统、智慧加工配送管理子系统，如表2-2所示。这些子系统实现了物流系统中货物采购、仓储、库存与调拨、运输与配送等各个环节的相关活动，下面分别进行阐述。

表2-2　智慧供应链管理中物流系统的组成

子系统名称	功能介绍
智慧订单管理子系统	智慧订单管理子系统的功能主要包括客户订单生成、订单处理、订单准备、按订单派发等
智慧仓储管理子系统	智慧仓储管理子系统的功能是掌握仓储作业中货物出入库、分拣、库存及库存量变化情况
智慧运输管理子系统	智慧运输管理子系统的主要功能包括接收运输需求指令、运输调度安排、运输货物跟踪、运输实时信息查询与运输费用结算、运输服务能力分析、运输资源调度优化、运输路径规划与调度、运输费率与成本分析、承运商评价分析、运输合作联盟、运输网络系统与运输模式优化等
智慧加工配送管理子系统	智慧加工配送管理子系统的主要功能是根据客户的需求来提供订货处理、进出处理、分拣处理、加工处理与配送处理等功能

1. 智慧订单管理子系统

智慧订单管理子系统的功能主要包括客户订单生成、订单处理、订单准备、按订单派发等。该系统先获取客户订单并录入信息、检查客户信用与货物情况，依据客户的信用和货物状况，处理延迟的订单或实现客户订单的确认、修改及中止动作，同时，确认运输工具、装运地点并生成运输单据或拣货单；接下来，将客户订单发送至仓储部门或配送部门；此外，还需不断查询客户订单状态或处理退换货业务。

运营层面上，客户订单处理过程中会采用各类感知设备来自动获取客户信息，并同步传送至智慧物流系统中。一方面要实现实时反馈，让客户知晓传送至系统的客户订单的处理进度，保持信息的透明性；另一方面也要实时监测客户可能的需求变化情况并反馈，随时与运输、仓储、配送等运营部门协调合作，实现高效的运输资源配置，货物情况检查，及配送流程的监控、调度与反馈修正。

战术层面上，利用数据分析技术，借助各种与客户相关的数据库系统，对客户订单完成率、配送完成情况、延迟订单和退货订单情况等运作状态数据进行汇总、统计与分析。

战略层面上，借助大数据、云计算等技术，高层决策者能够获得并分析客户订单的需求分布趋势、客户的信用水平、与客户签订的合同情况、完成订单所需的资源调度与资源使用情况等方面内容。

除此之外，由于对物流客户的订单处理速度至关重要，为有效压缩订单处理速度，智慧订单管理子系统会及时获取数据、实时传递与共享信息。进一步，系统会对客户订单、客户信用及物流资源调度情况等进行分析，制定出可行且优化的订单完成方案，及时满足客户需求，从而大大提高客户服务水平。

2. 智慧仓储管理子系统

智慧仓储管理子系统的功能是掌握仓储作业中货物出入库、分拣、库存及库存量变化情况。具体而言，仓储作业需要频繁地处理大量数据，如货物数据、货架数据、出入库货物的调度数据等，因此，智慧仓储管理子系统应用了云计算、大数据处理等技术，并基于物联网的自动感知技术加速数据输入输出处理，同时，基于智能设备的应用，从软件和硬件两方面着手，实现库存优化。

运营层面上，智慧仓储管理子系统主要实现货物的出入库管理、货物的拣选处理、出库包装管理及仓库中货物的盘点管理等。

战术层面上，智慧仓储管理子系统主要实现仓储调度管理，即解决在一定仓储面积情况下仓容的利用率决策问题。一般有如分类存储、按照 COI（基于货物的订单体积指数）原则存储等多种方式。不同的存储方式和不同的存位方式，可以有效节约存取、查找的时间，降本增效。另外，实现合理存储首先需要对存货按照货物价值和数量进行ABC分类分析，对重要存货实施连续性的监控和管理，对次要存货实施周期性的监控和管理等。这些所有控制与管理活动都是为了实现库存成本的合理化。一旦发生货物的进库、出库、存储等活动，智慧仓储管理子系统就能自动进行数据获取、传递、统计、反馈和控制。

战略层面上，智慧仓储管理子系统的应用包括决策库存客户服务水平，即面向外部衡量其管理水平的标准，包括产品服务水平、订单服务水平和周期服务水平，用于评价库存系统在满足客户需求方面的性能。这些性能指标的测量均通过对下层作业系统和中层状态控制的数据进行汇总分析、预测得出，尤其是零售仓储，其需求受市场波动的影响常常是不确定的。库存量的预测、订货点的确定及在一定客户服务水平基础上安全库存量的确定等，这些都需要通过对数据进行分析和预测得出。进一步，智慧仓储管理子系统还可以辅助面向企业内部的高层决策，首先是仓储模式的设计，也就是自营与外包的决策、仓库定位与布局、仓储的经营模式等，智慧仓储管理子系统可以给予数据分析结果和决策方案的支持；其次是库存周转率分析，通过智慧仓储管理子系统能够及时监测库存周转率水平，并对长期数据变化趋势进行分析，这样可以衡量库存内部管理人员管理水平（库存周转率越高，说明资金周转越快，管理水平越高），同时，也能够借此比较同行业不同企业之间的库存管理水平，高的库存周转率往往意味着高的库存投资回报率。

3. 智慧运输管理子系统

智慧运输管理受运输距离、运输方式、运输时间、运输成本等要素的影响。智慧运输管理子系统通过各种感知技术、信息传递技术等来生成运输过程中的所有相关信息，如运输单证、提货单、路径信息等。通过移动通信、GPS、GIS（地理信息系统）等多种技术的配套应用，利用云计算和大数据等技术进行分析，辅助决策。

运营层面上，智慧运输管理子系统的主要功能包括接收运输需求指令、运输调度安排、运输货物跟踪、运输实时信息查询与运输费用结算等。物联网技术是系统运作的重要支撑，由于货物通过各种运输工具在全国甚至全球各个区域进行流动，运输作业中的实时数据获取与传递需要北斗卫星定位系统、地理信息系统、通信网络系统等联合作用，这样才能实现运输车辆信息、经过区域的交通信息、地理信息、运输货物信息、运载能力信息和费用信息等的自动采集和传递。同时，还可以通过GPS、GIS等货物跟踪技术对在途的货物状态进行监督和控制，以应对紧急情况，避免损失。另外，大数据技术实现了对运输资源的合理调度与安排，通过对货物信息来源地、所经地、目的地等进行查询，利用相关数据分析软件，选择适合的运输工具。

战术层面上，智慧运输管理子系统的主要功能有运输服务能力分析、运输资源调度优化、运输路径规划与调度、运输费率与成本分析等。具体包括对承包商服务水平的监测反馈；分析货物流向，考虑货物的路线和各种运输工具的实载率，进行货物合并和配载决策，以便进行货运配载计划的制订和相应运输效率的测定；对运输中出现的问题、突发事件和不合理运输等进行分析，平衡成本和服务质量，并通过运输统计分析、运输成本效益分析，实时配备合适的运输能力，来不断提高运输管理的效率。

战略层面上，智慧运输管理子系统的主要功能包括承运商评价分析、运输合作联盟、运输网络系统与运输模式优化等。最基本的运输模式选择决策是要确定自营运输还是完全外包运输，或部分自营运输与部分外包运输，及其份额如何确定。若选择外包（或者部分外包），对于承运商的选择与评价就至关重要，而智能系统可以辅助提供决策方案并给出详细的数据支持。大的企业和承运商一般会形成企业联盟或企业合作伙伴关系，智慧运输管理子系统需要和外部承运商及企业内部采购部门、市场部门、仓储部门、财务部门进行各类数据共享并进一步实现实时查询货物运输途中的状况，以便获取信息并进一步分析、辅助决策。

4. 智慧加工配送管理子系统

智慧加工配送管理子系统常常具有智慧仓储管理子系统的功能，且随着功能的不断拓展，在配送中心还实现一些简单加工的功能。因此，本节把加工与配送集成起来阐述。智慧加工配送管理子系统有很多类型，如零售商型配送中心、制造商型配送中心、区域型配送中心、流通型配送中心等。不同类型的配送中心其业务流程、运作方式、运作目标不同，但需要感知、采集、传递及分析的基本信息、控制信息和决策信息基本相似。

运营层面上，智慧加工配送管理子系统的主要功能有根据客户的需求来提供订货处理、进出处理、分拣处理、加工处理与配送处理等功能。这里的订货处理类似于上文中阐述过的智慧订单管理子系统的功能，由配送中心和其上游制造商进行。而进出处理类似于智慧仓储管理子系统的相关功能，进入配送中心的货物一般都需要通过分拣设备，按照产品流向或产品类别分拣。进入加工区的货物要根据加工要求、加工时间限制，通过一系列的加工流程来完成加工处理的任务，然后再进入配送区。进入配送区后，货物根据配送目的地和承运工具、送达时间等条件来进行配载派车。

战术层面上，智慧加工配送管理子系统在决策支持需求中的订货预测分析基础上，根据实际约束实施配送中心的补货控制决策，即什么时候订货，订多少货物，以便实现供需匹配。配送管理针对的是配送中心已经设计好的作业流程，根据实际货物到达量，进行配送运营、配送资源调度与控制。因为配送中心作业量大，时间要求严格，灵活地进行作业调度是必要的。配送是供需链上一个重要环节，目标就是降低货物运输流动的成本。因此，智慧加工配送管理子系统中的中层控制至关重要。

战略层面上，智慧加工配送管理子系统从两方面实现其功能。订货预测分析、联盟合作分析等是与上游供货商制定协同战略，而管理流程设计、配送网络设计与成本战略分析等是企业内部进行长期决策。为实现这些战略目标，系统实时监控配送中心每一个周期内货物进出、存储、加工、配送等各个环节的成本，以便实现资源配置的最优化。

二、智慧供应链管理系统的组成

以供应链管理理论为核心的智慧供应链管理系统是指供应链上企业之间为了实现信息共享和协同，构建以物联网、智能技术与设施、数据挖掘与大数据技术等为基础的一体化集成系统。它不是仅仅局限于一个企业，而是从整体供应链的视角来考虑的，涉及供应链上存在的众多参与企业，以及它们之间存在的众多利益关系。因此，智慧供应链管理系统是前面所有阐述的系统集成的一个复杂大系统。

图2－4是基于智能技术的智慧供应链管理系统。智慧供应链管理系统中的各个成员，如供应商、制造商与消费者，通过物联网和互联互通的网络技术为基础的集成信息系统或电子商务平台连接起来，形成集成化的供应链管理系统。同时，通过供应链中台上的云计算、数据挖掘、智能算法和大数据等技术，对供应链上所有业务进行协同计划、协同资源调度、协同控制与协同反馈修正，来实现供应链上所有业务与运营活动的协同制造与物流过程，实现供应链上物流、信息流与资金流的统一。

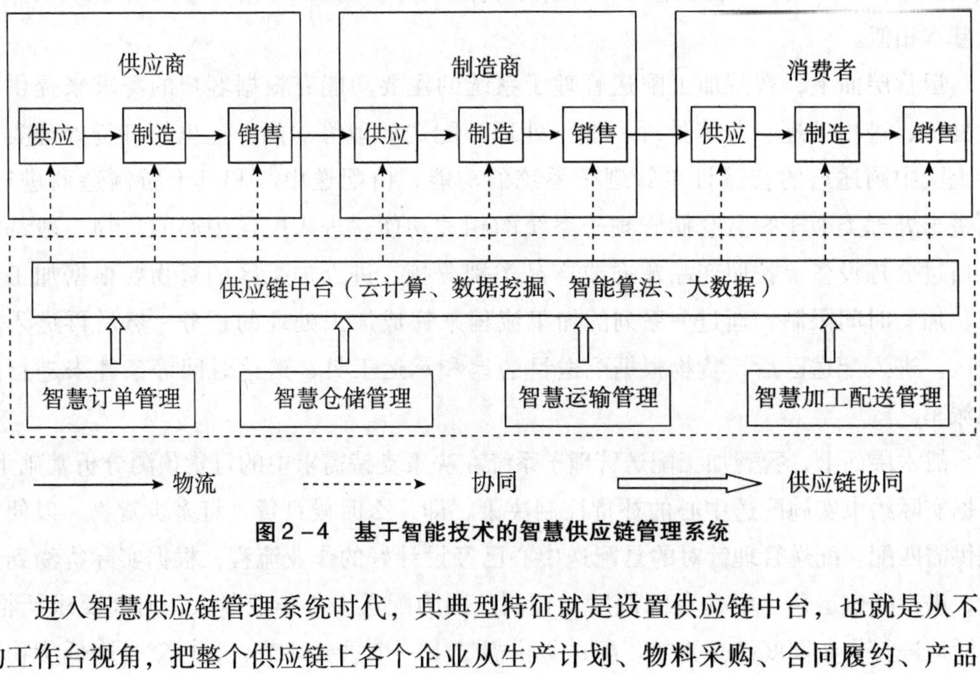

图2－4 基于智能技术的智慧供应链管理系统

进入智慧供应链管理系统时代，其典型特征就是设置供应链中台，也就是从不同的工作台视角，把整个供应链上各个企业从生产计划、物料采购、合同履约、产品库存与财务结算等流程全面集成。在数据应用体系中，设计了不同的数据应用规则，且应用了相关优化模型、智能算法、大数据等技术。基于商品、订单、库存、结算方式、运营模式等，可依据实际数字化的对象，通过数据架构模型与供应链上的商业模式相结合，形成链上各种业务运营的应用场景。

因此，供应链中台中存在各种类型的工作台，其中不同的物流运营场景、不同的对象数据、不同的优化模型等相互集成，面向供应链上不同的运营支持角色来完成相关工作。例如，上海富勒信息科技有限公司是一家精益物流软件的提供商。其产品以打造数字中台为目标。其2004年12月成立，2009年10月成为上海世博会的仓储管理系统供应商，2013年其产品深入医药、服装和电商行业。随后，在2015年5月与顺丰企业展开全面合作，开始进军供应链中台领域。到2018年6月，发布了云架构智能化解决方案，开始构建一个包括订单、运输、仓储和信息处理的综合性数字中台控制软件服务系统。由此，可以看出，构建在智慧供应链管理系统中的供应链中台包括算法的设计和优化、大数据分析与云计算等，可以为客户提出各种供应链上的问题，并提供智能化、一体化解决方案。

第四节　智慧供应链管理系统的实践应用

一、智慧供应链管理中的控制与协调应用

区别于单纯的智慧物流管理，智慧供应链管理具有复杂性和集成性的特点，而整个组织架构和层级的控制与协调，即供应链协同，正是智慧供应链运作的关键及其重要价值所在。本节将主要介绍供应链中台和供应链控制塔两个重要产品及其实际应用。

1. 供应链中台

供应链中台是数字化供应链中最核心的产品。传统供应链管理过程中，采购、生产、物流等流程基于ERP串联在一起，而智慧供应链管理过程中，供应链整体的信息化、系统化、互联网化主要基于供应链中台实现。采用中台架构的数字化供应链，应用了互联网思维和技术，企业的数据能做到实时在线、互联互通，在库存共享、全渠道订单交付、价格管理、分销体系及客户需求管理等方面为企业带来全新的体验。

京东一直致力于打造数智化供应链，连接消费互联网与产业互联网两端，并提出开放供应链技术，联合供应链中各参与企业共同进行降本增效，实现合作共赢。基于这一逻辑，京东在2020京东全球科技探索者大会上推出了4款帮助企业进行数智化转型的产品，分别是泛零售技术服务平台“零售云”、数字化供应链平台“京慧”、智能

客服与营销平台“言犀”和市域治理现代化平台“仑灵”。

不难发现，这些产品是京东对自己在零售、物流、客服等方面经验的对外系统性输出。以“零售云”为例，它通过对技术、业务、数据、用户四大中台的能力通用化，将京东零售积淀多年的全链路技术及方法论首次体系化对外输出，实现技术实施、运营流程、业务活动的全面标准化，如图2－5所示。这正是供应链中台的价值所在，它能够帮助零售产业链上各个角色解决面对不同的消费群体的需求分层问题，以使其自身供应链适应市场需求并保证利润，同时可根据市场进行供应链网络的渠道化改造，满足不同商家群体需求及确保盈利。此外，商家可通过中台的全链路可视化分析来了解市场动态，实时跟踪供应链的成本和效益，及时调整自身的供应链需求计划，保证资源的最优配置，制定更靠近消费者的产品差异化策略。

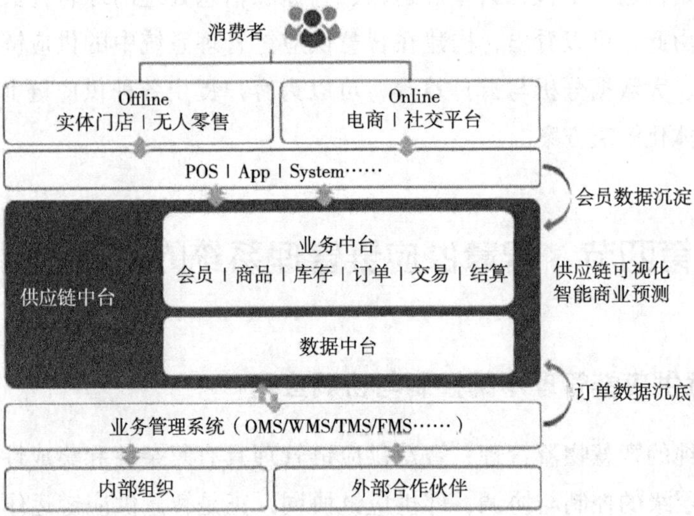

图2－5 京东的“零售云”平台

2. 供应链控制塔

控制塔最初的概念是指机场的控制塔台，用于控制飞机和地面车辆，指挥飞机起飞和落地。一些供应链管理专家和大型跨国货运公司借用了这个概念，提出物流控制塔这一概念，以表示该控制塔可以控制整个物流的配送状态。美国咨询公司 PwC（普华永道）把数字化供应链控制塔作为供应链生态系统的核心架构，给出了供应链控制塔概念，指出其由一系列供应链管理流程与工具组成，通过互联网技术，来规划物流仓储网络、监控订单履行状态和实时追踪货物，为企业提供端到端的、可视化的供应链服务。

然而，到目前为止，关于供应链控制塔尚无统一的定义。高德纳咨询公司认为供应链控制塔是提供供应链端到端的、整体可视化的、实时的信息和决策。埃森哲认为供应链控制塔是一个共享服务中心，负责监控和指导整个端到端供应链的活动，使之成为协同的、一致的、敏捷的、由需求驱动的供应链。供应链控制塔需要有一个前端来捕捉需求，通过需求信号驱动生产和分销。目前先进的供应链控制塔可以处理来自多方的物流数据，以创建端到端的图片。随着信息技术的发展，在智慧供应链管理过程中，供应链控制塔担任了采集供应链各环节信息并实时分享及集成管理的角色，成为一个由系统所支持的“数据中心”，以实现需求驱动供应链的端到端控制。

因此，供应链控制塔就是在信息技术支持下，在恰当时间把信息呈现给所需要的企业管理者，即供应链控制塔是一个企业各个业务部门信息的总汇集平台，以便实现实时事件处理、例外管理、全业务流程的透明化，并通过各类预测性分析，来实现供应链业务的管理决策与支持服务。

通过以上定义的阐述，可以看出供应链控制塔强调“透明化与可视化”的思想，即供应链控制塔是为供应链上各个企业提供一个可以实现跟踪、监督与控制及管理自身资源的有效工具。虽然当前对供应链控制塔尚未形成一个统一的定义，但已有定义都指出供应链控制塔具有以下三大特点。

（1）灵活性，可对不同部门根据市场反馈的业务需求进行即时调配，以优化资源分配。

（2）可视性，能够将人工流程进行信息化和数据化操作。

（3）预警性，在供应链每个环节都可以实时记录，基于标准可以实时跟踪和预警，从而进行控制。

供应链控制塔的主要功能包括以下内容。

（1）规划物流仓储网络，即通过收集现有的运输路线和仓库位置等信息，汇总出现的问题，在专业的软件帮助下，根据现有线路的运货量，优化物流运输和仓储配送网络。

（2）跟踪订单履行状态，即从订单确认开始，跟踪订单履行状况，定期回顾未交付订单，确保在到货期内把货物交付给客户。

（3）管理物流运输的活动，保障供应链的可视化，实时监控货物所处位置和到达各个运输节点的精确时间。

（4）管理第三方供应商，即通过设定标准的 KPI（关键绩效指标），对第三方供应商进行定期考核，以实现优胜劣汰。

表 2－3 总结了关于供应链控制塔的定义与功能。

表 2－3　　供应链控制塔的定义与功能

定义来源	定义内容
普华永道	由一系列供应链管理流程与工具组成，通过互联网技术，来规划物流仓储网络、监控订单履行状态和实时追踪货物，为企业提供端到端的、可视化的供应链服务

续表

定义来源	定义内容
高德纳咨询公司	提供供应链端到端的、整体可视化的、实时的信息和决策
埃森哲	是一个共享服务中心，负责监控和指导整个端到端供应链活动，使之成为协同的、一致的、敏捷的、由需求驱动的供应链
功能特征	功能描述
规划物流仓储网络	收集运输路线和仓库位置等信息，根据现有线路的运货量来优化物流运输和仓储配送网络
跟踪订单履行状态	基于订单确认，来跟踪订单履行状况，并定期回顾未交付订单，以便确保在到货期内把货物交付给客户
管理物流运输的活动	保障供应链可视化，实时监控货物所处位置及其到达各个运输节点的精确时间
管理第三方供应商	基于 KPI 对第三方供应商定期考核

二、智慧供应链管理过程中数据价值的应用

在实践中数据价值得到越来越广泛的应用，尤其是在基于先进信息技术支持的智慧供应链管理过程中，数据的收集、传递、处理与挖掘中涉及大量的相关数据分析及其数据价值的挖掘应用。本节将阐述企业智慧供应链管理过程中一些数据价值的具体应用。

1. 借助云服务平台的大数据应用

AWS 是亚马逊的一个云服务平台，具有计算、数据库存储、内容交付等功能。其云服务的三种服务模式包括：基础设施即服务（IaaS）、平台即服务（PaaS）和软件即服务（SaaS）。用户可根据需要选择相应的类型来帮助自身保持适当的控制平衡，同时避免没有意义的繁重工作。当前亚马逊很多客户采用 AWS 来构建复杂的应用程序。由于很多用户使用，这也加快了 AWS 在机器学习、人工智能、物联网和无服务器计算方面的步伐。

相关报告显示，80%的电子商务巨头都认为亚马逊的数据分析成熟度远远超过同行。事实上，亚马逊一直在追踪用户在电商网站上的一切行为，尽可能多地收集信息。同时，还借助 AWS，基于其 20 亿用户的大数据，通过预测分析 140 万台服务器上 10 亿 GB（吉字节）的数据来促进销量的增长。亚马逊灵活的 MapReduce（映射－化简）程序建立在 Hadoop（海杜普）框架的顶端，两者很好地互补，帮助零售

商高效地管理和分析平台数据。例如，零售商店15亿的产品目录数据，能通过200个实现中心在全球传播并储存在亚马逊的S3（简单存储服务）界面中，每周进行将近5亿次更新。同时，S3界面上数据的产品目录每30分钟都要进行分析并发到不同的数据库系统中。

亚马逊智能供应链的先进性还体现在其可以分析消费者的购买行为，具有预测式响应能力。亚马逊后台系统会记录客户的浏览历史，提前对库存进行优化配置，将顾客感兴趣的商品提前调拨到离消费者最近的运营中心，即“客未下单，货已在途”。亚马逊智能系统就像一个超强大脑，可以洞察到每一个小时、每一个品类、每一件商品的单量变化，让单量的预测数据细分到全国各个运营中心、每一条运输线路和每一个配送站点，提前进行合理的人力、车辆和产能的安排。

2. 基于学习优化算法的企业决策分析应用

苏宁易购2019年6月发布了智能决策系统，其管理者表示，该系统通过诸如运筹优化、机器学习和深度学习算法，能够实现货物的感知、资源的调度与决策分析，尤其是从辅助决策到自主决策。

苏宁易购的智能决策系统建立了三个核心应用，分别为智能网络规划、智能仓储与智能调度。

（1）智能网络规划的主要功能包括网络布局、运输网络规划等，就是运用大数据和运筹优化算法，对苏宁易购的供应链全流程进行分析。

（2）智能仓储方面，苏宁易购通过人工智能技术与作业场景的深度结合，建立了仓库管理的一体化解决方案。该方案覆盖库内布局、上架、补货、调仓、理货、拣选与包装七大作业环节的算法体系，提供评估、诊断、建议、再评估的闭环反馈服务，对仓库利用率和作业效率的提升效果明显。

（3）智能调度的主要功能包括干线运输的车型推荐、支线运输的车辆路径规划和末端的揽配订单分派。苏宁易购借助人工智能技术，实现运配环节的车辆、人员、设备等作业资源的协调统一，使作业效率最大化。

通过以上苏宁易购关于大数据、机器学习等技术的应用，可以看出，挖掘供应链中的数据价值，可以重塑物流运作流程，赋能供应链流程和信息透明化，实现降本增效的目标。

❖ 本章小结

智慧供应链管理系统的技术架构分为三大层次：感知层、网络层和应用层，其中感知层具体分成识别、信息追溯感知层，跟踪、定位感知层，监测、控制感知层；网络层通过接入网和传输网，来实现数据的接入功能与传输功能；而应用层按照物流作业层次，可分为物流决策层、物流管理层和物流执行层。智慧供应链管理系统的成员协同架构主要包括：以自动化为基础的运营层、以数字化为基础的战术层及以智慧化为基础的战略层。

智慧物流系统的功能包括：物流运营的感知功能、物流数据的集成功能、物流分析的模拟功能、物流决策的优化功能、物流系统的协调功能、物流系统的及时反馈功能、物流系统的自动修正功能。智慧供应链管理中物流系统包括：智慧订单管理子系统、智慧仓储管理子系统、智慧运输管理子系统、智慧加工配送管理子系统。

智慧供应链管理系统的组成通过供应链中台上的云计算、数据挖掘、智能算法和大数据等技术，对供应链上所有业务进行协同计划、协同资源调度、协同控制与协同反馈修正，来实现供应链上所有业务与运营活动的协同制造与物流过程，实现供应链上物流、信息流与资金流的统一。

❖ 关键概念

智慧供应链管理系统　智慧物流系统　供应链协同　供应链中台　供应链控制塔　数据价值　全球定位系统　地理信息系统

❖ 思考题

1. 智慧物流系统的组成部分都包含哪些？
2. 相比较于传统供应链，应如何理解智慧供应链管理系统的功能？
3. 思考传统物流系统与智慧物流系统的区别。
4. 阅读课外资料，分析智慧供应链管理系统的体系架构与智慧供应链管理中的控制与协调应用的关系。

❖ 案例分析

基于区块链的食品安全解决方案

传统零售业中的顶尖企业沃尔玛与 IBM（国际商业机器公司）合作，基于 IBM 区块链平台构建了 Food Trust 解决方案。IBM Food Trust 运行于 IBM 区块链云平台之上，底层采用 Hyperledger Fabric（超级账本），提供以区块链为基础的云服务。通过食品认证、食品安全、食品浪费等多个不同的模块，针对不同的场景和客户进行交互，帮助食品系统的参与者（生产商、供应商，制造商、分销商和零售商）相互协作，提高供应链效率。

IBM Food Trust 是一个安全、共享的交易信息平台，解决了传统零售业中食品系统低效、防伪与监管困难、零售商与供应商之间争端解决时间成本高昂等问题。通过跟踪相应的模块，供应链的成员可以追踪食品的上下游，查看食品在供应链上的位置和状态。通过文档模块，对业务供应链商家的身份使用关键证书和检查文档进行数字化验证，来确保真实性，获得消费者所要的食品细节，并帮助生产者、供应商、制造商、分销商和零售商更方便地找到合作伙伴。

同时，整个供应链从上到下的可见性能够让品牌商主动管理损坏的产品，而避免了纠纷导致的服务中断，可以确保承诺的商品质量是无可争辩的。如果遇到食品安全问题，可以很清晰地找到责任方，提高消费者食品信心的同时，增加了品牌商的信任度。

此外，平台上的数据积累也帮助零售商更好地进行供需匹配，并且在腐败产品识别上提高效率。根据 IBM 调查的数据表明，如果全球启用一个跟踪产品损失、浪费和过期日期的系统，每年可以节省 1500 亿美元的食品浪费。既能解决流程效率低下的瓶颈问题，又可使产品供应链实现可持续发展。

1. 查阅资料，总结在食品供应链中都存在哪些食品安全隐患，每年因为食品安全问题的损失有多少。

2. 沃尔玛与 IBM 合作开发的 IBM Food Trust 是如何保证食品安全的？

3. 区块链技术的特点是什么？为什么其能够用于食品供应链的安全追溯环节？

第三章　智慧供应链管理的关键技术

❖ 学习目的

通过本章的学习，学员应该能够：

- 了解智慧供应链管理中技术创新的重要性。
- 熟悉智慧供应链管理中常用的关键技术。
- 掌握物联网、移动互联网、大数据、云计算、人工智能与区块链技术的基本原理和技术体系。
- 了解智慧技术在物流与供应链中的应用。

案例 3－1　海尔生物打造 U－Blood 物联网血液安全及信息共享管理系统

我国血液供需的结构失衡问题由来已久。从低温存储设备的需求者和使用者的角度来看，随着医疗服务精细化程度的不断加深，医疗机构、中心血站等，希望通过血液存储载体来实现医疗用血管理的智能化、信息化，以解决医疗用血场景中的痛点。

自 2018 年起，海尔生物融合物联网技术与生物医疗低温存储技术，创新推出 U－Blood 物联网血液安全及信息共享管理系统，由物联网血液冷藏箱、物联网恒温运转箱两大血液存储载体，以及与医院等医疗机构 HIS（医院信息系统）对接的智能血液信息管理系统构成。U－Blood 物联网血液安全及信息共享管理系统如图 3－1 所示。

医院等医疗机构通过应用 U－Blood 物联网血液安全及信息共享管理系统，可以将物联网血液冷藏箱从存血点（血液科）前移至用血点（手术室、急诊室等），构建“分布式”血液存储结构，并通过该系统实现对各存血点血液存储量的盘点和调配；血液的流转则是以物联网恒温运转箱为载体，通过物联网恒温运转箱的温度记录和自动

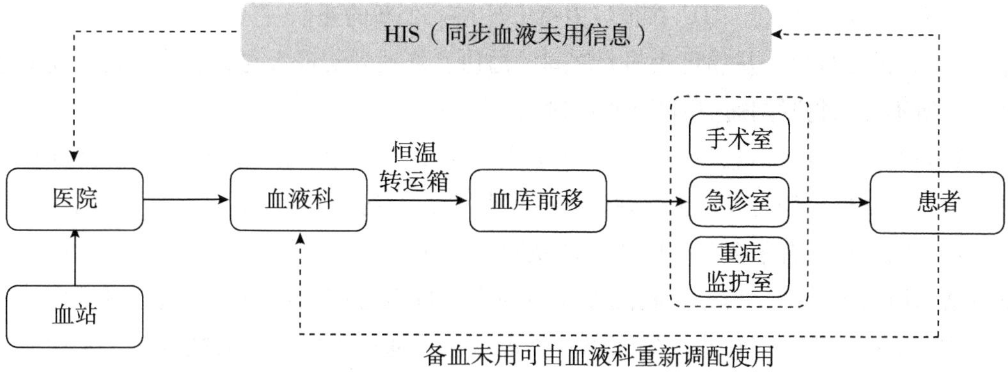

图 3－1　U－Blood 物联网血液安全及信息共享管理系统

定位功能，实现血液流转信息的全程监控与智能管理。在用血点，有权限的医护人员通过信息化系统申请、审核，大幅简化单据审批流程，缩短取用血时间，形成“即需即取、即取即用”的高效临床用血体验。同时，由于对血液流转全过程的充分监测与可追溯，医院可以对未使用的血液进行重新调配，实现不同院区信息共享和血液调配，减少医疗资源浪费。

第一节　物联网技术

一、物联网的发展与概念

物联网概念最早出现在比尔·盖茨的《未来之路》一书中，随后在 1998 年，美国麻省理工学院创造性地提出 EPC 系统的“物联网”构想。在 1999 年美国自动识别中心，提出网络无线射频识别系统，即把所有物品通过射频识别设备等信息传感设备与互联网连接起来，实现智能化识别和管理。早期的物联网是以物流系统为背景提出的，以射频识别技术（RFID）作为条码识别的替代品，对物流系统进行智能化管理。

中国科学院在 1999 年就启动了传感网的研究项目，并取得了一些成果，建立了一些适用的传感网。同年，在美国召开的移动计算和网络国际会议提出了传感网是下一个世纪人类面临的又一个发展机遇。2003 年，美国《技术评论》提出传感网络技术将是未来改变人们生活的十大技术之首。

随着技术的发展，物联网的内涵已发生了较大变化。2005 年 ITU（国际电信联盟）在突尼斯举行的信息社会世界峰会（WSIS）上正式确定了“物联网”的概念，并随后发布了《ITU 互联网报告 2005：物联网》，介绍了物联网的特征、相关的技术、面临的挑战和未来的市场机遇。ITU 在报告中指出，在一个新的通信时代的边缘，信息通信技术（ICT）的目标已经从满足人与人之间的沟通，发展到实现人与物、物与物之间的连接，无所不在的物联网通信时代即将来临。

物联网使我们在信息与通信技术的世界里获得一个新的沟通维度，在任何时间、任何地点，从连接任何人，扩展到连接任何物品，万物的连接就形成了物联网。目前关于物联网的定义有很多个。比如，物联网是未来网络的整合部分，它是以标准、互通的通信协议为基础，具有自我配置能力的全球性动态网络设施。在这个网络中，所有实质和虚拟的物品都有特定的编码和物理特性，通过智能界面无缝链接，实现信息共享。或者说，物联网是由具有标识、虚拟个性的物体/对象所组成的网络，这些标识和虚拟个性运行在智能空间，使用智慧的接口与用户、社会和环境的上下游进行连接和通信。也就是说，物联网指通过信息传感设备，按照约定的协议，把任何物品与互联网连接起来，进行信息交换和通信，以实现智能化识别、定位、跟踪、监控和管理的一种网络。它是在互联网基础上延伸和扩展的网络。

事实上，狭义上的物联网指连接物品到物品的网络，实现物品的智能化识别和管理。广义上的物联网则可以看作是信息空间与物理空间的融合，将一切事物数字化、网络化，在物品与物品之间、人与物品之间、人与现实环境之间实现高效信息交互，并通过新的服务模式使各种信息技术融入社会行为，是信息化在人类社会综合应用达到的更高境界。

二、物联网的特征和功能

物品与物品、人与物品之间的信息交互是物联网的核心。因此，物联网的基本特征主要有以下三点。

（1）整体感知：可以利用射频识别设备、智能传感器等感知设备感知并获取客观实体的各类信息。

（2）可靠传输：通过与互联网的融合，实现客观实体信息的实时、准确地传送，以便信息交流、分享。

（3）智能处理：使用各种智能技术，对感知和传送到的信息进行分析处理，实现监测与控制的智能化。

根据物联网的以上特征，可以得出物联网的功能。

（1）获取信息的功能。主要是信息的感知、识别。信息的感知是指对事物属性状态及其变化方式的知觉和敏感度；信息的识别指能把所感受到的事物状态用一定方式表示出来。

（2）传送信息的功能。主要体现在信息发送、传输、接收等环节，最后把获取的事物状态信息及其变化的方式从时间（或空间）上的一点传送到另一点的任务，这就是常说的通信过程。

（3）处理信息的功能。处理信息是指信息的加工过程，利用已有的信息或感知的信息产生新的信息，实际是制定决策的过程。

（4）实施信息的功能。实施信息指信息最终发挥效用的过程，其有很多的表现形式，比较重要的是通过调节对象事物的状态及其变换方式，对象事物始终处于预先设计的状态。

三、物联网的体系架构与相关技术

根据国际电信联盟的建议，物联网的体系架构自下而上可以分为以下三个层次。

（1）感知层：该层的主要功能是通过各种类型的传感器对物质属性、环境状态、行为态势等静态或动态的信息进行大规模、分布式的信息获取与状态辨识，针对具体感知任务，常采用协同处理的方式对多种类、多角度、多尺度的信息进行在线计算与控制，并通过接入设备将获取的信息与网络中的其他单元进行资源共享与交互。

（2）网络层：该层的主要功能是通过现有的移动通信网、无线接入网、无线局域网、卫星网等基础设施，将来自感知层的信息传送到互联网中。在互联网部分的主要功能是以 IPv6/ IPv4（第 6 版/第 4 版互联网协议）为核心建立的互联网平台，将网络内的信息资源整合成一个可以互联互通的大型智能网络，为上层服务管理和大规模行业应用建立起一个高效、可靠、可信的基础设施平台。

（3）应用层：包括应用支撑服务层和物联网应用层。通过具有超级计算能力的中心计算机群，对网络内的海量信息进行实时管理和控制，并为应用层提供一个良好的用户接口。应用层的主要功能是集成系统底层的功能，构建起面向各类行业的实际应用程序，如环境监测、智能交通、智能电力、工业监控等程序。

物联网三层次及公共层技术架构如图 3 -2 所示，其相关技术阐述如下。

（1）感知层的技术，主要采集包括各类物理量、标识、音频和视频数据等在内的物理世界中发生的事件和数据。在该技术层次上，物联网的数据采集涉及 RFID 设备、传感器和多媒体信息感知设备，采集后的数据则通过短距离传输、传感器网络组网进行局域传递，通常使用多个传感器对数据采集过程进行协同处理。例如，在 RFID 网络中，安装在设备上的 RFID 标签和用来识别 RFID 信息的扫描仪、感应器属于物联网的感知层。

（2）网络层的技术，实现更广泛的信息互联与传递功能，可以把感知到的所有信息高可靠性、无障碍、高安全性地传送。一般物联网使用的网络技术是把传感器网络、移动通信技术与互联网技术三者相融合。当前广泛使用的移动通信技术与互联网技术基本上都可以满足物联网数据传输的需要。如物联网通过各种接入设备和移动通信网及其互联网相连接，来完成信息的传递。例如，手机付费系统中，内置于手机的 RFID

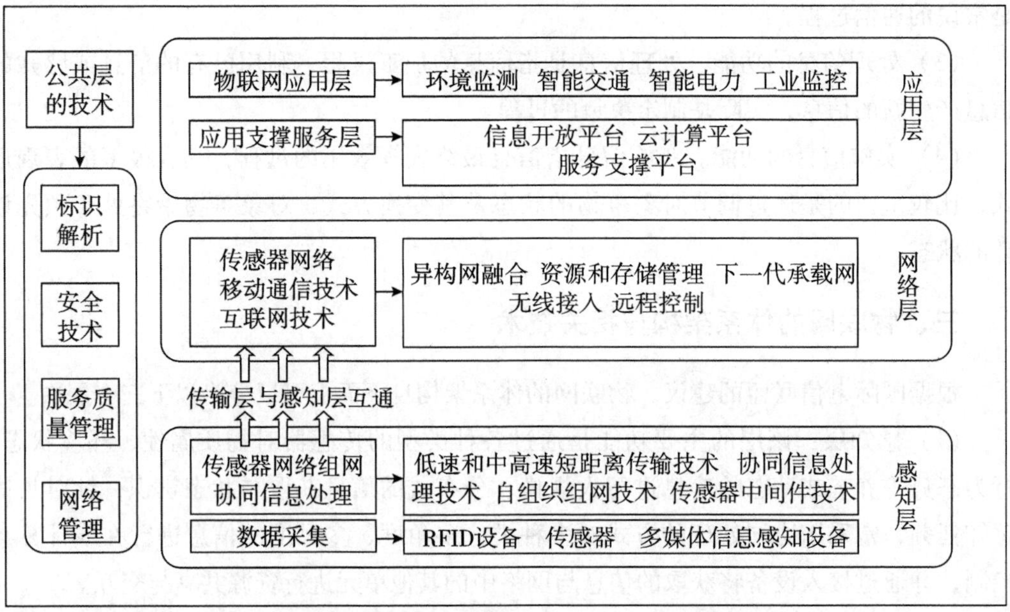

图3-2 物联网三层次及公共层技术架构

信息在被刷卡设备采集后，可以上传连入互联网，经网络层传递到后台，再由后台完成鉴权认证并从银行网络中划账。因此，在产业链应用中，网络运营商在物联网网络层中占据重要的地位。

(3) 应用层的技术，其中应用支撑服务层主要是支撑跨行业、跨应用、跨系统之间的信息协同、共享、互通。物联网应用层包括环境监测、智能交通、智能电力、工业监控等应用。

此外，物联网构建的目标就是要提供各种适用于社会需要的物联网应用。包括监控型（物流监控、污染监控）应用、查询型（智能检索、远程抄表）应用、控制型（智能交通、智能家居）应用、扫描型（手机钱包、电子不停车收费）应用等。其中，电子不停车收费（Electronic Toll Collection，ETC）应用就是在车窗上装有电子标签，并插入电子不停车收费通行卡，车辆在通过ETC车道时，利用电子标签与车道天线进行微波通信，无须停车就能自动完成出入口信息读写和缴费。

(4) 公共层的技术，包括标识解析、安全技术、服务质量管理和网络管理，这些技术不属于物联网的任何层次，可被应用于物联网技术架构三层次的任何层次。

可以看出，物联网涉及很多学科，包括通信、计算机、自动化、电子、材料等学科。实现物理世界的广泛互联是一个庞大的系统工程，解决在一系列关键技术支持下制定相关的标准，随后才能按照各个相关环节，一步一步有序地进行互连互通与整合，这是一个很漫长的过程。

第二节　移动互联网技术

一、移动互联网的组成

移动互联网是互联网发展的结果，它是以移动网络作为接入网络的互联网，是互联网技术、平台、商业模式和应用及其与移动通信相结合并实践的总称。移动互联网包括三大要素：移动终端设备、移动通信网络和移动互联网应用，如图 3－3 所示。

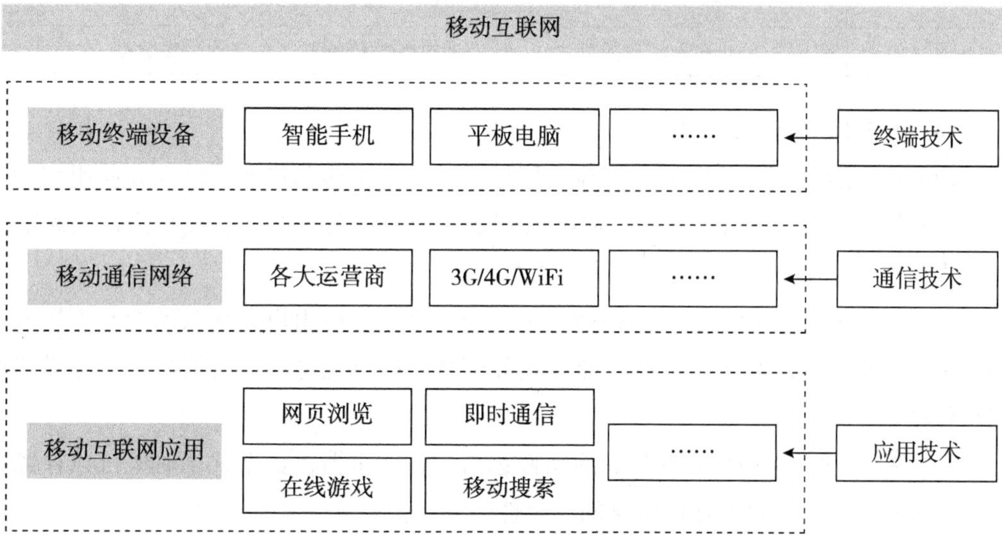

图 3－3　移动互联网三大要素

移动互联网将互联网与移动通信有效融合，使移动用户通过移动通信来接入互联网。结合终端的移动性、可定位性、便携性等特点，移动互联网提供数量众多的新型应用服务和应用业务，为移动用户随时随地提供具有个性化、多样化的服务。

二、移动互联网的特性和技术体系

1. 移动互联网的特性

移动互联网将移动通信与互联网结合成一体，从而继承了移动通信的随时、随地、随身及互联网的开放、分享、互动优势。传统互联网与移动互联网的特性比较如表 3－1 所示。

表 3-1 传统互联网与移动互联网的特性比较

特性	传统互联网	移动互联网
终端	PC（个人计算机）端	智能手机、平板电脑等移动终端
传输媒介	互联网	移动通信网络、WLAN、卫星
隐私性	PC 存在较多公用可能，缺乏对用户信息内容与服务的保护	智能手机的一对一特性及便携性能有效保障个人隐私
多样性	适用范围受限	基于 SOA（面向服务的体系结构）的开放性和功能多样性保证客户个性化需要
定位性	便携上的局限性使得精准定位客户的可能性极低	可基于位置与数据挖掘实现个性化服务推荐、精准营销及身份认证
信息采集	仅限于主动输入信息的处理	通过各类传感器实现自动采集数据

移动互联网的特性详述如下。

（1）交互性。用户可以随时随地应用移动终端，在移动状态下接入并使用移动互联网。从智能手机到平板电脑，人们随时随地可以用语音、图文、视频沟通和解决问题，大大提高了用户与移动互联网的交互性。

（2）便携性。移动终端小巧轻便、可随身携带，使得用户在任意场合都可接入网络。因此，用户获取娱乐、生活、商务相关信息，进行支付、查找周边位置等操作变得很便捷。

（3）隐私性。移动终端设备的隐私性远高于台式机器，数据共享时既可以保障认证客户的有效性，也可以保证信息的安全性。

（4）定位性。移动互联网有别于传统互联网的典型应用是位置服务应用。通过基站定位、GPS 定位或混合定位，移动终端可以获取使用者的位置，采集周边环境信息，从而提供个性化的服务。如基于位置的用户监控及消息通知服务、基于位置的娱乐和电子商务应用、基于位置的用户换机感知及信息服务等。

（5）多样性。表现在终端的种类繁多、一个终端能同时运行多种应用、支持多种无线接入手段、应用服务的种类多种多样等。

（6）局限性。移动互联网在提供便捷服务的同时，也受到了来自网络能力和终端硬件能力的限制。在网络能力方面，受到无线网络传输环境、技术能力等因素限制；在终端硬件能力方面，受到终端大小、处理能力、电池容量等因素限制。

（7）强关联性。由于移动互联网业务受到了网络能力及终端硬件能力的限制，因此，其业务内容和形式也需要匹配特定的网络技术规格和终端类型，具有强关联性。

（8）身份统一性。这种身份统一是指移动互联网用户自然身份、社会身份、交易身份、支付身份通过移动互联网平台得以统一。信息本来是分散到各处的，互联网逐渐发展、基础平台逐渐完善之后，各处的身份信息将得到统一。

可以看出，移动互联网继承了传统互联网的开放协作特征，同时也具有隐私性、便携性、定位性等特点。随着移动互联网的快速普及，网络连接从2G、3G、4G到5G（第二代、第三代、第四代到第五代移动通信技术），让手机等移动设备成为多屏的互动生态转移的中心。智能可穿戴设备、智能家居、智能机器人等与物流、交通、医疗、能源等传统行业已经深度融合。而结合物流与供应链的行业特征，移动互联网的移动性、便携性是其必不可少的特性，是产生创新产品、创新应用与创新模式的源泉。

2. 移动互联网的技术体系

移动互联网的技术体系主要包括：最底层（端）的移动智能终端软件平台技术、移动智能终端硬件平台技术、移动智能终端元器件技术，中间层（管）的面向移动互联网的网络平台技术，最顶层（云）的移动互联网应用服务平台技术，及公共的移动互联网安全控制技术，如图3－4所示。

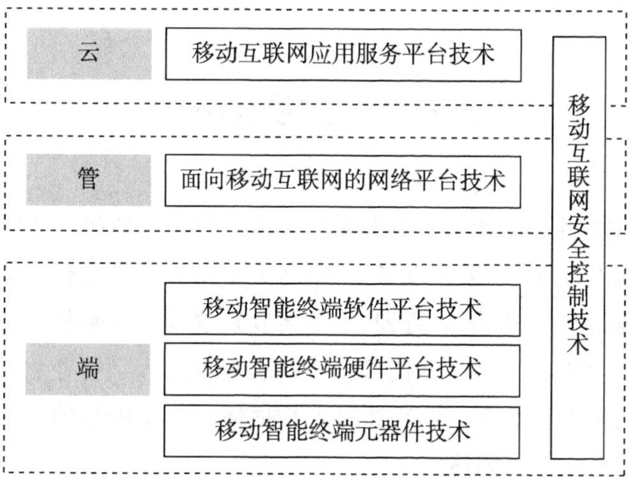

图3－4　移动互联网的技术体系

在移动互联网的整体架构中，终端居于举足轻重的地位。这是由于终端的个性化、移动性、融合性的诸多特点，其本身就是移动互联网发展创新的根本驱动力，对移动互联网的研究不可能绕开终端而仅关注移动互联网业务和服务。不仅如此，终端的软件和硬件也是移动互联网研究的重要部分之一。

案例3－2　FleetBoard车队的数据感知与分析

FleetBoard是梅赛德斯－奔驰集团股份公司推出的车队远程管理系统，致力于通过大数据处理为物流行业客户提供远程信息化车队管理解决方案。

其管理解决方案如下：首先，每个卡车上都安置终端，通过移动通信系统与 FleetBoard 的服务器建立联系来互换数据。物流公司或车队管理者可直接访问 GPS 信息以及其他实时信息，如车辆行驶方向、停车/行驶时间和装/卸货等信息，合理调度车辆、安排业务。其次，FleetBoard 通过计算驾驶员急加速、急刹车的次数，经济转速区行驶时间和车辆温度等细节信息，进行数据分析，以全面、量化的评分体系对司机的驾驶风格进行评估，直接帮助驾驶员发现驾驶过程中的问题并改进。数据显示驾驶风格的评分从 7 分提高到 9 分可以使百千米油耗下降 4 升。物流公司或车队管理者在 FleetBoard 远程管理系统的支持下，能够最大限度地对装备、运营模式、管理方式进行优化，实现更高效的资源配置。最后，FleetBoard 能够通过大数据解决方案实现数据采集和全程监控，将公路运输中的三大要素车、路、人与运营相关的数据、信息进行统计、管理与分析，借助互联网实时传输，提供包括车辆管理、物流管理和时间管理等方面的服务。

第三节　大数据技术

21 世纪是数据爆炸的时代，大数据成为众多行业领域的热点话题。2006 年是个人用户的数据量从以 GB 为单位发展到了以 TB（太字节）为单位的新纪元。这种爆炸式增长使得全球数据量在 2010 年达到 ZB（泽字节）规模。在数据为王的时代，企业如果掌握大量数据以及相应的大数据技术，可以说基本迈入了行业领导者的门槛。本节将会列举大数据的特点和概念，然后针对大数据体现出来的价值、关键技术及其在构造智慧供应链中的应用做出阐述。

一、大数据的特点与概念

什么是大数据？IBM 曾经运用“5V”来描述大数据。“5V”指的是：Volume（大量）、Velocity（高速）、Variety（多样）、Value（低价值密度）和 Veracity（真实性）。其中，Volume（大量）指的是数据量大，采集、存储和计算的量都非常大。Velocity（高速）表明数据增长速度快，处理速度也快，时效性要求高。这是大数据区别于传统数据挖掘的显著特征。Variety（多样）说明数据的种类和来源多样化，包括结构化、半结构化和非结构化数据。多类型的数据对数据的处理能力提出了更高的要求。Value（低价值密度）表明数据的价值密度相对较低。海量数据烦冗复杂，如何从中筛选出有效信息是大数据时代最需要解决的问题。Veracity（真实性）代表数据的准确性和可信赖度，即数据的质量。大数据技术的“5V”特点的归纳总结如表 3 -2 所示。

表 3 -2　大数据技术的“5V”特点

特点	特点描述
Volume（大量）	数据量大，采集、存储和计算的量都非常大
Velocity（高速）	数据增长速度快，处理速度也快，时效性要求高
Variety（多样）	数据的种类和来源多样化
Value（低价值密度）	数据的价值密度相对较低
Veracity（真实性）	数据的准确性和可信赖度，即数据的质量

因此，结合“5V”特点，可以看出大数据绝不仅仅是字面意义上的“大量数据”或“海量数据”，还包括对大量数据处理的过程和能力。事实上，各种机构对大数据的定义不尽相同。

智库百科给出的大数据概念为：大数据是指无法在一定时间内用常规软件工具对其内容进行抓取、管理和处理的数据集合。大数据技术是指从各种各样类型的数据中，快速获得有价值信息的能力。适用于大数据的技术，包括大规模并行处理（MPP）数据库、数据挖掘电网、分布式文件系统、分布式数据库、云计算平台、互联网和可扩展的存储系统。

有定义指出，大数据又称为巨量资料，指的是传统数据处理应用软件不足以处理的大且复杂的数据集。此外，大数据也可以定义为各种来源的大量非结构化和结构化数据。大数据通常包含的数据量超出了传统软件在人们可接受的时间内进行处理的能力。

从这些大数据概念的共同点可以看出，相较于传统数据管理技术，大数据技术在数据规模、数据类型、数据处理模式、数据处理工具等方面存在较为明显的差异。这些差异表现为：数据集的复杂度和处理难度上升；技术覆盖范围更广，包括数据采集、存储、搜索、共享、传输、分析和可视化等。

大数据技术难掌握的主要原因是数据量大且繁杂，有效信息难提取。大数据的主要来源是大街小巷、工作场所、港口场站和楼层通道等各种生活场景中大量微小且带有处理功能的传感器，由此获得的数据数量巨大、种类多样且随时间动态变化。相较于企业 ERP 的数据库中纯净的企业业务数据，传感器记录下来的数据需要经过大量的转换、清洗、抽取和集成工作，通过相关性关联与聚合，采用一致性的结构来存储抽取，才能形成有效数据。因此，由于数据量太大，往往缺乏对所有数据的分布特点的认知，设计算法评价目标具有一定的难度。

二、大数据的关键技术及价值

前文对于大数据技术的特点做出阐述，并介绍了大数据的一些定义。本节将对大数据的关键技术做出介绍，分析大数据的关键技术与价值。

大数据的关键技术主要服务于四项任务，包括数据生成（也叫数据采集或数据获取）、数据存储、数据处理、数据应用（也叫数据分析与挖掘）。为了完成这四项任务，需要计算机的不同结构提供支持。

表 3－3 展示了大数据四项任务及其相应支持的计算机结构。在 IT（互联网）硬件方面，数据生成、数据存储、数据处理需要计算机结构中的采集设备、存储设备、服务器提供支持。在基础软件方面，数据存储、数据处理需要计算机结构中的数据库软件系统、分布式系统提供支持。在应用软件方面，数据生成、数据存储需要计算机结构中的采集、监测软件提供支持；数据处理、数据应用需要计算机结构中的智能搜索与分析软件提供支持。在信息服务方面，数据生成、数据存储、数据处理需要计算机结构中的集成系统、IT 基础设施服务提供支持；数据应用需要计算机结构中的咨询设施服务提供支持；数据生成、数据存储、数据处理、数据应用需要计算机结构中的信息安全保障系统提供支持。

表 3－3　　大数据四项任务及其相应支持的计算机结构

计算机结构		数据生成	数据存储	数据处理	数据应用
IT（互联网）硬件	采集设备、存储设备、服务器	√	√	√	
基础软件	数据库软件系统、分布式系统		√	√	
应用软件	采集、监测软件	√	√		
	智能搜索与分析软件			√	√
信息服务	集成系统、IT 基础设施服务	√	√	√	
	咨询设施服务				√
	信息安全保障系统	√	√	√	√

在上述计算机结构的支持下，大数据的四项关键技术得以有效开展，为海量数据的数据生成、数据存储、数据处理和数据应用提供支持。四项关键技术总结如表 3－4 所示，下文将针对每项关键技术进行详细阐述。

表 3－4　　大数据的四项关键技术

关键技术	具体内容
大数据预处理技术	1. 数据采集　2. 数据存取　3. 基础架构支持　4. 计算结果展现
大数据存储技术	1. 存储基础设施应保证存储数据的持久性和可靠性 2. 提供可伸缩的访问接口供用户查询和分析海量数据 3. 对于结构化和非结构化数据提供高效的查询、统计、更新等操作

续表

关键技术	具体内容
大数据分析技术	1. 数据处理　2. 数据挖掘　3. 统计和分析　4. 模型预测
大数据计算技术	1. 能够高效处理非结构化和半结构化数据 2. 在不同的数据类型中进行交叉计算 3. 针对大容量、静态的数据集进行批处理计算 4. 针对随时进入的数据进行流处理计算

1. 大数据预处理技术

大数据预处理技术包括数据采集、数据存取、基础架构支持与计算结果展现四项内容。

（1）数据采集：数据采集被广泛应用于互联网及分布式领域。ETL（Extract - Transform - Load，抽取 - 转换 - 装载）技术是较为常用的技术，是指通过某种装置（如摄像头、麦克风），将数据从来源端通过抽取（Extract）、转换（Transform）与装载（Load）至目的端的过程。

（2）数据存取：常采用关系型数据库，如 SQL（结构化查询语言）对数据进行存储。

（3）基础架构支持：采用云存储、分布式文件系统等来支持大数据的存入、取出及其他计算工作。

（4）计算结果展现：运用云计算、标签云（关键词的视觉化描述，用来汇总用户生成的标签）、关系图等对大数据的计算结果进行形象展示，以便用户决策应用。

2. 大数据存储技术

大数据存储技术是指通过基本信息的查找，依照某种格式，将数据记录和存储在计算机外部存储介质和内部存储介质上。大数据存储技术主要应用对象是临时文件在加工过程中形成的数据流，该项技术需要根据相关信息特征进行命名，通过数据流的形式同步呈现静态数据特征和动态数据特征。

大数据存储技术须同时满足三点要求：存储基础设施应保证存储数据的持久性和可靠性；提供可伸缩的访问接口供用户查询和分析海量数据；对于结构化和非结构化数据提供高效的查询、统计、更新等操作。

3. 大数据分析技术

大数据分析技术是应对大数据的结构复杂性的关键技术，用于处理数据构成中传统数据库管理系统难以处理的非结构化数据，主要包括以下四个方面。

(1) 数据处理：主要采用自然语言处理技术、多媒体内容识别技术、图文转换技术和地理信息技术等来处理各种数据。

(2) 数据挖掘：常采用诸如关联规则分析、分类与聚类分析、智能优化算法等挖掘各种数据。

(3) 统计和分析：包括应用文本情感分析、语义分析、地域占比等技术来实施统计和分析。

(4) 模型预测：采用各类预测模型、机器学习模型、建模仿真工具及模式识别技术等进行模型预测。

4. 大数据计算技术

目前采集到的大数据85%以上是非结构化和半结构化数据。与大数据分析技术类似，大数据计算技术也是针对不能处理非结构化和半结构化数据的传统关系型数据库提出的创新计算技术。如何能够在不同的数据类型中进行交叉计算，是大数据计算技术要解决的核心问题。

大数据计算技术可分为批处理计算和流处理计算。批处理计算主要操作大容量、静态的数据集，并在计算过程完成后返回结果，适用于需要计算全部数据后才能完成的计算工作；而流处理计算无须对整个数据集执行操作，只对通过传输的每个数据项执行操作，对随时进入的数据进行计算，处理结果立刻可用，并会随着新数据的抵达继续更新结果。

案例3－3　阿里巴巴对大润发的数字化改造

2017年11月20日，阿里巴巴集团（以下简称“阿里巴巴”）合计投资224亿港元入驻高鑫零售（大润发母公司），占股36.16%。阿里巴巴战略投资大润发并帮助其进行新零售数字化改造，其核心力量源于阿里巴巴强大的大数据技术能力，并以此期望为线下零售业的转型和发展提供参考。在接受阿里巴巴投资半年后，大润发已有100家门店完成了新零售数字化改造，实现3千米范围1小时送达并全面加入“天猫618狂欢节”。

大润发数字化改造的重点内容主要有：一是淘鲜达项目落地，大润发门店周围3千米的消费者均可线上下单并于1小时内收到商品；二是借鉴盒马鲜生的模式，在生鲜餐饮和物流配送方面进行升级，缩短了从下单出货到配送的时间；三是借助大数据技术陈列商品，基于大数据分析将热门商品摆放在显眼的位置，并通过后台数据查看每日销量以进行每日微调、每周大调，以保证商品及时的进出；四是推出智能购物区，大润发率先在上海杨浦店推出“天猫智能母婴区”以实现货品的跨界升级，帮助后台更好地统计消费数据，以便掌握消费者需求，进行精准营销；五是运用黑科技，部分大润发门店通过配置天猫云货架、天猫智能试衣魔镜和智能试衣间，打造沉浸式和趣味性的购物场景，为客户带来更佳的购物体验，吸引更多消费者。

第四节　云计算技术

云计算旨在通过网络把多个成本相对较低的计算实体整合成一个具有强大计算能力的完美系统，并借助先进的商业模式让终端用户可以享受得到这些强大计算能力的服务。如果将计算能力比作发电能力，那么现在大家习惯的单机计算模式转向云计算模式，就好比从古老的单机发电模式转向现代电厂集中供电的模式，而“云”就好比发电厂，具有单机所不能比拟的强大计算能力。这意味着计算能力也可以作为一种商品进行流通，就像煤气、水、电一样，取用方便、费用低廉，以至于用户无须自己配备。与电力通过电网传输不同，计算能力是通过各种有线、无线网络传输的。因此，云计算的一个核心理念就是通过不断提高“云”的处理能力，不断减少用户终端的处理负担，最终使其简化成一个单纯的输入、输出设备，并能按需享受“云”强大的计算处理能力。物联网感知层获取大量数据信息，在经过网络层传输以后，放到一个标准平台上，再利用高性能的云计算对其进行处理，赋予这些数据智能的重任，才能最终转换成对终端用户有用的信息。

一、云计算的定义与特点

1. 云计算的定义

随着计算机技术的不断发展，云计算已经成为推动社会生产力变革的新生力量。目前有一种流行的说法来解释云计算为何被称为“云”计算：在互联网技术刚刚兴起的时候，人们画图时习惯用一朵云来表示互联网，因此在选择一个名词来表示这种基于互联网的新一代计算方式的时候就选择了“云计算”这个名词。那么什么是云计算？它有什么特点？

迄今为止，业界对云计算的定义已有上百种，尚没有一个统一的定义。自2006年Google（谷歌）率先提出云计算以来，许多专家、研究组织以及相关厂家从不同的研究视角给出了云计算的定义，下面进行简单举例。

（1）Google：将所有的计算和应用放置在“云”中，终端设备不需要安装任何软件，通过互联网来分享程序和服务。

(2) IBM (国际商业机器公司): 将云计算定义为一种用户通过访问 Internet (互联网) 按需租用服务商提供的硬件或软件，从而获取与地域无关的计算资源并根据使用情况付费的模式。

(3) 微软公司: 与 Google 忽略终端的计算资源不同，微软公司认为计算资源是分散分布的，并将云计算定义为"云 + 端"的计算，即部分资源放在云上，部分资源放在用户终端，部分资源放在合作伙伴处，最终由用户选择合理的计算资源。

以上三种定义的总结如表 3 - 5 所示。

表 3 - 5　三大云厂商对云计算的定义差异

云厂商	要点	相关应用和平台
Google	强调"云"淡化"端"	Google Docs (在线办公软件)、Google Apps (谷歌应用程序)、Google Sites (谷歌协作平台)、Google App Engine (谷歌应用引擎)
IBM	仅关注"云"	BlueCloud (蓝云)、Analysis Cloud (分析云)
微软公司	强调"云"和"端"	Microsoft Azure (微软云服务平台)、微软数据中心、Windows Live (应用服务平台)

随着云计算的发展，维基百科对云计算的定义也在不断更新，2020 年相关定义指出云计算是一种基于互联网的计算方式，通过这种方式，共享的软件和硬件资源与信息可以按需求提供给计算机各种终端和其他设备。

虽然云计算有许多的定义，但概括而言，云计算是一种实现大规模计算的信息处理方式，通过利用分布式计算和虚拟资源管理等技术，可以随时、随地、按需通过网络访问共享资源池里可被动态分配、灵活划分和调整的资源，包括计算资源、网络资源、存储资源等。

2. 云计算的特点与优势

美国国家标准与技术研究院 (National Institute of Standards and Technology, NIST) 提出，对于最终用户而言，一个标准的云计算需要具备五个基本特征，分别是: 按需自助服务、广泛的网络访问形式、资源池化、快速可伸缩性和可度量的服务，这五个基本特征的具体描述如下。

(1) 按需自助服务: 云计算具有快速提供资源和服务的能力，用户可以根据自身实际需求，通过网络方便地进行计算能力的申请、配置和调用，而不需要与服务供应商进行人工交互，便可获得更加快捷、高效的体验。同时，服务供应商也可以及时进行资源的分配和回收。

（2）广泛的网络访问形式：用户不需要部署相关的复杂硬件设施和应用软件，也不需要了解所使用资源的物理位置和配置等信息，可以直接通过多种多样的客户端（如移动电话、笔记本电脑、平板电脑和工作站等），以统一标准的机制［如相同的API（应用程序接口）、浏览器等］访问，获取云中的计算资源。

（3）资源池化：服务供应商的计算资源被集中起来，以多租户模式将不同的物理和虚拟资源动态分配多个用户。用户一般不需要了解所使用的资源的确切地理位置，但在需要的时候用户可以指定要求资源的位置。

（4）快速可伸缩性：资源和服务可以被迅速、弹性地提供和释放。对用户来说，资源和服务可以是无限的，可以在任何时间占用任意数量的资源，并按资源的使用量计费。对服务供应商来说，可以快速地添加新设备到资源池中，满足不断增长的需求。

（5）可度量的服务：系统可以根据服务类型提供相应的计量方式，还可以监测、控制和管理资源使用过程，从而优化资源的使用效率。

与传统计算系统相比，云计算与传统计算系统的区别如表3－6所示。此外，云计算还具有以下优势。

（1）具有大规模并行计算能力。云计算不限于本地计算机的运算和存储能力，可基于云端强大而廉价的计算能力，为大粒度应用提供传统计算系统或用户终端所无法完成的计算服务。

（2）虚拟化。虚拟化体现在资源虚拟化和应用虚拟化，包括虚拟的服务器、虚拟的网络配置和作为服务的管理系统，每一个应用部署的扩展、迁移、备份等操作都通过虚拟平台进行管理。

（3）高性价比。云计算的服务器能够兼容不同的型号和规格，用户可以使用廉价的服务器组成云，共享存储空间，以减少成本和费用的支出。

（4）高可靠性。云计算基于网络托管的文件存储、数据库，应用了数据多副本备份、计算结点同构可互换等措施保证高可靠性，单点服务器出现故障也可以通过虚拟化技术将分布在不同物理服务器上面的应用进行恢复或利用动态扩展功能部署新的服务器进行计算。

（5）通用性。云计算不针对特定的应用程序，同一个云可以支持多个互联网应用程序运行。

表3－6　云计算与传统计算系统的区别

	传统计算系统	云计算
客户端	具有有限运算、存储功能的本地计算机等设备	具有网络接入和必要处理能力的多种网络设备

续表

	传统计算系统	云计算
基础设施	物理服务器、物理网络配置、本地的管理系统	虚拟服务器、虚拟网络配置、作为服务的管理系统
存储	本地物理磁盘	共享分配的存储空间
平台	本地文件存储、数据库和应用程序运行平台	网络托管的文件存储、数据库和应用程序运行平台
应用程序	本地计算机运行的应用程序	丰富的互联网应用程序

二、云计算的服务与部署模式

1. 云计算的概念模型

从以上云计算的定义可知，云计算包含了多层含义，其业务实现的概念模型具备以下几个层次的特点。

（1）用户的公共性。云计算面向各类用户，包括企业、政府部门、学术机构、个人等最终用户，也包括应用软件、中间平台等“用户”。这是由云计算提供不同层次的服务决定的。

（2）设备的多样性。云计算用于提供服务的设备是多样的，既包括各种规模的主机、服务器、存储设备，也包括各种类型的终端设备，如智能手机、计算机、各种智能传感器等。

（3）商业模式的服务性。云计算以服务的方式提供设备和应用，它的服务特性体现在简化和标准的服务接口以及按需计费的商业模式两个方面。

（4）提供方式的灵活性。云计算既可以作为一种公用设施，提供社会服务，即“公有云”，也可以作为企业信息化的集中计算平台，提供私有服务，即“私有云”。

总结来讲，就是虚拟化的资源形成云，通过其提供的服务接口采用按需计费的模式为互联网上的各类用户提供服务，而用户可以在任何地点，使用任何终端接入互联网即可享有云提供的服务。

2. 云计算的三种核心服务模式

云计算作为一种资源分配和获取方式，其提供的资源按照系统层次的不同，可以分为基础设施层、平台层及应用层。与此对应的三种核心服务模式包括：基础设施即服务（IaaS）、平台即服务（PaaS）和软件即服务（SaaS），如图 3－5 所示。

（1）基础设施即服务（IaaS）。IaaS 位于最底层（基础设施层），为用户按需提供

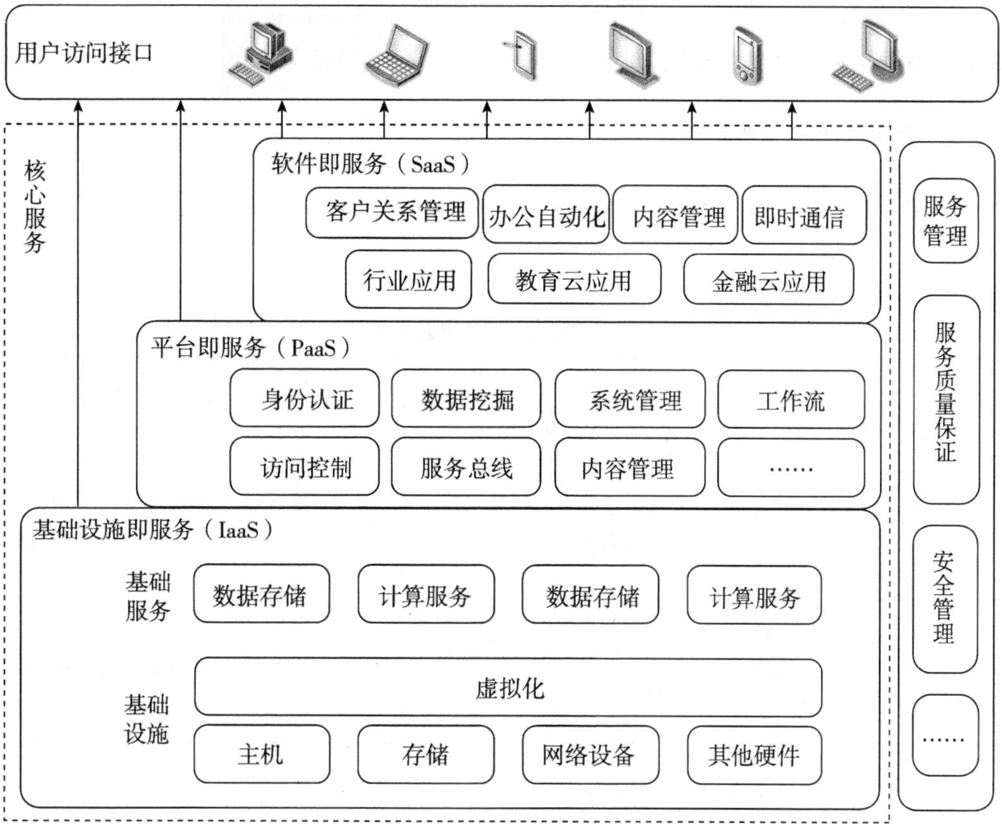

图3－5　云计算的服务模式

实体或虚拟的计算、存储和网络资源的服务。为了优化硬件资源的分配，IaaS引用虚拟技术，借助虚拟化工具，提供可靠性高、可定制性强、规模可扩展的IaaS服务。亚马逊作为目前最大的IaaS服务提供商之一，其Amazon EC2通过自身强大的数据中心为用户提供一定级别的高可用性保障服务。

（2）平台即服务（PaaS）。PaaS位于中间层（平台层），是云计算应用程序的运行环境，提供应用程序部署与管理服务。应用程序开发者通过PaaS的软件工具和开发语言，不必关心底层的网络、存储、操作系统的管理问题，可以将更多的精力投入业务软件的开发中。Google App Engine（谷歌应用引擎）、Microsoft Azure和Hadoop（分布式系统基础架构）等都是互联网上比较典型的PaaS。

（3）软件即服务（SaaS）。SaaS位于最顶层（应用层），是基于云计算基础平台所开发的应用程序，为企业和需要软件应用的用户提供基于互联网的软件应用服务和用户交互接口等。对于普通用户来讲，SaaS服务将桌面应用程序迁移到互联网，可实现应用程序的泛在访问。对于企业来讲，可以通过租用SaaS服务解决企业信息化问题。例如，企业通过谷歌邮箱建立属于该企业的电子邮件服务。该服务托管于Google的数据中心，企业无须维护任何基础架构或软件运行环境。

除了三种核心服务层外，云计算的服务管理层对核心服务层的可用性、可靠性和安全性提供保障。服务管理层包括服务质量保证、安全管理等。

3. **云计算的四种部署模式**

云计算分为四种部署模式，分别为公有云、私有云、社区云和混合云，如表3－7所示。

表3－7 云计算的四种部署模式

模式	公有云	私有云	社区云	混合云
服务对象	社会大众公共群体	企业或组织	社团组织	个人或组织
特点	规模化、低成本 安全性受制约	高安全性、高性能 高可靠性、高成本	较高的隐私性、安全性、区域性、行业性	更大的灵活性和扩展性、更高的成本
举例	百度云、阿里云 Windows Azure、亚马逊云平台	3A Cloud OATOS Eucalyptus	Nebula 云平台	青云、天翼混合云

此外，每种云计算的部署模式各有特点。

（1）公有云：云基础设施被一个销售云计算服务的组织所拥有，该组织将云计算服务销售给社会大众或公共群体，如亚马逊云平台等。公有云一般规模较大，规模共享经济性较好，但公有云的安全性较低，且可用性不受使用者控制。

（2）私有云：云基础设施被某个企业或组织拥有或租用。如政府机关、企事业单位、学校等内部使用的云平台。私有云可提供对数据、安全性和服务质量的最有效控制。

（3）社区云：云基础设施被多个组织共享，并服务于在政策、安全、任务和准则等方面有共同特征的社区。如美国国家航空航天局（National Aeronautics and Space Administration，NASA）的 Nebula 云平台为 NASA 的研究人员提供快速的 IT 访问服务。

（4）混合云：云基础设施由两种或两种以上的云形式的组合。同单独的公有云、私有云或社区云相比，混合云可以让业务系统在多云环境中进行灵活迁移，具有更大的灵活性和可扩展性，但不同的云平台之间数据和应用程序的互通和整合也是一个不小的挑战。

案例3－4 华为云：智慧物流行业解决方案

华为云是华为品牌致力于提供专业的公有云服务的平台。基于华为自身供应链实践，华为云与物流客户和合作伙伴共同孵化了智慧物流行业解决方案。利用云计算、大数据、物联网和人工智能等数字化技术，打通生产、运输、仓储、分销等供应链信息流，降低物流成本，提高物流效率，促进物流业务向数字化、智能化方向转型和升级。

基于其丰富的云服务产品组合，结合客户的终端或应用，华为云提供了 5 种典型的端到端的场景化解决方案，分别是网络货运平台解决方案、数字化仓储解决方案、智能配送管理解决方案、智慧物流园区解决方案和物流供应链可信解决方案。针对目前物流行业仓储业务效率低下、难以追溯、物流多方信息不透明等痛点，通过云计算构建 AI 开发所需的大量算力，减少人工干预环节，提高物流运作效率，搭建统一的物流云平台，实现多方数据可视、可信，实现物流的改进和创新。

目前，华为云提供的智慧物流解决方案赢得了多家知名物流企业的青睐，例如，德邦快递与华为云联合打造智慧园区；“顺丰 DHL 供应链”基于华为云 IoT 智慧仓储服务，推出 RFID + AIoT 的智慧新仓储；极兔速递基于华为云全球化部署能力，实现高效服务以及业务的快速扩张等。

第五节　人工智能技术

一、人工智能概念与特点

近年来，人工智能（Artificial Intelligence，AI）技术蓬勃发展且已经在各行各业广泛应用。那什么是智能？智能就是学习和求解问题的能力。智能并不是人类独有的，很多动物和一些机器也都会表现出不同程度的智能。而 AI 就是解决新问题、理性行动的能力。AI 的提出最早是在 1956 年，麦卡锡召集来自著名大学、企业、实验室（如麻省理工学院、哈佛大学、IBM 公司和贝尔实验室等）的学者和研究人员，召开达特茅斯会议时，第一次提出了“人工智能”的概念。

AI 从 1956 年提出到目前已经历了三个阶段。①1956—1980 年：属于 AI 诞生阶段，此阶段仅仅是提出概念，尚没有理论支撑。②1980—2000 年：AI 进入产业化阶段，此阶段因为计算机软件和硬件限制，计算资源不足，导致很难满足产业化需求。前两个阶段也被称为只有“人工”，没有“智能”的时代。③2000 年至今：AI 发展爆发阶段，云计算、大数据、深度学习等成为此阶段的热词。

上述对人工智能的发展史进行了梳理，可以发现人工智能正逐渐成为科技革命和产业变革的重要发力点，发展人工智能是抢占未来几十年产业新蓝海的关键战略布局。

本节将结合人工智能的概念和特点，分析人工智能系统的技术架构，提供关于人工智能的基础而全面的知识。

人工智能也被称为机器智能，是指由人制造出来的机器所表现出来的智能。通常人工智能是指通过普通计算机程序实现的类人智能技术。

从其本质来讲，人工智能是指能够模拟人类智能活动的智能机器或智能系统，研究领域非常广泛，从数据挖掘、智能识别到机器学习、人工智能平台等，其中许多技术已经应用到经济生活之中。

从人工智能的技术特点来看，其技术创新发展主要分为模仿人脑的技术创新和实现智能功能的技术创新。模仿人脑的技术创新，由于在各个时代受到数据、硬件、运算能力等种种限制，虽然在图像、语音、NLP（自然语言处理）等领域都取得了领先成果，但其所需的训练成本、调参复杂度等问题仍备受诟病。实现智能功能的技术创新，是一种建立在统计基础上的、以实现人类智能功能为目的的浅层学习算法，在二十世纪八九十年代，这种技术便已经在统计分类、回归分析以及脸部识别和检测等方面得到广泛应用，且具有良好表现，成为人们最青睐的人工智能发展路径。

技术层面上，人工智能被分为“弱人工智能”“强人工智能”和“超人工智能”。“弱人工智能”也被称为“限制领域人工智能”或“应用型人工智能”，一般专注于且只能解决特定领域的问题，通过“无监督学习”“监督学习”和“强化学习”等浅层学习形成。“强人工智能”是一种可以胜任人类所有工作的人工智能，也叫“通用人工智能”或“完全人工智能”，人们一般认为深度学习是通向“强人工智能”的钥匙。与浅层学习不同，深度学习使用了更多的参数，模型也更复杂，从而使得模型对数据的理解更加深入、更加智能。除此之外，还有一种存在于人们想象中的“超人工智能”，它可以比世界上最聪明、最有天赋的人类还聪明。迄今为止，所有人工智能算法和应用，都还属于“弱人工智能”范畴。由于其采用了完全不同于人脑的作用机制，且仅能够在部分功能上模仿人脑，其在技术上具有人工操作性、功能限制性等特点，是一种非自主性、非系统性的人工智能。

人工智能的实现，不仅靠机器学习，还要有作为“基础设施”的硬件和大数据，以及作为“学习结果”的各种计算机技术，包括计算机视觉技术、语音技术、自然语言处理技术、规划决策系统和统计分析技术等，最后才能到达最顶层的实际应用，即行业解决方案。目前应用比较成熟的领域包括金融、安全消防、交通、医疗、游戏等领域。

从人工智能的行业解决方案的应用特点来看，人工智能有以下特征。

首先，人工智能是一种通用技术，具有基础设施的外溢性特征。作为推动第四次工业革命的通用技术，人工智能具有溢出带动性很强的“头雁”效应。当前，全球主要经济大国均把人工智能视为赢得国家科技竞争力的重要抓手，投入大量资金用于人工智能研发。

其次，人工智能将深刻改变传统生产方式，对劳动或资本都可能产生偏向的替代性。据估计，2030 年对人工智能和自动化等领域的技术投资将在全球增加 2000 万～5000 万个职位；人工智能在未来 20 年对我国就业的净影响可能将创造 12% 的净增岗位，相当于增加 9000 万个就业岗位。

最后，人工智能在不同产业的应用前景并不相同，所催生的新业态和新模式将推动产业结构转型升级。在移动互联网、大数据、超级计算、传感网、脑科学等新理论和新技术的驱动下，当前人工智能已经呈现出深度学习、跨界融合、人机协同、群智开放、自主操控等新特征。人工智能在金融、医疗、汽车、零售、高端制造等领域都有广阔的应用前景。

二、人工智能系统的关键技术架构

人工智能应用的组成部分包括作为“学习结果”的各种计算机技术，这些技术构成了人工智能系统的关键技术架构。下文将对计算机视觉、机器学习、自然语言处理与语音识别四项具有代表性的关键技术进行阐述。

1. 计算机视觉

人们对世界的认识 91% 通过视觉来实现。同样，计算机视觉的最终目标就是让计算机能够像人一样通过视觉来认识和了解世界。它主要是通过算法对图像进行识别分析。目前计算机视觉最广泛的应用是人脸识别和图像识别。表 3－8 介绍了一些计算机视觉系统可以实现的功能，以及实现这些功能所需要的方法。其中，在图像分类领域，深度学习使得一些算法可以实现实时检测并得出结果。语义分割指识别图像中存在的内容以及位置，例如识别图片中的人、摩托、汽车及路灯等，需要对密集的像素进行判别。

表 3－8　计算机视觉系统的功能与方法

功能	方法
图像分类	特征提取、深度学习
目标跟踪	滤波、检测与跟踪相结合
语义分割	通过滑动的窗口进行分类预测

2. 机器学习

机器学习的基本思想是通过计算机对数据的学习来提升自身性能的算法。机器学习中需要解决的最重要的四类问题是预测、聚类、分类和降维。机器学习按照学习方法分类可分为：监督学习、无监督学习、半监督学习。表 3－9 对这三种类别做出了介绍。其中监督学习和无监督学习应用较为广泛，半监督学习较为理想化，在实践中应用不多。

表 3－9　基于学习方法进行分类的机器学习

类别	简介	典型方法
监督学习	用打好标签的数据训练、预测新数据的类型或值。根据预测结果的不同可以分为两类：分类和回归	SVM（支持向量机）、线性判别分析
无监督学习	将数据根据不同的特征在没有标签的情况下进行分类，主要体现在聚类上	k 均值聚类算法、主成分分析
半监督学习	学习过程中有标签数据和无标签数据相互混合使用。一般情况下无标签数据比有标签数据要多得多	自训练算法、基于图的半监督算法、半监督支持向量机（S3VM）

3. 自然语言处理

自然语言处理（NLP）是指计算机拥有识别理解人类文本语言的能力，是计算机科学与人类语言学的交叉学科。自然语言是人与动物之间的最大区别，人类的思维建立在语言之上，所以自然语言处理也就代表了人工智能的最终目标。机器若想实现真正的智能，自然语言处理是必不可少的一环。

自然语言处理分为句法语义分析、信息抽取、文本挖掘、机器翻译、问答系统和对话系统等方向。表 3－10 为自然语言处理的细分方向与其对应功能。

表 3－10　自然语言处理的细分方向与其对应功能

细分方向	功能
句法语义分析	对于给定的语言提取词进行词性和词义分析，然后分析句子的句法、语义角色
信息抽取	从给定的一段文字中抽取时间、地点和人物等主要信息，以及辨别因果关系等句子关系
文本挖掘	对大量的文档提供自动索引功能，通过关键词或其他有用信息的输入，自动检索出需要的文档信息
机器翻译	输入源文字并自动将源文字翻译为另一种语言，根据媒介的不同可以分为很多的细类，如文本翻译、图形翻译及手语翻译等
问答系统	提出一个文字表达的问题，计算机可以给出准确的答案，过程中需要对问题进行句法语义分析，然后在资料库中找出对应答案
对话系统	计算机可以联系上下文跟用户聊天，针对不同的用户采用不同的回复方式

4. 语音识别

现在人类对机器的运用已经到了一个极度熟练的状态，所以，人们对于机器运用的便捷化也有了依赖。采用语言支配机器的方式是一种十分便捷的形式。

语音识别技术是将人类的语音转换为一种机器可以理解的语言，或者转换为自然语言的一种过程。人类的声音信号经过话筒接收以后，转变成为电信号并作为语音识别系统的输入信号，然后系统对输入信号进行处理，再进行特征抽取，提取特征参数，从而提取出特征。将特征与原有数据库进行比较，最终输出识别出的语言结果。

语音识别的难点主要集中在噪声处理、鲁棒性和语音模型上。在输入语音时总是可能出现各种各样的噪声，提高对噪声的处理水平是提高识别准确率的重要一环。在鲁棒性方面，现有的语音识别系统对环境的依赖性偏高，不同的环境中识别的准确性可能会有较大差别。语音模型的优化也是一个重要问题，语言的复杂性毋庸置疑，语义、情绪及语速等都会影响语音的真实意义，所以，优化语音模型的基础就是采集大量的数据。

案例3－5 红蜻蜓打造人工智能“鞋履 HOME＋”

作为老牌鞋企的代表，红蜻蜓与百丽、达芙妮等鞋企一同开创了国民鞋企的黄金时代。在认识到数字化转型是大势所趋后，2018 年 5 月，红蜻蜓团队积极与阿里巴巴沟通，开始布局进入智能时代。

2018 年 6 月 30 日，红蜻蜓的“鞋履 HOME＋”在温州开业，这是红蜻蜓引入智慧门店新零售模式的新一代实体店。在“鞋履 HOME＋”，智能零售终端实现三维脚型测量、大数据分析、产品智能交互、实物产品体验和个性化定制这些功能，提升消费者多层次的产品体验。站在高速脚型扫描仪上，机器对脚型进行三维逆向测量，扫描二维码成为红蜻蜓会员，即可获取脚型扫描报告。在智能体验区，通过扫描人脸头像，就可以显示出人脸信息、穿衣风格、与脚型尺寸相匹配的鞋款，定制款、热卖款和明星款鞋型一目了然，有中意的款式线上线下渠道都可以购买。

红蜻蜓联合人工智能公司深圳极视角和脚型大数据行业龙头深圳德利欧，经过一年多的研发，共同推出了基于智慧零售技术的个性化鞋品定制方案。这个方案主要由五大板块构成：脚型扫描模块、人脸识别模块、鞋产品标签化模块、匹配推荐模块和个性化定制模块。方案的实施将智慧零售技术和个性化鞋品定制两者融合为一体，既依托当前较为前沿的人脸识别和脚型三维逆向工程技术，实现了用户关键数据的采集，进而建立了对应的标签，又鼓励了用户参与产品的设计过程，满足了用户个性化定制的需求。更为重要的是通过推荐算法，能够帮助顾客来决策，提高顾客购买的效率。同时，提供个性化选择产品属性的服务，为用户提供了更多的自主选择空间。

第六节　区块链技术

区块链是以比特币为代表的数字加密货币体系的核心支撑技术。随着比特币近年来的快速发展与普及，区块链技术的研究与应用也呈现出爆发式增长态势，被认为是继大型机、个人电脑、互联网、移动/社交网络之后计算范式的第五次颠覆式创新。在任何缺乏信任的生产生活领域，区块链技术都将有用武之地。从数字货币到证券、金融合约、医疗、游戏、人工智能、智能合约、物联网、身份验证、资产交易、电子商务、社交通信、文件储存等领域，区块链技术都可以进行广泛应用。本节将介绍区块链的发展及概念、特征、基础架构与核心技术。

一、区块链的发展及概念

区块链起源于中本聪在2008年发表的奠基性论文《比特币：一种点对点的电子现金系统》，当比特币诞生后，国内外各大金融机构争相研究比特币的底层技术区块链，并寻求区块链的实际应用。在此后10年的发展过程中，区块链已经完成了与比特币的“脱离”，作为底层技术被发掘和推广，形成有币区块链和无币区块链。由于其去中心化、不可篡改、公开透明、分布式存储等特性，区块链技术不仅被用于数字货币，还在金融交易及清算、公证、溯源和防伪等领域得到了大量的实践和应用。迄今为止，区块链大致经历了三个发展阶段。

1. 区块链1.0：可编程货币

区块链1.0应用以比特币为代表。在这一阶段，区块链以比特币的底层技术出现在大众视野里，构建了一种全新的、去中心化的数字支付系统，完成无时间限制、无国界限制交易，并降低了中心化体系的成本。

2. 区块链2.0：可编程金融

区块链1.0解决的是货币和支付手段的去中心化，区块链2.0是将智能合约与货币相结合。以以太坊为代表的有智能合约功能的公共区块链平台，利用程序算法替代人执行合同，实现点对点的操作，避免了第三方的介入，使得区块链拓展到金融的应用领域。

3. 区块链3.0：可编程社会

区块链2.0通过智能合约来彻底颠覆了传统货币和支付的概念，而区块链3.0则是将区块链技术的应用领域拓展到金融领域之外，实现区块链在非金融货币领域中的价值。显然，区块链1.0是区块链技术的萌芽，区块链2.0是区块链在金融、智能合约方向的技术落地，而区块链3.0是为了解决各行各业的互信问题，推动数据传递安全性的技术落地与实现。

那么到底什么是区块链？就像云计算、大数据、物联网等新一代信息技术一样，区块链并不是单一信息技术，而是依托于现有技术，加以独创性的组合，从而实现以往未实现的功能。因此，区块链为分布式数据存储、点对点传输、共识机制、加密算法等计算机技术的新型应用模式。其实质是一个由许多不同节点所共同参与运营的分布式数据库系统，也是一个开放式的账簿系统。

二、区块链的特征

从概念上来说，区块链是一种去中心化基础架构与分布式计算范式，拥有分布式、去中心化、去信任化的存储技术，具有去中心化、开放性、自治性、信息不可篡改、匿名性等特征。

（1）去中心化：由于使用分布式核算和存储，不存在中心化的硬件或管理机构，系统中的数据块由整个系统中具有维护功能的节点来共同维护，各个节点实现了信息自我验证、传递和管理，是区块链最突出、最本质的特征。

（2）开放性：区块链技术基础是开源的，除了交易各方的私有信息被加密外，区块链的数据对所有人公开，任何人都可以通过公开的接口查询区块链数据和开发相关应用，因此，整个系统信息高度透明。

（3）自治性：区块链采用基于协商一致的规范和协议（如一套公开透明的算法），使得整个系统不依赖其他第三方，所有节点能够在去信任的环境自由安全地交换数据，不需要任何人为的干预。

（4）信息不可篡改：一旦信息经过验证并添加至区块链，就会永久存储起来，除非能够同时控制住系统中超过51%的节点，否则单个节点上对数据库的修改是无效的，这使得区块链本身变得相对安全，避免了主观人为的数据变更。

（5）匿名性：由于节点之间的交换遵循固定的算法，其数据交互是无须信任的，各区块链节点的身份信息不需要公开或验证。

三、区块链的基础架构与核心技术

区块链的基础架构如图3－6所示。一般来说，区块链系统由数据层、网络层、共识层、激励层、合约层和应用层组成。

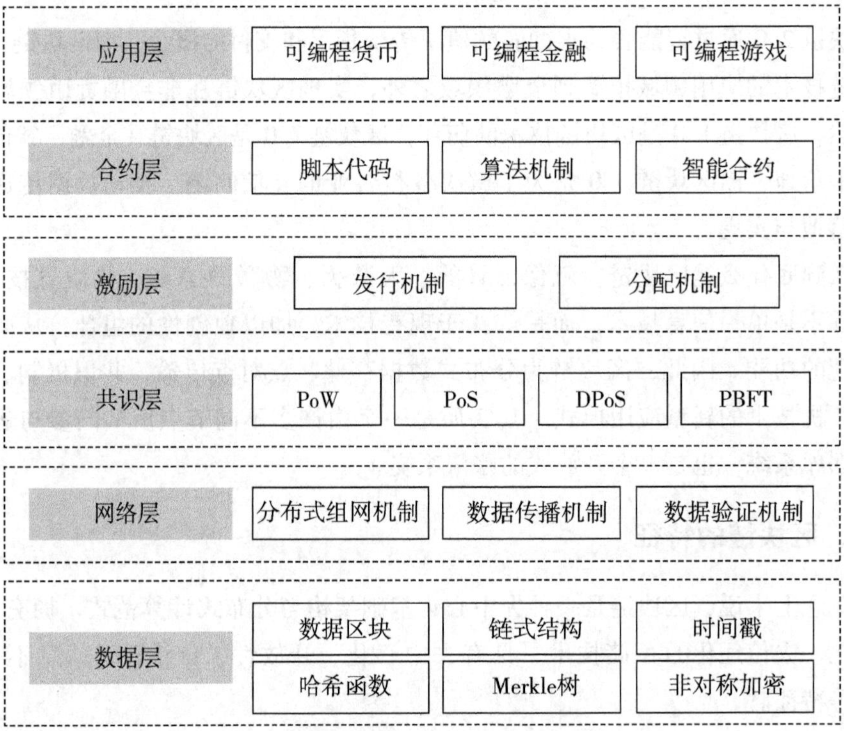

图3-6 区块链的基础架构

其中，数据层封装了底层数据区块、非对称加密和时间戳等技术；网络层则包括分布式组网机制、数据传播机制和数据验证机制；共识层主要封装网络节点的各类共识机制；激励层将经济因素集成到区块链技术体系中来，主要包括经济激励的发行机制和分配机制；合约层主要封装各类脚本代码、算法机制和智能合约，是区块链可编程特性的基础；应用层则封装了区块链的各种应用场景。基于时间戳的链式区块结构、分布式节点的共识机制、基于共识算力的经济激励和灵活可编程的智能合约是区块链技术最具代表性的创新点。

区块链的核心技术主要包括分布式存储、非对称加密、共识机制和智能合约等。

（1）分布式存储

分布式存储是指区块链数据的物理存储形式。和集中式系统不同，区块链是通过构建分布式的存储体系和开源协议，让网络中所有的区块链节点都参与数据的存储和验证。每个区块链节点都有各自独立的、完整的数据存储空间，从而极大地提高数据存储的可靠性。

（2）非对称加密

非对称加密指存储在区块链上的交易信息是公开的，但是账户身份信息是高度加密的，只有在数据拥有者授权的情况下才能访问，从而保证了数据和交易的安全以及用户的隐私。

（3）共识机制

共识是指多方参与的节点在预设规则下，通过多个节点交互，对某些数据、行为或流程达成一致的过程。而共识机制就是所有记账节点认定一个记录的有效性的手段，也是防止篡改记录的手段。区块链中常见的共识机制包括 PoW（工作量证明）、PoS（权益证明）、DPoS（股份授权证明）、PBFT（实用拜占庭容错）等。

（4）智能合约

智能合约是基于这些可信的、不可篡改的数据，可以自动化地执行一些预先定义好的规则和条款。智能合约的引入极大地拓展了区块链的应用前景，它可以嵌入区块链中永久保存。当满足条件时，这些智能合约将被自动执行，从而可以在没有第三方的情况下可靠地进行预先定义的合同协议。

❖ 本章小结

在智慧供应链管理过程中，供应链企业运用诸如物联网、大数据、区块链等多项智慧技术构建各环节的智慧场景，本章对其中各项技术的概念、特点与体系架构进行阐述，并通过案例来阐述这些技术在构造智慧供应链过程中的重要作用。

狭义上的物联网指连接物品到物品的网络，实现物品的智能化识别和管理。广义上的物联网则可以看作是信息空间与物理空间的融合，将一切事物数字化、网络化，在物品与物品之间、人与物品之间、人与现实环境之间实现高效信息交互，并通过新的服务模式使各种信息技术融入社会行为，是信息化在人类社会综合应用达到的更高境界。物联网的核心是物品与物品、人与物品之间的信息交互，具有整体感知、可靠传输和智能处理的特征，能够获取信息、传送信息、处理信息和实施信息。物联网有感知层、网络层和应用层，并通过应用层集成系统底层的功能，构建起面向各类行业的实际应用程序。

移动互联网是以移动网络作为接入网络的互联网，包括移动终端设备、移动通信网络和移动互联网应用三大要素。移动互联网继承了移动通信的随时、随地、随身及互联网的开放、分享、互动优势。与传统互联网相比，移动互联网还具有交互性、便携性、隐私性、定位性、多样性、局限性、强关联性、身份统一性等特性。移动互联网的技术体系主要包括：移动智能终端软件平台技术、移动智能终端硬件平台技术、移动智能终端元器件技术、面向移动互联网的网络平台技术、移动互联网应用服务平台技术和移动互联网安全控制技术。

大数据不仅仅代表大规模数据和海量数据，还具有“5V”的特点，即 Volume（大量）、Velocity（高速）、Variety（多样）、Value（低价值密度）和 Veracity（真实性）。

大数据的四项关键技术（大数据预处理技术、大数据存储技术、大数据分析技术和大数据计算技术）为海量数据的数据生成（也叫数据采集或数据获取）、数据存储、数据处理、数据应用（也叫数据分析与挖掘）提供支持。

云计算的定义很多，但概括而言，云计算是一种实现大规模计算的信息处理方式，通过利用分布式计算和虚拟资源管理等技术，可以随时、随地、按需通过网络访问共享资源池里可被动态分配、灵活划分和调整的资源，包括计算资源、网络资源、存储资源等。具备按需自助服务、广泛的网络访问形式、资源池化、快速可伸缩性和可度量的服务的特征。根据核心服务模式，云计算可被划分为三个大类：基础设施即服务（IaaS）、平台即服务（PaaS）和软件即服务（SaaS）。云计算分为四种部署模式：公有云、私有云、社区云和混合云。

人工智能是指能够模拟人类智能活动的智能机器或智能系统。从技术特点来看，人工智能技术创新发展主要分为模仿人脑的技术创新和实现智能功能的技术创新。人工智能在技术层面上被分为"弱人工智能""强人工智能"和"超人工智能"。迄今为止，所有人工智能算法和应用，都还属于弱人工智能范畴。从人工智能的行业解决方案的应用特点来看，人工智能具有基础设施的外溢性特征，对劳动或资本都可能产生偏向的替代性，并推动产业结构转型升级。

区块链技术大致经历了区块链 1.0：可编程货币、区块链 2.0：可编程金融和区块链 3.0：可编程社会三个发展阶段。区块链作为分布式数据存储、点对点传输、共识机制、加密算法等计算机技术的新型应用模式，拥有分布式、去中心化、去信任化的存储技术，具有去中心化、开放性、自治性、信息不可篡改、匿名性等特征。区块链系统由数据层、网络层、共识层、激励层、合约层和应用层组成，其核心技术主要包括分布式存储、非对称加密、共识机制和智能合约等。

❖ 关键概念

物联网　大数据　云计算　人工智能　区块链

❖ 思考题

1. 物联网的应用有哪些？构建物联网的目标是什么？
2. 移动互联网由哪些组成？传统互联网与移动互联网的区别是什么？
3. 大数据的特征是什么？其关键技术中哪一环节决定了数据分析的正确性？
4. 什么是云计算？查阅实际资料，阐述公有云与私有云的区别。
5. 一般企业管理活动中采用的人工智能的关键技术主要有哪些？
6. 区块链的不同发展阶段之间有什么区别与联系？区块链核心技术有哪些？

❖ 案例分析

海底捞的智慧餐厅供应链建设

海底捞是一家敢于创新的连锁餐饮企业，因为其管理团队始终坚信，智慧供应链建设是有价值的探索，他们期待智慧餐厅能够通过将新技术运用于餐厅中实现智慧生产，并进一步保障食品安全、改变成本结构。

怀着这样的美好愿景，海底捞在世界范围内寻求“科技盟友”。2017 年，海底捞成立新技术创新中心专项小组，正式启动智慧餐厅项目。2017 年 1 月 2 日，海底捞与北京和利时智能技术有限公司签约火锅自动配锅线项目，以实现私人定制锅底。2018 年 3 月，海底捞与日本松下成立合资科技公司——瀛海智能。这家公司将凭借机器人、图像识别等技术，为海底捞智慧餐厅后厨的全自动化运作提供技术支持。

万众期待下，2018 年 10 月，海底捞第一家智慧餐厅在北京东三环繁华商圈中的中骏世界城开业，实现了多项技术的创新。在给顾客带来充满科技感的沉浸式体验外，在顾客所看不到的地方，自动出菜机、食材监管系统、能源管理系统的应用，帮助海底捞智慧餐厅实现了智慧生产。

另外，海底捞还自主研发了业内首创的厨房综合管理系统——智慧总厨大脑。这一厨房综合管理系统作为海底捞智慧餐厅的神经中枢，可以实时监控出菜机、酒水机、羊肉机等后厨设备的运行状态，实现下单、配菜、上桌全流程后厨管理的智能化。另外，能源管理系统，可以实时显示餐厅用电统计情况，包括日用电量、周用电量、日用水量、设备用水排行等。通过能源管理系统对餐厅能源使用情况的监控，海底捞可以实时监控餐厅的运营成本。

1. 海底捞的智慧餐厅运用了哪些智能技术？
2. 你对海底捞餐厅的后厨管理有何认识？

第四章　智慧供应链的运行机理

❖ 学习目的

通过本章的学习，学员应该能够：

- 了解智慧供应链的运行机制。
- 掌握智慧供应链的组织管理机制。
- 认识智慧供应链的创新机制。
- 理解智慧供应链的风险机制。
- 了解智慧供应链在不同企业中的运行机理。

案例 4－1　京东“双 11”拥抱黑科技，智慧物流如何点燃新纪元

“双 11”是一场“电商搏杀”，更是一场物流和供应链的大战。各项数据显示，2019 年“双 11”全网成交额为 4101 亿元，同比增长 30.1%。具体来看，京东平台 2019 年“双 11”全球好物节（11 月 1 日到 11 月 11 日）累计下单金额为 2044 亿元，同比增长 27.90%。根据相关监测数据，“双 11”全天各邮政、快递企业共处理 5.35 亿件快件，同比增长 28.6%。从物流效率来看，2019 年“双 11”发出一亿个包裹用时 8 小时，比 2018 年提前 59 分钟，比 2013 年缩短 40 小时。由此看来，2020 年的“双 11”无论是在全网成交额、快递处理量，还是物流效率上，均会较 2019 年有所提高。

是什么让消费者的“剁手”体验更加极致？我们将以京东为例，对智慧物流与智慧供应链的运行展开深入探讨。京东“双 11”五花八门的活动背后其实做了全流程的黑科技升级，尤其是智慧物流与智慧供应链方面。为了化解潮汐性的订单高峰，京东已经实现了仓储、分拣、运输、配送、客服全供应链环节的无人化。

首先，在仓储物流上，京东遍布全国的 13 个“亚洲一号”智慧物流中心将在“双 11”期间全面启用，仓内自动化、智能化设备全覆盖，入库、存储、包装、分拣机器

人各司其职，完全实现了智能化和无人化，日处理订单的能力超过20万单。其次，在配送环节，京东无人机、配送机器人的常态化运营范围也进一步扩大。在“双11”期间，西安、宿迁、韩城等地将开通数十条无人机配送航线，北京、浙江、陕西、湖南等地的高校园区也已有京东“配送机器人”的身影。最后，在覆盖城乡末梢物流方面，京东也将发挥其一贯以来的竞争优势，借助大数据，布局更多本地仓，并利用京东各类线上线下结合的门店，就近发货，推进“前店后仓”模式。

“双11”期间，京东从整个物流线的仓储调配到最终端的配送，智慧物流与智慧供应链共同进发，一同为用户提供更高效、流畅的购物体验。如今，智慧物流和智慧供应链时代已经来到。未来，拥抱智慧物流和智慧供应链将为“双11”保驾护航。

第一节 智慧供应链的系统特征及运行机制

一、智慧供应链的系统特征

随着智慧供应链系统的快速发展，其表现出了许多关键特征，总体上可分为以下三个方面。

(1) 智慧供应链的系统技术特征

一是数据驱动。智慧供应链的系统中，大数据平台是整个系统的大脑，是智慧供应链的关键所在。通过大数据技术的挖掘与处理，可以实现基于消费者数据支持前端的研发和生产，有效地节省物流和供应链的反应时间，节约成本。以大数据驱动决策与执行，为智慧供应链的系统赋能。

二是互联互通。智慧供应链的系统中的所有要素在物联网平台上实现互联互通，不仅包括供应链上所有节点企业的信息实现交互连接，还包括所有货物的全面多渠道连接。一切业务数字化，利于供应链上的节点企业有效互动。

三是智能操作与实时控制。通过大数据的信息挖掘和信息赋能，以及人工智能技术的应用，实现机器学习，在不需要人工干预的情况下，就可以基于实际情况，做出相应的决策。通过云计算处理实时共享信息，以获得相应的权限，从而应对异常情况的发生，避免发生一些损失。

四是高度可视性。智慧供应链的系统可见性不仅取决于信息的可用性，还取决于共享数据的准确性、及时性、有用性。使用物联网和传感器等技术可以有效地支持从远程位置实时监视、控制、规划和优化智慧供应链的系统动态操作。

(2) 智慧供应链的系统组织特征

一是深度协同。跨集团、跨企业、跨组织之间的深度协同，能够有效减轻信息不对称带来的影响；基于智慧供应链的系统全局优化的智能算法，能够调动整个物流系统中各参与方高效分工与合作。智慧供应链上各节点企业基于互联网平台主动形成供应链联盟以快速响应市场的剧烈变化，同时满足顾客的个性化需求，提高智慧供应链的系统整体竞争力。

二是去中心化。在智慧供应链的系统网络结构中，供需运作不再围绕一个或几个核心企业或环节，各节点之间可以对资源进行有效重组来满足用户需求。因此，去中心化发展越来越成为智慧供应链的系统建设方向，有助于实现各项资源的充分整合，提高智慧供应链的灵活性和柔性。

(3) 智慧供应链的系统创新特征

一是自主决策、学习提升。区块链、云计算与人工智能技术的应用有助于构建物流和供应链“大脑”，帮助组织在感知中决策，在执行中学习，在学习中优化，在智慧供应链的实际运作中不断升级。智慧供应链实现自主决策，也能够有效推动企业向着程控化和自动化方向发展。

二是场景创新、模式创新。智慧供应链的创新就是要处理好场景的竞争，包括从电子商店到移动商店，再到云商店的场景转变。未来的供应链创新将依托场景进行服务，针对消费者在不同时空的需求强化场景体验是未来供应链商业模式创新的方向。

二、智慧供应链的运行机制

(1) 智慧供应链的运行机制

一般来说，智慧供应链的运行机制可以从底层支撑、中层运作、上层控制三个层面体现，如图 4 -1 所示。

首先，底层的技术和设备是智慧供应链运行的基础要素。在货物运输、仓储、配送、信息服务等环节中，通过系统感知、全面分析、及时处理及自我调整等功能实现有效控制。利用人工智能、大数据、云计算、传感等技术让货物在整个生态链实现自动化、可控化、信息化和网络化，在流通过程中获取信息从而分析信息并做出决策，使货物从源头开始被实施跟踪与管理。智慧供应链上各系统间的协调配合实现了企业内部资源和外部资源的整合。通过 ERP 系统、OMS（订单管理系统）、WMS、TMS 把企业的人、财、物，产、供、销，相应的物流、信息流、资金流、管理流、增值流等紧密地集成起来，实现资源优化和共享。

其次，中层的流程运作是智慧供应链运行的关键要素。它包括了从供应商到消费者整个供应链上的各个环节，主要由智慧采购、柔性生产、智能仓储、精准营销和智慧物流组成。智慧采购是通过大数据平台对消费者数据进行精准预测，真正实现按需采购，降低库存。消费者提出需求，通过互联网将数据直接发送至生产商，智慧供应

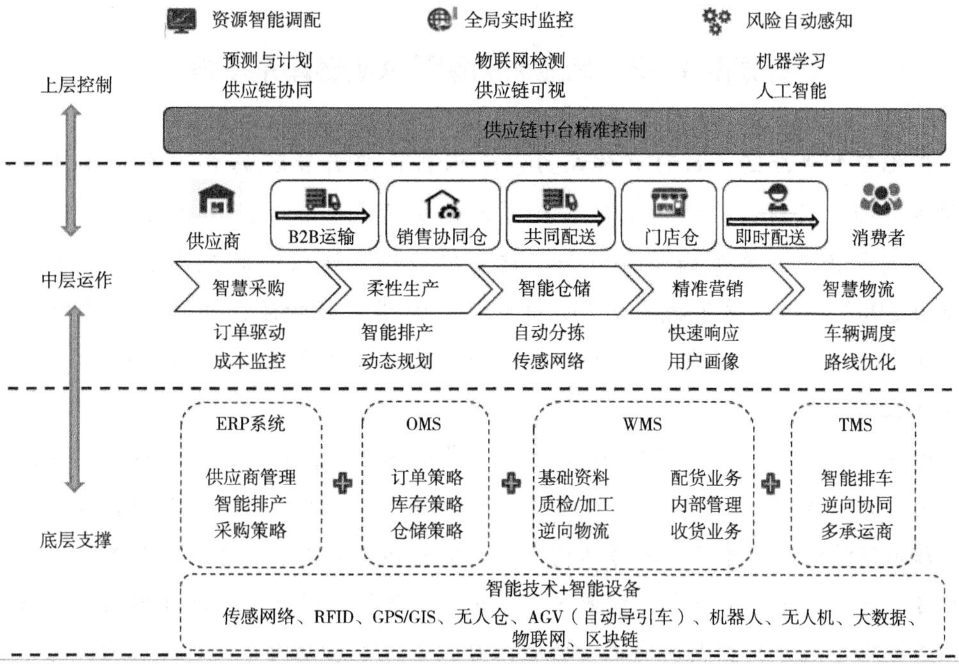

图4－1　智慧供应链的运行机制

链平台协调各参与者进行柔性生产，满足消费者个性化需求。根据消费者画像进行分类，针对不同类型的消费者在各自适合的渠道推广个性化营销内容，实现精准营销。智慧物流是连结新零售模式线上线下的重要纽带，其效率由数据驱动，实现物流要素（货）数据化和地理信息（场）数据化，大大缩短人与货、人与场之间的距离，提升消费者的物流体验。

最后，上层的决策控制是智慧供应链运行的决定要素。它包括资源智能调配、全局实时监控、风险自动感知以及供应链中台精准控制，在这个过程中离不开大数据、云端和算法上的整体改善和优化，也离不开供应链节点企业的深度协同和信息共享。资源智能调配离不开精确预测与计划以及供应链协同，高效的供应链依赖于对原材料、产品和车队的快速、准确、有效的跟踪。全局实时监控是在运用物联网技术的基础上实现智慧供应链运作的可视化管理，同时人工智能可以感知智慧供应链系统潜在的风险，在优化中学习，在学习中优化。供应链中台以消费者驱动整个网络，通过协作和共享，以及算法和机器学习的使用，实时抓取供应链的运行状态，实现自主控制、自动作业，制定更好和更专业的决策。

（2）智慧供应链运行机制的典型案例

案例4－2　怡亚通的智慧供应链体系建设

强化智慧供应链体系的运作能力，可以极大提升物流的到达率、准时率，提高盈利能力。目前，智慧供应链正在成为价值物流的推动者，建设完善的供应链运行机制是物流业发展的重要方向。作为中国供应链服务的先驱者、引领者，怡亚通在2003年就建立了物流平台，并深耕智慧供应链物流，积累了大量的行业经验，为制造型企业、品牌型企业、电商型企业、零售型企业提供多业态、智慧化的全产业物流服务。

怡亚通的全国分布式仓储、干线运输、城市配送、电商配送、销售VMI（供应商管理库存）管理等一体化服务，可以通过SaaS平台实现全程可视化管理，提升配送效率，降低物流成本，并优化库存结构，提升销量和企业综合竞争力。目前，怡亚通物流已建立起产地仓、保税仓、销地仓、分拨仓、前置仓的立体化物流网络，并将先进的供应链服务能力和热点区域进行紧密结合，在深圳、上海、大连、长沙，打造了多个一站式的智慧供应链整合物流中心。

怡亚通物流以开放式“云平台”为强大的系统核心，以专业化的“核心物流服务体系”贯通智慧产业链，正通过“供应链＋互联网＋人工智能＋物联网”打造新流通时代的供应链物流产业共同体。从系统化物流到智能化物流，再到智慧化物流，怡亚通整合物联网、大数据、人工智能等智慧化技术与手段，构建各种不同的智慧应用模块，致力于打造一个科技赋能的生态平台，帮助企业不断提高物流系统的分析决策和智能执行能力，带动物流产业智能化与自动化的整体发展。

智慧供应链是新时代的主流趋势，受消费者需求驱动。随着智能技术的渗透，智慧供应链更加注重核心企业与客户及供应商的信息分享和互动协同。从微观层面来看，智慧供应链借助信息技术手段，对供应链业务流程进行优化，有利于加快市场响应速度，降低企业的成本，有利于供应链变得透明、柔性和敏捷；各个部门之间的协作能力加强，有利于企业提高自身的核心竞争力。

案例4－2中的怡亚通聚焦“供应链＋互联网＋人工智能＋物联网”的商业模式创新，为供应链的上下游企业搭建了沟通桥梁，推动供应链云服务能力的开放和赋能，重塑商品流通，打破消费边界限制，优化产业链的生产、流通环节，并实现流通产业向着扁平化和去中心化发展。以“新流通”的方式积极推动中国实现智慧供应链创新。

第二节　智慧供应链的组织管理机制

一、组织管理机制的内涵与特征

（1）组织管理机制的内涵

所谓的组织管理机制，是指复杂系统组成要素间在系统外环境作用下相互联系、相互作用所产生的促进、维持、制约系统发挥功能的运作机理和控制方式。而一个企业的组织管理机制，是由企业的发展历程、业务特点、发展战略、文化背景、管理风格等共同决定的。

组织管理机制既是一整套管理工作的运行模式，也是组织管理创新的重要保障。组织管理机制决定了企业的运作机理和管理模式，进而影响了组织的发展和智慧供应链的创新。一方面，为了实现客户多样化需求的及时响应，各节点企业需要建立扁平化、柔性化的企业组织架构，但目前大部分企业的组织管理机制相对固化，即使有智能技术作支撑，也难以顺应企业发展所面临的动态环境，这样就会降低企业在智慧供应链创新背景下管理效率的提升。另一方面，如今企业之间的竞争已不再是单个企业之间的竞争，而是供应链之间的竞争，这就需要企业与上下游合作伙伴共同打造协同共享的组织管理机制，因此，如何构建保持供应链竞争优势的组织管理机制成为企业当前重要的课题。

（2）组织管理机制的特征

组织管理机制在发展过程中表现出以下几个方面的特征。

首先是智能化特征。智慧技术的不断开发与完善，不断颠覆企业的组织结构和模式。如今的组织管理将数据视为资产，通过分析来自企业内外部等多方面的数据，为企业的决策提供多方面参考。通过集成先进的信息技术，运用科学的管理决策理论与方法组织运营，可以做到“鱼与熊掌兼得”，即在降低管理成本的同时，提高服务质量，实现精准的决策与优化。

其次是柔性化特征。在复杂和多变的市场环境中，信息的传递速度和决策反应能力就决定了企业对商机的把握和利用能力。同时，良好的沟通协调机制，也是员工自我学习、创新的基础。GE（通用电气公司）历史上曾经有过一次重大的组织机构调整，就是杰克·韦尔奇所领导的“组织扁平化改革”，将 GE 由原来的金字塔型组织管理模式调整为扁平化的组织管理模式，压缩管理层级，缩短市场信息到决策者之间的距离，提高快速反应能力，彻底改变了 GE 机构臃肿、反应迟钝等问题。

最后是网络化特征。近年来，网络组织在企业实践中表现出了强大的生命力和不断发展的势头，企业的组织结构也由过去的垂直型或水平型转向网络型。网络组织可以通过促进网络中各节点企业的跨组织合作以整合各项资源，提高组织的灵活性和柔性。由于网络组织能够适应高度复杂的环境，可以根据市场需求的变动情况对各个价值链部分随时进行有效调节，因此，网络组织也是未来组织创新将要采取的重要形式。

二、智慧供应链的组织管理机制

（1）基本模式和特点

智慧供应链的组织管理机制的基本模式和特点是由智慧供应链的关键特征和管理的四项基本职能决定的。

首先，智慧供应链的关键特征体现在智慧、技术、管理和组织四个方面。智慧供应链的智慧特征体现在可视化、可感知和可调节上。自动识别与控制让供应链更快速，全程跟踪与追溯让供应链更安全，实时应对与处理让供应链更高效，智能决策与应用让供应链更精准。智慧供应链的技术特征体现在智能技术和供应链的高度融合，从自动识别、数据挖掘，到万物互联，再到智能决策，智慧供应链运行具有前瞻性和敏感性。智慧供应链的管理特征体现在智慧供应链的柔性化管理和快速响应上，围绕核心企业对上下游企业进行统一管理，形成一个系统的“供应网”，在企业外部实现关键信息的快速交换，以提高整个供应链的工作效率。智慧供应链的组织特征体现在供应链多主体的合作以及供应链上下游的协同。组织层面的协同即供应链中更加明确的分工和责任，业务流程层面的协同即流程的整合重组，信息层面的协同即实现运营数据、市场数据的实时共享和交流。

其次，考虑管理的四项基本职能：计划、组织、执行、控制。在制定智慧供应链计划前充分掌握智慧供应链管理的驱动因素，保证计划精确全面、不脱离实际；在智慧供应链管理过程中，组织职能要求供应链上目标、资源和需求的相互协调，保证供应链的执行活动有条不紊地进行，并与计划保持一致；控制是对智慧供应链活动所引发的风险采取积极措施，因此，智慧供应链风险的识别与控制显得尤为重要。

在此基础上，智慧供应链的组织管理机制包括以下四个方面：动力机制、运行机制、协调机制和风险机制。如图 4－2 所示。

动力机制方面，智慧供应链内部动力因素、外部动力因素以及创新技术的发展和应用三个方面构成了智慧供应链组织管理机制的驱动力，为组织管理的计划提供方向和内容。首先，内部动力因素方面，组织内部面临着供应链智慧化程度不断提高、非核心服务运作成本逐渐提高、企业的利润率不断下降的问题，因此，越来越多的企业选择与上下游合作伙伴共同打造智慧供应链多主体协同运作管理机制。其次，外部动力因素方面，市场多元化及外部竞争的加剧对企业产品附加值和运营效率的提高提出了新的要求。最后，创新技术的发展和应用方面，如 5G、区块链等新兴技术的落地，

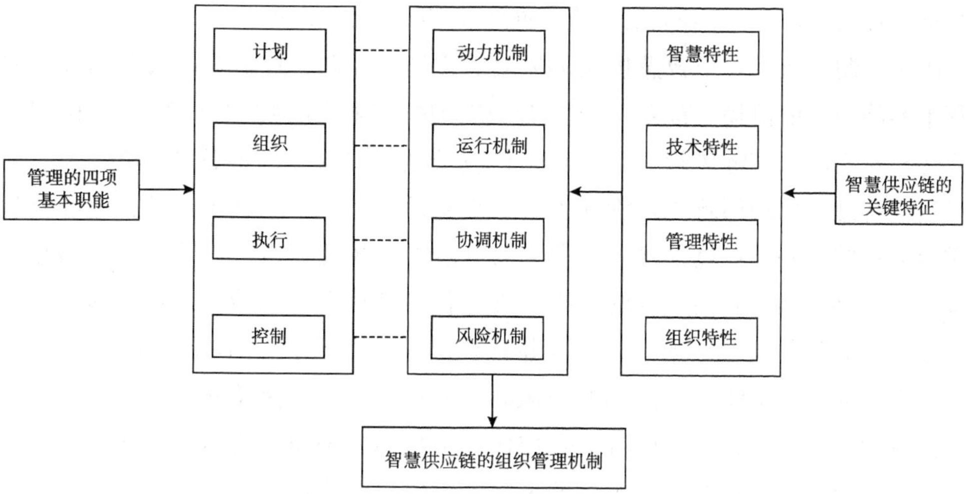

图4－2　智慧供应链的组织管理机制

以及大数据、物联网、机器学习等智能技术的深度挖掘，使得智慧供应链向着可视化、可感知、可调节的方向发展。

运行机制方面，体现在分布式协同组织协调机制、供应链柔性运行机制、智慧供应链系统的演化发展三个层面。目前的大多数企业采用的是基于供应链订单全流程模式下的运行机制，即企业为了维护供应链的平稳运行，以订单为中心建立配套的保障及支撑体系，在订单运作时供应链的内外部均处于不断变化的过程中，这就要求组织必须具备较强的学习能力以适应快速变化的形势与环境。然而，随着环境的变化以及顾客需求不确定性的加剧，越来越多的企业开始以顾客需求为中心，在智慧供应链的基础上强调柔性化运行和快速响应。供应链柔性是供应链中各节点企业根据市场环境及时做出响应的能力。一方面，供应链柔性的动态性、多维性能够有效解决供应链内部供给端的不确定、需求端需求量的不确定和中间层运输成本的不确定问题。另一方面，供应链柔性的时效性和鲁棒性能够在企业受到内外部环境因素冲击时，维持网络结构的稳定，帮助节点企业提高市场需求的响应速度和供应链功能重构能力，调整组织架构。

协调机制方面，作为智慧供应链组织管理机制的连接点，体现在供应链的跨组织协作、网络组织和治理机制三个层面。首先，对智慧供应链运作过程中的适应性和快速重构能力的要求使得供应链上的节点企业基于互联网平台主动形成供应链联盟，以实现源头上的成本管控和生产效率的提高，智慧供应链越来越呈现出跨组织协作的特点。其次，网络组织可以通过促进网络中各节点企业的跨组织合作以整合各项资源，提高供应链的灵活性和柔性。由于网络组织能够适应高度复杂的环境，可以根据市场需求的变动情况对各个价值链部分随时进行有效调节，因此，也是未来智慧供应链组织管理将要采取的重要形式。最后，治理机制作为调节性因素，能够对智慧供应链的组织管理机制产生一定的影响，灵活的治理机制能够针对智慧供应链上的资源和冲突进行有效协调，对提高企业智慧供应链创新效率有积极的影响。

风险机制方面，对于智慧供应链风险的识别、控制、规避与转移是组织在管理过程中实施控制的前提。首先，智慧供应链的风险识别是风险管理的第一步，因此，企业选择科学的供应链风险识别方法是供应链创新风险管理的首要问题。其次，风险控制是智慧供应链创新风险管理中最为重要的环节。供应链上各节点企业可以针对供应链现状和外部环境，将风险发生的可能性和风险影响程度作为两个维度建立风险评估模型，从而对供应链的风险管理进行持续性监控与改进。由于风险与收益一般呈现正向相关关系，所以，智慧供应链创新的风险控制不仅要考虑风险本身，还要考虑供应链上企业的风险偏好与风险承受度。最后，风险规避与转移也是智慧供应链管理的重要内容，供应链上合作伙伴为提高供应链稳定性，多采用风险分担的方法合理分担供应链上可能发生的风险，以应对激烈的竞争环境以及波动的市场需求问题。

以上智慧供应链的组织管理机制中的四个方面之间呈紧密的闭环关系。其中动力机制作用于协调机制和运行机制；协调机制也会作用于运行机制；风险机制与协调机制、运行机制之间相互作用。相应的智慧供应链的组织管理机制架构如图4－3所示。

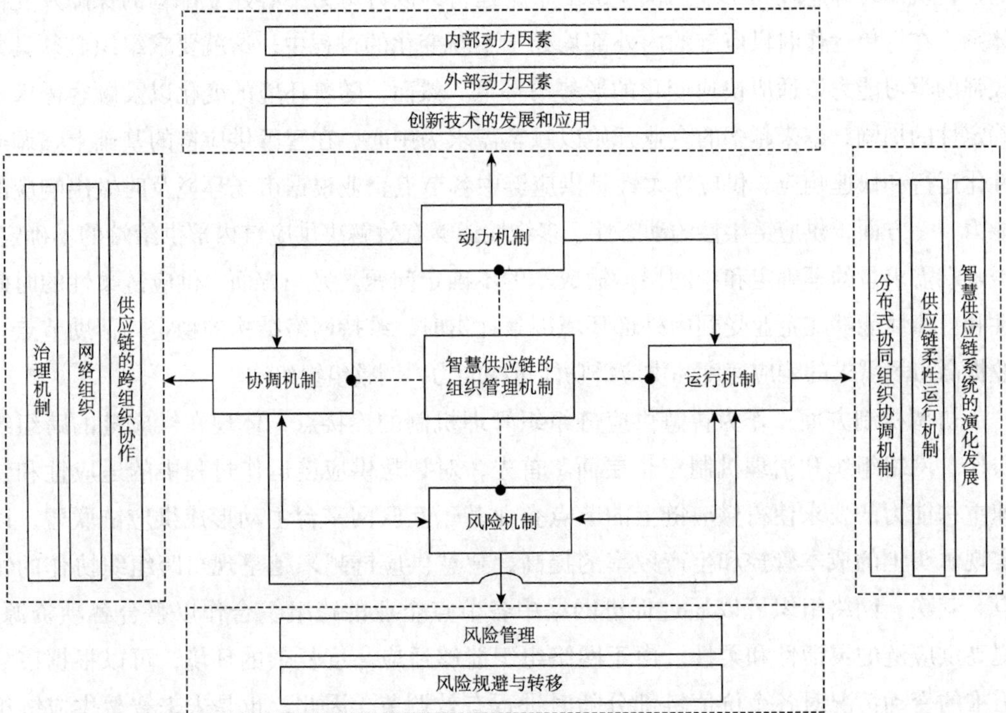

图4－3 智慧供应链的组织管理机制架构

（2）智慧供应链组织管理机制的典型案例

案例4－3　福耀集团的智慧供应链组织管理体系建设

福耀集团于1987年成立，截至2022年6月，共在11个国家和地区设立了分支机构，在全球设有玻璃制造基地21个、汽车饰件制造基地8个，具有3600万套的汽车玻璃配套能力和450万套的汽车饰件配套能力，在全球的市场份额占25%，在国内市场份额为65%。

基于客户驱动、协同共享、数字创新、可持续发展的理念，福耀集团对供应链管理体系进行了顶层设计：建立客户需求导向供应模式，精益管理，智慧供应链协同平台，360度供应商全生命周期管理。首先，在建立客户需求导向供应模式时，福耀集团重点关注五个方向，分别是敏捷服务、TCO（总拥有成本）最优化、质量优先、风险防控、绿色可持续。其次，在精益管理方面，福耀集团提出三化理念，即精细化、集约化、标准化，提出建设长期、安全、可靠、具有竞争力的供应链体系的目标。再次，通过智慧供应链协同平台，福耀集团集成了资源调配、全局实时监控、风险感知的统一管理，为高层提供决策支持。全集团推进工业4.0建设，运用智能研发、智能生产、智能改善、智能服务，以SOA（面向服务的体系结构）数据总线为底层架构，实现CRM（客户关系管理）、PLM（产品生命周期管理）、CAPP（计算机辅助工艺设计）、SRM（供应商关系管理）、MES（制造执行系统）、IL（智能物流）、EPM（能效与生产维护管理）、BI（商业智能）等多个信息化和自动化平台的纵向集成，以BPM（业务流程管理）打通端到端的流程集成，以EDI实现企业间的横向数据集成，从而构建长期、安全、可靠、具有竞争力的供应链体系，实现大规模定制生产的智能制造。最后，福耀集团采用了360度供应商全生命周期管理，对供应商的全流程、全体系、全模块梳理与辅导，并将客户的需求、福耀集团的需求和供应商的需求进行联动，确保福耀集团的供应资源处于动态平衡中，保证日常业务更快捷、更高效。

关于智慧供应链的组织管理主要有三个部分。一是赋能于客户，要让客户感到更便捷、更放心、更有保障性。二是赋能于企业内部，不仅要保障外部采购和供应，还要通过内部的精益管理，运用数字化保障成本最优，保障生产的高质量。三是赋能供应商，企业与供应商之间不应是简单的买卖关系，而是长期合作伙伴。通过数字化平台，实现供应链的精益化和全价值链的质量把控。

案例4－3中的福耀集团在智慧供应链组织管理过程中，形成了它在汽车玻璃产业中的基础能力，包括做大产业配套规模的能力、较强的全球产业布局能力、全产业链的整合和协同能力。福耀集团在不断提升智慧供应链能力的过程中，逐渐推动了产业基础向高级化发展，提升了产业的管理水平，优化了产业基础，增强了产业链供应链的安全与稳定，提高了产业的创新能力。

第三节　智慧供应链的创新机制

一、智慧供应链创新的基本要素

（1）智慧供应链创新的技术要素

现阶段，智慧供应链创新的代表性技术包括感知技术、大数据技术、物联网技术、人工智能技术、区块链技术等，从感知、获取，到集成，再到决策。

第一，感知技术。目前，感知技术中应用范围最广的便是自动识别技术和车辆定位技术。首先，自动识别技术的应用使得产品的生产过程在识别码的监控下进行。当产品入库时读取标签就能够完成产品的交接入库，与此同时在数据库中保存产品的相关信息，便于库存的管理。采用自动识别技术后，计算机能够准确记录产品的库存信息，使库房的信息能够及时更新，提高库存工作的效率以及准确性，降低库存成本，快速响应市场。在运输环节中，利用扫描器读取货物的条码或加载电子标签后，不同货物就能够准确地分拣到特定的运输工具上。其次，车辆定位技术可以有效地对车辆进行实时监控，监督驾驶员的驾驶行为、实时跟踪货物位置及货物信息状态，并为生产决策提供帮助。

第二，大数据技术。在采购环节，应用大数据技术能够有效改善订单流程。以IBM公司为例，IBM公司在采购流程中利用大数据分析法来管理订单流程：一个是订单到现金环节，处理生产与运行在内的订单；另一个是采购到付款环节，包括向供应商采购及付款，并进一步改善采购流程。此外，大数据技术的应用还能够实现供应链的标准化与统一化，如IBM公司在全世界各个地区实行统一的订单处理流程，促进了IBM公司全球全天候的订单处理，实现了标准化与统一化。在生产制造环节，运用大数据技术可以提高产品质量、生产效率及劳动利用率等。目前，已经有很多企业运用大数据分析法进行库存管理、优化库存量、优化日常维护与设施选址，逐步实现数据分析的实时性与规模化，进入“数字工厂”时代。在销售环节，应用大数据技术精细收集并分析消费者的需求信息，进行市场细分，并预测消费者行为，从而制定符合消费者需求的产品决策。大数据技术对物流的影响体现在三个方面。一是运输路线优化，运用大数据分析法预测货量需求，通过合并路线降低成本、拆分路线提高时效、新建中转站优化成本等进行运输路线优化，从而降低运输成本、缩短客户等待时间、提升车辆装载率。二是考虑物资供需状况、运输条件、自然环境等因素，对配送点的位置、数量、直达线路和中转线路的比例进行智能规划，建立一个有效率的网络系统，达到费用低、服务好、效益高的目的。三是利用大数据分析，实现包裹的可视化，加强物流过程中的监控，降低货损率。

第三，物联网技术。物联网技术的使用使整个智慧供应链和物流创新更加精准、高效、智慧、可控、可知及可视，主要体现在以下几个方面。首先，通过在供应链各个环节运用物联网技术，对每个物品的流动信息进行采集，保证物流的可追溯性，利用互联网实现信息的共享和交换，通过信息平台可以查询这些数据信息，实现供应链的可视化管理。其次，物联网技术的应用实现了供应链上各环节的信息共享，减少了数据采集的失真现象。快速有效的数据流动，可以有效应对客户需求的变化，准确预测市场需求。最后，通过物与物的信息交换，实现自动化控制，减少对人工的依赖、节约成本、减少出错。遇到紧急情况能够实现多系统的联动，提升供应链抵御风险的能力，实现真正意义上的智慧化。

第四，人工智能技术。人工智能技术应用于智慧供应链创新领域，将对仓库选址、库存管理、仓储作业、运输配送和物流数据分析等方面产生重要的影响。由于智慧供应链运营所产生的数据不仅是海量的，而且是实时的，因此，需要人工智能系统对所产生的数据进行实时有效分析，从而帮助企业进行技术上的优化。在采购过程中，将人工智能与统计学相结合进行产品的预测和补货，从而实现智能化、自动化补货；在销售过程中，将运筹学和人工智能结合，建立用于预测价格的模型，结合价格的历史数据，实现动态定价；在配送方面，通过人工智能技术进行运输路线优化，从而降低运输成本。

第五，区块链技术。由于区块链技术的去中心化、开放性、信息不可篡改、匿名性等特点，在智慧供应链创新过程中发挥着越来越重要的作用。如京东推出了区块链防伪追溯平台，通过计步脚环等无线网设备，结合食品溯源技术，将农作物的生长信息进行采集并记录到区块链网络，消费者通过扫描产品包装上的二维码即可了解所购农产品在各环节的信息，在提升消费体验的同时为贫困地区农民增加收入。在数字存证方面，京东区块链数字存证平台实现可信存证、自动化取证、一键举证、侵权预警等，目前已经应用于电子合同、电子发票、电子证照、电子票据、互联网诉讼、版权保护等场景。

（2）智慧供应链创新的组织要素

在智慧供应链创新过程中，组织要素既决定了企业的运作机理和管理模式，也成了智慧供应链创新的重要保障，是企业在不断重塑和发展过程中的重要竞争力，主要包括：动态协同、动态整合和动态配置。

首先是组织间的动态协同。动态协同是企业在一定的外部环境下内部各部门之间相互作用而产生的整体效应。智慧供应链动态协同的外在动因显而易见，是为了应对竞争加剧和环境动态性强化的局面，其内在动因包括谋求中间组织效应，追求价值链优势，构造竞争优势群和保持核心文化的竞争力。动态协同有三层含义：一是组织层面的协同，由“合作－博弈”转变为彼此在供应链中更加明确的分工和责任；二是业务流程层面的协同，“合作－整合”即打破企业界限，围绕满足终端客户需求这一核心，进行流程的整合重组；三是信息层面的协同，通过互联网技术实现供应链伙伴成员间的信息系统集成，实现运营数据、市场数据的实时共享和交流，从而实现伙伴间更快、更好地协同响应终端客户需求。

其次是组织间的动态整合。动态整合是围绕核心企业，对上下游企业进行统一管理，形成一个系统的“供应网”，从而在企业内部实现信息共享，在企业外部实现关键信息的快速交换，以提高整个供应链的工作效率，最终提高企业管理水平和客户满意度。以丰田汽车公司（简称丰田）为例，其通过设置“小型车”“乘用车”以及“商用和休旅车”三大独立的业务模块对内部结构进行调整，并安排专业人员负责每一模块的管理，采用“磨合切磋模式”对整个生产流程进行优化。除此之外，丰田通过模块化管理，对零部件业务进行重组，提高了企业业务效率，也在日益加剧的竞争局面中脱颖而出。在外部整合方面，丰田致力于将所合作的供应商发展成为联盟企业。2017年8月到2019年9月，丰田先后并购马自达、铃木、斯巴鲁，通过合作实现资源共享，优势互补。丰田的“家族”不断壮大，生产技术不断创新，品牌的知名度也在不断提升。除了将整车厂整合，丰田还与松下、滴滴出行、Uber（优步）等公司进行合作，在智能电动时代，丰田坚持延伸产业链，在激烈竞争中不断扩大规模，通过联盟获取资源、整合资源，提高企业业务范围和规模，从而提高企业综合竞争力。

最后是组织间的动态配置。动态配置表现为开展动态决策和快速变更业务流程。商业模式的复杂性提升了组织对于动态的、柔性的和可适应的组织能力的需求，通过快速地配置资源与动态调整业务流程，供应链上各节点企业可以在需求、存货、生产及物流等方面进行及时交流与沟通。一方面供应商能够及时准确地按照需求进行交货，当客户需求发生变化时能够快速地进行生产调整，减少企业损失。另一方面，智慧供应链的动态配置还能够通过内部业务流程的更改缩短产品的生产时间，能够更好地满足客户的需求，提升企业的客户服务水平。

（3）智慧供应链创新的运营要素

智慧供应链创新的运营要素可从底层的技术装备、中层的数据互通以及上层的场景生态三个方面进行阐述。首先，技术装备需要利用互联网技术和智能技术，实现优化运作。其次，数据互通涉及跨组织的系统整合，以及智慧供应链流程的优化。最后，场景生态是为了提升整个产业网络的竞争力，最终实现产业可持续和可循环。

底层的技术设备，是实现智慧供应链创新的基础要素。通过应用物联网、大数据、云计算及人工智能等相关信息技术，依托完善的网络信息，构建面向生产企业、流通企业和消费者的社会化共同体系。在货物运输、仓储、配送、信息服务等各个环节中，通过系统感知、全面分析、及时处理及自我调整等功能实现有效控制。利用人工智能、大数据、云计算、传感技术等让货物在整个生态链实现自动化、可控化、信息化和网络化，在流通过程中获取信息从而分析信息做出决策，使货物从源头开始被跟踪与管理。

中层的数据互通，是实现智慧供应链创新的关键要素。如今的智慧供应链由数据驱动，以数字方式执行，可以提升透明度，支持高级规划，预测需求模式，以及提高资产可用性。同时，智慧供应链将供应商、生产商和客户整合起来，形成端到端的视图。为了充分发挥新供应链的全部潜能，企业需要制定明确的数字供应链战略，形成新的能力，构建扎实的数据基础。供应链的运营从“链式”改造为“网状”，大大加强了企业内外部的互联互通，更进一步保障企业与供应商、客户之间的连接。

上层的场景生态，是实现智慧供应链创新的决定要素。未来，没有任何一个企业能完全满足用户智慧家庭的所有需求，为此，前瞻性企业正不断纳入生态资源方，共建生态平台，打造从场景到生态的生态链。智慧供应链也将越来越呈现出网络性的状态，即集成所有的产业主体，形成跨部门、跨区域的，与政府、企业、行业协会等广结联盟的，物联网和互联网相融合的产业共同进化的生产体系。既能实现组织的价值生产，又能提升整个产业网络的竞争力，最终实现产业可持续和可循环发展，这就是组织生态化的过程。

二、智慧供应链的创新机制

（1）智慧供应链创新的发展模式

在当下信息互联时代，识别智慧供应链创新的发展模式对企业发展至关重要，它将有助于企业更稳健地推进智慧供应链创新，以期在供应链竞争中取得优势。智慧供应链通过柔性化管理、快速化响应和智慧化协同，在创新的道路上向着以下三种模式不断发展。

首先是跨界融合创新模式。跨界融合是数字经济时代流通产业创新发展的重要趋势，智慧供应链本身便是流通与智能数字技术深度融合改进的产物，用以满足顾客需要的复合型体验。现阶段，消费群体对多元化供应链商业模式的诉求显著增加，倒逼智慧供应链组织探索跨界融合与服务聚合，而数字技术的嵌入加速了这一探索进程，并促使供应链体系衍生出众多新颖业态与创新模式，打破原有框架，营造出多维度、综合性的消费场景，形成跨产业、一体化的流通模式。

其次是服务增值创新模式。智慧供应链创新可以通过对商品状态与流通运行过程的实时监控，深入挖掘消费者衍生需求，并据此提供定制化配套服务，实现商品与流通服务的创新性结合。与此同时，智慧供应链创新可基于对消费者购物体验的重视，将顾客个性化创意适时融入产品设计与流通过程，这种逆向化服务性生产既能通过差异化定制服务满足当前顾客消费意愿，又能通过网络口碑效应吸引更多消费群体，激发潜在市场需求，还能为企业提供产品与配套增值服务创新的思路。

最后是智慧供应链生态创新模式。企业基于数字化和互联网，构建供应链生态圈，主要的驱动因素是企业实现运营模式、商业模式和组织管理模式的全面升级。通过生态圈的构建，供应链中的企业将积累庞大的数据，借助大数据技术，可以有效地对终端客户的需求进行定位，并以更短的时间反馈到供应链的各个参与者，最终帮助决策者做出准确的决策。在生态圈中，由于各个企业是互联互通的，因此，资源的投入将进一步优化配置，从而使得利益最大化，使生态圈内的各个企业都可以可持续地发展。

随着5G时代的到来，智慧供应链创新的关键在于如何找到接近零成本并能高效率实现接口非标准化到标准化的路径。

（2）智慧供应链创新机制的典型案例

案例4－4　天轮供应链创新发展实践

浙江天轮供应链管理有限公司（简称“天轮供应链”）是以产业互联网赋能轮胎供应链，协同厂家、经销商、零售店、物流服务商等上下游企业，搭建了集产品、技术、服务、仓储、物流、金融、信息、运营为一体的数字化、产业互联网服务平台，建立了新型的轮胎供应链服务生态圈。

在产品方面，天轮供应链以合作模式先后将山东淄博万鑫轮胎厂、桂林倍利轮胎厂、青岛黄海橡胶有限公司打造成天轮供应链在淄博、桂林和青岛的3个生产基地，以来料加工和工厂托管的方式，实现对生产环节的轻资产运营，使工厂快速恢复生产，扩大产能。

在采购方面，天轮供应链协同三家工厂以及国内部分知名轮胎企业开展联合采购；与国内外知名原材料供应商建立稳定战略合作关系，在工厂设置原材料前置仓；与厦门国贸战略合作开展供应链金融业务，全面参与原材料采购与物流监管；与上游原材料厂家开展来料加工合作，实现定制化供应，从源头降低成本。

在渠道分销方面，通过去中间化，截至2020年，天轮供应链在浙江、江苏、山东、云南、广东、广西、河北等地建立12个省级运营中心，合作门店已经超过1万多家。在数字分销方面，天轮供应链于2018年9月上线了微商城和App，提供产品交易、营销推广、仓储物流跟踪、销售管理、客户管理等功能及服务，对传统线下业务进行了有效优化与升级，为第三方合作厂商提供了一个高效、全面、精准的分销平台。在品牌分销方面，天轮供应链建立了多元化品牌分销机制，为入驻公司平台的20多个品牌厂家，以及天轮供应链公司打造的20多个品牌厂家，提供高级、中级、低级产品组合销售策略，解决了合作门店品牌单一性的限制，同时使入驻公司平台的各厂家品牌扩大了影响力，保证厂家、门店在品牌协同中都获得最大收益。

目前，天轮供应链正通过品牌、技术、管理输出，实现快速复制、快速扩张，上游打造核心工厂、托管工厂、OEM 共享工厂，下游打造运营中心、"工厂仓 + 中心仓 + 共享仓"、协同共享配送中心。同时与大型物流公司开展战略合作，融合双方生态圈中同业化的业务，依托物流公司配送门店的末端网络优势，直发终端零售渠道，减少轮胎存储及流通环节。天轮供应链充分利用渠道下沉和短平快的供应链创新模式，积极布局产业链的空白区域，并择机拓展全球业务，最终打造一个集结轮胎制造商（品牌方）、配送商、零售商、用户的全球轮胎智慧供应链生态平台。

在智慧供应链创新的过程中，一是要对快速变化和高度不确定的外部环境保持高度敏感，形成持续变革转型、持续自我更新的能力。二是要找准行业问题和痛点，聚焦关键环节，寻求战略突破，促进商业模式不断进化。三是在推进数字化转型过程中要正确理解技术创新、商业模式创新和制度创新的区别，选择正确的发展路径。四是要重视团队建设和职业培训，逐步培养既了解产业互联网，又熟悉供应链业务的人才队伍。

案例 4 - 4 中的天轮供应链在智慧供应链的基础上，又在理念、技术和方法上进行创新升级，整合协同一个高度过剩的传统轮胎产业，其商业模式极具创新性和高成长性，具有很强的时代特征和正向外部性。

第四节　智慧供应链的风险机制

一、智慧供应链风险

智慧供应链在运作过程中常常存在不确定性，更需要较大的资源和技术投入，在尚无可借鉴经验和路径的情况下，其风险会更加明显。随着智慧供应链的发展，其安全风险、资源信息共享风险是亟待解决的问题。

首先是智慧供应链安全风险，其中包括智慧供应链断裂风险和智慧供应链信息泄漏风险。智慧供应链断裂风险方面，随着生产和消费的全球化，智慧供应链在不断延长的同时也变得越来越脆弱，供应链中一个环节的失误很有可能造成整个供应链的毁灭。虽然智能技术和设备的使用越来越趋于精准化，然而，诸如 2020 年的新冠肺炎疫情等突发事件一直是智慧供应链发展道路上的威胁。智慧供应链信息泄漏风险方面，随着市场经济的迅速发展，信息共享机制成为供应链管理的关键，是智慧供应链高效协调运转的基本保障。在供应链参与者信息共享的过程中，往往伴随着信息泄露的情况。信息泄露在一定程度上削弱了供应链参与者之间达成信息共享机制的积极性，有时甚至会造成整条供应链的断裂。

其次是智慧供应链资源信息共享风险。在智慧供应链管理实践中，看似百利而无一害的资源信息共享在实施过程中却存在一定的风险。事实上，很多时候信息共享更像智慧供应链管理“乌托邦”式的设想。因为在考虑其积极作用的同时，人们容易忽略信息共享成本。即使有良好的IT基础支撑，企业在管理信息系统、硬件设备等方面的大量投入，以及供应链上节点成员智能技术和系统不兼容等风险都会带来相当高的转换成本。此外，在供应链中各企业的相互博弈下，企业会面对类似“囚徒困境”的难题，身处智慧供应链动态联盟中的企业可能会做出有悖于整体最优的个体最优选择。也就是说，行业中竞争对手利益的冲突和严厉约束的缺失会使信息共享遇到严重障碍，甚至导致虚假信息的产生。此外，企业对泄露商业机密的担心，如核心优势、生产技术和财务状况等，也会增加信息共享的风险。

二、智慧供应链风险应对

（1）智慧供应链风险的应对策略

管控智慧供应链风险，从被动防御到主动控制，是企业保持领先地位的必然选择。以下是智慧供应链风险的应对策略。

首先，应对智慧供应链风险可以采取冗余策略。冗余策略是指重复配置系统的一些部件，当系统发生故障时，冗余配置的部件介入并承担故障部件的工作，由此减少系统的故障时间。过去很长一段时间，精益供应链的管理思想非常流行，它强调消除浪费或非增值的活动，保证成本最小化。然而，当采购、生产、运输等某个环节过于精益时，供应链的脆弱性开始暴露，绩效出现偏离，甚至发生灾难。2011年的日本地震，造成福岛核电站放射性物质的严重泄漏，很多工厂因为关键零部件的短缺而停产，在中断后的恢复阶段，丰田的生产恢复却慢于同行，主要在于丰田的精益模式，好在丰田具有持续改善的基因。从此，丰田将提升供应链的弹性作为一项重要的策略，其要点在于两个方面：第一是加强对二级供应商和三级供应商的管理；第二是对供应商的库存和相互备份关系进行改善，以保证出现异常的时候，用最小的代价保证供应的连续性。

其次，发展替代能力是应对智慧供应链风险的有效方式。对于供应链来说，替代能力可以大大减少我们对某个领域的过度依赖。如果我们的需求是高度定制化的，或者只有唯一来源可以满足，则无疑增加了供应的风险。通常情况下，我们可以利用两种手段来化解这种风险：一种是通过标准化的设计来简化对供应商的要求和对生产、发货的要求，从而提高供应链的弹性；另一种是通过减少对外部供应的依赖，提升供应链能见度。例如，一些领先的企业利用数字化的工具绘制供应风险地图，提升能见度，从而更加主动地管理智慧供应链风险。还有一些顶尖的供应链弹性和风险管理解决方案提供商，例如 Resilinc 公司的 Event Watch（事件监测）工具，可以 24 小时对社交媒体和新闻进行实时监测，并可以根据突发事件对物料的影响给出提示，对受影响的供应商进行快速识别，并且评估风险得分，估算财务损失有多少，受影响的物料有几个。此外，Resilinc 公司通过对供应链网络实现可视化，来揭示链条中最脆弱的环节。无论供应商是一级的还是二级的，甚至二级以上的，在供应链视图上都一目了然。

（2）智慧供应链风险控制机制的典型案例

案例 4－5　Cisco：规避一份风险，带来十倍收获

Cisco（思科公司）的硬件、软件和服务产品都是组建互联网的基石。为提高整体灵活性并预防各种可能的灾难事件发生，Cisco 创建了一个智慧供应链风险管理体系，其中包括一个灵活的指标表和一组与事件和危机恢复有关的阈值。Cisco 供应链中的每个“节点”（供应商、制造合作伙伴和物流中心）都有责任跟踪和报告其“恢复时间”，并确保在实际灾难发生前所有恢复计划和能力建设都准备到位。

Cisco 的解决方案是该行业的首个供应链解决方案，其雏形来源于一次为确定供应链最佳实践而举办、由各行各业的供应链风险管理从业者参加的论坛。最初的设想是一个由多种流程和最佳实践构成的“开源”库，而所有参与的公司都可以利用其中的内容来确定可能的风险并进而制订弹性计划，例如，备用货源、备用场所条件和风险规避方案。它起源于“业务应急计划”，目的在于了解供应链的弱点和弹性。Cisco 通过其颇具前瞻性的业务应急流程确定出可能的威胁，并及时在发生会导致客户或收入损失的异常事件之前就启动了风险规避计划。Cisco 可以确定哪些节点受到影响，也可以评估事件发生前后几小时内可能会带来的影响。通过这种影响评估，Cisco 可以与其供应商和制造伙伴协作以避免任何环节出现异常情况。其精密的分析可帮助管理者评估一整套社会和环境因素。

智慧供应链风险应对策略是通过利用数百万个智能对象来报告诸如温度波动、偷窃或篡改等威胁信息。通过与有共同的风险应对策略的供应链合作伙伴进行协作，利用实时连接，对风险快速响应。而随着智慧供应链变得更加复杂且紧密，风险管理也应当全面展开，扩展到企业所能控制的范围之外。

案例 4－5 中的 Cisco 通过引入智能系统来提高智慧供应链的效率和可靠性，从而可以节约能源和资源，也可以用来检测自身潜在的问题，支持风险控制活动中的协作，

并展示出客户和供应链合作伙伴应对需求时的高度透明性。

❖ 本章小结

本章主要介绍了智慧供应链的运行机理。在智慧供应链的组织管理机制方面，介绍了组织管理机制的内涵与特征、智慧供应链组织管理机制的基本模式和特点。在智慧供应链的创新机制方面，介绍智慧供应链创新的基本要素以及智慧供应链创新的发展模式。最后，在智慧供应链的风险机制方面，主要介绍了智慧供应链风险及其应对策略。

❖ 关键概念

运行机制　组织管理机制　创新机制　风险机制　技术要素　组织要素　运营要素　智慧供应链风险

❖ 思考题

1. 智慧供应链的运行机制是怎样的？
2. 智慧供应链创新的发展模式有哪些？
3. 智慧供应链创新的基本要素包括哪几个方面？
4. 智慧供应链的组织管理机制存在怎样的基本模式和特点？
5. 智慧供应链风险有哪些？可以采取怎样的应对策略？

❖ 案例分析

"智慧供应链+智慧物流"，京东让零售效率全面提升

未来消费者享受的服务不仅来自前端的智慧物流技术，还来自背后智慧供应链和智慧物流的支持，而这也是未来无人超市，或者说是未来无界零售的走向。

短链、智慧、共生定义未来物流新变革

在消费与产业、技术升级的当下，物流必然将朝着以"3S"理论为核心的新一代物流方向发展，呈现出短链（Short－chain）、智慧（Smartness）、共生（Symbiosis）的特征。当消费与产业、技术的影响叠加在一起，物流就不再只是连接生产端与销售端的工具，而是逐渐成为厂商和终端消费者、虚拟经济和实体经济之间的重要链条。

开放赋能、体验升级，京东物流构建了短链、智慧、共生的新一代物流价值体系。与客户共生、与行业合作伙伴共生，以及与环境共生。首先，在仓储物流上，京东遍

布全国的多个“亚洲一号”智慧物流中心实现了自动化、智能化设备全覆盖，分拣机器人各司其职，完全实现了智能化和无人化，日处理订单的能力超过20万单。其次，在配送环节，京东无人机、配送机器人的常态化运营范围也进一步扩大，北京、浙江、陕西、湖南等地的高校园区也已有京东“配送机器人”的身影。最后，在覆盖“城乡末梢”物流方面，京东也将发挥其一贯以来的竞争优势，借助大数据，布局更多本地仓，并利用京东各类线上线下结合的门店，就近发货，推进“前店后仓”模式。

科技驱动新一代物流，京东智慧物流引领“新样板”

技术到底如何让物流更加智能？京东X事业部对智慧物流的探索已经有了答案，其致力于将包括无人机、无人车、无人仓、无人超市等在内的黑科技应用于真实场景中，无人化与智慧物流的发展将解放人力，让员工参与到更高价值的事情中去，充分发挥人的智慧。京东倡导共生发展理念，京东的高科技物流产品也将向全社会开放赋能。

以人工智能的应用为例，传统的商品识别方式是将京东的海量SKU通过条码让机器识别，这个过程是十分复杂的。随着现在人工智能、深度学习的发展和普及应用，现在京东无人仓内的商品是被机器“看出来”，无须二维码，其图像识别准确率已经满足应用的需求。

得益于智慧物流技术的发展，京东正在向世界宣告，创新技术正在为京东乃至整个物流行业塑造一个充满智慧的崭新样板。而京东也将在未来依托智能科技，通过打通供应渠道、物流平台、服务场景、消费需求等多维度间的界限，实现跨行业的深度融合。

智慧供应链：让智慧的物流和零售未来真正到来

京东Y事业部如今在智慧供应链方面进行的优化已经卓有成效。

对内，京东实现了一定范围内的自动化补货，在部分品类使用大数据和人工智能做商品的选品、定价，以及对相关供应链数据的分析。其中自动化补货分为两方面，一是智能库存系统自动下达采购单，解放运营人员的双手去做更有价值的工作；二是智能库存系统可以用数据更准确而合理地下单，保证库存的“水位”不用太高就能满足销量需求。目前京东各事业部正在积极推进智能库存系统的广泛应用。

对外，京东正在对人工智能平台进行深入打造和更平台化的建设。基于人工智能平台，组建和抽离一些应用，正如前不久Y事业部发布的YAIR平台（Y AI Platform for Retail Business），集成了预测平台、运筹优化平台、模拟仿真平台、舆情分析平台这四大平台。

智慧无界、产业升级的零售未来，能够让智慧物流和智慧供应链走得更远。在这个过程中，京东将为合作伙伴、全行业、整个社会全面创造新的价值，促进整个社会效率提升和协同发展。让我们一同期待，技术驱动下的新一代智慧物流和智慧供应链，正在带来的颠覆式新未来。

1. 京东的智慧供应链和智慧物流的运行模式是怎样的？

2. 京东的智慧物流和智慧供应链的组织管理机制有哪些值得学习和借鉴的地方？

3. 请查阅其他课外资料，讨论一下京东进行智慧物流和智慧供应链创新的过程中可能会遇到的风险，以及可以采取哪种策略预防或应对该类风险。

第五章　智慧供应链管理的运作过程

❖ 学习目的

通过本章的学习，学员应该能够：

- 了解需求计划管理的定义和智慧需求计划管理的模式。
- 明晰采购管理的定义和智慧采购管理的模式。
- 掌握生产管理的定义和智慧生产管理的模式。
- 掌握配送管理的定义和智慧配送管理的模式。
- 理解退货管理的定义和智慧退货管理的模式。
- 认识金融管理和智慧金融管理的模式。

第一节　智慧需求计划管理

现代制造业面临的管理挑战之一是需求的不确定性，比如供应链中的牛鞭效应。在传统的供应链预测与计划系统中，产量的确定、原材料的采购、能力的配置等过程很大程度上依赖于历史的需求趋势和模式。然而，传统的供应链系统由于缺乏灵活性和鲁棒性，无法对不断变化的环境及时响应。因此，迫切需要开发灵活、稳健的供应链预测系统，使企业能够对市场变化做出快速反应。智慧需求计划管理应运而生。

一、需求计划管理的定义、内涵和发展

（1）需求计划管理的定义

需求计划管理是企业对其生产运作过程中各类需求的计划和管理，包括企业战略层面的需求管理和企业职能层面的物料管理（如物料需求计划）。

历史经验和实践表明，需求信息是供应链规划中最不准确的信息之一。然而，需

求信息是规划活动的输入，会影响后续活动的质量，比如需求不确定性通过网络传播会导致牛鞭效应，因此，需求计划管理对企业而言是至关重要的前置环节。

（2）需求计划管理的内涵

需求计划管理的内涵可以从企业战略层面和企业职能层面展开描述。企业战略层面的需求计划管理被称作需求聚合，也被认为是一个“风险集中”策略。通过聚合总体需求来统一规划，以减少需求波动，实现更有效的材料/产能规划。然而，并不是每一项计划活动都能以总体需求为基础，例如，大多数物流计划都需要详细的需求。所以，从企业职能层面来看，企业也需要针对每一个可能的详细需求，将主生产计划（MPS）分解为可行的详细计划，在职能部门层面形成物料需求计划（MRP），以确保生产计划的稳健性。因此，需求计划管理在企业战略层面和企业职能层面都需要得到企业管理层的重视。

需求计划管理的步骤分为需求汇总和需求预测两个部分。企业管理者第一步需要对需求的信息进行汇总，根据他们对市场的了解来尽可能准确地收集需求信息，通过他们的直觉和主观判断来初步分析管理需求波动。为了通过数据得到更加科学的结果，需求预测成为需求汇总的下一步，通过适当的需求汇总和需求预测，可以有效地降低需求的不确定性。

（3）需求计划管理的发展

在传统的需求计划管理中，企业通过历史数据、实时订单和行业经验完成了需求信息的汇总。为了更有效地利用企业数据，需求预测也得到了产业界和学术界的高度关注。

需求信息汇总方面，需求信息管理系统的发展可以分为四个阶段，分别是：MIS（管理信息系统）阶段；MRP（物料需求计划）阶段，MRP 阶段还包括 MRP 理论阶段、闭环 MRP 阶段；MRPⅡ（制造资源计划）阶段；ERP（企业资源计划）阶段。在 20 世纪 40 年代，由于计算机系统的发展，短时间内对大量数据的复杂运算成为可能，需求信息管理系统进入了 MIS 阶段，企业的信息管理系统可以记录大量原始数据，支持查询、汇总等方面的工作。到了 20 世纪 60 年代，人们为解决订货点法的缺陷，提出了 MRP 理论，即 MRP 理论阶段。20 世纪 70 年代，产业界提出了闭环 MRP，随着人们认识的加深及计算机系统的进一步普及，MRP 的理论范畴也得到了发展，为解决采购、库存、生产、销售环节的管理问题，发展了生产能力需求计划、车间作业计划以及采购作业计划理论，人们进入了闭环 MRP 阶段。在这个阶段，出现了丰田生产方式（看板管理）、TQC（全面质量管理）、JIT（准时制生产）以及数控机床等支撑技术。到了 20 世纪 80 年代，MRP 发展为 MRPⅡ，随着计算机网络技术的发展，企业内部信息得到充分共享，需求信息管理系统的各子系统也得到了统一，形成了集采购、库存、生产、销售、财务、工程技术等为一体的大系统和较为完善的 MRPⅡ理论，这一阶段的代表技术是 CIMS（计算机集成制造系统）。到了 20 世纪 90 年代，随着市场竞争的进一步加剧，企业竞争空间与范围的进一步扩大，MRP Ⅱ 理论中主要面向企业内部资源全面计划管理的思想逐步发展成为怎样有效利用和管理整体资源的管理思想，ERP 随之产生。ERP 是由高德纳咨询公司在 20 世纪 90 年代初期首先提出的，随着 ERP 不断发展，其依托于计算机技术和供应链管理理论，推动了各类制造业在信息时代管理信息系统的发展变革。

需求信息预测方面，学术界做了大量研究，20 世纪 80 年代，企业战略层面和企业职能层面的需求信息预测流程问题被广泛关注，这一概念被称为层次预测问题，它通常包括自下而上和自上而下的预测过程。大多数的研究工作都是比较自下而上和自上而下的预测过程，然后找出其中一个优于另一个的标准。比如一些研究认为自上而下的预测过程更好，因为它的成本更低，准确性更好。随着时代的发展，经济全球化使得企业间分工更加明确，学者们关注于根据不同行业特征而提出定制化的预测方法。如传统经典的时间序列预测方法的应用和改进、新的需求平滑技术、考虑产品扩散的需求增长模型、预测解集方法的应用和发展等。

二、智慧需求计划管理与传统需求计划管理的区别

技术驱动给需求计划管理带来了深刻的变革，也产生了丰富的产业界案例，如案例 5－1 所示，菜鸟网络便利用智慧需求计划获得了商业上的成功。

案例 5－1　菜鸟网络：用大数据预测“双 11”订单

想象一下，你明天准备上网下单购买的一件商品，在一周前就已经备货在了距离你家最近的仓库，甚至可能今天就在发往你家的路上。

菜鸟网络在“双 11”用大数据改造快递公司和商家，以实现以上想象的场景。从 2014 年 9 月开始，淘宝的 10 余家合作快递公司相继收到了一份特别的提示单，这份提示单中，阿里巴巴旗下的菜鸟网络对各家快递“双 11”期间有望分摊到的包裹总量给出了预估数字，预测甚至细化到了不同路线、主要营业网点届时可能获得的包裹量。

中通快递运营副总裁发现这份预测数据准确度能达到 90% 左右，根据这份预测数据，其可以有计划地调配运力。同样被改变的还包括天猫的部分商家。TCL 电子商务部在过去一个多月中已经把十多万台 TCL 的大家电提前下沉到了菜鸟网络下辖的 27 家仓储网点，而这些订单中大多是“板上钉钉”的，谁要购买、要送到哪儿都一清二楚，时间一到就迅速发出。

菜鸟网络正是这些变化背后的真正“推手”，这家于 2013 年由阿里巴巴领衔成立

的全球化产业互联网公司，自成立之日起就立志要通过电商大数据的整合和挖掘以及线下仓储的建设来改变目前电商快递生产模式，乃至整个电商生态。

由上面的案例可以看出，菜鸟网络利用大数据这一新技术预测“双11”订单，不仅可以提供更好的服务，也能解决传统模式的一些不足。传统的系统由于缺乏灵活性和鲁棒性，无法对不断变化的环境及时响应。随着人工智能、区块链、云计算、大数据和物联网等智慧技术的发展，技术驱动给需求计划管理带来的变革日益明显，智慧需求计划管理应运而生。智慧需求计划管理与传统需求计划管理的区别在两个方面凸显。

一方面是需求信息汇总阶段，传统的数据处理速度已无法跟上数据产生的速度。如果没法及时分析与利用这些数据，就无法将数据的价值最大化，而智慧技术很好地解决了这一系列的问题，并且在智慧技术支撑下，需求信息汇总的形式也日益丰富，信息收集的效率日益提高，信息高度感知、数据可视化、数据易回溯等智慧特征日益凸显，企业可以实时动态地收集需求信息，并且保障数据的多样性、可靠性和连续性。在使用智慧技术收集信息方面出色的是华为 OceanConnect 物联网平台。华为 OceanConnect 物联网平台对车联网中海量设备进行连接、数据采集/转发、远程控制的云服务，可实现海量设备与云端之间双向通信连接、设备数据采集上云，以支持上层应用调用 API 远程控制设备。华为 OceanConnect 物联网平台还提供了与华为云其他云服务无缝对接的规则引擎，可应用于各种物联网场景。

另一方面是需求信息预测阶段，区别于传统情况下需求信息预测模型只能静态地根据历史数据进行预测，在智慧技术的支持下，许多企业已经实现了动态预测，使得预测结果更加具有时效性、更加接近真实需求。以菜鸟网络数据驱动的需求信息预测为例，菜鸟网络通过互联网技术实时获取订单信息，再利用大数据分析技术进行需求信息预测，使缺货率降低到10%以下，并且使得销售量提升了60%。在数据可视方面，菜鸟网络通过动态算法，帮助商家精准决策；先进的智慧需求计划管理也使得仓配网络变得稳定，从而有利于仓配业务的效率提升和客户满意度的提高。

综上所述，智慧需求计划管理是需求信息易实时感知、预测计划易灵活调节的需求计划过程，在此基础上，管理者甚至可以对每个消费者进行精确分析，生成用户画像，实现消费者个人需求的个性化推荐。比如京东依托大数据技术建立了推荐系统，并在新版 App 首页上线了“今日推荐”和“猜你喜欢”两项功能，基于大数据和个性化推荐算法，实现了向不同用户展示不同内容的效果。该系统目前在 PC 端和移动端都已经为京东贡献了大量的订单。

三、智慧需求计划管理的典型模式

（一）基于大数据技术的智慧需求计划管理模式

（1）制造企业基于大数据技术的智慧需求计划管理模式

大数据环境下的制造企业供应链上的需求计划管理能够结合大数据自身优势和特点，即通过链上大数据平台进行需求信息共享，传统供应链中出现的因需求信息扭曲等特殊问题将会得到很大改观，供应链上游制造企业也能根据最下游企业获得的市场需求信息做出准确的需求预测。此外，通过需求信息的共享，供应链上众多节点企业能够快速地应对市场趋势的变化，提高自身企业的柔性。制造企业基于大数据技术的智慧需求计划管理模式可以弱化供应链的长鞭效应和双重边际效应。

（2）服务企业基于大数据技术的智慧需求计划管理模式

服务企业如互联网企业，可以结合行业特点，通过大数据处理技术，让企业可以更好地整合多条业务线的不同业务需求，便捷地集成和管理数据，进行海量数据的全面管理和应用，对用户需求进行管理和预测，快速发掘隐藏在数据背后的巨大商业价值。在数字化转型的大时代背景下，大数据和企业业务价值的结合越来越紧密。以网易（中国领先的互联网技术公司）为例，大数据凝聚了网易多年的互联网技术，为企业提供大数据管理与应用开发平台、大数据可视化分析平台等产品及一站式大数据解决方案，其智慧需求管理平台具体框架如图 5 －1 所示。目前网易大数据技术对网易用户的需求预测、行为偏好、算法推荐都产生了巨大的作用，也为企业数据化管理和智能化生产提供有效支撑。

（二）基于区块链技术的智慧需求计划管理模式

在企业内部，区块链技术对智慧需求计划管理的需求信息汇总阶段有着巨大帮助。以 ERP（企业资源计划）系统为例，ERP 系统可以被描述为一个整合组织及其资源的系统，以最大限度地利用资源和改进计划。ERP 系统改变了组织内部和外部的互动方式。它为不同的组织部门提供了一个公共平台。通过区块链，ERP 系统可以在合作伙伴/利益相关者之间形成一个集成的平台，提供不能被操纵的数据和在扩展的 ERP 网络中发生的交易的审计跟踪。ERP 系统根据数据进行处理和决策。企业系统的性能在很大程度上取决于数据的质量，主数据信息的质量应该是最新的、准确的和完整的，区块链对此有着较好的保证。如图 5 －2 所示，区块链具有与多个企业交互的能力，可以充当集中式存储库，区块链将控制和管理所有节点都可以访问的数据，这将使数据及其所有细节（如特征、描述、技术属性、业务名称等）的集中成为可能，从而保障 ERP 系统的输入数据准确可靠。

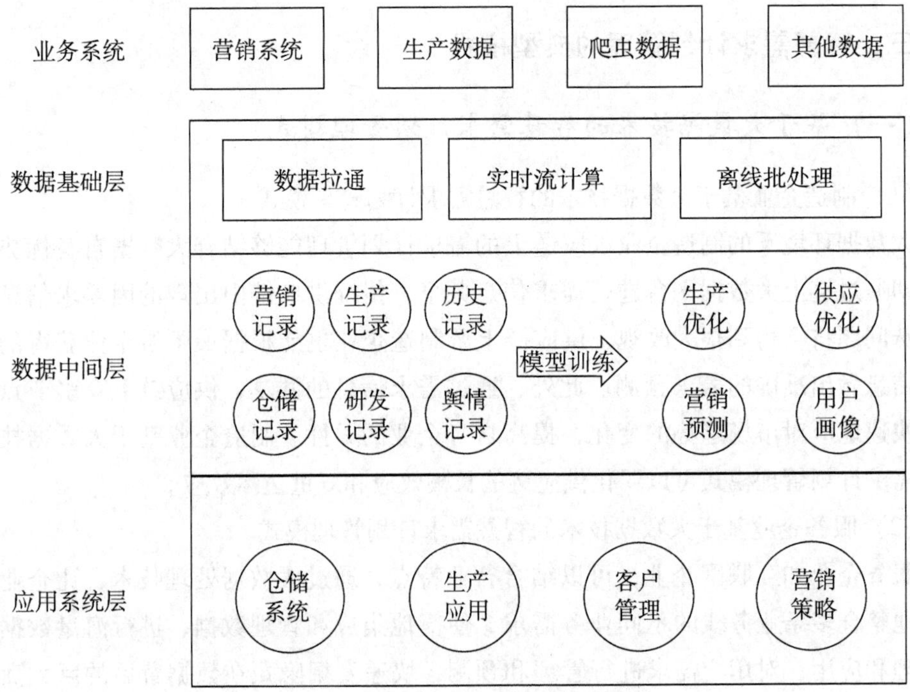

图5－1　网易智慧需求管理平台

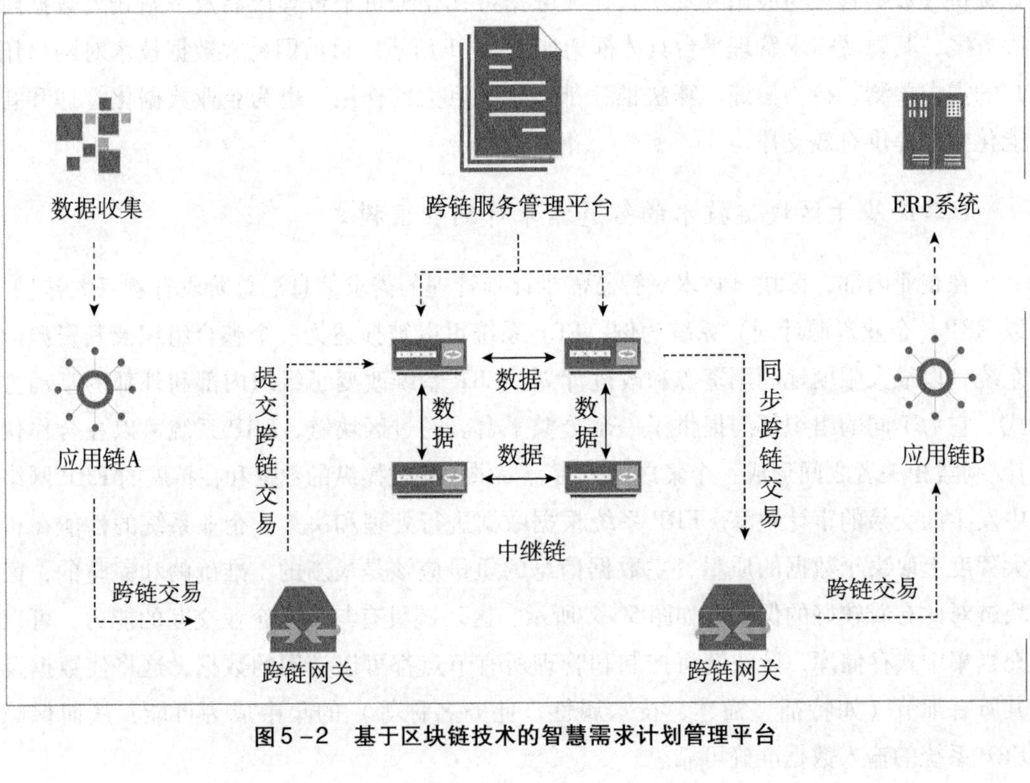

图5－2　基于区块链技术的智慧需求计划管理平台

第二节 智慧采购管理

一、采购管理的定义、内涵和发展

（一）采购管理的定义

从广义上来讲，采购被简单定义为企业根据需求获取货物与服务的过程。采购并不仅仅是一个活动，而是一系列活动的过程，它涉及多个部门与实体。荷兰采购管理协会（NEVI）对采购管理的定义是：为使企业的运营、维护、管理的基本活动以及辅助活动居于最佳位置，所必需的从外部获得的所需货物与服务、能力与知识的过程。而美国供应管理协会（ISM）、英国皇家采购与供应学会（CIPS）等组织也对采购管理相关概念给出了不同的定义。综合来说，对采购管理的定义我们可以总结为：在保证品质的情况下，企业为满足生产或计划，采用合适的方式、时间、价格，向合适的供应商购买需求数量的物资所进行的一系列有组织的活动的过程。采购是供应链中的一个关键环节，对客户的需求和供给之间的连接起到重要作用。图 5－3 为采购过程的模型。

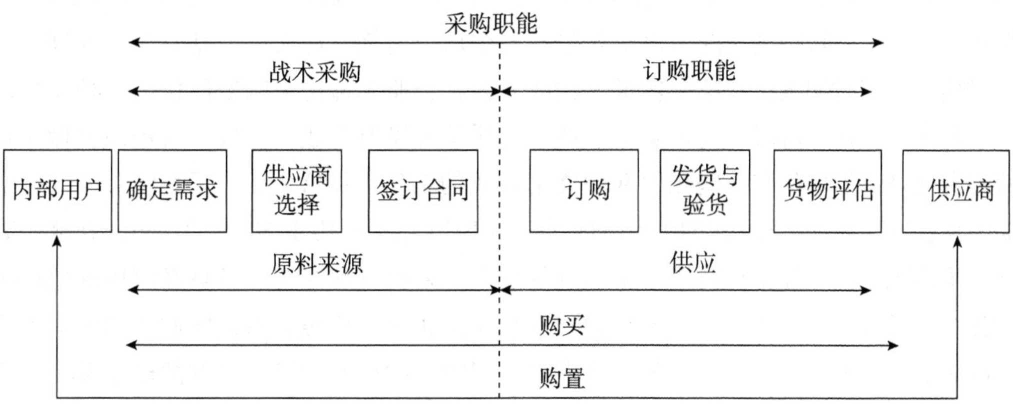

图 5－3 采购过程的模型

（二）采购管理的内涵

根据采购管理的定义，采购管理强调合适的方式、时间、价格，向合适的供应商购买需求数量的物资，其内涵主要聚焦于采购方式和供应商管理两个方面。采购方式方面，在企业中，采购活动往往会涉及多个不同的部门，是企业同外部供应链相互衔接的重要一环。常见的采购方式有三种，即集中制采购、分散制采购和混合制采购。集中制采购下企业将设置一个团队对所有单位的采购决策进行集中控制，可以更容易实现物料采购活动的标准化，统一进行采购管理。集中制采购有利于最大限度地降低企业库存，减少库存积压的资金，从而使企业的成本实现有效降低。集中制采购也有以下不足之处，即采购的流程长，时效性比较差，不能适应零星、地域性紧急采购情况。分散制采购下各个单位将自行设立采购部门。分散制采购可以增强基层工作人员的责任感、积极性，并且手续比较简单、直接快速，但是这种采购的制度权力比较分散，不利于采购成本的降低，易于产生暗箱操作。混合制采购下企业将集中制采购和分散制采购进行组合，对于价值高或者同质性大的产品集中采购，异质性强的产品分散采购。供应商管理方面，采购管理需要针对供应商进行以下事项。第一，尽职调查，定期考察供应商财务的稳健性、业务情况以及法律纠纷等，保障企业供应的连续性，控制供应链风险。第二，关系管理，定期审查供应商合同履约情况，分享长期业务目标，双方提供准确实时的业务数据并及时沟通。第三，供应商绩效的持续改进，不断关注供应商的业务能力，可以适当投资、共同改进，针对不合格的供应商应该对其及时更换。

（三）采购管理的发展

全球各地对采购管理的研究历史已有一百多年。在这个伴随着世界经济不断发展的漫长的历史进程中，采购管理也不断地发生着变化，采购管理的职能得到了完善。总体上看，采购管理的演变历程主要包括三个历史时期，即文书时期、交易时期、战略时期。文书时期发生在第一次世界大战之前，企业人都把采购职能作为一种文书活动来看待。在这一阶段，真正意义上的采购活动还没有形成，仅仅是被动地去做企业管理者已经策划好的与采购相关联的文书性质的工作。在这之后，采购管理进入了交易时期，这一时期大概从 1940 年一直延续到 1990 年，经历了 50 年的历史。在这一时期，采购职能在企业中得到了一定程度的重视，采购管理在企业管理高层中的地位逐渐提高，最高管理层出现了首席采购官等与采购相关的职位，对采购职能的考虑上升到战略层面。但是，这一时期的关注点只停留在采购交易本身，采购战略还没有进入到企业战略的程度。自 20 世纪 90 年代以来，采购管理进入了战略时期，研究人员开始从企业战略的高度对采购管理进行大量的研究。采购职能不再是以交易为基础的战术职能，而已经演变为以流程为导向的战略职能，采购战略已经真正成为企业战略的组成部分。

采购管理虽然有着悠久的历史，但是人们真正意识到高效采购的重要性是在 20 世纪中叶以后。自此，采购策略目标逐渐把采购流程、供需关系与供应表现作为其关注的重要内容。

一些学者把采购管理的发展分为五个时期，即新生时期、醒悟时期、发展时期、成熟时期和高级时期。表5－1分析了五个发展时期的采购模式特点及其预计对企业的贡献。

表5－1　　五个发展时期的采购模式特点及其预计对企业的贡献

发展时期	采购模式特点	预计对企业的贡献
新生时期	分散型采购	没有或者很少
醒悟时期	意识到节约的潜力	文员效率提高； 通过业务组合，成本节约2%～5%
发展时期	采购价格或者谈判能力的控制和发展	成本节约5%～10%
成熟时期	对二八原则有所认识； 专业采购者管理； 成本降低管理； 启动供应商基库的管理模式	成本节约10%～20%
高级时期	采购权力下放管理； 有力的集中控制管理； 供应链管理	成本节约25%左右； 杠杆作用凸显； 可在全球组织货源

21世纪以来，根据供应链管理的概念，提出了一种新的企业管理方法和管理模式，同时也带来了采购管理的革命性的转变，提高了整个供应链的企业运营效率。与传统采购方式不同，在供应链管理理念下，以采购过程为管理对象，为使得采购总成本以及效率达到最优化的平衡，采购管理将对整个采购过程中的信息流、资金流、物流等进行统一监控与管理。主要体现在以下几点。

（1）由库存驱动转变为订单驱动。传统的采购管理方式多是为库存来采购，相关部门并不关注生产，也不清楚生产进度以及需求的变化，采购计划很难适应生产需求的变化，在采购流程中缺少能动性。而在供应链管理的模式下，订单是采购的主要推动方式，通过采购订单来推动供应商，通过生产订单来推动采购订单，生产订单被销售和计划的需求所驱动。这样使得供应链根据需要及时反应，在库存成本降低的同时要达到提升库存周转率和流动速度的目标。

（2）外部资源管理代替采购管理。传统的采购管理的问题之一就是与供应商缺少合作，导致响应能力低下，缺乏采购的柔性，当然也就无法及时控制采购质量。准时化思想的提出在很大程度上提升了企业的市场响应能力和柔性，改变为库存采购的方式，与供应商建立合作模式，加强信息与资源的共享与合作，形成网络化的相对稳定的管控架构。这样也配合了精细化加工的需求，接近了零库存目标。最优化的总成本和总效率，一定是将管理对象放在采购流程上。

（3）发展战略性伙伴关系代替一般买卖关系。传统的采购管理方式只是与供应商进行简单买卖，对于整体供应链的全局性和战略性的问题根本无法处理，而建立和发展战略性伙伴关系则是解决这一问题的有效手段。在存货问题上，通过战略合作共享信息，减少信息的无效或滞后，从而使得采购与决策程序更加清晰。同时战略性合作还可以有效降低风险。同时为双方创造便利条件，减少谈判、手续等中间过程增加的成本。另外战略性伙伴关系也消除了组织障碍，为高效采购及管理创造条件。

（4）采购全面实现电子化。在当今的电子信息时代，供应链管理也同样强调使用电子技术来实现资源与信息的集成与整合。电子化采购不光指公司数据的信息化，也包括公司外部运营的信息化。在内部，企业的信息化不但可以加强采购部门与相关部门的密切联系，而且能够加强信息的共享与传递，提高效率，减少运作成本。在外部，企业的信息化可以使得企业与外部供应商无缝衔接，进而使得企业可以得到更多的供应商的产品及供货信息，使供应商迅速响应需求，安排生产与发货，使得整体供应链的效率和采购的响应得到有效提升。

二、智慧采购管理的特征与意义

智慧采购管理是一个比较新的概念，但也被多次成功实践，如案例5－2所示。

案例5－2　互联时代，智慧采购——打造一体化企业采购电商平台

“互联网＋”正不断与产业深度融合进入创新价值深水区，“互联网＋采购”成为企业深化采购业务数字化转型的有力抓手。更好地推进“互联网＋采购”模式创新和落地，为企业的采购管理带来新的机遇和挑战。

“互联网＋采购”正成为各企业降本增效的主要手段，助力企业采购由单纯的服务保障转型为价值创造，变革业务模式，提升采购管理水平。“互联网＋采购”也正呈现出平台化、协同化、专业化、增值化和智能化的发展趋势。“互联网＋采购”在国内外的应用已比较广泛，其主要的模式之一是通过实施电子商务来整合采购资源，降低采购成本，提高采购全流程效率。有以下几类典型的应用模式：多家企业共建开放式采购电商平台、使用第三方采购电商平台、企业自建开放式采购电商平台。

配合“互联网＋采购”，推出一体化企业采购电商平台解决方案，助力企业数字化采购转型，提升供应链的整合与协同能力。该方案旨在立足物资采购供应链管理，通过云计算、大数据应用，推进“科技赋能、智慧采购”。基于前台、中台、后台的“厚平台、薄应用”的架构，打造“一个电商云平台、一个共享服务中心、两大电商与管理应用服务”的一体化企业采购电商平台，同时集成内部和外部信息系统，实现采购

管理与交易一体化，支撑物资采购供应链全过程管理和管控，并服务于企业采购商、供应商、物流商、运营人员等，协助企业构建采购供应链生态圈，如图 5－4 所示。

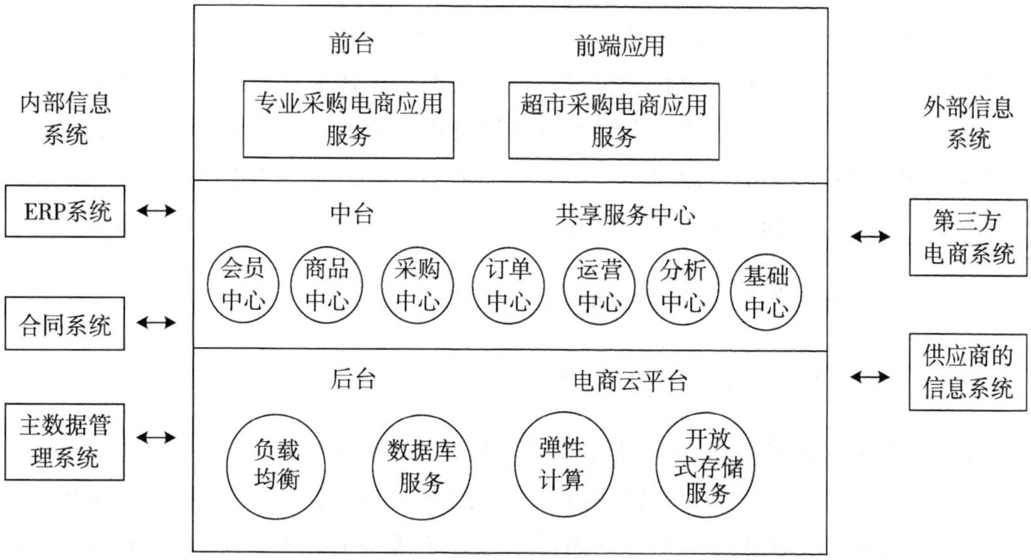

图 5－4 “互联网＋采购”生态平台

该解决方案已在国内某大型能源企业成功实施，并在提升采购效率、节约采购金额方案取得了显著成效，获得客户的高度认可。通过全面推行“框架协议＋订单采购”模式，合同数量减少了 70%，采购人员每年可节约 20% 的工作时间，节约的时间和精力可投入至寻源、选品等高价值采购管理工作中。非生产性物资应用超市采购后，节约 15% 的采购金额。

正如上述案例，智慧采购管理是以“数字驱动”和“协同共享”为特征，运用大数据、云计算、智能制造等智慧化信息技术，使得采购更加高效智能的管理方式。企业电商化采购标志着智慧采购时代的来临，2017 年，我国企业对消费型通用产品的电商化采购规模已达千亿元，该类产品和服务的线上交易额同比增速超过 70%，是 B2B 电子商务领域增速最快的细分领域企业，我国企业对该类产品的电商化采购比例已达整体采购规模的 20%。

智慧采购管理对我国经济社会发展意义重大，其意义体现在以下六点：一是有助于降低采购成本和人力成本、缩短采购周期、提高采购效率；二是有助于企业实施“阳光采购”，提升业务管理水平；三是有助于成为国有企业改革和转型升级的抓手，推动国有企业尝试建设自己的电子商务平台；四是有助于提升小微企业信息化水平，以电商平台金融服务缓解小微企业资金压力；五是有助于推动智能制造和供给侧结构性改革；六是有助于重塑供应链，促进实体经济转型升级。在这六大驱动力作用下，我国已有一半的企业开展电商化采购。其中，制造企业占比最大，已经超过40%；金融、交通、烟草企业势头最猛，2017年增长明显。

数据显示，发达国家和地区的企业电商化采购比例已达80%。未来我国企业电商化采购市场规模将持续扩大，普及率进一步提高，各大电商平台也将由交易撮合平台向交易、物流、金融、数字分析和决策等综合服务平台转变。云计算、大数据、人工智能等新兴技术的应用将加快企业采购智慧化时代的到来。智慧采购的远景，正是通过大数据平台的个性化分析使得“按需采购”成为可能，同时让企业做到智能化仓库管理和精准营销，帮助企业提前做好采购计划和安排，也帮助企业做出更好的决策。

三、智慧采购管理的典型模式

（一）基于大数据技术的智慧采购管理模式

传统采购管理模式的主要缺点是缺乏必要的监督和控制机制，容易带来不必要的库存积压和大量的应付账款；在传统采购管理模式下，业务信息共享程度低，业务的可塑性弱，出现了问题很难迅速解决，人员的岗位变动对业务的影响很大；在传统采购管理模式下，对采购环节的控制往往是事后控制，会对企业造成不必要的损失。

在大数据的帮助下，使得采购业务活动变成了智慧采购，其优势有以下几个方面：一是采购信息准确全面，方便管理层决策；二是采购过程公平公正，提高了采购透明度，减少腐败；三是采购流程业务精简，节约时间成本；四是可以提高采购工作人员的技术水平，增强企业的核心竞争力。由于这些优势，智慧采购管理在决策方式、销售预测和定价三个方面都发生了显著的变化。

采购管理决策方面，决策方式也由“业务驱动”转变为“数据驱动”。随着信息技术的创新和普及，各种统计数据、交易数据、交互数据和传感数据不断从各行各业迅速生成，种类广泛，数量庞大。产生和更新速度加快使大数据蕴含着前所未有的社会价值和商业价值，数据成为企业采购能力指标的重要部分。企业通过收集和分析大量内部和外部的数据，获取有价值的信息，通过挖掘这些信息，可以预测市场需求，最终企业可以将信息优势转为商业优势，进行更加智能化的决策分析和判断。

销售预测方面，大数据时代的采购管理是根据销售预测安排采购运营的，利用大数据技术和平台可以与供应商实时共享信息和数据，供应商通过实时掌握企业的库存、销售预测及采购需求，而合理安排生产及供应，这样可以大大降低库存量和库存成本，从而提高库存周转率。另外，在此基础上，企业还可以根据实时库存信息来合理、适时地安排促销活动，从而达到减少库存量、提高库存周转率的目的。

定价方面，企业可以在与供应商议价的时候获得更优的定价，使收益最大化。在对顾客需求及顾客购买的历史数据基础上进行数据分析，以便在采购时能以最低的成本来购买最合适的量，以便达到收益最大化。

（二）基于区块链技术的智慧采购管理模式

区块链技术在采购业务的一大应用体现在开放式联合和可靠的交易记录功能上。基于信任的商业交易，方可充分保障采购企业利益，帮助企业实现采购去中心化和直通式处理，提升采购效率，也可及时发现采购交易问题。在企业采购中，常常会遇到以下的管理问题，如采购招标投标流程透明化、审计追踪、财务汇总记录与分析、采购订单的进度跟进等问题。针对这些采购问题，开放式联合和可靠的交易记录功能的优越性就显得尤为突出。这主要基于企业采购具有大数额、采购周期长等特点。如果无法有效追踪交易记录，中途无法及时止损或者调整，就会给企业造成不可挽回的经济损失。

基于区块链技术的智慧采购管理模式如图 5－5 所示，分为以下五个阶段。

（1）招标公告：发布招标公告，并且通过区块链搭建一个分布式共享账本，让相关方在一开始就能接入整个招标投标流程。

（2）企业资质信息审查：资格信息审查阶段将供应商的资质信息、历史交易信息、信用信息等数据共享上链，便于管理。

（3）中标公示：开标后，将评价阶段数据进行公示，使监管过程透明。

（4）采购评价：将专家的评价信息上链，使整个评标过程公开、透明。

（5）合同履约：合同履约阶段需对招标投标成功后的合同数据上链，不仅要确保整个招标投标过程合法合规，还要确保结果公正公开。

产业界基于区块链技术的智慧采购管理如案例 5－3 所示。

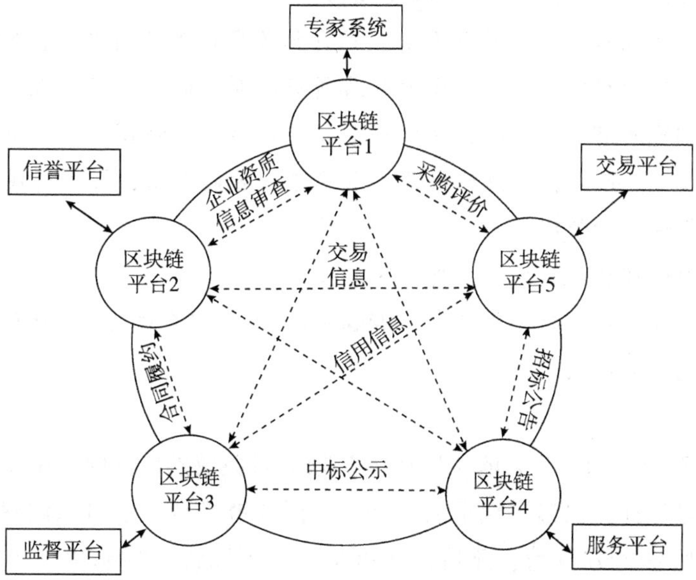

图 5－5　基于区块链技术的智慧采购管理模式

案例5-3 8Manage:“采购+区块链”，迎来企业智能采购模式

8Manage采购管理系统融入了区块链技术，在功能、流程设置中，帮助企业在采购管理方面实现了质的飞跃。

第一，重点把控采购防伪，关注真实交易。

在采购流程中，电子招标投标、供应商成果交付等过程是作假的重灾区，企业可谓防不胜防。在8Manage采购管理系统中，基于区块链的技术基础，特别针对这个问题进行深度改进。该系统具有以下两大机制：跨系统边界联合，允许企业数据实时自动关联；微观层面的行为统计数据，展现规定时间内的商业承诺、交付过程和结果。通过塑造8Manage采购管理系统在区块链中的可靠性和可追溯性，保持在企业间交易过程中，有数据可追踪查询，实时了解交易具体情况，防止双方作假，保障双方交易利益。

第二，智能订单，实现数字化采购。

在采购流程中，企业常常需要花费大量时间来处理常规采购业务流程，如采购规划、采购审批、供应商筛选等。现在，企业可以在8Manage采购管理系统中快速启动智能订单和合同功能。在用于交易的数字规则和自动结算应用程序等技术支持下，实现消费者销售订单/采购订单/订购式销售合同和结算、企业采购/销售合同和结算等智能化采购操作。而且，还充分考虑到企业的标准化和非标准化产品的不同类型采购，让企业轻松实现数字化的智能采购，实用性和性价比都很高。

第三，联合业务地图，智能采购业务管理。

不同于过往系统知识业务总览无法追踪详细项目进展的情况。在8Manage采购管理系统操作中，采购经理可十分方便地查看所有的业务和子项目情况。通过概览和分层架构，轻松浏览所有业务情况，实现全方位的实时信息视图，也可追溯每个小项目的财务、进度情况。而且，企业可以通过系统进行智能申请，轻松解决繁杂的采购流程申请，实现轻松采购管理。

第四，实时管理会计，贴身企业财务专家。

采购成本管理是历来的管理难题，8Manage采购管理系统结合区块链技术，让企业高效进行财务的追根溯源。

正如案例5-3所述，“采购+区块链”模式日益成熟，同时，电子招标投标最大的一个特点就是保存、积累了大量的数据，在区块链平台当中可以洞察交易内容、解析主体特征、监管各方行为、评估行业市场等。可以说，智能化是招标采购的必经之路。

在招标投标领域交易过程中，虽然全流程电子招标投标已经将计算机特征识别技术引入了清标环节，可以基于硬件识别码识别同一个项目中入围后的投标人之间是否使用同一台电脑编制投标文件，但是若围标、串标企业采用隐蔽手段，在同一个项目中仍可躲过识别手段。2009 年财政部首次处罚了 4 名评审专家，因为这 4 名评审专家在参与国家机关政府采购项目评标时，对两家供应商投标文件中完全相同的响应内容，给一家打分极高，给另一家打分极低，直接影响了中标结果。有供应商质疑，4 名评审专家对投标文件进行复核后，仍然不愿改正，坚决维持原评标结果，最后被财政部进行了严厉的处罚。随着招标采购领域全流程电子化交易的广泛应用，同时产生的数据通过大数据技术不断深入挖掘和深度应用，大家对数据真实性和完整性的质疑越来越多，但交易中心往往无法自证清白。针对以上问题，区块链可以说是解决痛点的良策，北京筑龙信息技术有限责任公司（简称“筑龙”）的案例可以说明这一点。筑龙从 2017 年年底开始涉足区块链领域，对招标采购领域如何运用区块链技术进行深入研究，尝试使用区块链技术解决交易流程中电子数据易变、易篡改、易丢失等普遍性难题，从而保障交易数据的真实性与完整性。筑龙也于 2019 年 6 月成功中标深圳市建设工程电子招标投标区块链应用项目。

第三节　智慧生产管理

一、生产管理的定义、内涵和发展

（一）生产管理的定义

生产管理是对企业生产系统的设置和运行的各项管理工作的总称，又称生产控制。其内容包括以下几个方面。①生产组织工作，即选择厂址，布置工厂，组织生产线，实行劳动定额，组建劳动组织，设置生产管理系统等。②生产计划工作，即编制生产计划、生产技术准备计划和生产作业计划等。③生产控制工作，即控制生产进度、生产库存、生产质量和生产成本等。④保证按期交付正常，根据生产计划安排，保证客户产品交付正常。生产管理的任务有：对客户产品交付、异常情况进行及时有效的处理等。

（二）生产管理的内涵

作为管理的一个职能领域，生产管理既是对公司提供主要产品或服务的系统进行的设计、评估和改进过程的管理，又是对生产运作系统的设计、运行与维护过程的管理。传统的生产管理主要是以工业制造企业为研究对象，其关注点主要是一个生产系统内部的计划和控制，一般称为狭义的生产管理，其内容主要是关于生产的日程管理和在制品管理。如今，生产管理的内涵和外延大大扩展了，它将有投入、转换、产出活动的组织都纳入其研究范围，不仅包括工业制造企业，而且包括社会公益组织及政府机构。不仅如此，现代生产管理的范围不再局限于生产过程的计划、组织与控制，还包括运作战略的制定、运作系统设计、运作系统运行等多个层次的内容。

（三）生产管理的发展

生产管理的历史是从英国蒸汽机的发明开始的，机械力、大规模生产和高效运输的工业革命推动了生产管理的发展，人们在开始批量生产后，产生了对工厂进行系统管理的需要。具体的发展历史如表5－2所示。

表5－2　生产管理的发展历史

时间	代表模式	说明
19世纪后期	泰勒的科学管理法	泰勒认为用科学管理法确定单价是提高生产效率和解决劳动争议的前提。泰勒还通过一些具体的生产作业研究，如生铁块搬运作业的研究、铁锹装卸作业的研究、砌墙作业的研究、自行车轴承球检查作业的研究、金属切削加工作业的研究等，说明了科学管理法不是一种仅适用于某些特定作业的管理方法
20世纪初期	福特公司的大量生产方式	亨利·福特认为阻碍汽车制造业生产率提高的最主要原因是汽车结构本身的复杂性、不同的汽车之间缺乏通用零部件，以及技术工人之间在技艺上存在差异。针对以上问题，他对汽车制造业提出了所谓的“3S化”，即标准化、简单化、专门化的革新建议，省去了制造过程中大量的修配工作，由此福特公司的生产效率得到了显著提高
20世纪中后期	丰田生产方式	丰田生产方式的主要特点是：以“调动员工的积极性、创造性”为前提，以“消除一切浪费”为目标，采用拉动式生产的准时生产制，用多批次小批量生产的混流生产线取代单品种大量生产的流水线，最大限度地降低在制品储备和缩短生产周期。丰田首创在汽车工业中发展多品种生产线，大大提高了企业对市场变化的应变能力
20世纪后期	精益生产方式	美国麻省理工学院的研究与总结，把丰田生产方式的指导思想，从生产制造领域扩展到了产品研制开发、采购供应、协作配套、销售服务、财务管理等各个领域，贯穿于企业生产经营活动的全过程，使其内涵更加全面丰富。美国麻省理工学院赋予它一个新的名称——精益生产方式

二、智慧生产管理的发展历程

智慧生产，源于人工智能的研究。一般认为智能是知识和智力的总和，知识是智能的基础，智力是获取和运用知识求解的能力。智慧生产应当包含智慧生产技术和智慧生产系统。智慧生产系统不仅能够在实践中不断地充实知识库，具有自主学习功能，还有搜集与理解环境信息和自身的信息，并进行分析判断和规划自身行为的能力。

部分国家早期发展智慧生产的政策如表5－3所示。

表5－3　　部分国家早期发展智慧生产的政策

国家	政策
日本	日本政府于1990年4月所倡导的“智能制造系统IMS”国际合作研究计划，吸引了许多发达国家的参与
美国	1992年美国执行新技术政策，大力支持关键技术，包括信息技术和新的制造工艺、智慧生产技术，美国政府希望借助此举改造传统工业并启动新产业
加拿大	加拿大政府制定的1994—1998年发展战略计划，认为未来知识密集型产业是驱动全球经济发展的基础，发展和应用智能系统至关重要，并将具体研究项目选定为智能计算机、人机界面、机械传感器、机器人控制、新装置、动态环境下的系统集成
中国	中国政府在20世纪80年代末也将“智能模拟”列入国家科技发展规划的主要课题，已在专家系统、模式识别、机器人、汉语机器理解方面取得了成果。随后，科学技术部也提出了工业智能工程，该工程是技术创新计划中创新能力建设的重要组成部分。智慧生产是该工程中的重要内容

由表5－3可知，智慧生产正在世界范围内兴起，它是生产技术的进一步发展，是自动化和集成技术向纵深发展的结果。面对传统产业改造提升和战略性新兴产业发展需求，智能装备的发展重点包括智能仪器仪表与控制系统、关键零部件及通用部件、智能专用装备等。它能实现各种制造过程的自动化、智能化、精益化、绿色化，带动装备制造业整体技术水平的提升。

从产业实践来看，中国也积极推动智慧生产的发展。2015年，工业和信息化部发布2015年智能制造试点示范项目名单，46个项目入围。46个项目覆盖了38个行业，分布在21个省（自治区、直辖市），涉及流程制造、离散制造、智能装备和产品、智能制造新业态新模式、智能化管理、智能服务6个类别，体现了较强的示范性。

三、智慧生产管理的典型模式

（一）基于5G技术的智慧生产管理模式

智慧生产离不开新型技术（如物联网、云计算）的应用，而基于5G技术的智慧生产可以提高制造系统的数据传输能力和数据处理效率，最大化地发挥新型技术的驱动作用。本部分将从5G技术的视角出发，介绍结合5G技术的新技术驱动的智慧生产。

2019年海尔集团搭建了全球首个“智能+5G”大规模定制验证平台，2020年的4.0版本中，5G技术的使用使得新建项目规划成本降低86%，建厂周期下降40%，设备的物联网效率提升86%。具体细节如案例5-4所示。

案例5-4　全球首个“智能+5G”互联工厂，重新定义未来智能制造

工业互联网是互联网的“下半场”，是继移动互联网之后最大的经济机会和经济活动。基于这样的判断，海尔集团率先发力工业互联网，推出了从科技到平台再到生态的系列领先成果。在2019年世界工业互联网产业大会上，海尔工业智能研究院发布了全球首个“智能+5G”互联工厂。

海尔集团表示，海尔集团将以更开放的心态，一起拥抱工业互联网，创造更美好的未来。事实上，在海尔COSMOPlat（卡奥斯平台）的所有布局中，开放和生态一直都是关键词。面向未来，海尔集团正在以开放的生态拥抱工业互联网，向全球产业界发出邀请，共同创造世界级工业互联网生态品牌。

工业互联网是科技引领产业变革的产物。为了夯实工业互联网“地基”，海尔工业智能产业研究院构建了“1+6”的研发体系，以科技创新为COSMOPlat的发展不断“造血、输血”。

其中，“1”是指全球首个“智能+5G”大规模定制验证平台，“6”是指海尔集团的六大生态创新中心。在这样的架构下，这一研发体系将全球一流资源聚集在同一平台上，将形成从协同研发，到技术验证，再到产业落地的闭环。

依托这一研发体系，海尔工业智能产业研究院发布了6类8款工业物联网产品，打通数据采集、网络传输、数据存储、数据平台、物联应用的全流程，提供了物联网一体化全集成解决方案。

开放和协同是这一研发体系的特质，不断驱动海尔工业互联网实现技术迭代和体系创新。由海尔集团联合华为、中国移动发布的全球首家“智能+5G”互联工厂，是这一体系最新的突破性成果之一。

5G技术的商用让工业互联网内人、机、物互联互通更加便捷，也为海尔集团升级大规模定制模式下互联工厂、加速实现产业数字化提供了技术环境。据介绍，通过全流程融合人工智能和5G技术，“智能+5G”互联工厂将打造云端秒级响应、VR（虚拟现实）漫游、智能协同等用户体验新模式，满足多场景高端制造，让工厂全要素具备自主决策的能力。同时，在产品交互、设计、体验、预售、制造等生态场景，“智能+5G”互联工厂也为用户体验的快速迭代提供了保障。

海尔工业智能产业研究院发布的全球首个“智能+5G”互联工厂，以企业组织方式、商业模式及ICT技术的创新与变革，人工智能、5G等关键技术的深度融合，重新定义未来智能制造。

根据案例和实践，5G技术支撑的智慧生产需要结合其他新技术，从而发挥5G技术应用的价值，具体合作技术可以总结为以下三个方面。

（1）物联网技术

随着工厂生产智能化转型的推进，物联网技术作为连接人、机器和设备的关键支撑技术，正受到企业的高度关注。这种需求在推动物联网应用落地的同时，也极大地刺激了5G技术的发展。面对复杂的工业互联需求，5G技术需要适应不同的工业场景，能满足物联网的绝大部分连接需求。因此，5G技术与物联网技术是相辅相成的关系，物联网应用落地依赖于5G技术提供不同场景的无线连接方案，而5G技术标准的成熟也需要物联网应用需求的刺激和推动。在推动物联网落地过程中，5G技术能分别支撑不同的功能应用需求。比如eMBB（增强型移动宽带）能支撑起远程视频监控、视频会议等应用场景；mMTC&eMTC（大连接物联网）能满足大量低功耗嵌入式终端的数据连接与传输需求。URLLC（低时延高可靠通信）可以将网络等待时间的目标压低到1毫秒以下，以支撑工业自动化控制过程中系统和设备对数据传输的实时性的诸多指标和要求。

（2）自动化控制技术

自动化控制技术是制造工厂中最基础的应用，核心是闭环控制系统。在该系统的控制周期内每个传感器进行连续测量，测量数据传输给控制器以设定执行器。典型的闭环控制过程周期低至毫秒级别，所以，系统通信的时延需要达到毫秒级别甚至更低，才能保证控制系统实现精确控制，同时对可靠性也有极高的要求。如果在生产过程中由于时延过长，或者控制信息在数据传送时发生错误可能导致生产停机，会造成巨大的财务损失。5G技术可提供极低时延、高可靠、海量连接的网络，使得闭环控制应用通过无线网络连接成为可能。基于5G技术的实测能力如下：空口时延可到0.4毫秒，单小区下行速度达到20Gbps（传输速度为每秒100兆位即1Gbps），小区最大可支持1000万以上的连接数。由此可见，移动通信网络中5G网络可满足闭环控制对网络的要求。

（3）AR技术

在未来智能工厂生产过程中，人将发挥更重要的作用。然而，由于未来工厂具有高度的灵活性和多功能性，这将对工厂车间工作人员有更高的要求。为快速满足新任务和生产活动的需求，增强AR技术至关重要，而5G技术可为AR技术提供高效的数据传送能力和广阔的网络延展能力。基于5G技术的AR技术在智能制造过程中可用于监控场景和生产场景。监控场景中，生产任务可以被分步指引，例如手动装配的过程指导；生产场景中，可以获得远程专家的业务支撑，例如远程维护。

在这些应用中，AR 设备需要具备灵活性和轻便性，以便维护工作高效开展。因此，需要将设备信息处理功能上移到云端，基于 5G 技术的 AR 设备仅仅具备连接和显示的功能，AR 设备和云端通过无线网络连接。基于 5G 技术的 AR 设备将通过网络实时获取必要的信息（例如，生产环境数据、生产设备数据、故障处理指导信息）。在这种场景下，AR 眼镜的显示内容必须与 AR 设备中摄像头的运动同步，以避免视觉范围失步现象。通常从视觉移动到 AR 图像反应时间低于 20 毫秒，则会有较好的同步性，所以要求从摄像头传送数据到 AR 眼镜显示内容的云端回传需要小于 20 毫秒，除去屏幕刷新和云端处理的时延，则需无线网络的双向传输时延在 10 毫秒内才能满足实时性体验的需求。而该时延要求，LTE（长期演进技术）网络无法满足。

（二）基于 3D 打印技术的智慧生产管理模式

3D 打印技术即快速成型技术的一种，它是一种以数字模型文件为基础，运用粉末状金属或塑料等可黏合材料，通过逐层打印的方式来构造物体的技术。英国《经济学人》杂志在《第三次工业革命》一文中，将 3D 打印技术作为第三次工业革命的重要标志之一。3D 打印技术已成为现代模型、模具和零件制造的有效手段，它简化产品的制造程序，缩短产品的研制周期，提高效率并降低成本，其发展将会深刻影响先进制造业、工业设计业、生产性服务业、文化创意业、电子商务业及制造业。

基于 3D 打印技术的智慧生产管理模式区别于传统生产管理模式和基于其他技术的智慧生产管理模式之处，在于其打破了产品生产到消费的空间距离，可以直接在需要消费的场景按需精准生产。3D 打印技术出现在 20 世纪 90 年代中期，它与普通打印工作原理基本相同，打印机内装有液体或粉末等“打印材料”，与电脑连接后，通过电脑控制把“打印材料”一层层叠加起来，最终把计算机上的蓝图变成实物。

下面以航天科技领域、医学领域和汽车制造领域为例，介绍基于 3D 打印技术的智慧生产管理模式应用场景。

（1）航天科技领域

2014 年 9 月底，NASA 完成首台成像望远镜，所有元件基本全部利用 3D 打印技术制造。NASA 也因此成为首家尝试使用 3D 打印技术制造整台仪器的单位。这款太空望远镜功能齐全，其 50.8 毫米的摄像头使其能够放进立方体卫星 CubeSat（一款微型卫星）当中。据了解，这款太空望远镜的外管、外挡板及光学镜架全部作为单独的结构直接打印而成，只有镜面和镜头尚未实现。该仪器于 2015 年开展震动和热真空测试。这款长 50.8 毫米的望远镜全部由铝和钛制成，而且只需通过 3D 打印技术制造 4 个零件即可，相比而言，传统制造方法所需的零件数是3D打印的5～10倍。此外，在3D打印的望远镜中，可用来避免望远镜中杂散光的仪器挡板做成带有角度的样式，这是传统生产管理模式在一个零件中所无法实现的。

（2）医学领域

2019年1月14日，美国加州大学圣迭戈分校在《自然·医学》杂志发表论文，首次利用快速3D打印技术，制造出模仿中枢神经系统结构的脊髓支架，在装载神经干细胞后被植入脊髓严重受损的大鼠脊柱内，成功帮助大鼠恢复了运动功能。该支架模仿中枢神经系统结构设计，呈圆形，厚度仅有2毫米，支架中间为H型结构，周围则是数十个直径200微米左右的微小通道，用于引导植入的神经干细胞和轴突沿着脊髓损伤部位生长。

（3）汽车制造领域

2014年，在芝加哥举行的国际制造技术展览会上，美国亚利桑那州的Local Motors汽车公司（洛克汽车公司）现场演示世界上第一款3D打印电动汽车的制造过程。这款电动汽车名为Strati，整个制造过程仅用了45个小时。Strati采用一体成型车身，最大速度可达到每小时40英里（约合每小时64千米），一次充电可行驶120英里～150英里（合190千米～240千米）。Strati只有49个零部件，动力传动系统、悬架、电池、轮胎、车轮、线路、电动马达和挡风玻璃采用传统技术制造，包括底盘、仪表板、座椅和车身在内的余下部件均由3D打印机打印，所用材料为碳纤维增强热塑性塑料。Strati的车身一体成型，由3D打印机打印，共有212层碳纤维增强热塑性塑料。辛辛那提公司负责提供制造Strati使用的大幅面增材制造3D打印机，能够打印“3英尺×5英尺×10英尺”（约合91厘米×152厘米×305厘米）的零部件。

第四节 智慧配送管理

一、配送管理的定义、内涵和发展

（一）配送管理的定义

配送是指从供应链的供应商到客户阶段，运输和存储产品所采取的步骤，是影响供应链成本与企业效益的重要因素之一。按照我国国家标准《物流术语》（GB/T 18354—2021）的定义，配送是指根据客户要求，对物品进行分类、拣选、集货、包装、组配等作业，并按时送达指定地点的物流活动。

（二）配送管理的内涵

从配送的定义延伸，配送管理具体将解决配送运作中的瓶颈问题，如库存管理与控制、车辆调度、协同配送、配送信息化、配送模式选择等。在现代物流中，物流配送中心起着决定性作用。一个企业的好坏首先是看其物流配送中心是否能把各项资源联系在一起。对此，要想加强企业与客户、供应商之间的联系，就要高度重视物流配送中心，它是提高市场竞争力的关键因素。只有解决好物流配送中心的一系列问题，才能提升库存周转率、加快商品流通率、减少投资成本等，为企业物流配送中心的发展奠定坚实基础。

（三）配送管理的发展

配送管理在20世纪60年代初步发展，到20世纪80年代进一步发展成熟，目前已经基本形成了比较完善的配送网络与成熟的配送模式。随着经济的发展，我国物流配送快速发展，配送的整体规模不断扩大，部分商品形成各自的配送网络（如食品网络、邮政网络等），服务于国际贸易的多式联运网络初步形成，但配送的集约化、网络间的协同等方面有待提高。

配送管理研究的挑战来自以下方面。首先，决策问题与考虑的因素复杂，既有战略层面的设施选址问题，又有运作层面的路径优化问题，以及运营组织方面的问题，同时决策中涉及利益主体、多重目标的协调问题，这增加了模型构建与求解的难度。其次，配送管理与经济环境、企业运作模式密切相关，难以找到普遍适用的方法，如我国面临的电子商务配送问题、城市配送问题，不能用国外以往的经验与方法解决。最后，经济、社会和环境的变化不断对配送提出新的要求，如配送系统的可持续发展与绿色运营、配送网络的整合、不确定条件下配送网络规划与管理等问题。尽管存在上述挑战，应用领域对配送的需求推动相关研究不断前进和发展，配送管理已经成为物流与供应链中研究最广泛的领域之一。

二、智慧配送管理的基本内涵

根据商务部办公厅2015年印发《关于智慧物流配送体系建设的实施意见》指出智慧物流配送体系是一种以互联网、物联网、云计算、大数据等先进信息技术为支撑，在物流的仓储、配送、流通加工、信息服务等各个环节实现系统感知、全面分析、及时处理和自我调整等功能的现代综合性物流系统，具有自动化、智能化、可视化、网络化、柔性化等特点。发展智慧物流配送，是适应柔性制造、促进消费升级、实现精准营销、推动电子商务发展的重要支撑，也是今后物流业发展的趋势和竞争制高点。

案例5－5　盒马鲜生智慧配送的实现途径

在平台级电商强势推动之下，以盒马鲜生为代表的新零售模式生鲜电商以迅猛的速度布局了市场，并且凭借优越的智慧配送模式成了一、二线城市消费人群的新选择。盒马鲜生的智慧配送主要包括以下五个方面。

第一，智能履约集单算法。在基于线路时效、节点顺序、客户需求、温层、区块分布及整个算法指导下，系统将订单统一集合，智能匹配，调度订单，以确保能够串联出最优的配送批次，在机遇线路的思路上实现多单配送，达到最优的订单履约成本。

第二，智能店仓作业系统。门店作为整个盒马鲜生配送成本和效率的轴心坐标，之所以能承担起仓储的功能，在于盒马鲜生门店从初始设计就采用仓储式货架，构建仓储式库存模式，这意味着门店中商品的货位和库存位都可实时回传调度。如此一来，盒马鲜生门店在线下层面运营着标准的门店，也具备完全的实体店销售功能，而在线上层面则仅进行仓储作业。

第三，智能配送调度。盒马鲜生重构人、货、场。人定义为配送员所在位置、擅长技能、熟悉的区域以及商品和订单类别；货定义为订单品类（常温或冷链）、批次和包裹；场定义为配送员所在的具体位置（门店路途中、顾客处、返程中）以及预测物流路线。在这三者之间调度，趋向最优的智能匹配，实现配送效率的最大化。

第四，智能订货库存分配系统。门店的成本主要来自人力与场地，基于这两点，盒马鲜生打造出一套智能的订货库存分配的系统。一方面是依托淘系数据，在全品类基础上对标品做精选，以缩小全品类的 SKU 规模；另一方面是根据盒马鲜生门店的历史销量，即不同区域中线上 App 页面点击量、页面跳转成交比例，在后台进行演算、优化和迭代，盒马鲜生可以做到不同区域商品分配的预测。此外，再结合各个门店周边盒马鲜生消费群体的需求，可以达到智能化的商品选品和库存分配，进一步促进库存周转和商品动销。

第五，自动化设备。RFID 和物联网技术下的全自动悬挂链物流系统是盒马鲜生物流的核心创新之一。App 用户在线下单后，后端系统将拣货员负责区域内所有物品的信息传到扫描枪，且由于电子价签在系统中已经记录了所有货品和货架的位置，系统能够计算出最高效的拣货动线，且直接定位货品，分配给最临近的拣货员。悬挂链的设置可充分利用上层物理空间，减少人员跑动造成的混乱。由于环节被拆分，拣货人员只需完成指定动作，这样可降低人为影响因素，因为货物订单对接的准确性以及行动路线的规划等全由机器判断，悬挂系统能够实现分区和多区的货物并发作业，大大提高物流效率。

正如案例5－5所示，智慧配送管理在产业界已经有着广泛的具体应用。智慧配送管理的出现提高了传统配送的效率，解决了许多痛点问题。智慧配送管理主要是面向终端用户的服务，强调时效性和准时性，它主要有以下内涵。

首先，智慧配送管理采用了大量的新兴信息通信技术，从而具有较强的时效性，使企业实现“零库存”。其次，配送过程中要保证在客户指定的时间内将特定的货物送到客户手中。配送对时间精度要求非常高，尤其在连锁经营的企业中，如超市接货都是在某一天的某一时刻进行的，而配送车辆必须在这个固定的时间将货物送到。智慧配送管理可以根据大数据技术进行提前预测和分析，也能通过物联网技术和云计算技术及时感知配送路径，进行动态调整。最后，配送是支线物流，往往要在一天内为多家客户进行小批量、多批次、多品种的货物配送。

三、智慧配送管理的典型模式

（一）基于物联网技术的智慧配送管理模式

在物联网的诸多应用中，物流配送系统是非常重要的一个环节，GIS/GPS和无线网络通信技术的出现使物流配送朝着智能化方向发展，其建设的目标就是以利用高新科技手段实现智能物流为核心，大大加快货物在物流过程中的流通速度，减少人工操作失误，降低管理成本，达到全局资源利用最大化、整个链条集约化，以及工作最大限度的自动化、最优化、简易化。基于物联网的智慧配送管理模式，如图5－6所示。

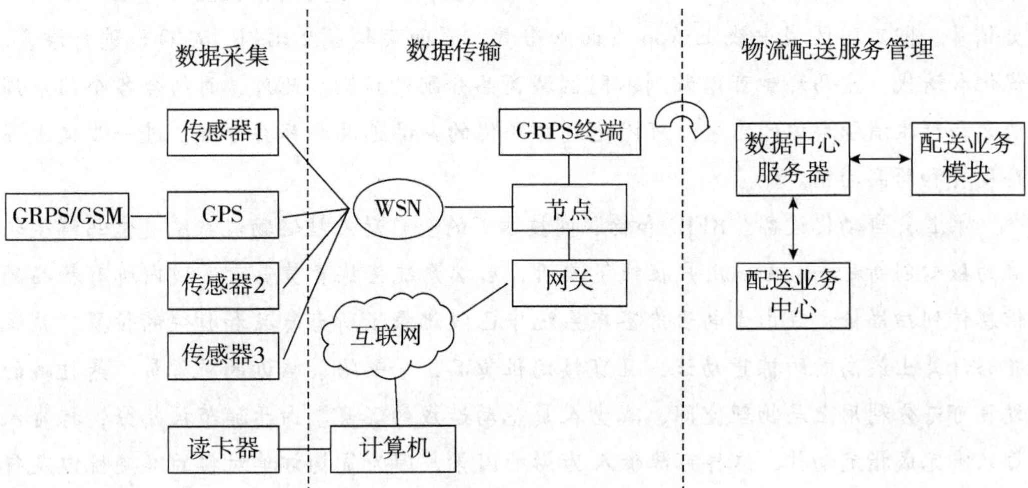

图5－6　基于物联网的智慧配送管理模式

图5－6体现了基于物联网的智慧配送管理模式的技术内容，其主要包括数据采集、数据传输和物流配送服务管理三个部分。在数据采集中，通过GRPS/GSM（通用分组无线业务/全球移动通信系统）、GPS、传感器和读卡器等物联网专用设备进行大规模的数据采集，保证配送状态的全面体现；在数据传输中，WSN（无线传感器网络）、互联网和计算机发挥着枢纽作用，通过各个节点（Sink）、网关（Gateway）和GRPS终端完成数据的传导；在物流配送服务管理中，数据中心服务器是管理系统的大脑，连接和指挥配送业务中心和配送业务模块，配送业务中心是宏观把控系统，而配送业务模块是微观把控系统。

此外，从具体模式来看，物联网主要从配送监测和智能交付两个方面促进了智慧配送的发展。首先，利用物联网技术，通过物流车辆管理系统对运输的火车以及货物进行实时监控，可完成车辆及货物的实时定位跟踪，监测货物的状态及温湿度情况，同时监测运输车辆的胎温胎压、油量油耗、车速、刹车次数等。在货物运输过程中，将货物、司机、车辆驾驶情况等信息高效地结合起来，提高运输效率，降低运输成本，减少货物损耗，了解运输过程中的一切情况。其次，基于智能柜的智能交付也是智慧配送的新模式。基于物联网技术，智能柜能够对物体进行识别、存储、监控和管理，与PC服务端一起构成智能快递投递系统。PC服务端能够处理智能快递终端采集到的信息数据，并在数据后台实时更新，方便使用人员进行快递查询、快递调配、快递终端维护等操作。快递员将快件送达指定地点后将其存入到快递终端后，智能系统可以自动为用户发送一条短信，包括取件地址、验证码等，用户可在24小时内随时去智能柜取货物，简单快捷地完成取件服务。

（二）基于大数据技术的智慧配送管理模式

随着大数据技术不断成熟，智慧配送也越来越被产业界所强调，基于大数据技术的智慧配送管理模式不仅涉及终端配送，也涉及各类分拨中心的业务调度。

一方面，为了合理规划物资的供应链配送路线，最大化地节约资源、提高配送效率，物流服务提供商需要根据实际情况，适时地调整送货计划。为了及时了解物资以及客户需求，需要利用大数据技术，分析相关数据信息，利用先进的智慧算法，得出合理的分析结果，完成物资的供应链规划，以便得出合理的配送调度方案。比如，菜鸟网络便建设了一个大数据物流协同平台，以数据为核心，通过社会化协同，打通了覆盖跨境物流、快递、农村物流的全网物流链路。

另一方面，基于大数据的智慧配送管理模式也涉及各类分拨中心的业务调度。首先，在调度方面，大数据技术的使用能够实现全流程的可视化，做到及时监控、及时调整，大大提升了配送系统的灵活性、准确性和智能性；其次，在配送预测方面，大数据技术的使用能够通过算法和数据工具进行销售规划，无缝对接供应链生产备货计划，并对营销人员统一管控，对货物备货分仓进行优化，及时将热销产品提前下沉到渠道末端仓库，缓解配送压力。在基于大数据技术的智慧配送管理模式探索方面，京东做了许多的实践，如案例5－6所示。

案例5－6　基于大数据技术的京东智慧物流系统

京东智慧物流包括两个方面，一是基于大数据预测分析技术实现智能化的调度、决策；二是采用一些更加自动化、智能化的设备提升物流效率，最终提升客户的体验。青龙系统涵盖了分拣中心（分拨中心）、运输干线、传板的系统，还有整个配送系统，包括京东的配送站和配送员。目前其范围已经扩展到校园系统和农村的代理人的系统，以及京东物流开放平台。

青龙系统的研发始于2012年，其1.0版本基本上就涉及物流的一些核心功能。2014年的青龙系统做到3.0版本，建设了物流的开放平台并开发了许多增值业务项。2016年的青龙系统升级到6.0版本，定位是智慧物流，包括大数据和智能化设备的利用，其中一个重要的项目就是京东智能分拣中心，引入了多种智能化的设备。

面向华北地区、位于固安的智能分拣中心是京东第一个智能化的分拣中心，采用了一套全智能化、机械化操作的平台，拥有独立的场院管理系统及AGV（自动导引车）操作台，其完善的远程实时监控体系有效地实现了整个业务操作流程的可视化，规避了人工操作存在的用时长、分拣差错率高等问题，在节约成本的同时，提升了物流的运转效率。

智能分拣机和龙门架的引入实现了智能收货和发货，脱离人工操作，让分拣环节更加自动化和智能化，保证包裹分拣正确率达到99%，促进了包裹的高速运转；自动称重设备有助于快速、精确地对包裹进行称重，并准确计算物流费用；视觉扫描仪可以实现漏扫描包裹影像照片的调取，通过人工补码方式完成系统数据录入，扫描率达到100%；智能分拣柜采用立体分拣结构，结合LED（发光二极管）灯完成包裹实物分拣和系统数据同步流转；工位管理系统的上线将能够实现对员工的智能排班和岗位管理，有效提升了运营效率；智能看板和远程视频，将实现对分拣场地的实时流程把控，有效提升集团或区域对现场的管控力度；AGV机器人自动沿规定的导引路径行驶，将包裹自动移载到特定的位置，节省了人力和运输时间。

京东管理人员介绍，固安京东智能分拣中心的日订单分拣能力当时已经达到30万单，与矩阵式分拣方式相比，人员投入比例减少了近70%，坪效提升了5倍。技术进一步成熟以后，京东在国内建设了多个智能分拣中心。

第五节　智慧退货管理

一、退货管理的定义、内涵和发展

（一）退货管理的定义

商品退货是指配送中心按配送合同将货物发出之后，客户出于某种原因将商品退回配送中心。在电子商务背景下的退货管理指的是在买家通过网络利用货币与卖家产品互换后，产品无法达到买家心理要求，与卖家沟通互动实现退货前申请，以及卖家及时反馈退货信息，最终达到实现产品自买家手中经由第三方物流公司运输到卖家的一系列连续流程。

（二）退货管理的内涵

对于退货管理，其核心目标是提升消费者满意度，在正常退货流程之后，通过复盘退货原因，及时改进产品和服务，降低退货率。退货管理有以下两个特点，即退货的归因准确和退货及时高效。

首先是退货的归因准确，管理者应当准确划分退货原因，从而避免不必要退货和避免增加不必要的退货成本。通常发生退货的原因主要有以下几种。第一种是依照协议退货。对超市与配送中心订有特别协议的季节性商品、试销商品、代销商品等，协议期满后的剩余商品，配送中心将给予退回。第二种是有质量问题的退货。对鲜度不佳、质量差等有瑕疵的商品，配送中心将给予退回。第三种是搬运途中损坏退货。由于包装不良，货物在搬运中受到剧烈震动，造成产品破损或包装污损的商品，配送中心将给予退回。第四种是商品过期退回。一般的食品都有相应的有效期，如卤味、速食品等，通常配送中心与供应商有关于商品的保质期或有效期一过就予以退货或换货的协议。第五种是次品回收。产品在设计、制造过程中存在问题，但在销售后，才被消费者或厂商发现，存有重大缺陷的商品，必须立即部分收回或全部收回。此种情况虽不常发生，却是不可避免的。第六种是商品送错退回。由于商家送货信息出错或者物流商调度出现问题导致商品错发，此时需要启动退回流程。

其次是退货及时高效。确定好退货的原因后，需要确定产生问题的责任人，判断是配送中心在配送时产生的问题，还是客户在使用时产生的问题，从而制订出最佳的解决方案，满足及时高效的要求；追求及时高效的同时也需要控制企业成本，进行商品的退货要消耗企业大量的人力、物力、财力。配送中心在退换商品时，除由配送中心自身原因导致的商品退换之外，需要对要求进行商品退换的客户加收一定的费用。

（三）退货管理的发展

美国是最早实践退货管理的国家之一，也是消费者“后悔权”的发源地。20 世纪 60 年代的美国直销行业发展迅猛，直销企业工作人员多采用上门推销的营销手段，但是，在直销推动美国经济快速发展的同时，越来越多的消费者因推销人员言过其实、夸大其词的推销而购买了自己并不需要甚至质量并不过关的商品，在这种背景下美国立法规定，消费者在三天内可以无条件行使退款的权利。针对网购消费者的退货原因的研究，早期产业界的解决方案主要是从三个方面着手：质量因素、价格因素、企业退货策略的影响。

随着互联网的普及，在线购物的退货管理被产业界高度重视。在网上进行商品销售的商家数量越来越多，竞争越发激烈，发展的机会往往伴随着问题的出现。因为网络上仅有所购商品的图片和文字，所以容易出现虚假宣传，品质得不到保障；所购商品现实感知的天然缺陷容易使顾客产生预期差异，导致退货现象居高不下。从而对商家的经营决策和管理决策产生影响。退货问题的正确处理对商家具有非常重要的意义。2014 年 3 月 15 日我国正式实施《中华人民共和国消费者权益保护法》，除特殊商品外，网购商品在到货之日起 7 日内无理由退货，退货管理得到高度重视。

二、智慧退货管理的基本内涵

在介绍智慧退货管理前，我们来看产业界的一个案例。

案例 5－7　区块链在退货中的应用

零售商知道商品退货对自身有显著的影响。零售商正在寻找新的方法来快速识别欺诈性交易和退货，每年零售商可能在此花费 9.1 亿美元到 159 亿美元。一个更简单、更安全的零售商认证和有效管理这些交易的解决方案是使用区块链。

区块链的可靠和共享记录系统创建了一个永久的数字化交易链，并为零售商提供在全球范围内准确快速追踪产品的能力。在依赖出口和进口的全球化经济中，妥善跟踪零售产品从制造商到零售商是复杂的。货物每年出货量超过 4 万亿美元，消费者每天使用的货物中有 80% 以上是由远洋运输行业承运的。估计处理和管理这些货物所需的交易文件的最高成本将达到实际运输成本的五分之一。据世界经济论坛报道，通过减少国际供应链中的壁垒，全球贸易量可能出现增长，刺激经济，并创造就业机会。

这一复杂的过程证明了区块链的价值和需求，即能够实时准确地跟踪产品。

区块链不仅可以查明产品的位置，还可以追溯产品的真伪。当产品从制造商转移到供应商，再到零售商，最后到消费者时，欺诈活动可能会发生。如果客户退货或交换该产品，则得进行逆向物流跟踪，特别是对于奢侈品。零售商可以将智能标签设计产品放进区块链，以确保购买或退回的产品是真实的。这使品牌冒充成为一个难题。例如，Everledger（易葳录）正在使用区块链来认证和追溯高价值奢侈品的来源。这更好地保护了供应商、买家和托运人的权益。

区块链不只是帮助追踪节日礼物。其技术在确保食品零售商的食品安全方面也很有价值。雀巢、泰森食品、联合利华、沃尔玛和IBM等一批龙头企业联合起来，在全球食品供应链中使用区块链技术，进一步加强消费者对全球食品体系的信心。作为这项工作的延伸，沃尔玛、京东、IBM和清华大学在中国启动了区块链食品安全联盟，将区块链技术应用于食品的追溯过程，以支持离线和在线客户，实时追踪食品动态。这种合作关系表明，区块链适用于任何零售行业。

2018年1月发布的一项新的IBV研究，该研究调查了203家消费品行业组织，发现18%的消费品行业组织正在使用区块链。受访者认为区块链转型的前六大特定消费领域是产品安全性和真实性、供应链优化、财务/运营流程、法规遵从、促销策略管理、客户参与和共同创造。还有很多机会引入新的商业模式来改变客户的参与度。近四分之三的受访消费者使用区块链来预测产品安全和真实性的解决方案与区块链行业产生的积极影响，59%的人认为这将有助于创造新的商业模式。

因天气恶劣导致航运延误，或者在退货或换货过程中遇到困难，客户都会觉得失望。这些经验挑战塑造了客户对零售商的整体意见。区块链可以帮助更好地管理影响客户体验和期望的变量。

ISQ社区链就是以区块链技术实现商业模式颠覆的一个经典项目。它以社区为基础，打造了一个链接全球供应链体系。成熟的营销运营系统已经覆盖众多小区，高效率的供应链及区块链全程溯源功能实现社区点对点商品营销，并以高品质和低价格形成社区公信力。

正如案例5-7所示，许多智慧技术已经在退货管理中应用。智慧退货管理基于区块链、云计算、物联网、人工智能等智慧技术，在传统退货管理基础上形成了更加便捷、快速和透明的管理模式。因为退回的货物可能分散在全国各地不同的市场，货物在退货过程中是在不断移动的，需要通过网络管理退货物流。在物流中心，为了保障退货的高效、及时，会利用无线传感技术，积极主动地监控运输条件并提供测量报告，它可以应用于货物在途跟踪和简单测试。同时，专家系统实际应用、数据挖掘、网络集成、信息共享和智能调度等许多智能管理技术在退货物流中的运用也在不断开发与优化。

三、智慧退货管理的典型模式

（一）基于人工智能技术的智慧退货管理模式

人工智能的应用目前正在兴起，其作用是帮助在线消费者购买产品。基于人工智能技术的智慧退货管理模式优势主要有两个方面，一是高效智能的退货全流程与及时服务，二是售前预防。

第一，高效智能的退货全流程与及时服务方面。基于人工智能技术的智能客服机器人能够进行智能回复以及引导客户自助服务，并且智能客服机器人拥有强大的知识库与自主学习能力，在不断接待访客的过程中实现问题积累。因此，一个成熟的智能客服机器人的退货问题解决率非常高。同时，智能客服机器人可以实现客户服务的连续性，及时回复客户问题来提升客户体验。一般而言，智能客服机器人自动回复的时间通常都不会超过一秒，极大地保障了回复客户的响应效率。智能客服机器人还能够实现 7×24 小时全天的接待工作，即使在非工作时间，来访客户也都能获得客户服务。

第二，售前预防方面。人工智能有两种售前应用有利于减少退货：虚拟试衣技术和智能推荐代理。第一种是虚拟试衣技术。为了降低网上服装销售的匹配不确定性，以往和现有的虚拟试衣技术侧重于让消费者确定不同服装搭配的有效性。人工智能虚拟试衣技术使用数据和算法，帮助卖家快速准确地分析消费者的服装偏好，以增加购买的可能性，降低退货的可能性。第二种是智能推荐代理。使用数据驱动的推荐算法，可以为在线零售商带来近 14% 的利润增长。人工智能虚拟现实体验可能会大大降低而不是消除产品适配的不确定性，消费者可以无须付费或以较低的成本从网上渠道获得体验。换句话说，采用人工智能不仅增加了客户对产品的依赖，而且在客观上推荐了更匹配的交易，从而通过售前预防有效降低了退货率。

（二）基于区块链技术的智慧退货管理模式

相比于传统退货管理模式，基于区块链技术的智慧退货管理模式可以极大地保证退货过程的透明程度，区块链不仅可以查明产品的位置，还可以追溯产品的真伪，防止不法分子利用退货政策调包产品。由于区块链中各个实体占据一个区块，实体之间信息高效交流、数据可溯源，基于区块链技术的智慧退货系统拥有区块链的所有优点，即去中心化记账、开放性高、安全性强、匿名性等。其中，去中心化记账不依赖额外的第三方管理机构或硬件设施，保障了智慧退货系统各个节点能够实现信息自我验证、传递和管理。开放性高是指除了交易各方的私有信息被加密外，智慧退货系统的数据对所有人开放，任何人都可以通过公开的接口查询区块链数据和开发相关应用，因此，整个系统信息高度透明。安全性强也是区块链技术给智慧退货系统带来的好处，只要不能掌控全部数据节点的51%，就无法肆意操控或修改网络数据，这使智慧退货系统本身变得相对安全，避免了主观人为的数据变更。匿名性对智慧退货帮助也比较大，匿名性指的是除非有法律规范要求，单从技术上来讲，各区块节点的身份信息不需要公开或验证，信息传递可以匿名进行，这样的特性使得消费者和商家在互相信任、高效完成退货流程的同时能够有效地保证自己的私人信息，避免泄露。

基于区块链技术的智慧退货系统主体是区块链系统，所述区块链系统联结物流退货信息系统。物流退货信息系统包括物流及用户信息管理系统、物流退货管理系统、退货处理系统和数据统计系统。物流及用户信息管理系统包括用户登录平台、物流信息录入平台和查询检索平台，涉及区块链技术领域。基于区块链技术的智慧退货系统能够提升退货数据的传输与处理效率，完善的用户信息与退货标准可以有效避免用户与商家之间因退货不合标准而产生的矛盾，简化退货的流程，使得退货的流程更加高效、规范，有效避免提供虚假信息而强行退货和违反退货规则不负责任而逃避的现象。

第六节　智慧金融管理

一、金融管理的定义、内涵和发展

（一）金融管理的定义

金融管理是指组织和指挥人按照金融活动规律对以银行为中心的货币流通和信贷活动进行计划、监督和协调的全过程。

（二）金融管理的内涵

金融管理内容包括以下几个方面。①组织机构管理，指银行为了履行金融管理职能所采取的领导和执行金融工作的组织形式的管理。②计划管理，指通过编制计划，组织计划实现，以及对计划执行情况的检查和控制，规划、指导、协调银行经营活动的一项管理活动。③业务管理，指对银行的存贷活动以及非现金结算和货币流通进行计划、组织、疏导、调节和监督。④信息管理，指银行为使自己的经营活动最大限度地符合客观经济过程的需要，而对反映外部环境变化的数据、资料进行收集、整理和运用。⑤财务管理，指银行根据信贷资金运动的客观规律，正确组织财务活动和处理财务关系的管理。⑥人才开发，指挖掘人才、培养人才和选拔人才。⑦劳动定额，指银行每个职工在固定岗位上，在固定时期内，在保证工作质量的前提下，平均应达到的工作量。⑧劳动组织，指在合理的劳动分工基础上，把职工的协作关系有效地组织起来。⑨金融系统内外部关系，指银行之间的分工以及与国民经济各部门、各单位和城乡居民之间的密切联系。⑩经济核算，指银行借助价值、货币形式，计算其在经营过程中各项劳动的消耗、资金的筹集和运用，并同它的经营成果进行比较。

金融管理的基本原则包括以下几个方面。①统一计划、分级管理原则。银行是国民经济的信贷、结算和现金中心，它担负着调节社会经济的重要任务，信贷资金必须在全国范围内有计划地调节，才能更灵活、更节约地运用。在统一计划、分级管理原则下，适当给各级银行一些管理的自主权，以调动各级银行的积极性。②经济核算的原则。通过考核各级银行组织资金、运用资金的成本费用和利润，发现经营管理的成功经验和薄弱环节，为改革经营管理、实现管理科学化提供依据。③权力与责任相一致的原则。没有职责分工就没有管理，权力与责任需要一致。

（三）金融管理的发展

金融业起源于公元前2000年巴比伦寺庙和公元前6世纪希腊寺庙的货币保管和收取利息的放款业务。公元前5世纪至公元前3世纪，在雅典和罗马先后出现了银钱商和类似银行的商业机构。在欧洲，从货币兑换业和金匠业中发展出现代银行。最早出现的银行是意大利威尼斯的银行。发生在15世纪末的地理大发现和18世纪的工业革命大大缩短了人们之间原有的时空距离。跨国性质的贸易交往、债权债务清算以及资本转移等活动不仅演绎出了初始形态的国际金融现象，而且从一开始就涵盖着有关国际金融的纷争与协调。

此后，随着人类社会分工网络的扩展和科学技术的突飞猛进，国际金融协作尽管长时间内都处在较低层次，但总体进程则不断呈现出加速趋势。特别是进入20世纪后，人类社会在经历了先后两次世界大战以及经济大危机的沉重打击之后，为了重建国际货币金融秩序以求生存和发展，不同主权国家之间展开了金融史上前所未有的大规模协调与合作。值得一提的是，21世纪90年代欧洲中央银行和单一货币的出现，象征着20世纪人类社会将国际金融协作推进崭新的阶段。

二、智慧金融管理的主要特征

在介绍智慧金融管理前，我们先来看产业界一个案例。

案例5－8　中国建设银行："智慧银行"建设"智慧生活"

近年来，随着移动互联网、云计算、大数据、人工智能、区块链等新技术的飞速发展，客户需求快速变化，产品与服务快速迭代，跨界竞争日益激烈。中国建设银行积极顺应形势变化，实施金融科技战略，进行智慧银行迭代升级。

2013 年 12 月，中国建设银行首家智慧型银行网点正式推出。

2015 年 12 月，智慧柜员机正式投产上线，掀起网点智能化建设新高潮。

2016 年，深入社区“最后一公里”，微银行遍布深圳各地。

近日，中国建设银行再出大招，全新智慧银行亮相深圳，成为金融科技时代引领行业转型升级的创新典范。

智慧银行借助“新一代”核心系统金融科技体系，为客户带来智能、个性、互动、便捷的全新服务体验，将金融服务融入客户的日常生活场景。

科技赋能，让关怀无处不在。通过科技与金融的融合运用，智慧银行具备了智慧的大脑，具备能听、能看、能理解、能思考的能力，促进客户的服务从交易向交互提升。当进入智慧银行大门，大屏幕将展示欢迎语，同时智能机器人主动迎接并引导客户办理业务。走在任意一面智能终端前，屏幕都会送上一句专属问候；当你在智能终端浏览的时候，智能终端会实时提醒排队号，避免错过业务办理；当你走近智慧柜员机前识别身份后，操作菜单自动切换常用功能，免去点选功能的麻烦。

极致体验，让服务温暖贴心。中国建设银行一直践行“以客户为中心”的服务理念，通过大数据的分析，客户经理能在第一时间获知客户的到来，同时一键呼叫功能更快地通知客户经理前来为客户提供专属服务。在金融体验区，每位客户看到的广告都是合适且专属的。智能化的服务带给客户高效与便利，个性化的服务则带给客户温暖与信任。

因需而动，让体验趣味生动。突破网点传统形态，智慧银行的功能设计全面考虑客户特性和各种金融与非金融需求，不仅有老人关心的各种财经资讯，而且有年轻人爱玩的 AR 游戏。不同的人将收获不同的惊喜，智慧银行变成一个不办银行业务也愿意来的场所。便捷的服务与体验，尽在中国建设银行。

方便快捷，让流程简单普惠。智慧银行创新打造了线上交互新平台，将物理网点的服务延伸至线上，实现线上线下的紧密连接，致力于在任何场所、任何时间，优选最合适的渠道满足客户所需。智能化的流程，从预约的推荐、到达银行后的识别引导、一键交易即时处理，完成网点从单一渠道向多渠道协同处理的完美转型。

数据支撑，让管理尽在掌握。据了解，中国建设银行全面上线智慧柜员机后，全面利用大数据、人工智能，在后台跟踪分析客户流量、业务效率等波动规律，为人力调配提供智能化的管理数据，更匹配客户实际需求，减少客户的等候时间。

想你所想，让生活更加美好。实时智能的预约系统、可视化的繁忙情况播报、无处不在的互动与交流，遍布全深圳各个社区的微银行，让客户随时随地以最舒服的姿态，享受“因时而在、因需而在”的金融服务。

作为创新之都的深圳正在着力打造智慧城市，中国建设银行以智慧银行持续迭代为契机，目前已布局智慧校园、智慧医疗、智慧出行等智慧城市场景服务。未来，将依托智慧城市庞大的互联网、物联网等优势和自身强大的金融科技实力，将中国建设银行服务与老百姓的消费、支付、社交、医疗、住房、出行等生活场景相融合，不断满足客户全方位的金融和生活服务等需求，努力实现“金融科技让生活更美好”。

由案例5－8可知，智慧金融在银行业的应用已经产生了较好的影响，从理论上看，智慧金融依托互联网技术，运用大数据、人工智能、云计算等手段，使金融行业在业务流程、业务开拓和客户服务等方面得到全面提升，实现金融产品、风控、获客、服务的智慧化。金融主体之间的开放和合作，使得智慧金融表现出高效率、低风险的特点。具体而言，智慧金融管理有透明性，即时性，便捷、灵活、高效性和安全性等特点。

（1）透明性。智慧金融管理解决了传统金融管理的信息不对称问题。基于互联网的智慧金融体系，围绕公开透明的网络平台，共享信息流，许多以前封闭的信息，通过网络变得越来越透明化。

（2）即时性。智慧金融管理是传统金融服务演化的更高级阶段。智慧金融体系下，用户应用金融服务更加便捷。用户也不会愿意再因为存钱、贷款，去银行网点排上几个小时的队。例如，某金融企业自主搭建的大数据平台提供的计算能力，已经可以处理几百万个用户多达亿级的节点维度数据，3C类分期贷款审批时间平均在4分钟左右，而传统金融人工信贷审查的时间可能需要10个工作日（如信用卡审批）。未来即时性将成为衡量金融企业核心竞争力的重要指标，即时金融服务肯定会成为未来的发展趋势。

（3）便捷、灵活、高效性。智慧金融体系下，用户应用金融服务更加便捷。智慧金融体系下，金融机构获得充足的信息后，经过大数据引擎统计分析和决策就能够及时做出反应，为用户提供有针对性的服务，满足用户的需求。另外，开放平台融合了各种金融机构和中介机构，能够为用户提供丰富多彩的金融服务。这些金融服务既可以是多样化的，又可以是个性化的；既可以是打包的一站式服务，也可以由用户根据需要进行个性化选择、组合。

（4）安全性。一方面，金融机构在为用户提供服务时，依托大数据征信弥补我国征信体系不完善的缺陷，在进行风控时数据维度更多，决策引擎判断更精准，反欺诈成效更好。另一方面，互联网技术对用户信息、资金安全保护更加完善。

三、智慧金融管理的典型模式

（一）基于人工智能的智慧金融管理模式

人工智能在智慧金融领域的场景化应用十分广泛。具体表现为以下几个方面。

（1）征信

智慧金融领域很重要的一个工作就是征信，信用是金融的基础，以前征信要提交很多材料，智慧金融管理模式下，进入电子征信系统以后，征信可以实时评估，信贷可以秒发。通过人工智能进行信息采集，结合全网的数据，可以建模几千上万个维度，来评估个人和企业信用。

（2）实时防欺诈

通过人工智能方法建立各种防欺诈模型，采集信息，分析欺诈的可能性。防欺诈是金融行业的一个重要任务，通过计算机的实时分析，可以提高效率、防止诈骗。

（3）互联网身份验证

通过人工智能人脸识别，进行身份比对，结合手机验证码，实现多因素认证。业务都可以通过互联网实现，既能提高效率，又能降低成本。所有的银行都有银行客户端，大部分业务都可以在网上进行。

（4）银行文件处理

银行有非常多单据要处理，这些单据的处理需要大量的人力，通过机器视觉实现OCR（光学字符识别），进行单据录入，降低人力需求。

（5）RPA（机器人流程自动化）业务信息化集成

银行应用系统越来越多，系统间的数据引用非常多，导致大量的人力进行数据处理工作，通过RPA实现数据和操作的集成，可以完成跨系统的数据处理，降低人力需求，降低成本，提高效率。

（6）智能客服

银行需要大量的智能客服，其工作包括呼入、呼出、业务访谈、业务调研、业务推荐等。通过语音识别、自然语言处理、知识图谱、语音合成，可以实现智能机器人的自动应答和电话访谈，提高效率、降低成本。

基于人工智能的智慧金融在产业界的具体案例如案例5－9所示。

案例5－9　人工智能遇上金融，会产生怎样化学反应？

目前，人工智能在金融领域的运用，主要集中在三个方面：智能风控、监管科技和智能投顾。

“人工智能＋风控”这是一个奇妙的组合，也被业内认为是人工智能在金融领域最有想象力的环节。在美国的信贷崛起时代，量化和大数据风控曾备受企业推崇，其代表有发现金融服务公司、美国运通公司。在中国，银行早期曾沿用这套风控体系。进入互联网金融时代后，经过几年风控缺失、放量狂奔的阶段之后，中国互联网金融开始回归金融的核心：风控。而这次风控回归，刚好与人工智能崛起的浪潮重叠，因此产生了一定的融合。中国有机会，直接升级到人工智能风控时代。而人工智能运行的方式，是给机器喂养大量数据，让它自行构建模型，最终输出一个结果。与美国相比，中国征信体系缺失，信贷数据不足，人工智能有更大的发挥空间。

监管层要求试点的征信机构定期要去汇报。主要的汇报内容就是要告诉监管层：这些信用分到底是怎么得出来的？背后计算逻辑是什么？

不论是征信，还是风控，都要保持"可溯源性"，才能建立起信任。

朱明杰表示，在金融圈和用户教育上，对人工智能还未完全信任之前，只能采取人肉智能（HI）和人工智能（AI）相结合的方式。与专业的风控从业者合作，同步运营。

监管科技在美国等金融强监管的国家，运用得较为广泛。监管科技主要是两个模式：2B（面向企业）和2G（面向政府）。在中国，2B的监管科技领域几乎是空白，因为互联网金融的监管才刚刚起步，远不到需要人工智能机器介入的地步。张本宇认为，中国慢慢进入金融强监管的时代，这片市场，前景可期，也值得布局。

所谓智能投顾，就是用机器人当"投资顾问"。

（二）基于区块链的智慧金融管理模式

在金融领域，区块链提供了一个全新的视野来"俯瞰"各类传统金融业务，区块链将成为金融领域的技术重构者、业务重构者以及金融生态重构者。目前，基于区块链的智慧金融管理模式应用的成果已经十分丰富。具体来说表现在以下几个方面。

（1）身份认证。以中国人民银行区块链数字票据交易平台为例，2017年年初，中国人民银行推动的基于区块链的数字票据交易平台测试成功，随后，中国人民银行旗下的数字货币研究所也正式挂牌。中国人民银行成为首个研究数字货币及真实应用的中央银行。中国人民银行区块链数字票据交易平台引入数字货币进行结算，可实现数字票据交易的资金流和信息流同步转移，从而实现DVP（付款交割）票款对付结算；同时通过区块链数字身份方案解决了不同金融机构间对用户重复KYC认证（实名认证机制）的问题等。

（2）授信溯源。以百度金融为例，2017年5月16日，百度金融与佰仟租赁、华能信托等在内的合作方联合发行国内首单区块链技术支持的ABS（资产证券化）项目，发行规模达4.24亿元。此项目为个人消费汽车租赁债权私募ABS，这也是国内首单以区块链技术作为底层技术支持，实现ABS"真资产"的项目。在该项目中，区块链主要使用了去中心化存储、非对称密钥、共识算法等技术，具有去中介信任、防篡改、交易可追溯等特性。

（3）智能合约。以FXCO外汇链为例，FXCO外汇链是全球率先基于区块链技术的外汇平台，在区块链上交易双方不需要任何金融监管资质、第三方主体做信用背书，完全由智能合约来自动执行，由于双方交易需要支付真实的数字资产到智能合约中，完全没有兑付风险，大大降低了信用背书成本。把外汇行业的“柜台取款”变成了自由的“ATM（自动提款机）提款”。

（4）智能清算。以微众银行为例，微众银行与华瑞银行联合开发了一套区块链应用系统，可用于两家银行微粒贷联合贷款的结算、清算，该系统已在2016年9月投入试运行。引入区块链系统后，由于所有信息都记录在区块链网络上，而且无法篡改，交易过程伴随清算过程，可以完成实时清算。

基于“去中心化”的记账原理，区块链可以实现交易透明化、可溯源、不可更改等，而且基于区块链的智能合约可以用代码技术保证交易结果100%执行，基于区块链的智慧金融模式正在不断增加。

（三）智慧供应链金融管理模式

作为产融结合的重要方式，供应链金融管理模式得到了实业界和学术界的高度关注，这一横跨产业供应链和金融活动的创新日益成为解决中小企业融资难、融资贵问题的重要战略途径。供应链金融管理模式主要包括应收类融资（基于应收账款的融资）、预付类融资（预付款融资）和存货类融资（现货质押融资）三大类型。随着全新的信息技术（如人工智能、区块链、云计算以及大数据）在供应链金融管理模式领域被广泛使用，该领域的发展已经进入全新阶段，即智慧供应链金融管理模式阶段。智慧供应链金融管理模式是金融科技推动的供应链金融管理模式，在这一阶段，供应链金融管理模式不再局限于狭隘的融资行为，打破了金融科技生态目前面临的数据没有整合、数据难以利用的局面，越来越多的金融产品和金融主体通过创新构成了支撑产业供应链的生态，供应链金融管理模式越来越呈现出智慧化的特征。

智慧供应链金融管理模式是依托平台建设而搭建并产生的金融生态。智慧供应链金融管理模式中的“智慧”体现在于其提升产业生态和提升金融生态的能力，最后实现供应链生态的可视化、智能化、自动化、透明化。即依托产业供应链生态，利用物联网、大数据、云计算、人工智能以及区块链，产生金融生态，从而实现产融生态有机、有序、有效发展的体系。

智慧供应链金融管理模式离不开赋能。金融的本质核心在于风控，强调把握信用的度量，赋能需要，包括底层交互客观化和末端业务自治化。首先，底层交互客观化是指实现物物交互、人物交互，金融风控需要基于人和企业，如果单纯看人与人之间的交互不利于供应链金融的风险把控，此时需要通过金融技术让企业的信用反映出来，从而实现交互客观化。其次，末端业务自治化是供应链智慧的体现之一，要求物流、资金流、信息流合一。在这个过程中，企业需要注意两点。第一，要识别不同的利益主体，以及相应的价值诉求。比如钢材的经营和汽车的经营肯定是不一样的，要研究产业的差异，否则难以发现其中的价值。第二，要实现多主体生态的建构，要关注物和人的关系，明确产业的场景，从而能够保障数据的强度和深度，实现业务末端的自治化。

智慧供应链金融管理模式赋能的方法以 SMART 方法为例进行介绍。SMART 中，S 是服务价值的实现，M 是多主体建构的生态，A 是技术赋能的供应链金融，R 是负责任的供应链金融，T 是交易与金融链的高效整合。第一，服务价值的实现。金融贸易本质是实现价值，强调降低交易成本，其手段是通过金融科技助力企业信贷，同时也需要平衡自身利润和现金流，最终要实现的价值就是优化整个行业生态，提升产业的竞争力。第二，多主体建构的生态。供应链中建立专业性的平台服务商，汇集汇总供应链运营中的结构性数据以及非结构性数据，根据汇总的信息数据进行分析，提供服务，使得供应链各成员有机分工，实现供应链金融良性发展。第三，技术赋能的供应链金融。赋能的实现需要融合技术，单一技术很难做到全面赋能，比如可以依托大数据和互联网等融合技术形成体系化的技术来推动供应链金融的发展。第四，负责任的供应链金融。供应链金融需要有利于推动金字塔底部的群体发展，即利用科技赋能实现金字塔底部的群体进入供应链运营过程，实现对小微企业的支持、对社会创业企业的支持以及对农业产业链的优化。第五，交易与金融链的高效整合。供应链金融需要两端同时创新，其特点是供应链、互联网和金融链的融合创新，在这个过程中，平台要解决产业间交易与金融高效整合的问题，保证供应链金融的稳健发展。

❖ 本章小结

本章主要介绍了需求计划管理、采购管理、生产管理、配送管理、退货管理和金融管理的定义、内涵和发展，并结合实际案例重点介绍了智慧需求计划管理、智慧采购管理、智慧生产管理、智慧配送管理、智慧退货管理和智慧金融管理，最后对智慧需求计划管理、智慧采购管理、智慧生产管理、智慧配送管理、智慧退货管理和智慧金融管理的典型模式进行了简要介绍。

❖ 关键概念

智慧需求计划管理　智慧采购管理　智慧生产管理　智慧配送管理　智慧退货管理　智慧金融管理

❖ 思考题

1. 智慧需求计划管理与传统的需求计划管理有什么区别？

2. 智慧需求计划管理有哪些模式？
3. 采购管理经历了怎样的发展？
4. 智慧采购管理的特征是什么？
5. 生产管理经历了怎样的发展？
6. 生产管理的内涵是什么？
7. 智慧配送管理有哪些模式？
8. 智慧退货管理的基本内涵是什么？
9. 智慧退货管理有哪些模式？
10. 智慧金融管理有哪些模式？

❖ 案例分析

华为供应链的 ISC +：数字化、智能化的供应链

21 世纪，物联网（IoT）、机器人、大数据、人工智能、5G 开启新时代。在数字化、智能化浪潮下，供应链也将走向数字化、智能化，包括数字化、智能化的客户和供应商，数字化、智能化的采购系统，数字化、智能化的生产系统，数字化、智能化的物流和库存系统。在这个案例中，我们将从愿景、行动和成果三个方面介绍华为的集成供应链（ISC）自 2016 年至今的发展历程。

第一，华为供应链的 ISC + 愿景。

2016 年 7 月，华为提出了面向未来的 ISC + 变革是要"实现超越，成为行业领导者"的战略目标。面向未来，华为对供应链体系提出了非常清晰的变革要求，即通过业务与技术的双轮驱动，构建及时、敏捷、可靠的主动型供应链，使华为现有的供应链"更简单、更及时、更准确"。

通过 ISC + 变革，华为希望实现以下六大转变。

（1）将华为当前与客户以线下为主的业务模式转变为线下、线上并重的业务模式。

（2）将原信息串行传递的工作方式转变为信息共享的协同并行作业方式。

（3）将大量手工作业的工作内容转变为系统自动化处理。

（4）将依赖个人经验和直觉判断的决策模式转变为基于统一的数据仓库和数据模型的数据分析的决策模式。

（5）将原来以深圳为中心的"推"式计划分配模式转变为预测驱动的"拉"式资源分配模式。

（6）将原来的集中管理方式转变为一线自主决策、总部机关提供能力支撑和监管的管理模式。

构建数字化、智能化的供应链是个长期而艰巨的过程，需要夯实供应链系统的数据底座，实现业务规则的数字化。通过大数据分析、算法研究和模型，逐步构建起人工智能加成的供应链。在数字化供应链中，数据科学家是宝贵资源，需要提前获取和培养。

第二，华为供应链的ISC+行动。

为了实现ISC+变革的目标，华为2016年起围绕三大主线启动了八个子项目。三大主线分别如下。

（1）简化交易的主线，以提升客户交易体验和线上工作效率为目标，从线下交易转变为线上交易，并与客户系统对接，实时响应客户需求。

（2）数字化供应链转型的主线，实现供应链从信息化向数字化转型，从人工作业向自动化和智能化转型，从职能化向协同化转型。

（3）业务服务化和IT轻量化的主线，从集中化的ERP管理系统向分布式的云平台转变，对系统结构解隅，进行模块化设计。

八个子项目分别是：客户在线协同项目，单结构重构和生命周期管理项目，共享互动式集成计划项目，智能运营中心项目，供应策略、供应路径和可插拔供应网络项目，多级供应商协同项目，数字化制造项目，轻量化IT架构项目。

第三，华为供应链的ISC+成果。

华为ISC+变革项目从愿景出发，通过构思变革蓝图，确定变革目标，再到方案设计、产品和解决方案落地，最后到平台运营，华为通过变革实践形成了一整套新的方法论，进而将其转化为公司的知识资产。从2016年起，经过4年多的ISC+变革，华为基本实现了变革蓝图中产品的大部分功能，覆盖了供应链的大部分环节，数据底座基本构建完成，运营工作也已陆续展开。

此外，华为通过ISC +变革，驱动前端销售和产品变革，实现了公司从客户端到供应商端、从内到外的全流程打通。具体表现为以下几个方面。

（1）实现了与客户的数字化连接，实现了从线下到线上的极简交易，改善了客户的交易体验。通过客户在线协同管理，与客户实现数字化连接，进而实现业务自动化和智能化，变被动响应为主动服务，在产品或项目交付方面实现协同，降本促收。

（2）实现了与供应商、产业链的数字化连接，使供应链上的业务更透明、风险更可控，改善了供应商与华为的交易体验。通过供应商在线协同管理系统，形成产业链的协同作用，多级供应商的供应能力可视、可管、可跟踪，风险可预警。

（3）实现了华为内部的供应链数字化转型，使供应链更智能、更主动。

华为ISC+变革的成果体现在具体的供应链绩效指标上，可以看到，它取得了明显的进步和改善，如供应风险降低，库存周转天数缩短了十多天，物流成本节约了数亿元，仓储面积减少了数十万平方米，自动化作业增多，实际工作人员数量在销售收入增长的前提下非增反减，持续供应能力增强。

根据 ISC + 的发展，华为初步实现了对人机协作、自动化、智能化的供应链全面协同管理，离价值创造的主动型供应链管理目标越来越近，数字化平台也将进一步深耕细作创造更多价值。

1. 案例中华为用了哪些智慧供应链管理模式？主要侧重于哪些模式？

2. 如果你是华为首席供应官，在智慧供应链管理模式方面还可以有哪些思路和举措？

3. 请查阅其他课外资料，讨论华为在建设 ISC + 过程中用到了哪些先进技术？它们的应用场景和效果是怎样的？

第六章 智慧供应链管理的运作模式

❖ 学习目的

通过本章的学习，学员应该能够：

- 理解供应链运作的概念。
- 认识农业、制造业、服务业和国际型企业智慧供应链的内涵。
- 了解农业、制造业、服务业和国际型企业智慧供应链的构成要素。
- 掌握农业、制造业、服务业和国际型企业智慧供应链的运作模式。

第一节 供应链运作模式

案例 6-1 京东的智慧供应链转型与运作

京东作为中国综合网络零售商之一，在线销售家电、数码通信、家居百货、食品、图书、服装服饰等 12 大类数万个品牌的百万种商品。2016 年 11 月，京东成立 Y 事业部，着手打造智慧供应链。随后于 2017 年 3 月在年会上正式发布了“Y-SMART SC”京东智慧供应链战略，该战略通过数据挖掘、人工智能、流程再造和技术驱动四个原动力，形成了覆盖“商品、价格、计划、库存、协同”五大领域的京东智慧供应链解决方案。为此，京东进行了三个方面的智慧化运作。一是进行销量预测，实现采购定价补货自动化。京东通过人工智能算法建立智慧选品决策平台，从产品生命周期、流行趋势、竞争形势等多维度评估商品特征和价值，从海量商品中挑选出潜在爆品，实现系统自动化动态定价，更好地进行商品选择、价格优化和库存平衡。二是推动物流全面智能化。京东利用无人机、无人车、无人仓等现代化物流基础设施设备实现智慧化作业。利用人工智能算法和大数据感知网络，使物流场景数字化、决策智能化，极大提升物流效率。三是利用先进技术，实现供应链全程可视化。京东利用 EDI、RFID、

GIS、条码等技术，推动订单、物流、库存、应用可视化，利用仓储管理系统，高效摆放产品，及时更新库存信息，实现仓库可视化管理，提高了仓储环节的敏捷性和精确度。虽然通过采取上述措施，京东逐步实现了智慧化转型，但是供应链运作，特别是智慧供应链运作的逻辑仍然值得进一步探究。

一、供应链运作的概念

运作管理是指对运营过程的计划、组织、实施和控制，是与产品生产和服务创造密切相关的各项管理工作的总称。供应链运作问题分为决策层、运作管理层和执行信息管理层三个层次，不同层次、不同功能集成起来，形成了支持和保证供应链管理系统有效运行的完整体系。具体来说，供应链运作是指企业从系统的观点采用协调、集成、优化、控制等决策手段，在订购、供应、制造、销售等供应链环节中，使物流、资金流和信息流达到最大社会效益和经济效益的经营策略。

供应链运作的目的是通过集成化、系统化的管理，追求供应链最小成本、最高效率和最佳服务。然而，在供应链的实际运作过程中遇到很多问题，导致寻找最优运作方案极具挑战性。从供应链静态结构来看，供应链实际上是一个复杂的网络，不同节点和环节之间通常具有不同甚至相互冲突的目标，利益分配和风险承担问题难以协调和解决。从供应链动态运作来看，供应链实际上是一个随时间发展的动态系统，顾客需求、供应商能力甚至供应链关系会随时间发生变化。从外部环境来看，供应链存在巨大的不确定性，顾客需求、商品的在途运输时间等无法被精准预测，机器设备和车辆等也可能随时发生故障，这些都造成供应链运作的复杂性。

二、供应链运作参考模型

供应链运作参考模型（Supply Chain Operations Reference Model，SCOR 模型）是由国际供应链理事会开发支持，适用于不同工业领域的供应链。1996 年年初，两个位于美国波士顿的咨询公司——Pittiglio Rabin Todd & Mcgrath（PRTM）和 AMR Research（AMR）为了帮助企业更好地实施有效的供应链，实现从基于职能管理到基于流程管理的转变，牵头成立了包含 69 家公司参与的理事会，并于当年年底发布了 SCOR 模型。SCOR 模型是第一个跨行业的标准供应链参考模型和供应链的诊断工具，它涵盖了所有行业，提供了全面、准确地优化各种规模和复杂程度的供应链所必需的方法。运用 SCOR 模型可以使企业内部和外部用同样的语言交流供应链问题、客观地评测绩效、明确供应链改善目标和方向。

如图 6－1 所示，SCOR 模型将供应链界定为计划（Plan）、采购（Source）、生产（Make）、配送（Deliver）、退货（Return）五大流程。具体来说，计划的目的是更好地匹配需求和供应，为此，企业需要评估供应链资源，汇总和安排满足需求的次序、库存计划，评价分销需求，确定生产、物料和关键能力。为了更好地支持供需匹配过程，企业还需要进行自制/外购决策、长期能力和资源计划、产品线管理等。采购主要包括对外购件或原材料的接收、检验、存储。此外，为了更好地支持物料的采购，企业还需进行供应商认证、供应商合同管理、货款支付管理等。生产不仅涉及制造、质检和产品包装，也涉及实时监控生产环境，包括工程变化、设施和设备检查、车间排序等。配送是全流程的物流安排，包括订单管理、仓库管理、运输管理和配送设施管理等。退货不仅是指货物逆向流向生产部门的过程，还包含这个过程中的质量意见反馈。

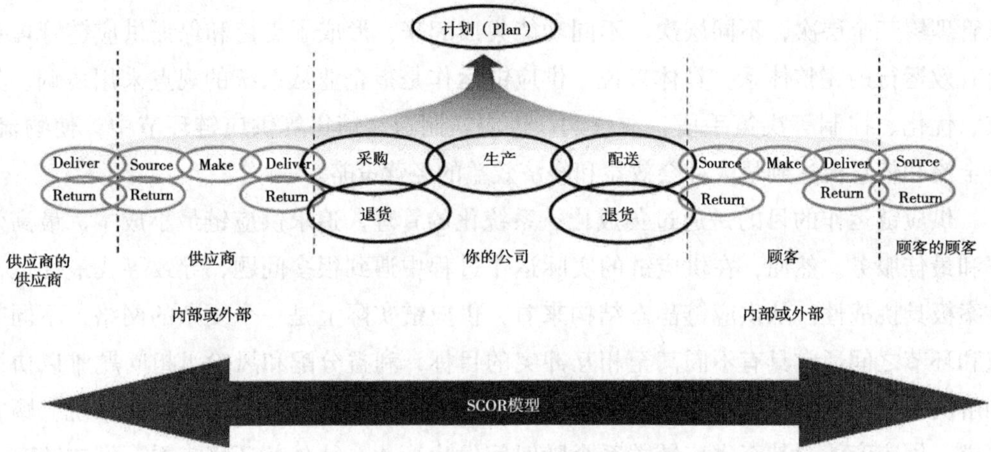

图6-1　SCOR模型的五大流程

SCOR模型主要分为三个层次，分别为流程定义层、配置层和流程元素层。其中流程定义层中定义了SCOR模型的范围和内容，确定了企业竞争绩效目标的基础。在配置层，企业可以选用该层定义的标准流程元素组建自己的供应链。标准流程元素分为计划元素、执行元素和支持元素三类。企业不同的供应链配置决定了其运营的策略。流程元素层通过对标准流程元素的分解和细化，完善了配置层的设计，丰富了整个供应链体系。此外，流程定义层还定义了最简事件及其使用条件、相关的流程绩效指标以及支持流程所需要的信息系统准则。

三、典型的供应链运作模式

（一）推式/拉式供应链运作模式

在推式供应链中，制造商作为推动源发挥主导作用，以自身为核心购买原材料、生产产品，并将产品经过分销商、零售商等推至终端客户。推式供应链运作模式的特点是制造商远离客户，无法及时掌握末端需求，快速响应程度较低，只能依靠增加库存满足需求变化，因此容易出现牛鞭效应。在推式供应链上，牛鞭效应出现的本质原因是企业间集成度低，互相存在一定程度的不信任，无法保证实时信息共享。推式供应链运作模式适用于需求不确定性低，需要规模经济降低运营成本的行业，例如日用品行业。

拉式供应链的理念是分销商、零售商和终端客户处于主动地位，制造商以客户为中心，按照市场的实际需求进行生产和服务。拉式供应链运作模式的特点是根据客户需求进行协调，对订单快速反应，不需要大量库存。这要求整个供应链有较高的集成度，供应链成员之间有更强的信息共享、协同、快速响应和适应能力。拉式供应链运作模式适用于具有较高的不确定性，且规模效益并不十分重要的行业，例如电子产品行业。

在供应链运作实践中，很多企业采用的是推拉结合的供应链运作模式。一方面，供应链要按照低成本、高效率以及规模经济的要求组织生产和分销，另一方面，供应链要按照客户要求尽量提高反应性。推式和拉式的接口处出现“推－拉”边界，也成了客户需求的切入点。推拉结合的供应链运作模式典型案例是戴尔供应链，这一模式的“推－拉”边界是装配环节。在装配之前，绝大部分的零部件已经在供应商处标准化、模块化地生产出来。因此，制造商只需要根据市场需求进行个性化组装，即可快速将产品送至消费者手中。

（二）快速反应/有效客户反应供应链运作模式

快速反应（Quick Response，QR）是指物流企业面对多品种、小批量的买方市场，不是储备了“产品”，而是准备了各种“要素”，在用户提出要求时，能以最快速度抽取“要素”，及时“组装”，提供所需服务或产品。快速反应以快速满足动态市场和客户需求为目的，要求对市场信息快速接收、处理，对管理方法、产品结构、生产结构、组织结构等快速调整，对生产系统在高质量、低成本的前提下实现快速产出。QR 不仅关注时间的缩短，同时也关注产品质量和业务流程的改进。QR 主要集中在一般商品和纺织行业，其主要目标是对客户的需求做出快速反应，并快速补货。

有效客户反应（Efficient Consumer Response，ECR）是一个由生产厂家、批发商和零售商等供应链成员提供的，通过各方相互协调和合作，以更好、更快、更低成本满足顾客需求为目的的供应链管理解决方案。有效客户反应是以满足顾客要求和最大限度降低物流过程费用为原则，及时做出准确反应，使提供的物品供应或服务流程最佳化的一种供应链管理战略。ECR 主要以食品行业为对象，其主要目标是降低供应链各环节的成本，提高效率。

虽然快速反应和有效客户反应都强调提高系统运行效率，以最低的成本向顾客提供真正需求的产品，但是二者仍有较大的区别。从关注的问题点来看，QR 解决的是补货问题，侧重于缩短交货提前期，快速响应客户需求；ECR 解决的是过量库存问题，侧重于减少和消除供应链的浪费，提高供应链运行的有效性。从适用的产品类型来看，QR 适用于单位价值高、季节性强、可替代性差、购买频率低的创新型产品；ECR 适用于产品单位价值低、库存周转率高、毛利少、可替代性强、购买频率高的功能型产品。

第二节　农业智慧供应链的典型运作模式

案例 6－2　中粮集团：打造全产业链“航母”

中粮集团有限公司（简称“中粮集团”）成立于 1949 年，经过多年的努力，从最初的粮油食品贸易公司发展成为中国领先的农产品、食品领域多元化产品和服务供应商。中粮集团凭借原有的多元产业链基础和雄厚的资本实力，提出打造“全产业链的食品企业、全服务链的城市综合体”的战略定位。中粮集团对“全产业链”战略的解读为：打造从田间到餐桌的全产业链，通过对农业服务、种植、收储、贸易、加工、养殖屠宰、食品制造与营销等多个环节的有效组织和管理，实现食品安全可追溯。产业链下游在销售、信息方面为上游提供支持，上游在食品安全方面为下游提供保障，在采购、物流、销售等环节相互配合，发挥协同优势。目前中粮集团的电商探索可分为两个部分，一个是自建的 B2C 食品电商网站我买网，后演变为以食品为主的电商平台，另一个则是中国食品有限公司搭建的中粮电商，它既为我买网、京东商城、亚马逊、拍拍网、当当网等电商分销渠道供货，又在天猫商城、京东商城、拍拍网中开设了自营的旗舰店，构建了一个“直销＋全网分销”的全网电商格局。

一、智慧农业发展历程

随着现代信息技术在农业领域的广泛应用，以智慧农业为表现形态的农业智能革命已经到来。智慧农业是农业信息化发展从数字化到网络化再到智能化的高级阶段，对农业发展具有里程碑意义，已成为现代农业发展的趋势。世界上多个发达国家和地区的政府和组织相继推出了智慧农业发展计划。

2014 年，日本启动实施“战略性创新/创造计划”，并于 2015 年启动了基于“智能机械＋现代信息”技术的“下一代农林水产业创造技术”。2017 年 10 月 12 日，欧洲农业机械工业协会召开峰会，提出在信息化背景下，农业数字技术革命正在到来，未来欧洲农业的发展方向是以现代信息技术与先进农机装备应用为特征的农业 4.0——智慧农业。英国国家精准农业研究中心在欧盟 FP7 计划支持下，正实施“未来农场智慧农业”项目，研发除草机器人进行除草作业，替代化学农药，目前已经在 100 亩的田块上实现了从播种到收获全过程的机器人化农业。加拿大联邦政府的预测与策划组织在其发布的相关报告中指出，土壤与作物传感器、家畜生物识别、变速收割控制、农业机器人、机械化农场网络、封闭式生态系统、垂直（工厂化）农业等技术将在未来 5～10年进入到生产应用，改变传统农业。

近年来，在政府的大力支持下，中国智慧农业发展快速。农村网络基础设施建设得到加强，2017 年年底，全国行政村通宽带的比例已经超过 96%，“互联网 + 现代农业”行动取得了显著成效。《农业农村大数据试点方案》印发后，全国 21 个省（区、市）开展了 8 种主要农产品大数据的试点，通过完善监测预警体系，每日发布农产品批发价格指数，每月发布农产品市场供需报告和产品供需平衡表，实现了用数据引导产销。以山东、河南等为代表的全国 18 个省市开展了整省建制的信息进村入户工程，全国 1/3 的行政村（约 20.4 万个村）建立了益农信息社，农村信息综合服务能力不断提升。广东、浙江等 14 个省市开展了农业电子商务试点，在 428 个国家级贫困县开展电商精准扶贫试点，电子商务进农村综合示范工程已累计支持了 756 个县，农村网络零售额达到了 1.25 万亿元人民币，农产品电商迈向 3000 亿元大关。

“十三五”期间，农业农村部在全国 9 个省市开展农业物联网工程区域试点，形成了 426 项节本增效农业物联网产品技术和应用模式。围绕设施温室智能化管理的需求，自主研制出了一批农业作物环境信息传感器、多回路智能控制器、节水灌溉控制器等技术产品，对提高我国温室智能化管理水平发挥了重要作用。我国精准农业关键技术取得重要突破，建立了天空地一体化的作物氮素快速信息获取技术体系，可实现省域、县域、农场、田块不同空间尺度和作物不同生育时期时间尺度的作物氮素营养监测；研制的基于北斗自动导航与测控技术的农业机械，在新疆棉花精准种植中发挥了重要作用；研制的农机深松作业监测系统解决了作业面积和质量人工核查难的问题，并得到了大面积应用。

二、农业智慧供应链的内涵及特征

如今，云计算、大数据、物联网、人工智能等新一代信息技术已经在各行各业中广泛应用，对传统产业的转型升级和商业模式创新起到了极大的促进作用。对于民生产业之首的农业来说，将新技术融入农业，大力发展农业智慧供应链已经受到了国家和政府的高度重视。2018 年 4 月 10 日，商务部等 8 部门印发了《关于开展供应链创新与应用试点的通知》，重点任务之首是“构建完善全产业链各环节相互衔接配套的绿色可追溯农业供应链体系”。因此，探索农业智慧供应链的发展模式具有重大的现实意义。

传统农业供应链面临着各种各样的问题。对于农户来说，其构成分散，市场意识薄弱，缺乏科学的种植方法和充分的供求信息。对于生产加工过程来说，由于缺少监管，难以追溯生产源头，消费者得不到安全保障。对于农产品流通体系来说，农户将农产品卖给产地批发商，农产品从产地批发商流通到销地批发商，再由零售商卖给消费者，使得整个供应链冗长，农产品的保鲜度和质量等都难以保障。

根据农产品的特殊性，农业供应链管理也面临许多障碍。首先是时效性要求更强。由于农产品自身具有易腐性等特点，因此，农产品必须在保质期内迅速配送至目的地。这对农产品物流提出了严格的技术要求，建立快速响应机制很有必要。其次是复杂性更强。由于农业供应链的运作过程涉及农业、加工业、运输业以及零售业等各个行业的企业，环节也较多，因此，企业之间形成了复杂的网络关系，需要各个节点之间相互协调。最后是风险调控难度大。由于农产品本身具有自然风险和信息风险，再加上生产者和顾客之间往往存在时间和空间距离，因此，牛鞭效应更加明显，盈利风险增大。

目前，新技术的出现正在解决上述难题，提高供应链绩效的同时也改变了农业供应链的运作模式，进而促进农业智慧供应链的形成。农业智慧供应链是指通过将物联网、大数据、5G 等技术结合在农产品生产及流通过程中，实现信息流、物流和资金流的高效透明运转，将农产品及相关服务送到消费者手中，进而将农户、农产品经营者以及顾客连接成一个功能性的网链结构。区别于传统农业供应链，农业智慧供应链体现出了以下特征。

一是全链条的信息共享与集成。借助网络信息技术的支撑，农业智慧供应链将农户、生产商、批发商、零售商以及顾客联系起来，实现了对农产品物流各个环节的实时跟踪、有效控制和全程管理。信息共享与集成有利于提高全链条的可视性，提升服务质量，降低各个流通环节的交易成本。

二是时效性和产品安全得到保障。农产品的价值所在是“新鲜和安全”，在智能技术和装备的支撑下，农产品运输时间得以缩短，流通和交易环节得以优化。随着储运及产地基础设施建设，农产品在流通过程中的腐烂损耗不断降低。此外，区块链技术的成熟和应用将帮助顾客和农产品经营者更好地进行溯源，确保了农产品的安全和可靠性。

三是标准化农业生产运作逐渐显现。在农业智慧供应链中，农户的作业分工更加科学化和精细化，实现了标准化生产。具体来说，在种植、饲养前就统一所有的生产资料，种植过程中的栽培、饲养的技术规程以及生产后的架构、质检和包装等全过程也实现了规范化和标准化。

三、农业智慧供应链的构成要素

（一）节点要素

农业智慧供应链的节点要素包含农户、生产商（加工企业）、批发商、零售商和顾客五类实体。农户是整个供应链的起点，是农产品流通的源头。农村家庭联产承包责任制的形成产生了农户规模小、分散经营的状况，从而决定了农户在整个农业智慧供应链中处于比较弱势的地位。为了提高农户的话语权，越来越多的农户联合起来成立合作组织。生产商是指将农产品按照其用途、功能等分别制成成品或半成品的加工企业。农业智慧供应链顺利推行的核心动力来源于生产商。农产品生产商一端连接着农户或由农户组成的合作组织，另一端连接着农产品需求组织，具备成为供应链运转引擎的天然条件。因此，智慧供应链的竞争力和规模很大程度上取决于生产商的影响力。批发商的职能是实现农产品的集存与分散。批发商通过不断开发新产地，收集全国各地的农产品，并在确保农产品的品质和质量后以协商价格卖出，从中赚取手续费或差价。此外，零售商是分销网络的末端，直接接触顾客的需求。随着大型零售商（超市）的发展，农业智慧供应链的集成化程度将变得更高。

（二）智慧化功能要素

智慧化的农业技术与设施相互融合，共同促进了农业智慧供应链运作效率的提升。当前利用智慧化的农业技术与设施展现出的农业智慧供应链的功能有以下四种。一是基于物联网的农业感知功能。基于物联网技术，可实时远程获取设施环境信息和视频信息，并通过分析远程或自动控制湿帘风机、喷淋滴灌、加温补光机等设备，为作物高产、优质、生态创造条件。同时，还可通过手机、PDA（掌上电脑）等信息终端向用户推送实时检测信息等，实现温室大棚集约化、网络化远程管理。二是基于大数据的农业分析功能。基于多年的气象信息、作物与土壤信息、管理信息、市场流通与消费信息等，经过数据统计、案例对比和模式判别分析，可以在线对农作物病虫害进行识别和治理、科学指导生态轮作，提供更加智慧的农业服务。三是基于区块链和智能农业溯源功能。利用 RFID、条码等识别技术，搭建农产品安全溯源系统，实现农产品全流程安全溯源，促进农产品的品牌建设，提升农产品的附加值。四是基于云计算的数据处理功能。利用云计算可以对数据进行分类、加密等处理，同时按照一定的规则实现对于云端和终端数据的动态存储与管理。

四、农业智慧供应链的运作模式

整体上，农业智慧供应链运作在各个节点都要进行创新突破，将大数据、云计算、物联网等新型信息技术应用到供应链管理的过程中。由核心生产企业带动实施构建一体化的大数据信息平台，通过对物流过程数据流动进行分析挖掘，提供良好的决策方案，实现各个环节信息互通，实施科学合理的智能化运营，有效减少传统农产品供应链的节点布局，提高农产品供应效率，实现互利多赢的农业智慧供应链的生态化运作。

如图 6-2 所示，农业智慧供应链运作的关键是利用信息共享平台驱动供应链各个节点的业务。通过对所共享的数据进行收集、存储处理与传输，为智慧供应链上的相关企业提供决策信息，满足消费者的服务需求，支撑物流各环节功能的实现。总体来看，信息共享平台不仅能够为农业智慧供应链各节点提供信息资源，也实现了成员之间的资源整合和协同运作。

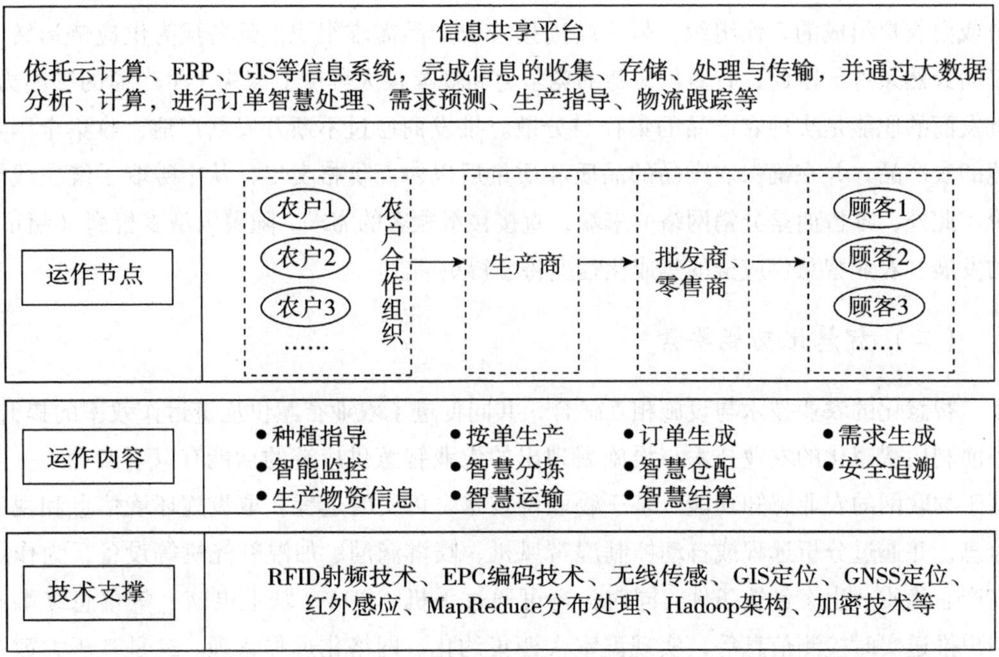

图6-2　农业智慧供应链运作模式图

对于农户来说，通过信息共享平台可以及时得知市场的需求趋势，从而调整种植农产品的种类。此外，还可以对自己农产品的状态进行实时监控。农户也可以将农产品种植过程中农产品的生长状态、环境等信息上传到信息共享平台，与供应链其他节点共享信息，实现食品可追溯、农产品实时监控等功能。对于农户合作组织来说，可以从信息共享平台获得农产品市场导向预测，从而从专业的角度给农户提供科学合理的农产品种植方案，达到组织规模化生产种养殖，降低生产成本，提升农户抵抗市场风险的能力，切实保障农户的利益，促进农业生产的规模化、合理化、科学化。对于生产商来说，通过信息共享平台可以获取供应链上下游需求供给状况，实现农产品运输、储存、分拣等环节优化和改进，同时将物流过程中产生的农产品运输信息、实时情况反馈给信息共享平台，从而加快整个供应链的响应速度。对于批发商和零售商来说，在获取农产品生长、物流等信息的同时，也要把销售过程中的信息，如产品需求类别、预期需求量、消费者年龄比例等信息反馈给信息共享平台，从而生成需求订单，指导上游农户的生产种植。此外，通过信息共享平台，顾客也可以更加全面地了解农产品信息，如生长信息、运输信息、储存信息等，同时将自己的消费意愿、产品评价反馈到信息共享平台。

农业智慧供应链最重要的是物流环节效率的提升。在信息共享平台的指导下，供应链根据订单指令，通过智慧物流管理系统的调度，将农产品从农户合作社运输到核心生产商。在执行标准检验检测合格的基础上，再根据订单属性，分别进行集货、分拣、包装和仓储业务，或直接实施配送业务。

综上所述，农产品供应过程中的运输、仓储和配送环节均对智慧物流提出了较高要求。对于运输环节来说，依靠货箱射频识别技术等，追踪农产品和车辆的信息，以便预测送达时间，随时向司机传达指令和监控农产品运输状况，并可应对突发状况。此外，对于生鲜农产品，温度和在途状态也需要进行实时感知，反馈给系统平台，相关人员需要根据生鲜农产品状态做出相应处理，确保生鲜农产品的质量与安全。对于仓储环节来说，农产品检验合格后，可以将其放入标准周转筐或托盘中，并内嵌 RFID 芯片记录农产品信息，扫码后上传信息平台，信息平台会根据客户订单的供求信息、农产品属性和库存信息进行自动货区和货位的分配，实现智能化出入库操作，同时达到提高仓储利用率和保证农产品质量的目标。对于配送环节来说，基于对第三方物流服务的智能化调度，可以自动优化备货、理货、送货和收货环节，很好地实现城市共同配送，既可以提高配送效率，也可通过变零散运输为整车运输，大大降低配送成本。

第三节　制造业智慧供应链的典型运作模式

案例 6－3　长安汽车的智能协同制造转型之路

中国长安汽车集团有限公司，简称长安汽车。2014 年，长安系中国品牌汽车产销累计突破 1000 万辆，成为第一家跨入“千万俱乐部”的中国品牌。2018 年 4 月，长安汽车正式对外发布第三次创业－创新创业计划，以打造世界一流汽车企业为目标，向智能出行科技公司转型。

长安汽车以企业信息化为基础，通过打造四大数字化业务平台（营销服务、产品研发、制造与供应链、基础应用）和一个信息化能力平台的“4＋1”平台体系，提升价值链协同效率和集团化管控水平，提高企业生产效率和效益，实现以客户为中心的价值链升级、产品升级和新生态构建。在价值链升级层面，长安汽车以效率、效益提升为目标，以数据为驱动，贯穿研发、制造、供应链、市场销售四大核心业务线，实现从制造型企业向制造服务型企业转型。在产品升级层面，长安汽车以用户愉悦体验为目标，重点突出电动化、智能化、互联化和共享化，打造高口碑产品。在生态构建层面，长安汽车以创造价值为目标，构建人－车－生活的生态圈，延伸产业链，构建新生态。

为此，长安汽车依托管理创新与IT中心，以建设研发数字化、制造精益化、营销电子化、系统集成化、管理信息化为重点，通过信息技术改造和优化制造业全流程，促进装备和产品的智能化。在研发领域，建立PDM（产品数据管理）、HPC（高性能计算机集群）、Benchmark（基准点）系统，支撑多地的在线协同研发；在工艺领域，建立数字化虚拟制造、CAPP系统，支撑整车及发动机共七大专业的三维工艺设计和仿真；在制造领域，建立ERP、MES、QTM系统，支撑拉式生产模式；在营销领域，建立DMS（汽车经销商管理系统）、SES（隐形加密系统），集中管控100余家经销商；在客户服务与管理领域，建立CRM、PMS（绩效管理系统），为长安车主提供感动与及时的服务。

一、智能制造发展历程

随着信息、通信与生产技术的革新以及在生产领域的应用，如大数据、物联网、人工智能、机器人等，“智能制造”与“智慧供应链”成为第四次工业革命的关键内容。其中，智能制造是一个完全整合与协同的生产系统。智能制造是伴随信息技术的不断普及而逐步发展起来的。1988年，美国纽约大学的怀特教授和卡内基梅隆大学的布恩教授出版了《智能制造》一书，首次提出了智能制造的概念，并指出智能制造的目的是通过集成知识工程、制造软件系统、机器人视觉和机器控制对制造技工的技能和专家知识进行建模，智能机器人在没有人工干预的情况下进行小批量生产。

20世纪90年代，随着信息技术和人工智能的发展，智能制造技术引起发达国家的关注和研究，美国、日本等国家纷纷设立智能制造研究项目基金及实验基地。智能制造的研究及实践取得了进步。

2008年金融危机以后，发达国家认识到以往去工业化发展的弊端，制定“重返制造业”的发展战略，同时大数据、云计算等一批信息技术发展的前端科技引发制造业加速向智能化转型，把智能制造作为未来制造业的主攻方向，给予一系列的政策支持，以抢占国际制造业科技竞争的“制高点”。

全球范围来看，除了美国、德国和日本走在全球智能制造前端，其余国家和地区也在积极布局智能制造发展。例如，欧盟将发展先进制造业作为重要的战略，在2010年制定了第七框架计划的制造云项目，并在2014年实施欧盟“2020地平线”计划，将智能型先进制造系统作为创新研发的优先项目。加拿大制定的1994—1998年发展战略计划，将具体研究项目选择为智能计算机、人机界面、机械传感器、机器人控制、新装置、动态环境下系统集成。

近年来，在国家出台支持制造业转型的政策后，中国在智能制造方面取得了不少的进展。云制造、无人驾驶汽车、工业机器人、增材制造等取得了突破性进展，初步形成了智能制造标准体系。

智能制造系统的发展历程分为三个阶段：初级阶段、中级阶段和高级阶段。在初级阶段，人工智能等先进技术不断向传统的工业自动化系统延伸，通过先进的手段，显示生产过程中的可见或隐性的状态，辅助管理者做出正确的操作或决策，优化工业自动化系统的功能。在中级阶段，针对生产过程的特定单元或特定功能，智能制造系统不仅是智囊团，同时也是决策者，在系统中占据统领地位，根据生产过程数据，判断生产状态并形成控制决策，输出执行，同时依据执行后的信息对系统进行优化和自适应。在高级阶段，智能制造系统贯穿整个生产过程，在企业生产活动的各个层面以决策者的身份出现，全面占据统领地位。

二、制造业智慧供应链的内涵及特征

（一）制造业智慧供应链的内涵

对于制造业来讲，供应链系统的建设大体可以分为内部、外部两个部分。内部供应链与生产流程和工艺相关；外部供应链是与整个产业链运作相关的，如针对上游企业的原材料和零部件的采购，针对下游客户产品的发货等。内部供应链的智慧化主要是指智能制造，它是制造业智慧供应链的核心。智能制造是指在制造工业的各个阶段，将互联网、物联网、大数据、人工智能、云计算等新一代信息技术与先进自动化技术、传感技术、控制技术、数字制造技术以及管理技术相结合，以一种高度柔性与高度集成的方式，支持产品全生命周期的实时管理和优化。对于制造企业的外部供应链来说，通过智慧物流和分销网络的合理布局实现需求的快速捕捉、上游原材料和零部件精益化的配送、下游产成品的快速交付，是供应链智慧化转型过程中需要解决的重大问题。

制造业智慧供应链的本质是客户价值和产品价值的传递。利用智慧技术，强调需求开发到实物交付的适配性，从客户提出需求到研发产品价值适配客户个性化需求，再到实物传递给客户，实现客户价值，是一个以客户为中心的“拉动式”闭环的过程。有别于传统制造业供应链大部分使用人工、局部软件模块、单线协同等做法，制造业智慧供应链强调通过大数据、人工智能、智能制造、物联网等技术进行预测、资源调度、产品研发、实物交付，重视使用 RFID、3D 打印等新一代数字化制造技术。

（二）制造业智慧供应链的特征

制造业供应链的核心目标是实现智能制造，而智能制造的特征在于实时感知、优化决策和动态执行三个方面。首先，智能制造依靠海量数据支持，需要通过高效、标准的方法进行信息的自动采集、智能识别，并将其传输到分析决策系统。其次，智能制造可以自动实现优化决策，通过面向产品全生命周期的海量异构信息的挖掘提炼、计算分析、推理预测，可以形成优化制造过程的决策指令。最后，智能制造可以动态执行决策指令，通过执行系统控制制造过程，实现生产流程的稳定、安全运行和动态调整。

在制造业供应链的智慧化转型过程中，随着生产技术和流程的迭代更新，出现了智能化、服务化、协同化发展等特点。首先，制造业智慧供应链的首要特征是产品的智能化生产。企业可以实时追踪设备运行状态、运营环境状态、业务运营状态、人员状态、社交网络数据以及客户反馈数据等，通过对这些数据的分析和挖掘，可以了解问题产生的过程、造成的影响和解决的方式，这些信息被抽象化建模后转化成知识，再利用知识去认识、解决和避免问题，实现预测性生产与决策。其次，制造业智慧供应链展现出产品模式向智能产品与服务系统演变的趋势。具体来说，这种系统是指以产品为载体，融合全流程的服务管理和全生命周期的数据管理，为客户提供硬件、网络和软件服务的整体或个性化解决方案。最后，制造业智慧供应链也对上下游的协同提出了更高要求。智能制造允许产品和服务实现全球化开发、生产、运营和维护，因此，要求供应链中的多主体紧密协作。供应链在提供服务的过程中有效整合企业内部、合作伙伴、用户、领域专家、云平台服务商、竞争企业等各类服务资源和智慧要素，协同为客户创造价值。

三、制造业智慧供应链的构成要素

（一）节点要素

制造业智慧供应链的节点要素包括供应商、制造商、分销商、零售商和顾客五类实体。其中，供应商是原材料和零部件的提供者。制造商往往是供应链的核心，能够有效集成和整合合作伙伴间的资源，为物料流、资金流和信息流的高效运转提供引擎。此外，分销商和零售商负责利用物流手段将产品从制造商转移到顾客手中，通过以制造商为核心的数字化连接，使得制造业智慧供应链在采购、生产、销售和终端上，实现人、机、物、信息的集成、共享、协同与优化，形成生态圈。

（二）智慧化功能要素

在制造业智慧供应链中，智慧化功能要素体现在供应链运作的各个节点。一是智能化研发设计功能。应用可视化技术，智慧供应链能够针对具体的单个产品进行数字化描述，以便在产品周期各阶段都可以快速地追踪到产品、配件、元件、电子件等各类部件，以帮助研发部门得到及时产品数据，进行产品设计或优化解决方案。这将帮助研发部门减少不必要的数据收集、确认、再收集的过程，从而加快优化效率。二是智能预测与计划功能。采用大数据预测和智能算法模型，通过结合动态需求实时感知、预测和重塑市场，从而主动掌控、洞察需求。在智慧供应链中，不再是既有的产品批销、预测、库存计划和被动补货，而是根据客户需求、企业经营战略、供应链价值导向，更多地关注产品的结构和形态。智慧供应链不再是被动地响应消费者要货需求，而是主动与消费者沟通获得产品需求，从而进行设计和研发。三是智能化采购与供应商协同到货功能。智慧供应链利用物联网的技术实现了上门收货、EDI 互联互通、精益包装、精益配送、到货计划协同、通过式检验、智能化收货、空容器回收、全过程物料足迹追溯等全流程可视化精确配送。四是产品精准交付功能。智慧供应链可以利用智能化装车算法和快速智能化装柜技术实现成品进出智能仓库，实现智能化运输，通过发货计划协同、分仓流通、全过程导航与追溯等实现下游产品的快速交付。

四、制造业智慧供应链的运作模式

总体来看，制造业智慧供应链要求各个节点以产品为核心，以向客户传递价值为目标，在信息化技术的支持下，实现设计过程、制造过程和交付过程等方面的智能化运作。从运作节点来看，供应商、制造商和顾客之间的关系更加紧密，形成了共生和协同的生态圈。各节点之间通过智能计划与执行协同平台的统一调度实现协作，在共同努力之下设计销售渠道，满足客户需求的同时也可节约中间成本。

制造业智慧供应链的运作模式如图 6－3 所示。具体来说，制造业智慧供应链的运作分为智能采购与供应商赋能、智能生产、智能仓储与配送、精准营销四个部分。首先是智能采购与供应商赋能，包括智能化寻源、JIT 采购和供应商参与研发。智能化寻源通过丰富的历史数据实现供应商信息、价格和成本的完全可预测性，为决策制定提供预测基础，从而支持寻源部门达成透明协议，持续节约采购成本。面对实力强劲的供应商，制造商也可以基于网络化制造平台实现共同研发，在进一步建设供应链生态，也能实现双向赋能。其次是智能生产，主要包括虚拟制造仿真、数字化设备的使用以及自动检测。在产品研发阶段，可以在虚拟环境下仿真模拟现实制造环境以及制造全过程，并对制造系统的行为进行预测。产品研发完毕后，依赖于由数字化设备构成的生产线，将其顺利制造，组装下线，在此过程中，需要利用自动检测技术从各个节点采集生产信息，为提高生产效率和改进生产工艺积累原始数据。再次是智能仓储与配送，包括智慧补货、智慧盘点、智慧结算和物流网络布局。具体来说，在仓储方面，要在物联网等技术的协助下进行个性化和精确化的库存管理，最终实现少盘点甚至免盘点；在配送方面，通过数据赋能了解需求分布，共享物流基础设施，实现物流网络布局的优化，提升消费者的物流体验。最后是精准营销，主要包括客户行为数据采集、智能客户识别和产品智能推广。传统供应链的需求预测精度不高，对需求的识别缺乏可视化。相比之下，智慧供应链通过获取客户行为数据，由人工智能对数据进行分析与预测，提高供应链对消费者需求的识别能力并实现可视化，从而实现产品的智能推广。

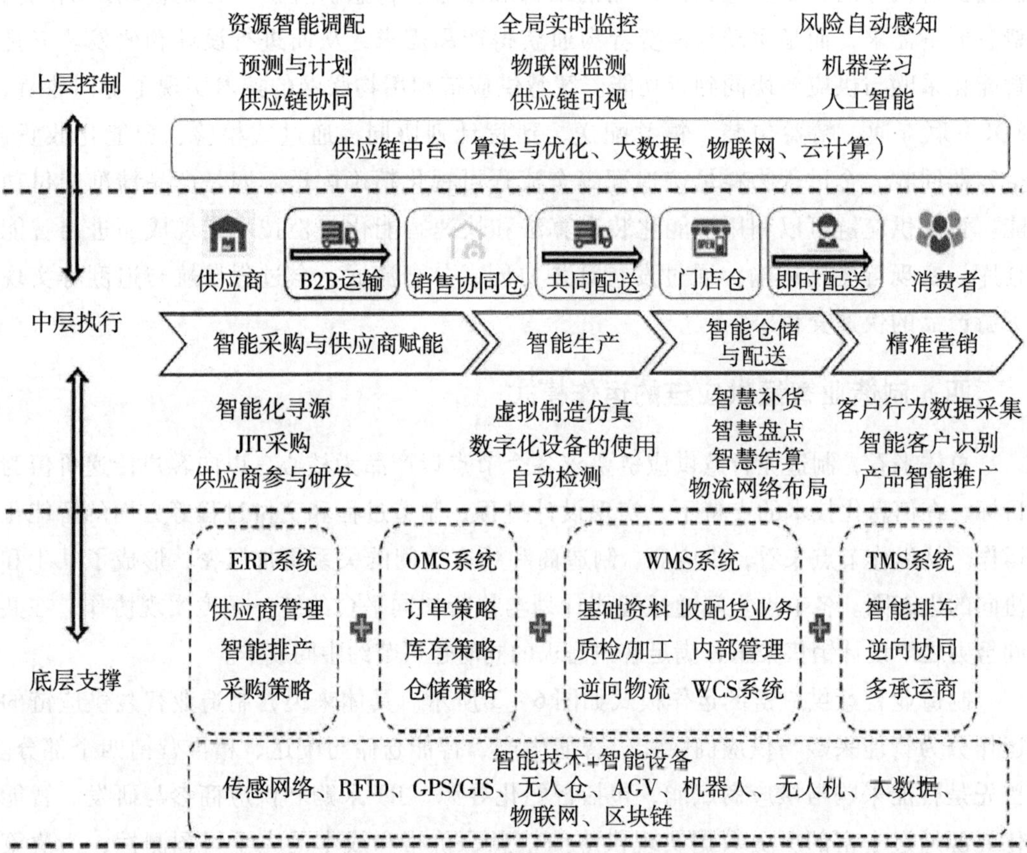

图6－3　制造业智慧供应链的运作模式

在制造业智慧供应链中，制造商扮演了智慧工厂的角色，发挥了巨大的作用。一方面，智慧工厂实现了横向集成。通过智慧工厂所在的信息网络，实现了信息共享与资源整合，确保各企业间紧密合作，提供实时产品和服务，实现产品开发、生产制造、经营管理等在不同企业间的信息共享和业务协同。智慧工厂使企业从内部集成过渡到企业间的集成，进而走向产业链甚至跨国集团间的集成，产生全新的价值链和商业模式。另一方面，智慧工厂实现了纵向集成。基于智慧工厂中网络化的制造体系，实现贯穿企业内部管理、运行、控制等多个层级的企业内部业务流程集成，进而实现柔性生产、绿色生产。从侧重于产品的设计和制造过程，走向产品全生命周期的集成过程，最终建立有效的纵向生产体系。

第四节　服务业智慧供应链的典型运作模式

案例6－4　狮桥物流：建设国内最大的“商用车智慧物流服务平台”

作为中国领军的商用车智慧物流服务平台、商用车领域的独立第三方金融服务商和整车干线物流车队，狮桥国际物流有限公司（简称“狮桥物流”）本着实体物流向货运平台转型、寻求链条式共生效率和效益的宗旨，重点打造“轻资产重运营型平台”和“行业大数据平台”，充分挖掘并利用狮桥物流在商用车领域的经验，一方面，设定科学的目标预算，强化基于业务逻辑分解后的关键过程指标，通过对过程的管控，实现对结果的控制；另一方面，在既有领先的数据风控模型基础上，继续投入资源持续迭代升级，向数据智能化发展。其智慧物流服务体系的转型过程主要分为以下三个部分。

一是操作转型。狮桥物流在近几年的经营过程中，投入大量时间和精力用于系统研发，通过本身车队自有运营的场景，把油品供应商、司机端、管理端、客户结算等多模块整合在一起，将过去依靠人工对接车辆和订单的工作转交系统处理，使信息流、资金流更为通畅。同时，在运营质量管控上，随着规模扩张，需要构建越来越庞大的团队，成本高、效率低。随着企业发展的转型，狮桥物流开发技术系统替代原本以人工工作为主的中控中心，对于具体线路，通过固定线路的智能运算，匹配一定的时效，以电话方式自动提示驾驶员，通过互联网手段来管理司机，进而运用“物流＋互联网”的思路管理整支车队。

二是业务转型。狮桥过去开展的均为有车承运业务，但客户在不同时间、行业、区域等维度上存在需求不均衡的特点，作为无车承运人，需要承担客户更多的需求。目前公司也已完成从有车承运人到无车承运人两端的相互匹配。并且在业务转型过程中，有意识地对同时存在两种需求的细分市场及客户进行模式融通，在合作规模、客户黏度、资源共享、降本增效等方面均见到效果。

三是业态延伸。通过既有平台功能延伸，对各种商业模式进行多样重组。从一个专业的大车队中持续孵化出上下游金融服务、后市场服务等业务场景，甚至形成技术专利和狮桥物流模式。各种业务形态关联后，公司整体规模和市场核心竞争力也进入螺旋式上升的过程。

一、服务业供应链的发展历程

从20世纪末期开始，社会产业结构开始发生重大变化，服务业逐渐兴起。当前，服务业在中国国民经济中的比重越来越大，服务经济正逐步成为国民经济的核心。服务业成为投资的最大热点之一。固定资产投资增长速度明显高于农业和制造业，服务经济时代已经到来。服务业供应链发展历程主要体现为以下几个节点。

一是产品服务化的兴起。近年来，许多制造企业逐步把产品的含义从单纯的有形产品扩展到基于产品的增值服务，这种趋势被称为产品服务化。许多公司都在积极实施产品服务化，如通用电气公司的能源管理服务、施乐公司的文件处理服务、惠普公司的信息服务、伊莱克斯公司的一体化电气解决方案等。产品服务化的兴起的主要机理如下。首先，随着需求开始变成一种稀缺资源，制造企业的利润从制造环节转向销售环节，进而转向消费环节。其次，随着人们需求层次的提高，从单纯追求产品本身转向追求产品的整体环境价值，从内部环节转向外部环节。最后，随着服务经济的日益发展，产品本身的自身价值的比重越来越少，而相应的虚拟价值日益增加，利润的大部分来源于产品本身以外的文化含量、精神含量和服务含量。产品服务化的兴起成为服务业供应链发展的重要源泉。

二是服务外包的不断增长。服务外包已经成为某些公司一个核心竞争优势的重要来源。许多跨国公司已经擅长使用全球劳动力资源，把相关服务业务外包给其他国家的公司以获得技术支持、客户服务支持。这些公司有能力利用全球最好的资源，并将服务外包作为赢得竞争优势的重要武器。服务外包的不断增长，为服务供应链的形成与发展奠定了坚实的基础。

三是从产品供应链转向服务供应链。在制造经济时代，供应链管理主要集中在产品供应链，从学术和实践的观点来看，采购、供应和运作管理的方法仍然主要面对制造业部门，服务业供应链尚未得到研究。服务行业作为正在兴起的行业，存在大量机遇。美国一位教授在 1996 年曾经指出，在人们投向权威学术期刊的稿件中，关于生产运营的稿件是服务运营的 6 倍，而服务供应链的专题研究更为稀少。

产品服务化的兴起以及相关服务业的迅猛发展为服务业供应链的兴起提供了机遇。越来越多的企业选择合作与联盟。任何一个服务公司不能容纳服务所需要的一切人力、物力和财力资源。正是如此，服务公司需要将部分服务产品进行外包，并通过供应链的模式为客户提供优良的服务产品。同时，由于服务与产品不同的特点（如无形性、不可触摸性、不可存储性、多变性以及顾客参与性），在产品服务化的日益兴起中，传统产品供应链不能完全适用于服务业，迫切需要新的服务业供应链理论来指导服务业的健康发展。

二、服务业智慧供应链的内涵及特征

传统服务业供应链围绕服务核心企业，利用现代信息技术，通过对链上的能力流、信息流、资金流、物流等进行控制来实现用户价值与服务增值的过程。其基本结构是

"功能型服务提供商－服务集成商－客户（制造、零售企业）"，其中功能型服务提供商是指传统的功能型服务企业，它们因其提供的服务功能单一、标准，且业务开展往往局限于某一地域，而被服务集成商在构建全国甚至全球服务网络时吸纳为供应商。

特别指出的是，由于服务业中的服务产品具有受顾客影响、不可触摸性、不可分割性、异质性、易逝性、劳动密集性等基本特征，服务产品通常很难像制造业的产品一样进行库存。因此，服务产品更多是利用能力的储备进行缓冲，服务业供应链本质上是基于能力合作为基础的供应链。能力流成为服务业供应链的"四流"中最关键的一流。例如，在旅游服务供应链中，携程集团就是服务集成商的角色，它需要与众多的酒店、车队、航空公司等机构进行合作，利用它们的服务能力为旅客提供一流的服务。没有良好的服务能力保障，不可能提供完美的旅游服务。

以物流行业为例，在"第四次科技革命"的背景下，全球进入智慧时代，其中便伴随着智慧物流服务的迅速兴起。智慧物流的发展并不是一蹴而就的，而是以构建生态链为目标形成的一种典型发展业态。在当前生态链建设的趋势下，越来越多的物流企业通过构建智慧物流体系，与多方合作伙伴共建，形成了智慧物流生态链的组织。例如，京东物流提出了基于价值型供应链的智慧物流发展体系，旨在构建生态化的智慧物流供应与服务体系；日日顺供应链正在以发展物流生态为核心，向全面的生态企业转型；菜鸟网络则提出了数字供应链大脑，通过建设国家智能物流骨干网，为整个行业生态效率的提升提供完善的基础设施。智慧物流服务是一种由大数据、物联网、云计算等新兴技术驱动，在物流服务运作中实现自动化、可视化、信息化的全行业互联互通、共享共生的服务模式。

综上所述，服务业智慧供应链以最大化满足客户价值需求为目标，通过智能感知、连接、分析、决策优化和执行等智能化技术手段，构建衔接供给和需求的服务生态化网络。它围绕客户全生命周期业务链，以服务能力提升、效率优化和价值共创为前提，进行个性化服务模式创新、方案设计与交付运营。当前，服务业智慧供应链发展呈现出社会化、一体化和个性化三大特征。

首先，当今的服务业供应链正向着社会化方向发展。以物流行业为例，随着服务设施的国际化、物流技术的全球化和物流服务的全面化，物流活动并不仅仅局限于一个企业、一个地区或一个国家。为实现货物在国际间的流动和交换，促进区域经济的发展和世界资源优化配置，一个社会化的智慧物流体系正在逐渐形成。构建智慧物流体系对于降低商品流通成本将起到决定性的作用，并成为智能型社会发展的基础。

其次，随着科技的迅猛发展，产品间的差异越来越小，几乎形成了同质化竞争，因而开展一体化的服务营销成为企业制胜的有力武器。以物流服务为例，智慧物流活动既包括企业内部生产过程中的全部物流活动，也包括企业与企业、企业与个人之间的全部物流活动等。智慧物流的一体化是指智慧物流活动的整体化和系统化，它是以智慧物流管理为核心，将物流过程中运输、存储、包装、装卸等环节集合成一体化系统，以最低的成本向客户提供最满意的物流服务。

最后，越来越多的服务业智慧供应链利用大数据对客户进行深度分析，改变企业的服务模式，提升服务水平，提供有别于行业其他企业的个性化服务，进行差异化竞争。从本质上讲，个性化服务是以客户为主导，有效利用和整合服务业供应链上的整体资源，通过个性化分析以及和服务业供应链上的各个企业的协同合作，为客户提供个性化解决方案的增值服务。

三、服务业智慧供应链的构成要素

（一）节点要素

服务业智慧供应链以信息共享、信用机制、物联网技术为支撑，由供给生态群、服务生态运营商以及需求生态群组成的新型供应链结构。其中，上游的多个服务提供商相互关联并进行差异化竞争，共同构成了供给生态群。供给生态群在智慧供应链的运作过程中主要是利用物联网技术，实现高效的信息共享和互动，并且充分发挥其所在领域的优势，共同完成订单要求。下游的客户之间通过社区交流汇集个性化需求，进而形成了需求生态群。对于需求生态群中的客户而言，末端服务的多场景化也是关键一环。在该环节中客户之间的互动会产生多样化的需求，引导服务生态运营商联合供给生态群中的服务提供商推出多种服务产品，例如许多电商平台推出了“一小时达”“当日达”“送货上门”等服务，以满足客户需求。并且在服务过程结束之后，客户评价还会以信息流的方式反馈到平台，提高生态链供需匹配程度。最后，服务生态运营商负责通过平台运营中心，在大数据、人工智能等先进技术支持下，用优质的管理水平和先进的互联网技术，实现数据应用的开放、透明、共享，并且通过赋能创造不同的生态化场景，以实现两个社群的高效匹配。

（二）智慧化功能要素

一方面，利用互联网、云计算等技术实现信息集成是服务业智慧供应链运营的核心。智慧供应链不仅能实现资源的简单连接，还能实现以智慧运营平台为核心的全方位集成。以旅游服务业供应链为例，携程集团不再提供单一的服务内容，而是从供应链整体的角度，对各个省市的酒店、各大航空公司的机票、各个景区的景点售票处等信息进行了集成，通过能力集成、业务集成、关系集成和激励机制集成，给顾客以最大限度地提供一体化服务。另一方面，利用大数据和智能算法分析客户服务偏好，并提供定制化服务是智慧供应链的另一功能要素。例如携程集团能够根据客户的历史订单、所处位置估计顾客的消费偏好，提供定制化的旅游服务，让顾客可以自己选择相应的服务内容和服务等级。

四、服务业智慧供应链的运作模式

从运作内容来看，服务业智慧供应链包括四个核心环节：智能化作业、数字化集成、可视化运营以及需求识别。首先，服务提供商的作业更多地融入了智能化。在物流行业中，智能化作业不再局限于存储、搬运、分拣等单一作业环节的自动化，而是大量应用RFID、机器人、AGV等智能化设备，以及MES、WMS软件。与此同时，物流行业也融入了大量人工智能技术、自动化技术、信息技术，实现整个物流流程的整体自动化与智能化。其次，数字化集成是指以提高客户服务体验为导向，将服务环节集成为一体化系统，保证服务的高效率与高品质。再次，可视化运营包括服务资源、服务需求、服务过程和服务状态等可视化。可视化可以大大加快数据的处理速度，使时刻都在产生的海量数据得到有效利用。最后，需求识别主要包括客户识别和需求预测两大方面。其中客户识别是指利用大数据进行客户对物流服务的满意度分析、老客户的忠诚度分析、客户的需求分析、潜在客户分析、客户的评价与反馈分析等；需求预测是指通过大数据分析有效了解消费者偏好，预判消费者的消费可能，提前做好服务能力调配。

服务业智慧供应链的运作模式如图6－4所示。从支撑要素来看，服务业智慧供应链的运作离不开各环节无缝衔接的信用机制、高效的数据共享以及物联网技术。坚实的信用机制将有利于打破企业间的壁垒，高效的数据共享可以促进供应链内部的互联互通，物联网技术的应用会提升各环节、各节点的效率。这三个支撑要素在智能化作业、数字化集成、可视化运营、需求识别的操作下，共同影响服务业智慧供应链的系统性、整体性、开放性、动态性。

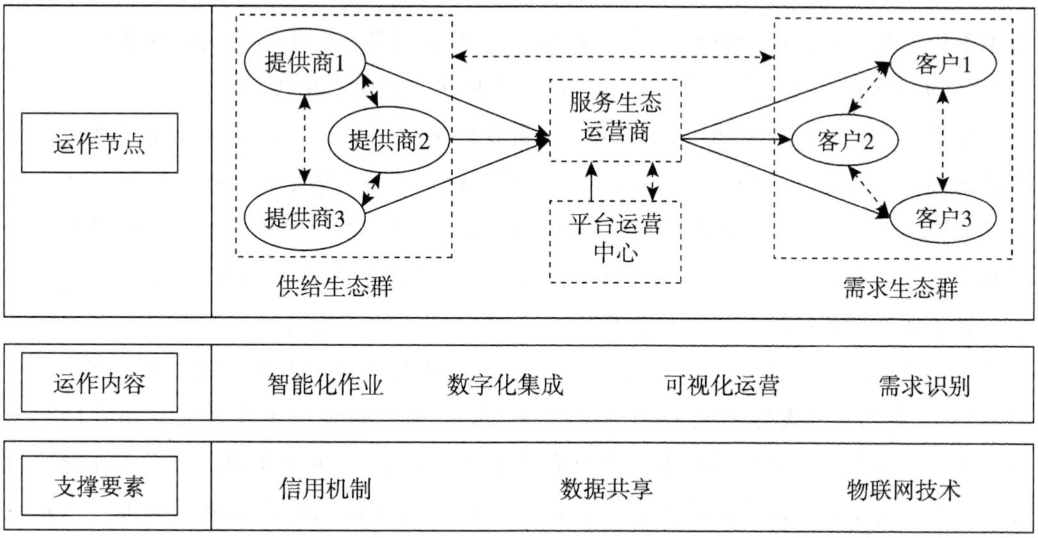

图6－4　服务业智慧供应链的运作模式

值得注意的是，服务生态运营商利用数字化技术进行赋能不仅是提高供应链竞争力的重要技术手段，也是改善供应链组织协同的关键技术。服务业智慧供应链的数字赋能是指占据技术优势的服务生态运营商直接或者间接提高整个生态链的竞争优势，从而实现供应链效率和敏捷性的提升。这种赋能可以反映为生态运营商主动提高客户群的体验水平，或者通过 R&D 投资、技术共享等方式帮助处于弱势地位的企业提高数字化水平和决策能力。以京东物流为例，通过数字化技术应用和革新，京东物流实现了向上游的物流服务提供商以及下游的客户赋能，供应链上下游以大数据平台为纽带紧密联系在一起。对于上游的物流服务提供商来说，可以充分依靠京东物流大数据平台，深度挖掘供应链环节存在的价值开发点。对于下游的客户来说，京东物流不仅给 C 端（消费端）用户带来更加快捷和准确的快递服务，也给 B 端（商家端）企业带来了高效的增值服务（如订单分析、库存管理、动态定价等），帮助其解决产品销售全流程中的问题。总之，智慧化平台的出现使得核心企业能够更多地为合作伙伴和客户进行赋能，从而提高整个服务业智慧供应链节点组织的协调性。

第五节　国际型企业智慧供应链的运作模式

案例 6－5　海尔集团的国际化运作方式

海尔集团是中国家电产业的领先企业之一，自 2009 年以来，一直保持全球大型家电市场占有率第一的地位。迄今为止，已在全球设立了多个研发中心、工业园、制造中心，旗下拥有海尔、卡萨帝、GE Appliances、AQUA、Candy、Leader 等众多品牌。海尔集团有着非常清晰的战略布局，从 1998 年开始到现在，海尔集团一直坚持“三位一体”的国际化布局，即生产本地化、研发本地化、销售本地化。

生产本地化是海尔集团本地化战略发展较为突出的特点。为了降低生产成本，获得价格优势，离目标市场更近一点，截至 2022 年 6 月，海尔集团在全球布局了 71 个研发院、122 个制造中心。海尔集团的生产本地化，不仅能节约时间成本，还能满足不同目标市场的需求，并设计出符合当地用户需求的真正意义上本地化的产品。

海尔集团实施研发本地化的做法是，针对消费者的不同需求，开发适合当地消费者使用习惯的产品。例如，海尔集团在美国为了满足当地用户集中洗衣的生活习惯，推出了 13 千克重的大容量洗衣机；在欧洲通过将独创的抽屉式设计与时尚外观相结合，生产出的意式三门冰箱被当地消费者誉为“艺术品”。海尔集团的研发本地化，一方面可以满足不同目标市场消费者的需求，另一方面可以让海尔集团快速进入当地市场，提高自身的知名度，逐渐打开各国市场大门。

销售是一个重要节点，它关乎企业利润的实现。销售的手段各式各样，其关键在于能根据不同市场的特点，制定适宜的销售方案，并实施销售本地化策略。海尔集团在海外建立了以利益方式驱动的代理制营销渠道。比如，2009 年在新西兰与 Fisher&Paykel 公司签订了战略合作协议，海尔集团品牌家电产品在新西兰市场由 Fisher&Paykel 公司独家进行分销和营销。随着智慧时代的到来，海尔集团 2015 年建立了全开放的智慧生活平台海尔“U+”和全球首个可视化的互联工厂系统，形成了智能家居理念。通过这种创新营销方式，可以提高消费者对海尔集团产品的认可度，有利于扩大海尔集团的知名度与美誉度，最终赢得广大用户的热爱和支持。

一、国际型企业发展历程

近年来，我国企业的国际化步伐迅速加快。中国企业国际化发展历程经过了企业走出去、行业走出去、文化走出去三个阶段。

第一个阶段是企业走出去。在已经充分培养和发展国内市场的基础上，有实力的本土企业可以实施走出去策略，参与别国甚至是市场经济相对成熟的发达国家的竞争。从中国走出去的发展历程来看，企业走出去包括主动走出去和被动走出去两种情况。

主动走出去的目标在于发挥中国企业的比较优势，形成一批具有国际影响力的跨国公司。在中国经济发展初期，中国国内企业不够强大、国际影响力不足，但是部分企业依托国家政策、先进的生产技术和资金支持，发展非常迅速，形成了特有的“比较优势”。这个时候，通过企业走出去这种小规模的走出去形式对外形成一定的影响力是有利可图的。被动走出去大多数是由于原材料的稀缺使企业面临原材料供应压力，企业不得不到境外购买原材料。企业被动走出去的目标就是到境外获取生产所需的原材料。

在该阶段，主动走出去的企业包括具有“垄断优势”的外贸企业、钢铁化工企业，具有雄厚资金的金融企业，以及具有人力资源优势和特色餐饮优势的知名餐饮企业、农业企业等。

第二个阶段是行业走出去。2019 年中国对外直接投资 1369. 1 亿美元，同比下降 4. 3%，流量规模仅次于日本（2266. 5 亿美元）。投资覆盖全球 188 个国家和地区，对“一带一路”沿线国家投资稳步增长。截至 2019 年年底，中国超 2. 75 万家境内投资者在全球 188 个国家和地区设立对外直接投资企业 4. 4 万家，覆盖全球 80% 以上国家和地区，年末境外企业资产总额 7. 2 万亿美元。在“一带一路”沿线国家设立境外企业超过 1 万家，2019 年实现直接投资 186. 9 亿美元，同比增长 4. 5%，占同期中国对外直接投资流量的 13. 7%；年末存量 1794. 7 亿美元，占中国对外直接投资存量总额的 8. 2%。2013 年至 2019 年，中国对“一带一路”沿线国家累计直接投资 1173. 1 亿美元。对外投资企业数量增加、企业分布领域拓展，说明我国处在行业走出去阶段。中国行业走出去，注重从宏观整体上协调相关企业的跨国经营，可以避免恶性竞争，提高原材料、产品的定价，以及技术标准的话语权，获取集团效应。更重要的是实现国内经济的转型，占据世界相关领域的“制高点”。在这一阶段，企业的“比较优势”逐步转化为行业的“规模优势”。

第三个阶段是文化走出去。近年来，中国企业文化走出去的步伐不断加快，文化交流和贸易把博大精深的中华文化带到了国际市场，让中国优秀的传统文化越来越被世界认可。例如，芒果 TV 是以视听互动为核心，融网络特色与电视特色于一体，实现“多屏合一”独播、跨屏、自制的新媒体视听综合传播服务平台，同时也是湖南广播电视台旗下唯一的互联网视频平台。2017 年，芒果 TV 扭亏为盈，率先实现中国视频行业盈利 4. 89 亿。2018 年 6 月，芒果 TV 作为湖南广播电视台“双核驱动”战略主体之一，与芒果互娱、天娱传媒、芒果影视、芒果娱乐整体打包注入快乐购，正式成为国内 A 股首家国有控股的视频平台，同年 7 月，快乐购正式更名“芒果超媒”。基于国家“融媒体传播”和“文化走出去”战略，2019 年芒果 TV 转变海外发展策略，从“借船出海”到“造船出海”，重点建设海外自有平台芒果 TV 国际 App，不断加强国际传播的创新探索。截至 2020 年 6 月初，芒果 TV 国际 App 下载量已达 2450 万，覆盖全球 195 个国家和地区共 2600 万人，已经成为中国网络视听领域最具全球视野和国际价值的视频产业、品牌构建项目之一，并获评 2019—2020 年全国文化出口重点项目。在建设自有平台的同时，公司加强海外社交矩阵的运营和建设，有效运营 Facebook（脸书）、Twitter（推特）等海外主流社交平台，发挥芒果 TV 多年海外社交媒体矩阵运营优势，有效输出以湖南广播电视台制作和芒果超媒自制为主的大量优质综艺剧集内容。

二、国际型企业智慧供应链的内涵及特征

近年来，随着中国国内智慧供应链建设的发展，为了迅速抢占国际市场，很多本土的国际型企业依靠自身的竞争优势进行战略、技术和商业模式输出，逐渐发展为知名国际企业。与本土企业的发展路径不同。一方面，走出去的国际型企业在进行战略布局时更容易受到政策的引导。例如，随着“一带一路”倡议的提出，中国企业国际化步伐不断加快，给全世界带来了商机。另一方面，由于供应链的场景发生了变化，因此，企业在国际化过程中面临着更多不确定的环境，包括客户需求的个性化程度增加。例如，作为高速列车组的生产者和铁路运营技术的提供者，中国中车集团在许多国家采用了与当地铁路部门联合生产和运营高速列车的方式。这样虽然满足了不同国家的个性化需求，也造成了各个分公司独立运营、难以相互协同的局面。

在智慧经济的背景下，国际型企业通过全球战略布局形成了国际型企业智慧供应

链。国际型企业智慧供应链是一种基于国际市场，以契约为治理基础的组织形式，是国际型企业在生产体系内开展研发、设计、采购、制造和销售以及售后服务等增值活动时，把其控制的子公司、合资公司以及全球各地的供应商、承包商、分销商以及战略联盟联系在一起构成的链条。国际型企业智慧供应链意在基于新技术和新商业环境，使得一系列分散在全球各地的商业活动相互关联起来，包括采购原材料和零部件、处理并得到最终产品、产品增值、在各个商业主体之间交换信息等。国际型企业智慧供应链的运作是按照国际分工协作的原则，利用国际化供应链网络实现资源在全球范围内的合理分配、流动和优化配置。

在国际型企业智慧供应链体系中，供应链的成员遍及全球，生产资料的获得、产品生产的组织、货物的流动和销售、信息的获取等，都是在全球范围内进行和实现的。在全球经济一体化的环境下，企业要参与世界经济范围的经营和竞争，就必须在全球范围内寻找生存和发展的机会。在国际市场的驱动力、技术的驱动力、全球成本的驱动力以及政治和经济的强力驱动下，使得有能力实现海外业务的企业迅速向国际化经营转变。

由于国际型企业智慧供应链节点多、不可控等特点，国际型企业通过运用区块链、物联网、大数据等信息技术对跨境商品进行全程跟踪溯源，将跨境商品的物流动态可视化、透明化，实现物流链条管理、商品防伪、农产品质量保障等功能。国际型企业智慧供应链具有以下主要特征。

一是进出口服务一站化。在京东供应链国际化进程中，将集货、通关、货物信息传递等经验与全球海关、企业沟通交流，建立统一标准，加速货物流通。并通过电子化、信息化管理降低物流成本，减少因为长链条产生的差错，保障商品能快速投放市场，提升效率。阿里巴巴跨境供应链整合了进口国与出口国的生态服务商，搭建数字化履约协同平台，将贸易链线上化，为外贸企业提供包括通关、物流、税务、支付与结算、金融在内的一站式进出口服务。

二是全球化仓配体系。京东物流的国际供应链已经在全球设立多个海外仓。在东京、洛杉矶、阿姆斯特丹等核心枢纽，京东物流的海外仓不仅成为全球原产地商品进入中国的第一站，同时还承担起了“最后一公里”的仓配功能。京东物流日渐形成一个可以辐射全球的仓储物流网络。

三是全链条运营数字化。京东物流通过深入全球的网络及信息系统，对供应链全链条进行数字化作业。以数字供应链、数字路由、数字清关、全链路追溯、供应链金融提升跨境通路效率。阿里巴巴跨境供应链还通过平台上承载的交易大数据，搭建了B2B（企业对企业）领域国际贸易采购信用保障体系，打破了买家和卖家的信任壁垒，实现跨境交易线上化和数字化。

三、国际型企业智慧供应链的构成要素

（一）节点要素

国际型企业智慧供应链节点与传统供应链类似，包括供应商、核心企业和客户。其中，根据生产需要，供应商还可分为全球供货的通用供应商和仅服务于当地工厂的本地供应商。核心企业则基于母公司的战略布局在全球建立分公司，服务不同的海外市场。在实际运作过程中，核心企业根据市场需求演变出不同类型的国际型发展模式，相应的节点要素的分布和作用也发生了改变。例如，国际配送型供应链要求核心企业的采购和生产以国内为主，但有一部分配送系统与市场是在国外。在国际采购型供应链中，原材料与零部件由国外供应商提供，最终产品的装配在国内完成，部分产品装配完成后再运回国外市场。在离岸加工型国际供应链中，产品生产的整个过程一般都在国外的某一地区完成，成品最终运回到国内仓库进行销售与配送。综合型全球供应链中，设计、采购、生产、配送和销售、服务等各个业务节点遍及全球。

（二）智慧化功能要素

对于国际型企业智慧供应链来说，其智慧化功能要素不仅与服务业、制造业智慧供应链中提到的要素保持一致，也在其国际化的特性中得到集中体现。一方面，随着网络经济的迅猛发展，国际型企业纷纷运用智慧化技术重构研发流程，逐渐呈现出网络整合型研发的模式，探索形成了智慧研发工具、智慧研发的支撑平台以及智慧研发的咨询服务。在这种网络结构模式下，母公司的研发中心不再是集中控制的主中心，而是利用数据集成与共享平台与其他众多研发机构互相依赖，发扬地方优势，加强分工合作，优化全球效率。另一方面，为了加强走出去企业更好地管控风险，提高产品竞争力，区块链溯源技术也在走出去企业智慧供应链中开始发挥重要功能。借助区块链技术，每件商品从原材料采购、生产、流通、营销等全过程的信息，都被整合进区块链，实现精细到一物一码的全流程正品追溯。例如，消费者在购买了匹配区块链技术的商品后，将能够查看到商品配送过程中的起运日期、起运城市、运输方式、入境报关单号等一系列信息。

四、国际型企业智慧供应链的运作模式

总体来看，国际型企业智慧供应链以国际型企业母公司为核心，通过合理设置当地供应商和通用供应商，在协同平台的支撑下，共同向全球市场提供个性化、高水平的产品和服务。国际型企业智慧供应链的运作模式可以总结为图 6－5。

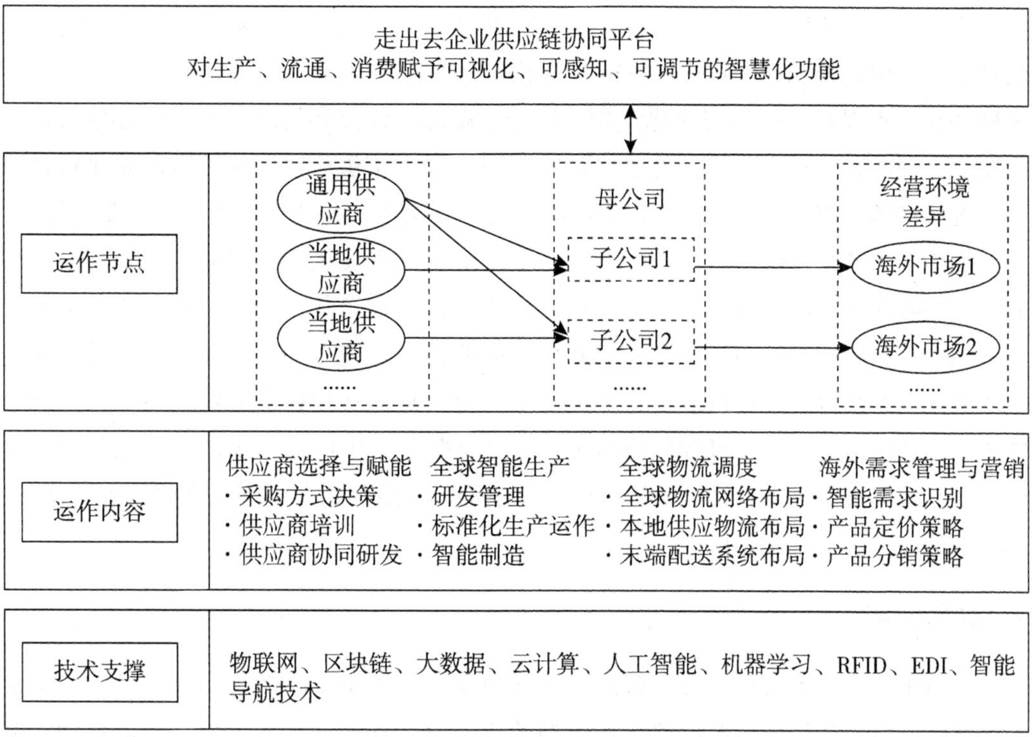

图6－5　国际型企业智慧供应链的运作模式

从运作内容来看，国际型企业智慧供应链包括四个核心环节：供应商选择与赋能、全球智能生产、全球物流调度以及海外需求管理与营销。在供应商选择与赋能部分，既要立足于公司内部资源条件和其战略目标，如当地自然资源条件和劳动力及素质等，又要考虑海外政策因素、制度效率因素等。在选定供应商之后，需要进行统一培训。针对有研发实力的供应商，国际型企业可以与之进行协同研发，以维系上下游的合作关系。在全球智能生产部分，国际型企业应根据自身战略定位和产业背景确定相应的研发战略，例如母公司集权型研发、多国分权研发以及网络整合型研发等。在生产过程中，虽然全球各地都会进行生产，但是需要在智慧化平台的协同下实现标准化和智能化生产。在全球物流调度部分，国际型企业利用海量信息，在全球范围搭建物流网络和末端配送网络，实现JIT成品分拨物流体系、备件配送体系和返回物流体系。在海外需求管理与营销部分，国际型企业应基于已有销售大数据，根据当地顾客偏好及购买能力制定合适的价格，并制定合理的分销策略（直接销售、间接销售或代理销售），设置合理的分销网点密度。联想控股股份有限公司（简称“联想”）作为全球化发展水平领先的跨国公司，构建了完善的全球供应链体系，实现全球化的资源配置。联想成立联宝科技子公司与全球数百家供应商互信互通，以信息透明打破种种数字壁垒，建立端到端的运作体系和物流体系，产品供应全球五大洲、多个国家和地区。

此外，国际型企业智慧供应链的运作离不开供应链协同平台。基于基础资源和核心能力，供应链协同平台将为生产、流通和消费赋予可视化、可感知、可调节的智慧化功能。其中，物联网是现代供应链可视化的最佳解决方案，将实物数据化、信息化和网络化，实现对物品的智能化识别、定位、跟踪、监控和管理，可以构建信息流与实物流之间的紧密对应关系，透过物联网可以看到真实供应链。人工智能是供应链可感知的最佳解决方案，因为人工智能提供了大数据决策、云计算服务和机器学习算法，让企业能够感知供应链上的规律与变化。区块链则是现代供应链可调节的最佳解决方案，去中心化的智能合约解决了供应链的刚性约束，让合作方快速建立信任，无须浪费时间进行低效博弈，引导合作方之间将更多的精力花费在如何与其他供应链比拼成本和效率，为最终客户提供最优的产品和服务上，从而让现代供应链具备了动态调节能力。可视化、可感知、可调节的创新应用完整覆盖了供应链上下游，从原材料的采购到产品的创意选择、设计、研发、生产、定价、选品、库存管理、仓储与配送优化，到商品的营销、交易和售后服务。

❖ 本章小结

本节主要介绍了智慧供应链管理的运作模式。从传统供应链视角介绍了供应链运作的概念、供应链运作参考模型以及典型的供应链运作模式。基于农业、制造业、服务业和国际型企业的特性，分别介绍了相应智慧供应链的内涵、特征、构成要素及运作模式。农业智慧供应链最重要的是物流环节效率的提升。制造业智慧供应链的核心目标是实现智能制造，而智能制造的特征在于实时感知、优化决策和动态执行三个方面。服务业智慧供应链的运作离不开各环节无缝衔接的信用机制、高效的数据共享以及物联网技术。国际型企业智慧供应链以国际型企业母公司为核心，通过合理设置当地供应商和通用供应商，在协同平台的支撑下，共同向全球市场提供个性化、高水平的产品和服务。

❖ 关键概念

供应链运作　SCOR 模型　农业智慧供应链　制造业智慧供应链　智能制造　服务业智慧供应链　服务生态化网络　服务能力　国际型企业智慧供应链

❖ 思考题

1. 传统供应链运作模式与智慧供应链运作模式的区别包括哪几个方面？
2. 农业智慧供应链的特征是什么？农业智慧供应链的运作模式是怎样的？
3. 制造业智慧供应链包含哪些构成要素？这些构成要素如何实现智能制造？
4. 如何理解生态在服务业智慧供应链运作过程中的重要性？
5. 服务业智慧供应链的运作模式是怎样的？

6. 国际型企业智慧供应链具备哪些特征？国际型企业智慧供应链的运作模式是怎样的？

❖ 案例分析

如何打造高效敏捷的智慧供应链

全球化发展水平领先的跨国公司，是构建全球供应链体系、实现全球化运行和全球化资源配置的先行者。联想供应链通过在全球范围内提供高质量的产品，打造出了一个以韧性、智能化和共赢为特征的全球化供应链网络，成为公司可持续发展与智能化成长的引擎。

联想供应链高效、敏捷、智能的三大特征体现在其实践中。例如，联宝科技体现了其外部的高效、敏捷、智能。联宝科技构建高效供应链，特别设立大客户绿色通达，实现了订单精细化高效管理。本土供应链生态体系建设逐步完善，近60%的直接物料实现本地化及时供应，4 小时内可以到达，形成了产业上下游集聚效应，推动了当地经济的发展。联想武汉产业基地则体现了内部的高效、敏捷、智能。与 PC、服务器等产品不同，手机平均每隔4 ~6 个月就会被更新的产品取代。这对联想在较短的制造周期内，生产出低成本、高质量、多样化产品的柔性制造能力提出了更高的要求。联想自主开发的自动化“量子线”项目已经在武汉产业基地投入使用。作为业界首条5G IoT 自动化组装线，量子线包含手机组装、测试、检验产出工艺，通过设备与设备、人与设备的灵活互换，可快速调整产线的工艺流程以及参数，实现生产不同型号产品间的自如切换。目前，在武汉产业基地，每秒就有一部手机或平板下线。每天超 10 万部手机从这里下线，九成出口，从武汉运往世界各地，用户遍布 160 多个国家。

大数据、人工智能、物联网等新技术融合发展为代表的工业 4.0 快速发展，为全球供应链的发展提供了新的动力。联想供应链积极把握新技术，基于对行业变革、技术演进深入的研究和理解，再结合自身的实践，总结出“五大能力”，即互联互通、柔性制造、虚实结合、闭环质量、智能决策。

互联互通是指从生产到运算，从工厂到最终用户的全链路的互联互通。柔性制造是指高度自动化的混线柔性生产，其主要是应对少量、多样化的订单需求。虚实结合是指物理与虚拟数字的映射和闭环控制。闭环质量是指端到端的质量追溯、监控、分析和管理。智能决策是指通过大数据和人工智能驱动预测性分析决策。

除了“五大能力”外，联想采用了科技行业少有的“两大模式”：一是自有工厂、OEM（自主加工）和 ODM（自主涉及）的混合制造模式，这种混合制造模式推动了联想产品质量、运作效率和生产成本的优化与革新，保证了供应链的快速决策和高效运转。二是联想秉持“全球资源 + 本地交付”的发展模式，利用全球优势供给生产，销售和服务等环节则采用本地化运营。

基于“五大能力”及“两大模式”，联想构建了高效、敏捷、智能的全球供应链。

1. 联想的“五大能力”和“两大模式”分别指的是什么？
2. 请结合案例并查阅相关资料，梳理联想在智能制造方面的智慧供应链运作模式。
3. 请结合案例并查阅相关资料，梳理联想在国际化方面的智慧供应链运作模式。
4. 联想的智慧供应链运作模式中有哪些值得学习和借鉴的地方？

第七章　智慧供应链网络系统规划

❖ 学习目的

通过本章的学习，学员应该能够：

- 了解供应链网络系统规划的目标和基本内容。
- 认识智慧供应链网络的关键特性。
- 掌握智慧供应链仓储、运输和信息系统网络规划的基本方法和流程。
- 了解智慧供应链仓储、运输和信息系统网络规划的典型案例。

第一节　供应链网络系统规划基本原理

案例7－1　阿里巴巴：打造全数字化供应链网络

2019年8月16日，阿里巴巴（以下简称“阿里”）宣布升级供应链平台能力，将打造一个端到端全数字化的供应链网络，帮助各行业零售商家优化供应链管理。目前，阿里供应链平台已经运用于阿里旗下25个业务板块，服务超过3万家商家。过去十年，凭借在大数据和算法上的优势，阿里供应链平台从商品的生产规划、销售到流通、配送，全链条帮助商家通过供应链管理来降本增效。盒马鲜生、天猫超市、天猫国际以及其深度合作的品牌商和供应商，均成为阿里供应链平台的受益者。

过去，商家做供应链管理决策时缺少足够的数据支撑，对于要生产什么商品、生产多少商品，以及如何分配每件商品在各地的库存，更多凭借的是经验判断。但随着新品流通速度加快，依靠人力做出全局最优的决策变得越发困难。货从哪里来？要去向哪里？阿里供应链平台就是通过大数据和算法发号施令的“大脑”。在“大脑”的指挥下，缺货、滞销、爆仓、配送成本高、时间不可控等问题，都将被逐一解决。通过和阿里供应链平台的深度合作，九阳股份有限公司（以下简称“九阳”）实现了物流仓储成本降低30%，库存售罄率提升了11%。与此同时，供应链金融也被纳入阿里供应链平台构建的这张数字化大网中。由于商品库存实现了数字化管理，服务于小微企业的网商银行为九阳提供贷款的流程变得更为高效。

对消费者而言，阿里供应链平台未来面向所有行业和商家开放后，消费者需求越来越快地被满足，下单后，“小时级”乃至“分钟级”配送将成为常态。2018年天猫“双11”产生了10.42亿个物流订单，多地消费者在“双11”开场仅30分钟就收到了商品。这样高效快速配送的背后，体现的就是阿里的供应链网络数字化服务能力。

正如案例7-1所示，供应链网络系统规划是产业界的热点问题，对产业实践产生着深刻的影响。

一、供应链网络系统规划的目标

供应链网络系统规划是指对供应链中产品、信息等的流动结构进行科学合理规划、设计、建设，包括节点布局、运输线路设计、信息系统等。科学合理的前期规划与设计是供应链网络高效运营的重要保证。

传统意义上讲，供应链网络系统规划的目标是在保证一定客户服务水平的前提下，尽可能地降低系统成本，其本质是在提高客户服务水平与降低系统成本中谋求平衡。然而，随着现代供应链的智慧化转型，供应链网络系统规划的目标变得更加多样化，在传统的网络规划目标上，还增加了对智慧性、协作性、可持续发展的要求。具体包括以下几点。

（1）保证服务水平：满足客户需求是供应链赖以生存的根本，供应链网络系统规划应在保证一定客户服务水平的前提下，尽可能地降低系统成本。

（2）系统成本最小化：通过合理规划供应链环节，例如从采购、物料管理、生产、配送、营销到消费者的物流、信息流和资金流，把系统成本降到最低。

（3）智慧性：以互联网、云计算、大数据、人工智能等新一代信息技术为支撑，在数据信息获取上更加移动化、智能化、碎片化，在数据呈现上更加可视化。

（4）协作性：基于信息的高度整合与共享，保持供应链上下游企业的联系，推动核心企业赋能供应链上下游中小企业，提升供应链运作效率与效果。

（5）可持续发展：供应链网络系统规划应平衡经济、社会和环境三个维度的绩效，在满足所有利益相关方需求的基础上，供应链应能够在改善生态绩效和承担社会责任的同时改善盈利能力。

案例7－2　怡亚通的智慧供应链体系建设

在国家物流枢纽规划以及物流高质量发展促进形成强大国内市场的国家战略指引下，作为中国供应链服务的先驱者、引领者，怡亚通紧扣市场脉动和变革机遇，致力于发展和完善物流生态服务体系、信息资源协同网络和智慧科技赋能体系。

怡亚通的全国分布式仓储、干线运输、城市配送、电商配送、销售VMI管理等一体化服务，可以通过SaaS平台实现全程可视化管理，提升配送效率，降低物流成本并优化库存结构，提升销量和企业综合竞争力。目前怡亚通物流已建立起产地仓、保税仓、销地仓、分拨仓、前置仓的立体化物流网络，并将先进的供应链服务能力和热点区域进行紧密结合，在深圳、上海、大连、长沙打造了多个一站式的智慧供应链整合物流中心。怡亚通物流以开放式"云平台"为强大的系统核心，以专业化的"核心物流服务体系"贯通智慧产业链，正通过"供应链＋互联网＋人工智能＋物联网"打造新流通时代的供应链物流产业共同体。从系统化物流到智能化物流，再到智慧化物流，怡亚通整合物联网、大数据、人工智能等智慧化技术与手段，构建各种不同的智慧应用模块，致力于打造一个科技赋能的生态平台，帮助企业不断提高物流系统的分析决策和智能执行能力，带动物流产业智能化与自动化的整体发展。

怡亚通以人工智能驱动为主导，通过机器学习，运营引擎具备自我学习、自我适应的能力，能够在感知业务条件后进行自主决策。例如利用历史数据、时效、覆盖范围等构建分析模型，对仓储、运输、配送网络进行优化布局，并通过对消费者数据的分析，提前在离消费者最近的仓库进行备货。同时，可对高峰与常态的不同场景订单，依据商品品类等条件，自主设置订单生产方式、交付时效、运费、异常订单处理等运营规则，实现场景化的智能处理。

二、供应链网络系统规划的基本内容

现代消费者需求呈现出多样性和个性化的特征，产品的生命周期也越来越短。在这种新的形势下，为了创造更多的价值必须要求整条供应链具有高度的柔性和快速反应性，合理地构建供应链网络是支撑这种柔性与快速反应性的基础。供应链网络构建应具有明显的层次性，包括战略层、战术层和操作层。战略设计要解决的问题是根据整个供应链网络的发展、运作情况提供供应链网络设施增减等的战略性需求与规划。战术设计则要解决如何进行基础结构的整合，如空间布局设计、线路设计等。操作设计则是面对具体的方案提出工作流程、方式、方法等，如仓库设计、工厂设计等。供应链网络系统规划主要涉及供应链网络构建的战略层，主要包括物流网络设计、信息网络设计、关系网络设计三个基本方面。

（一）物流网络设计

物流网络设计是供应链网络系统规划的基础，也是其最为重要的内容，是实现货物快速、高效时空转移的前提。物流网络设计主要包括物流节点的设计（包括节点数量的确定、位置的选择、容量的规划、服务市场分配等）和物流线路的设计（主要包括运输网络类型的确定、运输方式的选择、运输线路的优化等）。

（二）信息网络设计

现代企业与传统企业的一个重要区别就是现代企业广泛应用信息技术，这已经成为供应链成员之间进行沟通和协调的基本手段，是供应链网络有效运行的重要保障。供应链信息网络的设计主要包括网络技术的选择、设施设备的配置、不同成员企业间沟通协议的确定等内容。

（三）关系网络设计

关系网络设计即供应链组织网络设计，包括供应链整个结构中上下游企业之间相互协调的机制与制度、企业之间关系的管理、不同企业在供应链中的角色确定，以及企业（尤其是核心企业）在供应链环境下进行的组织结构设计等。

第二节　智慧供应链网络的关键特性

一、智能技术与供应链管理的深度融合

案例7-3　京东智能供应链技术服务平台

2018年11月7日，第五届世界互联网大会“世界互联网领先科技成果”发布活动在乌镇举行，作为数字经济与实体经济结合的典型案例，京东智能供应链技术服务平台获选“世界互联网领先科技成果”。京东表示，如今供应链管理面对多品类、多层级网络、高频次交易及弱约束关系等境况所带来的复杂的挑战，沿用传统的ERP和SCM系统已经无法解决繁杂的业务问题。京东智能供应链技术服务平台大量应用机器学习、深度学习、区块链技术、物联网技术、人机交互、计算机视觉、情感与语义分析等技术，将AI、云计算、大数据能力与垂直领域知识深度结合，形成面向商品选品、商品

定价、需求预测、计划管理、采购管理、库存管理、交付管理、产能管理、网络规划、商品防伪追溯等一系列供应链决策任务的管理、运营执行、绩效监管与服务的应用。

正如案例7－3所示，智能技术不断被应用于供应链管理之中。近年来，物联网、大数据、云计算、人工智能等智能技术为供应链建设提供了强大推力，形成了智能技术赋能的智慧供应链。智慧供应链是在传统供应链的基础上将技术和管理进行结合，将技术和管理系统化成综合集成理论、方法与技术。智能技术给供应链带来的变革，并非简单地体现在引进人工智能、智能机器人、智能仓储管理系统、智能传感设备等新技术与设备方面，更为关键的是，它颠覆了供应链行业沿革多年的传统思维模式、商业模式及管理理念，引导广大创业者及企业积极创新，不断丰富并完善无人仓库、无人配送、智能配送等新兴业态。与传统供应链相比，智慧供应链的运营者和管理者具有更强的技术敏感性和应用能力，会通过各种方式将物联网、移动互联网、人工智能等各种前沿高新技术融入智慧供应链系统，依托技术创新实现管理变革。此外，以互联网、云计算、大数据、人工智能等新一代信息化技术为支撑的智慧供应链，在数据信息获取上更加移动化、智能化、碎片化，在数据呈现上也主要表现为图片、视频等可视化的方式。

在产业界，智能技术已经在逐步与供应链管理融合发展。例如，菜鸟推出了末端配送无人车“小G plus”、菜鸟小盒智能硬件、智能设备“菜鸟快递塔”以及“物流天眼”等致力于提升末端配送能力的科技产品。菜鸟通过IoT、边缘计算、人工智能等前沿技术，让近900台智能机器人在仓内协同作业；菜鸟语音助手、智能快递柜也亮相市场；菜鸟ET实验室发布了“驼峰计划”，计划与多家公司联手打造一张囊括无人车、无人机的新型立体智慧物流网络。2018年，菜鸟表示，计划在未来5年内投入1000亿元，加大数据技术等领域的研发力度，与物流合作伙伴共同推进智能仓库、智能配送、全球超级物流枢纽等核心领域建设。顺丰科技基于开源框架的大数据平台，承载顺丰及客户的高价值数据，帮助客户了解供应链领域有哪些环节可以提升效益、降低成本。顺丰针对货运场景搭建物流地图，包括室内外定位、地址解析等。此外，顺丰通过研发无人机、无人车，利用物联网、可穿戴式设备以及AI智慧决策等，为解决偏远山区“最后一公里”的配送难题提供解决方案。

二、基于个性化需求进行设计

案例7－4 良品铺子的供应链升级——找准顾客需求

“你们能开发藤椒味儿的零食吗?”，一年前，在浏览良品铺子全渠道顾客满意中心提交的每月用户体验报告分析数据时，良品铺子商品部品类负责人发现了这条留言，后来经过实地调研、市场分析，新品很快立项。2019 年 3 月，藤椒系列产品上市，跃居良品铺子肉类 TOP10 榜单，除了藤椒牛肉，良品铺子先后推出藤椒鸭脖、藤椒小鸡腿等多款产品，均受到消费者的喜欢。

事实上，藤椒牛肉的案例是良品铺子从消费端倒推产业链研发产品的案例之一，是良品铺子在新零售模式下探索数字化产品研发模式的成果。在数字化研发模式下，企业从不同人群、不同生理状况、不同场景下的细分用户需求出发，进行产品规划与产品概念设计，开发个性化、定制化的产品。在供应链系统中，良品铺子试图成为消费者的“代言人”，通过为上游供应商提供精准的市场需求信息，以刺激供应链向需求导向的个性化和定制化方向重构，提升产业链的协同效应，降低企业和供应商的运营成本。

如案例 7 -4 所示，找准顾客需求是企业商业成功的秘诀之一，而个性化需求也越来越被企业所强调。个性化需求是消费者表现出来的符合个人主观特性的需求，包括对产品特征、购买地点、购买时间等的不同需求。智慧供应链能够通过智慧化的协同运作，准确捕捉到顾客的个性化需求，比起传统供应链也更具有个性化服务的能力，因此，满足个性化的需求成为智慧供应链提高自身竞争力的关键性因素。只有当供应链服务的结果与顾客期望一致时，才能使顾客对智慧供应链的服务感到满意。个性化需求增加了供应链识别和完成顾客需求的难度，但同时也能够刺激智慧物流生态链不断提升自己的定制化服务能力，从而提高供需匹配程度，并且通过口碑对其他潜在顾客产生影响。

智慧供应链系统通过将顾客整合到供应链系统中，保持企业与顾客的紧密连接与良性互动，有效解决了日益增长的个性化需求。对智慧供应链的运营管理人员来说，一方面，要改变将顾客排除在外的传统供应链思维模式，以顾客需求为中心进行供应链的管理运作，另一方面，还要通过多种手段鼓励顾客参与供应链系统的设计、运行和管理，让顾客成为供应链不可分割的重要部分，产品生命周期的每个环节流程都与顾客紧密连接，从而通过大量的信息沟通交互实现对顾客的细分和精准画像，提升智慧供应链的定制化服务能力。

三、强化智慧供应链互动关系

案例 7 -5　良品铺子发起质量管理升级计划，提升供应链协同水平

2020 年 8 月 28 日，良品铺子在武汉总部召开主题为“高质高量、高效发展”的第

六届供应商大会。良品铺子与参会的多家供应商达成共识，形成了高效协同的利益治理关系。良品铺子在会上成立了由武汉大学质量发展研究院参与的供应链高质量发展委员会，并正式推出“良品铺子质量管理升级计划”。

良品铺子目前有海内外上百家供应商，2006 年至今，公司带动了上百家供应商获得跨越式成长。尽管总部及大量门店都位于受新冠肺炎疫情影响颇大的湖北，但良品铺子 2020 年的业绩表现依然优于市场预期，这与良品铺子夯实的供应链协同水平息息相关。国务院发展研究中心相关研究员指出，与沃尔玛这类传统零售商相比，良品铺子在产业链方面挖得更深、更透，一个最大特征就是能更好反哺上游，帮助上游成长。消费者需求会不断升级，良品铺子对高质量发展的追求也永无止境。良品铺子认为，提升产品质量需要整个供应链一起努力，只有各方的协同配合才能为用户创造更多的价值。

正如案例 7 - 5 所示，强化智慧供应链互动关系有利于提升供应链整体竞争力。传统的供应链管理模式对供应链上下游企业缺乏足够的重视，为了追求所谓的“利益最大化”宁可牺牲上下游企业的利益，表面上，企业可能短期获利，但由于生产、供应及销售三大环节“各自为政”，无法根据市场环境及用户需求变化快速做出调整，面临着极高的库存和市场风险，很容易被竞争对手淘汰出局。良好的合作关系，有助于信息的自由高效流通，有助于科学合理地制定战略规划，有助于共同解决组织成员经营管理中遇到的问题等。如今，很多上下游企业之间通常会以签署战略联盟的形式达成供应链合作伙伴关系，通过释放合体势能应对激烈的外部竞争。

供应链成员与核心物流企业之间相互依赖，协调发展是智慧供应链的重要特征之一。智慧供应链中的核心企业与优秀的上下游企业合作，能够打造出为用户持续创造价值的良性生态。例如，沃尔玛凭借其打造的顾客网络及优质购物体验，赢得了全球范围内的诸多供应商的认可。与此同时，沃尔玛根据用户需求与市场环境变化，帮助供应商及时调整产能、开发新品等，有效降低了其库存风险，大幅度提升其营利能力。京东物流通过智能平台为服务提供商智能分配订单，并且通过大数据分析为服务提供商的未来发展提供改进意见。在需求端，京东物流为卖家开启更多增值服务功能（如库存管理、动态定价），并为个人客户提供更精准的快递服务。通过供应链上下游的互动，智慧供应链不仅能够降低采购、运输、仓储等环节的成本消耗，还能够向市场输出质量可靠的产品，并且能够加快运输速度、缩减运送时间、推动整体运转，从而直接影响客户体验，作用于供应链的整体发展。

四、实现供应链上下游信息共享

案例7-6 天环物流的透明化管理过程

天环物流是一家跨区域、网络化、信息化、智能化、具有供应链管理能力的综合物流提供商，网络覆盖全国。天环物流从运输工具状态信息透明、货物状态信息透明、运输流程作业节点信息透明三方面构建智慧物流透明化体系。

运输工具状态信息透明化。一是运输工具的时空信息透明。其中，时间信息包括运输工具的出发时间、抵达时间及预计的抵达时间。空间信息则包括出发位置、抵达位置、当前位置、目的地位置和行驶的线路轨迹。二是运输工具的运行状态信息透明。包括运输工具的速度和行驶的方向趋势。结合这些信息就可以预估到达目的地的时间。三是运输工作的运行状态信息透明。有助于对运输执行情况的趋势进行判断，有助于对运输安全进行管控。四是运输工具的货物储藏环境信息透明。一些高价值的货物需要严格的安全保障措施。运输工具的货物储藏环境信息透明，有助于运输过程中的货物安全管理。五是运输工具的行驶环境信息透明。行驶环境是基于运输工具的具体时空状态下的环境。例如，车辆是不是停在高速公路服务区，停车的环境是不是安全环境，行驶的路线是不是合理的路线。

货物状态信息透明。一是货物的标的信息透明。货物的标的反映货物的所有权状态，反映运输的相关要求，直接关系到货主的利益。货物的标的信息透明结合运输工具的运行状态信息透明，就可以实现货主的远程监督，为货主提供全流程的体验式服务。二是货物的自身状态信息透明。例如，生鲜货物是否变质等。因为有时大环境的储藏条件达到，但微环境的储藏条件没有达到，例如生鲜肉和速食肉的储藏温度是有区别的。货物状态信息透明有助于货物的安全管理。

运输流程作业节点信息透明。一是装卸过程信息透明。包括装卸作业的信息透明、单据的交接信息透明、流程节点的时空信息透明。其中单据的交接，也意味着运输责任的交接，以及货物所有权的交割，借助智能手机、扫描枪等工具可以将交接的信息反馈给中心。二是运输过程透明。包括仓储过程透明、储藏环境信息透明、仓库环境信息透明、仓储操作环节信息透明、订单执行过程透明。

天环物流在价值导向原则中提到，物流的基本作用就是实现商品的时间效用和地点效用，物流在经济活动中的本质是其承载了商品的价值传递。因此，物流过程透明，其本质是为了实现商业订单的执行过程透明。

正如案例7-6所示，供应链上下游的信息共享是提高供应链竞争能力的重要手段，也是实现供应链协调的基本前提。供应链上下游的信息共享能够更好地应对市场需求的不确定性，缓解牛鞭效应，降低企业的库存水平。传统供应链系统中，上下游企业之间的信息相对孤立，缺乏流动性、共享性，整个供应链的可视化程度很低，从而导致上下游企业只能从自身业务和所处环节出发选择合作伙伴，而不能基于对整个供应链系统产供销状况的全面了解做出最适宜的选择。这种状况的结果是供应链中企业之间缺乏一致性和协作性，无法建立良好稳定的合作关系，供应链系统的整体运作效率和竞争力较低。在传统供应链中，成员间的信息交流只是局限于具有直接供需关系的企业之间，同时在实际交流过程中，不同企业采用的信息标准也不一致，从而导致供应链系统中的信息无法实现自由流通、整合与共享。

智慧供应链是以智能化信息技术的集成为支撑的，能够借助大数据、云计算、人工智能等先进技术有效解决成员之间信息系统的异构性问题，从而保证了信息在整个供应链系统中的自由高效流通，具有更强的信息整合性与共享性。依托高度开放共享的智能化信息网络，智慧供应链系统有效解决了内部成员信息系统的异构性问题，实现了物流、信息流、资金流的无缝对接，从而使供应链中的信息具有更强的整合性与共享性。智慧供应链系统则具有很强的可视性、透明性，能够实现内部企业间信息的充分沟通共享。由此，企业可以及时全面获取供应链中各环节流程的信息，增强对内外部环境的敏锐感知与快速合理的反应能力，并通过与上下游企业的整合协作，实现有序生产管理，提升整个供应链的运作效率与效果。

第三节　智慧供应链网络规划的基本方法与流程

一、智慧供应链仓储网络规划

智慧仓储是智慧供应链的一个重要组成部分，仓储规划会影响整个供应链系统。智慧仓储服务具有存储和集散两大功能，其中存储就是指提供货物储存环境及过程服务，包含检验、出入库等环节，集散则是指货物流通过程中的聚集和分散服务。仓储网络作为物流系统中一种重要的空间网络结构，由节点和线路构成，各节点之间由线路连接，每一条线路和每一个节点都与物流系统的结构、组织方式和经营效率相关。企业物流节点是进行各种装卸、运输、分拣工作的场所，节点的数量、实际所处的物理位置以及物流节点的相对位置，不仅与整个仓储网络的布局紧密关联，且对物流系统的运转效率、经济效率有极大影响，关系到整个物流系统的运营成本和服务效果。因此，在智慧供应链仓储网络规划中，物流节点的选择和建设是整个仓储网络结构布局成功的根本，也是整个物流系统实现持续、高效运转的决定性因素。

现代仓储网络环节众多，涉及范围较广，许多环节之间还存在效益背反现象，即在一个环节增加收益，则会降低另一个环节的收益，因此，需要一个全面的、系统的、统筹规划的仓储网络规划方案，以达到整体收益最大。同时仓储网络具有投资规模巨大、建设后短期内不容易变更的特点，为防止盲目投资和低水平建设导致的整体低效率，也需要一个合理的仓储网络规划方案作为指导，以提高投资效益。

按照物流节点的功能不同，可以将物流节点分为以下两种类型。第一种是存储型物流节点。此类物流节点用于存放物资或物料，包括备用仓储、中转仓库等。在存储型物流节点中，货物的停留时间较久，有时候存储型物流节点会发生物资滞留，且滞留时间较长的现象。最近几年存储型物流节点的职能已经发生了转变，很多物流节点已经不再用于单纯的存储物资，而是附加了一些流通功能，以保障物资的平稳流转。第二种是周转型物流节点。此类节点的实际位置一般处在运输线路上，其主要功能是用于连接通过不同运输方式进行运输的货物，例如，暂时存放在10天内需要二次加工的物料，或者最近一星期内需要二次运输的物资。因此，常见的周转型物流节点主要包括加工型物流节点、集配型物流节点和中转型物流节点。随着社会整体效率的提升，各个行业的企业对物流系统的服务需求不断提升，周转型物流节点的功能在物流系统中的影响开始逐渐超过存储型物流节点。

在智慧物流供应链核心企业进行仓储网络规划时，一方面需要规划物流节点具体的数量，另一方面需要规划物流节点的地理位置和主要功能。针对节点设施的内部布局，需要根据物流节点功能作用和运行流程来确定仓库的物理结构，同时，需要根据仓库的平面布局设计配送物流的作业流程，保持设计和设备的先进性。智慧供应链仓储网络规划步骤示意图如图7－1所示。

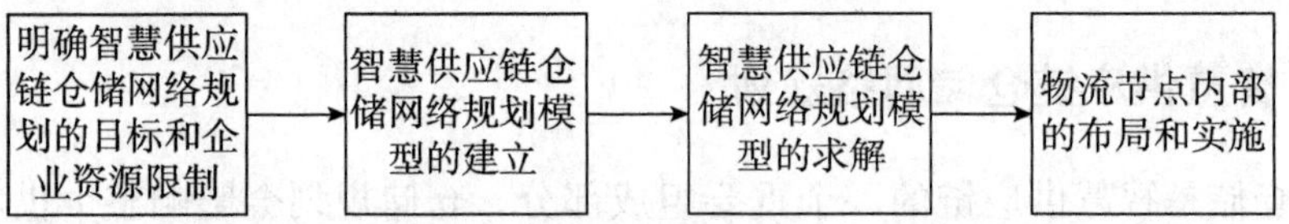

图7－1　智慧供应链仓储网络规划步骤示意图

第一阶段，明确智慧供应链仓储网络规划的目标和企业资源限制。智慧供应链仓储网络规划要从供应链全局出发，明确智慧供应链仓储网络规划的目标。首先，智慧仓储是智慧供应链的一部分，和智慧生产、智慧运输、智慧订单管理等相辅相成，仓库的数量、位置以及功能要根据智慧供应链的整体目标来确定。其次，大型电商公司和工业制造企业的订单响应、管理模式对如今的仓储管理与发展提出了更高的要求，企业希望通过真正的智能技术和设备来实现仓储高效、精准的仓储管理。最后，智慧仓储更加看重客户服务满意度的精准性、有效性。智慧仓储要缩短商品交付时间并降低运输成本。智慧供应链仓储网络规划需要在考虑企业本身财务状态、经营能力与资源配置能力的前提下构建多目标规划模型。

第二阶段，智慧供应链仓储网络规划模型的建立。传统的仓储网络规划模型以运输成本最小化为主要目标。以使用最为广泛的P－中值选址模型为例，P－中值选址问题是一种多目标规划问题，基本原理是给定多个需求结点和待选设施地点，要求选择P个地点建立设施，使得运输成本最低。与传统的仓储网络规划模型不同，智慧供应链仓储网络规划模型的目标函数或约束条件应包括发货时间尽可能短、配送时效尽可能稳定、功能弹性更强、能够满足不断变化的物流场景和配送需求等。智慧供应链仓储网络规划可建立多维度智能选址模型库。多维度智能选址模型库应具备多维度特征和处理海量数据的能力，灵活满足不同的选址需求，支持经验模型、权重模型、归一化模型、净需求模型等多种模型，针对仓储网络的不同功能、不同需求提供不同模型，同时模型也可按照不同规模采用不同的评分规则，接受个性化定制。

第三阶段，智慧供应链仓储网络规划模型的求解。对智慧供应链仓储网络规划的模型进行求解，以明确仓储网络节点数量、位置和功能。随着数据挖掘技术的发展，目前前沿研究中，通常使用智能算法来对智慧供应链仓储网络规划模型进行求解，常见且已经被反复验证的算法主要是遗传算法和贪婪算法。遗传算法是模拟自然进化过程的求解最优的搜索方法，其本质是通过一些同质的元素，组成最希望得到的结果。为了得到最优的结果，在计算过程中，对每一批“结果”进行比较，将不好的淘汰掉，即构建一个适应函数，评价一个“结果”到底有多适应我们的要求。通过微调参数和繁衍、变异、淘汰，可以得到实用、有效的算法，其中如何编码、如何设置变异体、如何构建适应函数、如何评价结果都是算法构建的细节问题，需要大量的计算和调试。贪婪算法是一种无监督学习算法，即任何时候的决策，都是选择当前观察的最优解。该算法的难点在于如何设计贪婪选择性质和最优子结构性质。所谓贪婪选择性质，就是问题的全局最优解可以通过一系列局部最优解的选择来达到，每进行一次选择，就得到一个局部最优解，并且把原问题化简为一个规模更小的同类型子问题。而最优子结构性质，是说其全局最优解中包含其子问题的最优解性质。贪婪选择性质中局部最优解一定导致全局最优解，而最优子结构性质中全局最优解一定包含局部最优解。因此，构建贪婪算法需要大量的数据集，并进行大规模的随机抽样，作为无监督学习算法的一种，对数据规模和计算的“记忆性”有要求。算法的构成和发展如案例7－7所示。

案例7－7　算法的构成和发展

算法（Algorithm）是指解题方案的准确而完整的描述，是一系列解决问题的清晰指令。算法代表着用系统的方法描述解决问题的策略机制。也就是说，能够对一定规范的输入，在有限时间内获得所要求的输出。经典的算法有很多，如欧几里得算法、割圆术、秦九韶算法。算法的分类可以根据算法设计原理、算法的具体应用和其他特性。例如，算法大体可分为基本算法和适用于具体应用领域的算法。在机器学习中，按照学习方式，常把算法分为监督学习算法、非监督学习算法及半监督学习算法。按照图论的算法进行分类，算法可以分为哈夫曼编码、树的遍历、最短路径算法、最小生成树算法、最小树形图、网络流算法、匹配算法。

在工程实践中，经常会接触到一些比较“新颖”的算法或理论，称为“智能算法”。比如模拟退火、遗传算法、禁忌搜索、神经网络、天牛须搜索、麻雀搜索等。这些算法或理论有很多是通过模拟自然过程而得。例如，模拟退火思路源于物理学中固体物质的退火过程；遗传算法借鉴了自然界优胜劣汰的进化思想；禁忌搜索模拟了人类有记忆过程的智力过程；神经网络更是直接模拟了人脑；天牛须搜索则是模拟了天牛在寻找事物或配偶时的搜索过程；麻雀搜索是模拟了麻雀的觅食行为和反捕食行为。

第四阶段，物流节点内部的布局和实施。在智慧供应链仓储网络规划模型最优解的基础上，针对物流节点设施内部，面对具体的方案提出工作流程、方式、方法等，如人员管理、设备应用、车辆管理、系统管理等。与传统仓储不同，智慧仓储由单点问题的解决向系统筹划转变。由重点问题作为切入点，带动整体管理系统的提升和优化，由仓储管理改善，带动销售、财务、采购、客户交付等管理系统提升。智慧仓储由现代信息技术代替传统人工模式，由全过程控制代替节点控制，由自动弹性管理代替被动机械管理。智慧仓储的实施方案需要具备三个方面的重要内容。第一，员工掌握技术。智慧仓储对从业人员有更高的要求，不仅熟悉本职业务，还要熟悉公司的运营管理体系，更要懂得运用信息管理技术。第二，精益原则。通过软件和硬件充分结合，遵循精益原则设计，让中间库存降到最低，系统协调一致，保证物料及时性，实施对物料货位进行合理管理，便于仓库管理人员能够及时了解到物料在仓库中的分布状态，降低存储成本。第三，专业的仓库管理系统。利用智能终端数据进行操作，快速进行条码扫描、上料、报工、报警，对仓库数据实施实时更新。

案例7-8　国网上海市电力公司物资公司智慧仓储网络建设

现代物流系统中的仓储，表示一项活动或一个过程，以满足供应链上下游的需求为目的，在特定的有形或无形的场所，运用现代技术对物品的进出、库存、分拣、包装、配送及其信息进行计划、执行和控制的物流活动。只有构建结合仓库选址布点、运输配送线路优化而组成的仓储“网”，才能保障供应链一体化下物流系统的高效运行。国网上海市电力公司物资公司（以下简称“物资公司”）以电网企业物资需求特性和供应特点为切入点，在不断提高仓储、配送和调配服务过程中的“运营智商”“组织智商”“服务智商”的前提下，构建了电网物资智慧仓储网络。

物资公司根据国家电网公司关于建立科学仓储配送体系的总体要求，以变被动响应为主动供应、保障物资供应水平、提高物资供应能力、高效智慧运转、面向业务全流程服务为目标构建智慧仓储网络。

在经过智慧供应链仓储网络规划模型的建立和求解后，物资公司完成了仓储网络规划，形成了以物资调配中心为运转中心、中心库为核心、周转库为分支、仓储点为补充的智慧仓储网络。智慧仓储网络运营的基本结构是以物资调配中心为“大脑”，以供应商为起点，以各类物资需求侧为终点，通过整合中心库、周转库、仓储点等各级仓储资源及运输配送资源，通过物资调配中心进行网络调度和实时跟踪监控，确保各类物资高效有序地供向物资需求侧。物资调配中心是智慧仓储网络的“大脑”和可视化中心，各级仓库是智慧仓储网络的中转吞吐节点，车辆及配送运输线路是联通各级节点的脉络。物资调配中心通过专用光纤通道及各类移动网络技术接入仓储、运输、配送的实时信息，实时掌握业务数据、作业动态、视频安防等信息，并通过信息化手段实现调度、监控、预警、统计，为考核和决策提供依据。

在节点内部规划方面，有以下关键建设。①科学存储拣选策略。一是针对常规物资的存储和物流特点，优化存储拣选策略。二是根据线缆、异型件的物理和物流特性，制定堆放、搬运、存储、拣配方案。三是根据物资和业务的特点，设计各种仓储专用工具。②应用现代物流技术。一是货架、容器、物资标签采用 RFID 技术和条码技术双模支持，利用 RFID 通道门，实现物资出入库校验和自动记录。二是采用自动仓储机，在非自动化立体仓库实现对体积小、出入频繁物资的自动化管理。三是利用流利式货架实现高物动量物资的快速拣选。四是自动化仓库利用自动化系统自动盘点。③信息技术集成。一是仓储、配送作业全面实现信息化，与 ERP、ECP 实现对接。二是调配中心实时掌握仓库作业信息、流程信息、预警信息、视频信息等，为监控决策提供可视化支持。④管理优化创新。一是以标准化、自动化、信息化为基础支撑，强化各相关环节的业务协同，实现智能化运转、监控、分析、决策。二是建立仓储物资物动量信息分析与物资存储联动机制，在数据分析的基础上，动态优化存储拣选策略。三是库存物资按货主管理，为 VMI 和寄存物资提供功能扩展，将供应商的资源纳入仓储网络进行协同统筹。四是发挥调配中心仓储管理的“大脑”的作用，实现统一监控、分析和决策。

二、智慧供应链运输网络规划

良好的供应链运输网络要有合理的布局与结构，要建设成与内外部协调的交通运输网。在科学的交通运输网上，通过合理的运输组织才能满足运输需求，加快货物和车船的周转，压缩货物的在途时间。供应链运输网络是一个赋权的连通图，由节点和弧组成。节点是各种运输方式的车站、枢纽或多种运输方式的接合部；弧是网络中车站之间、枢纽点之间或各种运输方式接合部之间的线路，如公路线、铁路线、航空线、水运航道及运输管道等。供应链运输网络的建设与发展，要从完善、加强、扩展交通运输网着手，不断提高交通运输网的质量。

智慧运输是指在运输管理业务流程再造的基础上，利用 RFID、网络通信、GIS 等智能技术及先进的管理方法，实现运输过程中的智慧配载、实时调度、智慧派车、路径优化及实时交互，降低运输成本，提高运输效率，提升智慧运输管理能力。现代信息技术在供应链运输网络中的应用不仅提升了物流运输效率，还增强了物流运输过程的透明度。随着计算机网络与通信技术在物流运输领域的应用，企业可实时对运输车辆进行监控，规划车辆运行路线，追溯车辆运行轨迹，提升车辆管控能力，使物流运输过程更加透明，物流运输效率更高。随着传统 GPS 终端与 GSM、GPRS、GIS 的结合，物流企业还可启动远程遥控断电和断油、超界超速报警等功能。物流企业用一组智能传感器架构无线网络，对网络覆盖区域的对象信息进行感知、采集、处理，在 GSM 网络或卫星通信网络的作用下将信息传输给远方的 IT 系统，以对感知对象进行全程监控。

如图 7－2 所示，智慧供应链运输网络规划包括明确智慧供应链运输网络规划的目标、智慧供应链运输方式的选择、智慧供应链运输能力的配置以及智慧供应链运输线路的规划与选择。

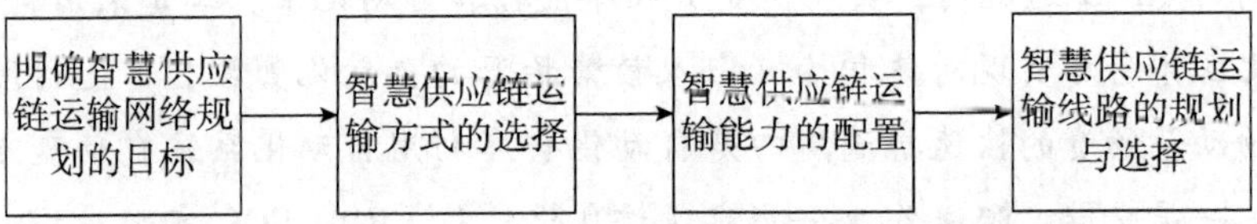

图 7－2 智慧供应链运输网络规划步骤示意图

第一阶段，明确智慧供应链运输网络规划的目标。与传统运输网络规划不同，智慧供应链运输网络规划更注重消费者体验、新兴技术的运用和可持续发展。首先，智慧供应链应按照客户偏好提供适合的运输服务，及时提供客户所需信息，提高客户满意度并加强客户忠诚度。其次，智慧供应链运输网络充分运用物联网、云计算、人工智能、自动控制、移动互联网等现代电子信息技术，通过分析来自运输环节实时产生的数据，提高运输效率，降低事故发生率和维修成本，并实现各种运输方式协同发展。最后，智慧运输在降本增效的同时应降低对环境的不良影响。例如，合理选择运输工具和运输路线，克服迂回运输和重复运输，以实现节能减排的目标；改进内燃机技术和使用清洁燃料，以提高能效；防止运输过程中的燃料泄漏，以免对局部地区造成严重的环境危害。

第二阶段，智慧供应链运输方式的选择。根据各运输方式的优势和特点，选择公路、铁路、水路、航空、管道五种运输方式中的一种或几种。常见的单一种类的运输方式选择模型包括因素分析法、加权因素分析法和层次分析法等。因素分析法首先确定在选择运输方式时应该考虑的一些重要因素和标准，然后对所有因素按照1～10分进行评分，最后合并各种运输方式的所有评价因素，选取综合评分最好的运输方式作为最终选择。加权因素分析法是因素分析法的扩展。根据各个评价标准的重要程度，给予其不同的权重值，以便得到更准确的评价结果。层次分析法通过分析复杂系统所包含的要素及其相互关系，并将要素归并为不同的层次，从而构成一个多层次的分析结构模型。在运输方式的选择方面，智慧供应链更加强调多式联运，以运用高新技术和管理办法提高货运效率。多式联运是指由两种或两种以上的交通工具相互衔接、转运而共同完成的运输过程。在进行运输方式的选择时，需要考虑影响节点运营方、联运承运人、托运人选择的决定因素。可以通过行为模型描述运输方式的联合选择，行为模型中可以考虑上述各方的目标：节点运营方寻求最大化吞吐量、联运承运人寻求利润最大化、托运人寻求最大限度地降低物流成本。

第三阶段，智慧供应链运输能力的配置。运输能力的配置包括运载工具内部空间配置和运载工具在不同地点的配置。智能装箱算法可以用于解决运载工具内部空间配置问题，适用于货运的车辆、船舶、飞机等运载工具。

第四阶段，智慧供应链运输线路的规划与选择。不同的运输线路各有优缺点，企业在选择运输线路时必须结合自己的经营特点和要求、产品性能、市场需求和缓急程度等，综合考虑各种运输方式的特点之后合理选择。相较于传统运输，运输线路的实时优化是智慧运输的重要特征。实时优化主要体现在需求量在配送途中发生变化、需求点增减、道路交通拥堵、运输节点交通管制、车辆在行驶过程中出现故障等动态事件情形下的路径优化。实时的城市配送需要借助GIS、GPS、ITS、移动电子商务平台（MC）和全球移动通信系统（GSM）等技术工具实时地获取动态信息，而调度中心要不断地合并新信息，在每个动态事件发生时刻生成新的配送计划。对于可能的动态事件，要实现实时路径优化，目前的主流方法是采用启发式算法，其中，遗传算法是最为常用的启发式算法。现代化的物联网技术和车联网技术可以实时、准确地收集关于运输需求、车辆运行状况、天气、路况、交通管制、运输节点变动等信息，且能够高精度地预测交通网络中任意两个节点间的行程时间。因此，当车辆到达路网中任意一个节点时都可以更新路段行程时间，通过采用遗传算法可以很容易地计算当前配送节点到下一个节点的瞬时最短路径。

案例7-9　面向多式联运的龙潭港区货运网络优化

龙潭港区是南京港生产规模最大的港区，以集装箱、干散货和汽车滚装运输为主，服务于长江中上游地区和后方开发区。随着物流业不断发展，港口之间、物流企业之间的竞争也愈加激烈，面对这样的环境，如何结合海港物流具有多种运输方式的特点，加强与物流企业之间紧密合作，发展南京在运输网络中的枢纽地位，成为一个重点问题。

结合南京龙潭港集装箱有限公司以及其合作公司的数据，选择运输量较大的华东区域作为网络主要研究对象。根据龙潭港区业务量，选取最具典型的一些城市作为重要节点，针对龙潭港区已建龙潭疏港公路，在建龙潭疏港快速通道，已接轨于既有京沪线龙潭站这些举措，进行多式联运网络优化分析和模型建立。

接下来进行模型算法求解。本案例利用遗传算法并结合 Matlab 软件进行求解。基于遗传算法的求解步骤如下。①编码和种群初始化：输入给定路径等参数，采用随机生成的方式进行种群初始化。②适应度评价：采用目标函数倒数作为适应度函数。③选择运算：选择函数采用精英个体保留法和锦标赛选择法相结合的方法。④变异运算：变异函数采用逆转变异策略。同理，变异后的染色体也需要进行检验和矫正，判断运输方式和节点是否匹配，并修改染色体。⑤终止运算：迭代步数大于等于最大迭代数时，算法结束；如果小于，那么返回第③步。

在龙潭港区建设集疏运通道前，通过标准化、剔除无效数据等方式进行数据处理后作为模型的输入，对模型进行求解，分析南京龙潭港货运网络，具体内容如表7-1所示。通过分析发现，目前长江航运已经初步形成良好的布局和发展态势。由于长江江苏区段靠近沿海，外向型经济发展迅速，对外贸易充分，外贸适箱货较多，集装箱化率较高。得益于南京较为发达的水运系统，南京在整个网络中的地位较为重要，无论是长江干线港口吞吐总量、外贸货物吞吐量，还是集装箱吞吐量，都位居前列。

在龙潭港区建设集疏运通道后，南京提高了中转服务能力，对整个网络的重要性将进一步提高，因此，结合专家分析，预估出集疏运通道的中转对货物，特别是集装箱货物的中转时间、中转成本的影响，重新改变模型中的输入后再次求解，具体内容如表7-1所示。结果显示，对求解结果进行运输网络分析，最佳枢纽布局并无变化。进一步分析南京及南京路线分配及运输方式，南京的运输枢纽地位进一步加强，其中水铁联运比例有所升高。最后，基于构建的多式联运物流网络，根据成本最低选择最短路径。

表 7－1　　枢纽布局及货流路径优化方案表

建设集疏运通道前		建设集疏运通道后	
最佳枢纽布局	南京、上海、南昌	最佳枢纽布局	南京、上海、南昌
最优目标函数值	83 309 225	最优目标函数值	75 061 222
路线分配及运输方式（部分）		路线分配及运输方式（部分）	
南京$\xrightarrow{公路}$苏州，南京$\xrightarrow{公路}$无锡， 南京$\xrightarrow{公路}$南通，南京$\xrightarrow{铁路}$滁州， 南京$\xrightarrow{水运}$上海$\xrightarrow{水运}$舟山，南京$\xrightarrow{水运}$南昌， 南京$\xrightarrow{水运}$南昌$\xrightarrow{公路}$丰城， 苏州$\xrightarrow{公路}$南京$\xrightarrow{公路}$合肥，常州$\xrightarrow{公路}$徐州， 镇江$\xrightarrow{公路}$南京$\xrightarrow{公路}$滁州， 镇江$\xrightarrow{公路}$南京$\xrightarrow{水运}$九江， 宁波$\xrightarrow{水运}$上海$\xrightarrow{水运}$南京$\xrightarrow{水运}$庆安， 宁波$\xrightarrow{水运}$上海$\xrightarrow{水运}$南京$\xrightarrow{公路}$宣城		南京$\xrightarrow{公路}$苏州，南京$\xrightarrow{公路}$无锡， 南京$\xrightarrow{公路}$南通，南京$\xrightarrow{铁路}$滁州， 南京$\xrightarrow{水运}$上海$\xrightarrow{水运}$舟山， 南京$\xrightarrow{水运}$南昌，南京$\xrightarrow{水运}$南昌$\xrightarrow{公路}$丰城， 苏州$\xrightarrow{铁路}$南京$\xrightarrow{水运}$合肥， 常州$\xrightarrow{水运}$南京$\xrightarrow{水运}$徐州， 镇江$\xrightarrow{水运}$南京$\xrightarrow{铁路}$徐州， 镇江$\xrightarrow{铁路}$南京$\xrightarrow{水运}$九江， 宁波$\xrightarrow{水运}$上海$\xrightarrow{水运}$南京$\xrightarrow{水运}$庆安， 宁波$\xrightarrow{水运}$上海$\xrightarrow{水运}$南京$\xrightarrow{铁路}$宣城	

三、智慧供应链信息系统网络规划

智慧供应链信息系统以物联网、大数据、云计算等先进技术为基础，实现了对仓储、运输、配送等物流活动的智慧化管理，包括信息实时感知、计划自主执行、需求自主分析、决策自主优化、服务自主适应调整等主要的管理功能，从而有效地提高了供应链运作效率，提升了优化决策的水平，促进了供应链行业的服务升级。智慧供应链信息系统网络规划步骤示意图如图 7－3 所示。

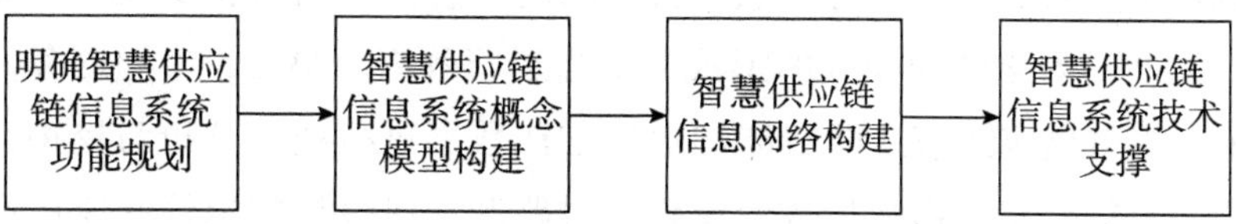

图 7－3　智慧供应链信息系统网络规划步骤示意图

第一阶段，明确智慧供应链信息系统功能规划。智慧供应链信息系统的基本功能一般包括信息实时感知、计划自主执行、需求自主分析、决策自主优化、服务自主适应调整五个功能。第一，信息实时感知。智慧供应链信息系统运用各种先进技术获取运输、仓储、包装、装卸搬运、流通加工、配送、信息服务等各个物流环节的大量信息，实现实时的数据收集，并且通过信息网络实现信息共享、互联互通，实现感知智慧。第二，计划自主执行。智慧供应链信息系统能够自主执行物流计划，例如仓储、运输、配送等工作流程安排。第三，需求自主分析。智慧供应链信息系统使用系统在运行过程中保存下来的历史数据，运用智能的模拟器模型等手段分析物流问题，根据问题提出假设，并在实践过程中不断验证问题、发现新问题。例如，通过对物联网海量终端感知信息、订单信息以及客户分布规律等进行物流需求的自主分析，从而挖掘出潜在客户以及物流规律，实现供应链需求的智慧化管理。第四，决策自主优化。智慧供应链信息系统结合特定需要，根据不同的情况评估成本、时间、质量、服务和其他标准，评估基于概率的风险，进行预测分析，协同制定决策，提出合理有效的解决方案，并不断在实践中进行效果评估及优化，从而使做出的决策更加准确、科学。第五，服务自主适应调整。智慧供应链信息系统在前面各个功能的基础上，可以分析出更优化的管理方案，可以在科学的方案下快速调整当前物流服务，从而实现物流服务的优化，并且能够将信息实时反馈给管理者，使管理者了解物流运作情况，及时做出调整。这些调整方案也会进行备案，为之后的决策优化提供方法指导和数据支持。

第二阶段，智慧供应链信息系统概念模型构建。智慧供应链信息系统概念模型主要分为感知层、决策层和应用层三个层次。感知层像大脑中的“感知神经”，通过多种设施设备全面感知物流活动信息，对信息加以收集；决策层像人体的“大脑”，利用感知得到的数据进行物流活动的分析、判断、决策等；应用层则像人体通过“动作”完成大脑的指令，即执行决策层产生的决策计划。

第三阶段，智慧供应链信息网络构建。智慧供应链信息网络是指在物联网、云计算、大数据等先进技术基础上，通过互联网、5G 通信技术等通信设施，提供供应链信息交换与大数据服务的高效、可靠、安全、标准化的信息共享服务体系，提供和支撑智慧供应链创新服务实现。智慧供应链信息网络应实现以下两个功能。第一，供应链信息交换。供应链信息交换是实现跨国、跨区域、跨行业、跨企业的各类供应链信息系统与平台之间的信息交换，是智慧供应链信息网络的基础功能。供应链信息交换能够保证信息在企业内部、企业与其他平台之间的信息共享与数据交换，从而解决信息孤岛问题，促进一体化管理模式的形成，提高运营效率。第二，应用服务。在数据中心的基础上，智慧供应链信息网络能够对供应链数据进行统计分析与挖掘，形成物流跟踪、信用、车货交易、物流指数、道路实时路况、保险精准定价等应用服务，为企业、政府部门的管理与决策提供支持。

第四阶段，智慧供应链信息系统技术支撑。智慧供应链信息系统的功能需要关键技术的支持，这些关键技术包括 RFID、GIS、GPS、电子数据交换（EDI）、物联网 IP 组网、云计算、数据仓库与数据挖掘、海量数据存储与管理、模式识别、数据及系统安全等技术。这些关键技术支撑着整个智慧供应链信息平台的运作，极大地促进了专业化物流信息服务企业的发展。

案例7－10 潍坊现代农业产业园智慧物流模式与系统设计

2017年山东省潍坊市寒亭区被批建国家现代农业产业园。为进一步缩短从“农地到餐桌”的农产品流通链条，农产品物流及农产品电商可与现代农业产业园加强合作，打造“生产基地＋智慧物流信息共享平台＋智慧物流港＋用户”——现代农业产业园供应链一体化物流模式，形成从现代农业产业园到消费者的农产品直采、直供、订单农业体系，潍坊现代农业产业园基于互联网＋、物联网、云平台和大数据的农产品供应链一体化智慧物流信息系统设计包括如下部分。

（一）农产品智慧物流信息系统框架

智慧物流信息系统通过数据信息的采集分类、融合处理等，协调整个产业链环节，以改善物流服务的时效性。该系统以智慧物流信息共享平台为中心，供应链各节点共同参与搭建，通过智慧物流信息共享平台的大数据分析，进而实现需求预测、指导生产、物流跟踪、实时监控、食品安全可追溯等。

（二）智慧物流信息系统设计

（1）现代农业产业园系统。现代农业企业根据智慧物流信息共享平台提供的信息按订单组织生产，可以及时得知市场的需求趋势，从而调整种植农产品的种类。此外，还可以对自己农产品的状态进行实时监控将农产品种植过程中农产品的生长状态、环境等信息上传到信息共享平台，以供供应链其他环节共享信息，实现产品可追溯。科研与咨询机构可通过该系统了解农产品的分布状况等，为国家相关部门制定政策提供依据，帮助政府部门为现代农业企业提供生产种植指导、咨询参考服务，降低生产成本，提升现代农业企业抵抗市场风险的能力。政府监管部门可通过智慧物流信息系统加强农产品生产全过程的监控追溯，以保证产品安全。

（2）智慧物流信息共享平台。基于大数据、云计算、物联网、移动互联网、人工智能等新技术，建立开放、透明、共享的智慧物流信息共享平台，为物流企业、电子商务企业、贸易企业、第三方物流服务商、供应链服务商等各类企业提供一体化的物流服务解决方案，从而达到物流服务一体化、物流过程可视化、物流交易电子化、物流资源集成化、物流运作标准化、客户服务个性化的设计目标。依托B2B、B2C等信息系统完成供应链全过程中信息的收集、存储、处理与传输，并通过大数据分析对物流过程数据流动进行计算挖掘，为需求预测、生产种植指导、组织订单生产、订单生成、订单智能结算、智能分拣、智能配送、物流跟踪、实时监控、食品安全可追溯等提供良好的决策方案，实现各个环节信息互通。实施科学合理的智能化运营，可以有效减少传统农产品供应链的节点布局，极大地提高农产品供应效率，实现互利多赢的农产品智慧供应链的生态化运作。

(3) 智慧物流信息采集。产地信息采集、加工信息采集、仓储运输信息采集、物流配送信息采集、销售信息采集。

(4) 智慧物流信息技术基础设计。云计算、RFID、EPC 编码技术、温度湿度无线传感技术、红外感应、GIS 地理信息系统、GNSS 全球导航卫星系统定位、MapReduce 分布处理、Hadoop 架构、加密技术、实时监控器等。

(三) 智慧物流信息共享平台的功能设计

从宏观的物流产业管理到中观的物流供应链管理，再到微观的物流业务管控，各层面的物流业务有所不同。按照潍坊现代农业产业园对智慧物流信息共享平台的需求，智慧物流信息共享平台根据各层面的业务特点将其合理科学地按一定层次组织在一起，形成了智慧物流信息共享平台业务体系。智慧物流信息共享平台的业务体系，主要从智慧物流商物管理、智慧物流供应链管理以及智慧物流业务综合管理三个层面进行构建。智慧物流商物管理主要是对商物的品类、流量流向、供需及商物协同等方面的管理；智慧物流供应链管理是从供应链的角度出发，主要对采购物流、生产物流、销售物流等业务进行管理；智慧物流业务综合管理是引入智慧物流信息共享平台业务，以仓储、配送、运输为核心业务，除此之外还包括货物信息发布、物流过程控制等一些增值业务。

第四节　智慧供应链网络规划典型案例

一、智慧供应链仓储网络规划典型案例

(一) 苏宁仓储骨干网络布局

围绕“人、货、场”的关系，场景成为消费和体验产生的连接点，物流场景和配送需求也在不断地发生变化。为了给消费者带去更好的体验，苏宁在仓储方面不断进行深度拓展，加快仓储骨干网络多极化布局。自 2018 年 9 月以来，苏宁持续发力物流地产，天津市北辰区、湖北省孝感市、湖北省襄阳市、浙江省金华市、江西省南昌市等地的项目相继完成签约，引发了行业的高度关注。为了实现货到场的精准、货到人的准时、场到人的多样，苏宁启动“百川计划”。“百川计划”旨在加速骨干仓网和社区仓网的建设，通过科技、社会化协同的方式全面搭建服务于多领域合作伙伴的基础网络。在骨干仓网方面，2020 年，苏宁建设完成超过 1000 个专业物流中心，仓储面积实现新增 1000 万平方米的目标。在仓储分布上，逐渐从一、二线城市向三、四线城市布局。在技术实现上，则实现从自动化向无人化方向扩展。在社区仓网建设方面，

2020 年，苏宁铺设的前置仓、门店仓覆盖全国 100 个以上的城市，帮助苏宁更好地实现最后 100 米的物流配送。

图 7－4 展示了苏宁供应链从制造商到顾客运作的全流程，并表明了苏宁物流仓库在整个供应链流程中扮演的角色。在新零售模式下，苏宁仓储骨干网络起着联动供应链上下游各环节的重要作用。苏宁仓储骨干网络不仅要承担货主货物的存储和出入库功能，还具有直接向消费者发货、直接承接退货商品的功能。

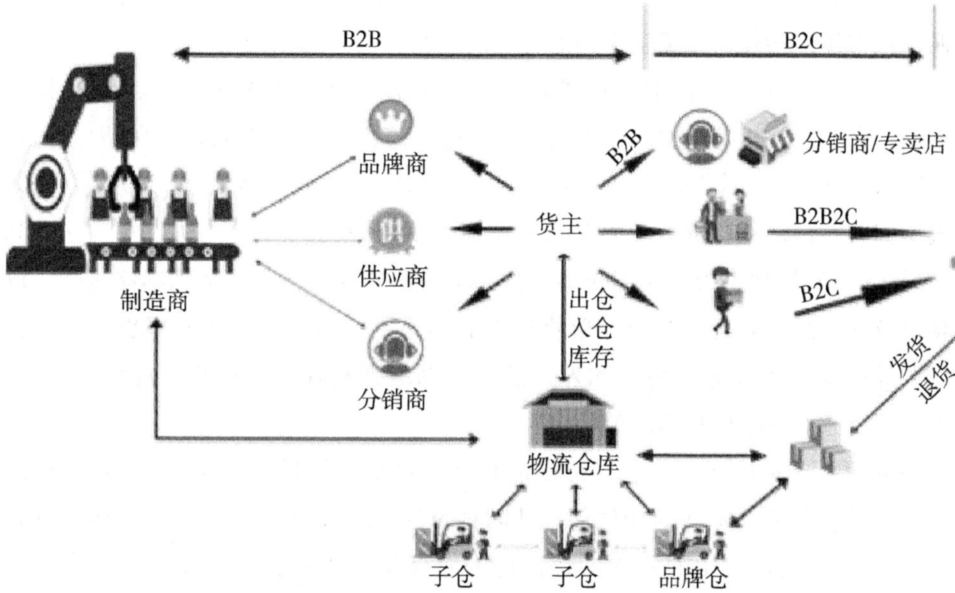

图 7－4 苏宁供应链从制造商到顾客运作的全流程

2020 年，苏宁宣布升级“百川 2025”计划，截至 2025 年，苏宁在全国核心经济带的仓储基础设施布局将扩增到 2000 万平方米。苏宁“百川 2025”计划，借助京津冀协同发展、长江经济带发展、粤港澳大湾区建设等重大国家战略，“重仓”布局核心经济带基础设施建设的同时，做好统筹谋划和顶层设计，引入苏宁智慧物流运营系统、全流程智能化设备、标准化服务体系等，打造行业领先的智慧物流生态，以物流“新基建”推进区域产业协同和深度合作。

（二）苏宁云仓网络布局

2016 年 11 月，位于江苏省南京市的苏宁云仓正式投入使用，其建筑面积在 20 万平方米，可存储 2000 万件商品。苏宁云仓基于云计算通过将全国各地建立的分仓信息系统进行联网一体化，实现资源整合，优化资源配置，从而提升整体配送网络的响应速度。在即时共享的云存储系统中，配合精准的供应链计划，可在全国各级仓库间实现智能分仓、就近备货和预测式分拨。同时通过智能化作业，精准分析订单、库位、路径和区域，确保库存提前调拨到离客户最近的配送中心，从而保证商品在全国范围内的高效流通。凭借苏宁云仓中的SCS智能拣选系统、自动拣货系统以及智能AGV机器人等，苏宁云仓在发货能力、拣选效率、订单出库等方面的自动化应用使操作运营效率远超同行业的先进水平，比如181万件的日处理能力、平均每人每小时1200件的拣选效率和最快30分钟的订单生产周期，在全流程自动化的应用下操作同等的订单量所需的作业人员比以往减少60%。目前，苏宁在北京、南京、广州、成都等多个中心城市推广苏宁云仓，通过升级现有全国级大仓全流程自动化的作业能力，从南到北、从东到西，正在逐步构建一张覆盖全国的智能云仓网。

2019年8月，苏宁云仓再次迭代成新一代无人仓，整合了无人叉车、AGV机器人、机械臂、自动包装机等众多“黑科技”，实现了整件商品收货上架、存储、补货、拣货、包装、贴标、分拣全流程的无人化，商品拣选效率达到了每小时6000件，比人工拣选效率提升5倍，从消费者下单到商品出库，最快20分钟就可完成。由于4G和无线AP（接入点）速率有限、延迟较多，物流系统部分算力必须下沉到本体进行，设备端的算力负荷较高。算力下沉导致单机成本居高不下，系统的运作效率也受制于算力和网络条件而得不到充分发挥。此外，已有的网络架构在仓内监控、通信、定位、办公和生产系统方面存在信息孤岛的问题。

在“新基建”的加持下，苏宁加快推进仓储物流供应链的数字化和智能化升级。2020年，苏宁更是联合中兴等合作伙伴，共同将5G技术在南京苏宁无人仓落地，展开5G技术对无人仓的创新应用的实地测试，提升仓储柔性管理，智慧化管控，降本增效。在园区实行“5G+AI”仓储安防建设，用5G监控摄像头替代现有的普通监控摄像头，视频资料通过5G网络传送至服务器，实现视频的实时AI分析，用人脸识别和行为识别助力劳动力管理，有效提升人员效率和园区安全管理。仓内实行AGV的云化调度，通过5G模组改造实现5G网络环境下AGV系统调度、定位、故障诊断和地图更新等信息的边缘计算。无人叉车也基于5G的视觉导航技术进行深入探索，极大加快无人叉车的部署周期，基于5G的视觉导航极大地提高调度灵活性。

二、智慧供应链运输网络规划典型案例

（一）顺丰智慧运输科技

在智慧运输硬件方面，顺丰基于解决各种特殊场景（特色经济、医疗冷链、应急配送、特种物流等）下物流运输的末端配送问题，已成功研发出满足不同运营需求的多款机型和相关配套软件和硬件，包括多旋翼无人机、垂直起降固定翼无人机、运营管控系统、无人机快递接驳柜等。顺丰于2018年3月27日获得国内首张无人机航空运营许可证，致力于为陆路交通不便的广大偏远地区提供高质量的物流配送服务，为特

定行业提供通用或定制化的无人机产品和综合解决方案。此外，为了在整个快递流通过程中以高效、自动、智能的方式来提升用户体验、保证货品安全、确保快递时效、提升员工工作舒适度，顺丰基于物流各个环节中的实际业务场景，全面布局 AI 自动化，增强物流系统的容错力，提升处理复杂问题的能力，减少人工失误对物流服务质量的影响。

在智慧运输软件方面，顺丰经过多年的自主研发，已经建成了大数据整体生态系统，成为顺丰天网、地网、信息网的“黏合剂”。已完成数据采集与同步、数据存储与整合、数据分析与挖掘、机器学习、数据可视化等平台的构建。在建设底层平台的基础上，结合大数据与人工智能技术，广泛应用于仓储、冷运、医药、金融等业务领域。建设了包括智慧管理平台、智能决策平台、物联网实时监控平台、智慧仓储系统、数据灯塔等一系列大数据产品和系统。

最后，顺丰团队创造了自己的智慧物流地图。顺丰智慧物流地图根据位置和定位坐标来命名地址。这种精准定位依赖于客户下单、智能调度、中转分拣、规划运输、末端配送等环节积累的大量数据。基于大量的优质数据，顺丰沉淀多种物流解决方案为业务赋能。基于顺丰智慧物流地图的智能快递订单调度能够支持 GPS、WiFi、基站“三合一”融合定位，实现人、车、物位置实时透明，并且解决了轨迹漂移、位置定位不准的问题。基于顺丰智慧物流地图的智能化中转分拣可实现智能分单完全代替人工记忆，规划包裹路径，针对物流场景收派地址，自动匹配精准路由和资源，根据不同产品类型及包裹特点，个性化定制电子运单信息。

（二）顺丰多式联运

智慧供应链更加强调多式联运，以运用高新技术和管理办法提高货运效率。顺丰对多式联运十分重视。顺丰多式联运有限公司成立于 2018 年 5 月，依托顺丰的物流网络、科技研发和品牌优势，开展以铁路货运为核心的多式联运业务，是顺丰开展多式联运业务的经营主体，负责顺丰以铁路为核心的多式联运综合物流服务的规划和业务发展。顺丰多式联运有限公司通过技术引领、装备创新、“互联网 +”模式，打造现代综合物流服务体系和平台化运营网络。其定位为中国最具影响力的多式联运物流服务商。顺丰多式联运有限公司正在建设国内首个多式联运行业平台，立足于培育、规范和促进多式联运行业的健康发展，并通过多式联运行业平台，整合铁路、公路、内河和海运的线路、运力资源，初步形成“线上 + 线下”的多式联运平台化运营网络，吸引了多个省份的区域物流公司加入，已完成线下公铁水多式联运网络上百个站点接取送达服务的布局。顺丰多式联运有限公司着眼于构建覆盖全球主要经济体的多式联运服务网络，全方位参与涉及社会大宗商品的流通和贸易活动，提升社会物流效率和效益，推动多式联运行业的健康发展。

顺丰与中铁快运合作的公铁联运产品也是顺丰多式联运典型的成功案例之一。2020年7月10日，顺丰联合中铁快运首次发布“公铁联运+即日达产品”，成渝快递当日即可抵达。顺丰拥有强大的末端网络和市场经营能力，而中铁快运则拥有独一无二的铁路运输资源。在“公铁联运+即日达产品”之前，顺丰采取营业点收件，货物到中转场，通过中转场转运到成都中转场，再进行派送的方式进行运输。在引入“公铁联运+即日达产品”之后，通过和中铁快运合作，快递可直接由营业点运送至火车站，直发成都，省去了中间环节，次日达变成当日达。顺丰已在成渝两地开通即日达试点网点近百处，将成渝两地间的寄递时效提升为最快6小时。这是中铁快运与顺丰推动创新发展、助力双城经济圈建设的具体展现。

三、智慧供应链信息系统网络规划典型案例

京东致力于构建成为以供应链为基础的电商平台，目前其核心业务主要包括零售、数字科技、物流、技术服务四大板块。在支撑电商平台运作的过程中，京东围绕供应链结构，搭建了配送、仓储、运输等全流程的信息系统。

（一）京东配送管理系统

京东的配送管理系统——青龙系统是京东物流最重要的系统之一。依托于青龙系统，京东能够预测核心城市各片区的主流单品的销量需求，提前在各个地区物流分站预先发货，实现2小时快速送达的物流服务。整个青龙系统是由一套复杂的核心子系统搭建而成的，在各个环节当中也有相应的技术进行配合。

（1）在青龙系统中，实现快速配送的核心就是预分拣子系统。预分拣子系统根据收货地址等信息将运单预先分配到正确的站点，分拣现场依据分拣结果将包裹发往指定站点。青龙系统在预分拣中采用深度神经网络、机器学习、搜索引擎、地图区域划分、信息抽取与知识挖掘等技术，并利用大数据对地址库、关键字库、特殊配置库、GIS地图库等数据进行分析并使用，使订单能够自动分拣，且保证“7×24小时”的服务。

（2）终端系统。终端系统包括PDA手持终端、可穿戴的分拣设备、配送员App、自提柜系统等。终端系统用来完成“最后一公里”配送业务的操作、记录、校验、指导、监控等内容，极大地提高了配送员的作业效率。

（3）运单系统。运单系统既能记录运单的收货地址等基本信息，又能接收来自接货系统、PDA系统的操作记录，实现订单全程跟踪。同时，运单系统对外提供状态、支付方式等查询功能。

（4）质控平台。质控平台对业务系统操作过程中发生的物流损失等异常信息进行现场收集，由质控人员进行定责。质控系统保证了对配送异常情况的及时跟踪，同时

为降低损耗提供质量保证。

(5) GIS（地理信息系统）。GIS 分为企业应用和个人应用两个部分：企业应用方面，利用 GIS 可以进行站点规划、车辆调度、GIS 预分拣、北斗应用、配送员路径优化、配送监控、GIS 单量统计等；个人应用方面，通过 GIS，个人能够获得 LBS（基于位置的服务）、订单全程可视化、送货时间预测、用户自提、基于 GIS 的 O2O 服务、物联网等诸多有价值的物流服务。

（二）京东仓储管理系统

京东仓储管理系统即玄武系统，从 2009 年开始开发 1.0 系统，到 2016 年规划的集多种自动化物流设备一体的智慧物流仓储 5.0 系统，打造了一套兼容并蓄、融会贯通的电商仓储物流信息系统。玄武系统从商品入库开始进行全流程跟踪，精细化管理，不断优化每一个作业动作，并结合大数据销售预测进行库存分布管理。如库内智能补货，根据历史出库情况预测未来每天的出库销量，将拣货位库存进行合理动态管理，当低于安全库存时进行补货操作，当高于最大库存时将商品移至高架或偏远区域进行管理，做到出库效率更高。

京东作为综合性电商平台，涉及医药、图书、食品、服装等各种业态不同作业模式，玄武系统结合不同业态形成不同的运作模式，同时做到系统间不同操作要求的可配置管理。例如，生鲜商品和普通食品要求的保质期管理是不一样的，生鲜商品保质期很短，普通食品保质期相对较长，如何保证商品在有效时间内发给客户并不被投诉，玄武系统根据不同商品进行不同策略的配置做到有效库存管理操作，并可根据不同单据类型做到先进先出或后进先出的配置化管理。此外，玄武系统可以根据订单批量选择不同的作业模式，小批量订单通过集中拣选模式进行操作，大批量订单通过单一拣选模式操作，有效提高订单出库效率。

❖ 本章小结

本章首先介绍了供应链网络系统规划的目标和基本内容，提出了智慧供应链网络的关键特性。供应链网络系统规划是指对供应链中产品、信息等的流动结构进行科学合理规划、设计、建设，包括节点布局、运输线路设计、信息系统等。与传统供应链网络不同，智慧供应链网络具有以下特性：智能技术与供应链管理的深度融合、基于个性化需求进行设计、强化智慧供应链互动关系、实现供应链上下游信息共享。

其次，本章从仓储、运输和信息系统三个方面讲解了智慧供应链网络规划的基本方法和流程。其中，智慧供应链仓储网络规划的步骤包括：明确智慧供应链仓储网络规划的目标和企业资源限制；智慧供应链仓储网络规划模型的建立；智慧供应链仓储网络规划模型的求解；物流节点内部的布局和实施。智慧供应链运输网络规划的步骤包括：明确智慧供应链运输网络规划的目标；智慧供应链运输方式的选择；智慧供应链运输能力的配置；智慧供应链运输线路的规划与选择。智慧供应链信息系统网络规划的步骤包括：明确智慧供应链信息系统功能规划；智慧供应链信息系统概念模型构建；智慧供应链信息网络构建；智慧供应链信息系统技术支撑。

最后，本章以苏宁仓储网络规划、顺丰运输网络规划和京东信息系统网络规划为例，介绍了智慧供应链仓储、运输和信息系统网络规划的典型案例。

❖ 关键概念

供应链网络　系统规划　智慧供应链　智慧仓储　智慧运输　智慧信息系统　信息共享　仓储管理　运输管理

❖ 思考题

1. 供应链网络系统规划的目标是什么？基本内容是什么？
2. 智慧物流供应链网络规划与传统供应链网络规划有什么不同？
3. 智慧供应链仓储网络规划与传统仓储网络规划在目标方面有什么不同？
4. 智慧供应链运输网络规划包括哪些步骤？每个步骤的具体内容是什么？
5. 智慧供应链信息系统包括哪些基本功能？
6. 智慧供应链网络规划的典型案例都有哪些？这些案例有哪些值得借鉴的地方？

❖ 案例分析

京东全球智慧供应链基础网络

随着“一带一路”倡议的不断推进，全球化已成为中国经济发展的推动力。互联互通是各国自身经济增长和国家间贸易增长的必要条件，通过打造供应链基础设施，实现资源、生产、服务、消费的连接，进而实现共同发展。为此，京东计划搭建以中国制造通向全球，全球商品进入中国的双通网络，采取830枢纽布局，即国内八大物流枢纽加全球三十大核心供应链节点的全球化布局。通过设立海外仓、开通跨境专线、智慧化多式联运等方式，实现体验和效率的双重优化，将缩短全球商品的“距离”，达到48小时中国与全球相通。

京东曾表示，京东以全球智慧供应链基础网络为蓝图，以搭建830双通全球网络、十大供应链科技输出、五大全链条数字化赋能为方向，带着过去积累的丰富的基础设施建设经验、技术、科技成果，在全球落地开花，形成强大的全球化供应链服务网络，同时提升整个社会的供应链效率，节约供应链成本。

事实上，京东国际供应链在过去几年实践中，截至2021年12月31日，拥有约80

个海外仓及保税仓。这些海外仓不仅是全球原产地商品进入中国的第一站，同时还将承担起目的地“最后一公里”的仓配功能，形成一个辐射全球的仓储物流网络；搭建了近千条国际线路，中印通、中泰通、中日通、中澳通等跨境专线，以中国为中心覆盖全球的双向通道，包括国际运输、报关、清关等一站式进出口服务，为中国商家打开国际市场，提供全链路物流解决方案；此外，与哈萨克斯坦国家铁路公司达成战略合作，与中国国际航空股份有限公司、中国东方航空股份有限公司等合作开通多条空运专线，开通东南亚、俄罗斯等国家和地区的跨境卡车路线，建立不同运输手段的多式联运网络；通过精准预测市场需求，智慧路由分配最优运输线路，提供最优成本－效率方案。此外，在京东物流国际化进程中，将集货、通关、货物信息传递等专业经验与全球海关、企业沟通交流，建立统一标准，加快货物流通。通过电子化、信息化技术降低物流成本，减少因为长链条产生的差错。保障商品能快速投放市场，提升效率。

京东利用世界级先进的物流技术和供应链管理能力，在印度尼西亚“复制”一套完整的电商物流基础设施。这场大型试验迈向成功，通过搭建仓配一体化物流网络，京东在“万岛之国”的印度尼西亚配送服务覆盖7大岛屿、483个城市，将印度尼西亚本地配送时效从5~7天，缩短为85%的订单可1天内交付。并推出了印度尼西亚配送标准时效产品“210”服务，极大提升了用户体验。这背后，是京东将过去十年自主研发的供应链科技向海外输出的成果。这其中包括了订单履约平台、仓储平台、运输平台、库存平台、零售平台、大数据平台。这六大物流智慧系统将货物、仓储、配送、商家、消费者联通起来，统一管理、统一操作，形成以体验为导向的全流程物流网络。此外，在科技改变世界的今天，京东还将通过无人仓、无人车、无人机、无人零售四大“黑科技”，在全球引发效率革命。

1. 京东建立全球智慧供应链基础网络的目标是什么？其中，830枢纽布局指的是什么？

2. 案例中的智慧供应链网络建设与传统供应链网络建设有什么不同？

3. 请结合案例并查阅相关资料，梳理京东为构建全球智慧供应链基础网络进行的仓储网络布局、运输网络布局和信息系统网络布局。

4. 京东建设全球智慧供应链基础网络中有哪些值得其他物流企业学习和借鉴的地方？

第八章　智慧供应链管理中的智能技术应用

❖ 学习目的

通过本章的学习，学员应该能够：

- 了解智慧供应链管理中各类智能技术的应用。
- 理解无人机、无人车的技术及其在山区、海岛配送中的应用。
- 认识智能仓储系统中的智能技术及其实际作用。
- 理解供应链协同中的控制塔功能与其应用实例。
- 了解供应链预测分析中的方法与实际应用。
- 熟悉供应链金融中融资模式及其应用。

案例 8－1　京东智能网络规划系统

京东智能网络规划系统在 2018 年 6 月正式投入应用，该智能系统应用运筹学、机器学习算法等构建了三个核心模块：智能选址模块、智能路由模块、商品布局模块。京东智能网络规划系统的三大核心模块涉及的关键人工智能技术阐述如下。

1. 智能选址模块

智能选址模块包含智能物流体系下仓储环节的仓网规划、运输环节的分拣布局、配送环节的点网布局。京东物流基于自有场景，形成一套可复制推广的智能选址解决方案，包括：①面向多节点选址的机器学习技术，即根据现实环节各种资源限制条件，基于机器学习方法（预测回归、场地画像等）进行优化学习，来给出接近最优解决方案。②面向多节点选址智能计算技术，即基于大数据分析结果将供给与需求节点进行合理空间聚类，再结合智能算法对备选场地进行优化求解。

2. 智能路由模块

路由网络规划须同时完成大规模路由网络中分拣中心生产波次的设计、全网运力的组织、分拣之间的经转关系等，而网络中任意一个波次、运力、经转关系的调整都会对整个路由网络产生人工无法预测的全局性影响。为解决此问题，京东创新性地将实际业务场景中的大规模路由网络规划抽象成混合轴辐式网络设计问题，通过人工智能技术与场景融合，形成一套可复制推广的智能路由网络规划解决方案，包括：①面向全网智能网络路由规划的机器学习技术，即实现产能预测、流量预测、运力分析、单量聚类与挖掘多级枢纽定位；② 面向全网智能网络路由规划的智能计算技术，即实现1000毫秒级最优网络规划，一次性完成分拣波次、点对点运力组织及其分拣经转关系的设计，科学平衡大规模路由网络的时效和成本。

3. 商品布局模块

商品布局模块是研究应用于实物商品在空间物流网络上的库存布局问题所需的关键技术，包括销量预测技术、分仓布局技术。①销量预测技术，有机器学习预测技术及大数据预测工程化技术。前者基于传统机器学习预测算法分为自主研发级联预测技术、新品预测技术、低频预测技术等。② 分仓布局技术，有商品关联挖掘技术及物流仓网决策技术。前者对关联性进行基于时间序列的滤波与短期预测，然后采用谱聚类供应链，构建商品间“相似品类”的关联关系；后者采用仿真与区域订单出库密度，计算每个待选仓库的适应值，并考虑时效渗透率约束、仓库数量约束、拆单率约束，以整体仓储、运输成本最低为目标，采用遗传算法及梯度下降法，计算得出当前在拆单、成本、仓数量目标下的帕累托解集，进而进行管理决策。

第一节　智能技术在物流配送环节的应用

随着时代进步与科技发展，人们的生活节奏越来越快，对物流配送的运输效率有了更高的需求。为了突破地面运输的限制，无人机被许多企业应用到了电商配送中，尤其在2020年新冠肺炎疫情突发的情况下，物资运输压力剧增、无接触配送需求爆发，无人机配送在严峻形势下展现出了灵活、便捷、安全、高效等优势。例如，美国亚马逊为应对快递配送员担心感染新型冠状病毒而纷纷罢工的紧急情况，启动了无人机，结果实现了业务量翻倍的成果。无人配送分为室外配送和室内配送，应对室外配送主要使用的是配送物流车和无人机，应对室内配送主要使用配送机器人。虽然目前无人机还未被大规模应用，但应用其进行货物运输已经十分平常。相信只要陆续突破技术、成本和国家政策等方面的瓶颈，无人配送技术将很快成为智慧物流与智慧供应链管理领域的一大应用热点。

一、无人机发展及其相关技术

1. 无人机的发展历程

1917年皮特·库柏和埃默·A. 斯佩里发明了第一台自动陀螺稳定器，这种装置能够使飞机保持平衡，向前飞行，无人飞行器自此诞生。应用这项技术成果，美国海军寇蒂斯N-9型教练机被成功改造为首架无线电控制的不载人飞行器——斯佩里空中鱼雷。

早期的无人机个头较大，目标明显且不易于携带。21世纪初研制出了迷你无人机，可以存放在背包中，机型更小巧、性能更稳定。由此推动了民用无人机的诞生。

中国无人机的研究始于20世纪50年代后期，诞生了长空一号靶机、无侦-5高空照相侦察机和D-4小型遥控飞机等系列，其中无侦-5高空照相侦察机的研制在中国无人机发展史上具有重要意义。20世纪末期，中国无人机发展提速，40年来研制出B-1、B-2、D-4、ASN-104、ASN-105、ASN-206、ASN-7、ASN-9、ASN-12、ASN-15、鸭式布局验证机等十多种型号的军用和民用无人机，已累计生产4000余架。中国生产的各种型号的无人机，基本上满足了国内军需民用，并且逐步走向国际市场。

2. 物流配送中的无人机发展

物流无人机的发展浪潮始于美国亚马逊公司。最早采用无人机进行物流快递配送的就是亚马逊公司的创始人杰夫·贝索斯。自亚马逊利用无人机进行送货后，很多国内外公司纷纷加入无人机的研发与应用行业，而各大物流公司也纷纷提出了物流无人机理念。

亚马逊于2016年年底在英国完成了第一单无人机快递。亚马逊并没有停止研发脚步，在升级设备后于2017年3月完成了美国本土的第一单无人机快递服务。同时，亚马逊计划打造一个“多层次订单履行中心”，其不仅致力于物流无人机本身的研究，还全方位地开展了对无人机配送的路线规划、概念设计、整体系统建设等各方面的研究工作，建设完整的无人机物流体系。

在快件配送中合理地规划和应用小型无人机可有效解决配送过程中快件的“延误”“遗失”和“损坏”等问题，提高配送、收取服务的质量和效率，提升行业的整体技术水平，为公司和用户带来双向效益。物流无人机有着惊人的发展速度和巨大的市场空间，很多物流企业都在布局无人机快递，京东和顺丰更是走在前列。但受到无人机监管条例和技术瓶颈等方面的限制，目前的无人机物流尚处于部分地区试点阶段，还没有大规模布局。

3. 无人机的相关技术

无人机能够在高动态、不透明的任务环境中实时、准确感知周边环境并避开障碍物，机动灵活，并且能够实现容错飞行。无人机可以根据任务要求自主规划飞行路径、自主识别相关目标属性，也可以用自然语言与人交流。

飞行控制导航技术、数据链技术和自主控制技术是无人机的三大支撑技术，如表 8-1 所示。

表 8-1　　无人机的三大支撑技术

技术	功能
飞行控制导航技术	控制无人机完成整个飞行过程，包括起飞、空中飞行、任务执行与返回场地等，是核心技术
数据链技术	无人机和地面系统保持联系的纽带，完成对无人机的遥控、遥测、跟踪、定位及其传感器传输等工作
自主控制技术	设备针对获取的任务环境相关信息自主建模，如无人机路径选择与重新规划能力可实现路径的协同控制

（1）飞行控制导航技术

无人机的飞行控制导航技术相当于人机系统中的领航员，向无人机提供参考坐标系的地理位置、飞行速度、飞行姿态等信息来引导无人机按照指定航线飞行。

（2）数据链技术

无人机的数据链技术属于多模式、智能的通信技术，基于通信需求与其感知到的无人机工作区域的电磁环境特征，来实时、动态地调整无人机通信系统的工作参数，实现无人机与地面系统的可靠通信。数据链技术是满足未来物流配送中无人机组群的关键技术支撑。随着机载传感器定位精准的程度与物流配送任务的复杂程度加深，未来可能会出现激光的通信方式来执行任务。

（3）自主控制技术

自主控制技术也属于无人机的关键技术，包括态势感知技术、规划与协同技术、自主决策技术等。该系统可以自主建模，如通过提取三维环境的特征、评估飞行态势来选择规划路径，实现协同控制。

二、无人机在物流配送中的应用

无人机在物流配送中的应用还处于不断探索阶段，比如无人机平台需要什么功能、如何进行人机交互及其如何实现结构化合理设计等问题都还在探索中，但无人机在物流配送领域已经有一些典型应用。

1. 无人机的应用分类

目前民用市场普遍应用的无人机是固定翼无人机和多旋翼无人机两类。

（1）固定翼无人机，是机翼外端后掠角可随速度自动或手动调整的机翼固定的一类无人机。固定翼无人机续航能力较强，能量利用率高，飞行速度快，并且承载能力强，在飞行过程中可通过微调襟翼和尾翼来适应变化的载重，保持平衡和稳定。但固定翼无人机灵活性较差，转向较慢且转向弧度较大，所以对起降场所要求比较严格，其结构复杂、生产成本高。如图 8－1 所示是固定翼无人机 SURP－1。

图 8－1 固定翼无人机 SURP－1

（2）多旋翼无人机，是一种具有三个及以上旋翼轴的、特殊的无人驾驶旋翼飞行器。

多旋翼无人机性能灵活，能完成相当复杂且精确的飞行运动，并且可以实现垂直起降和空中悬停，这使得其对于起降的空间要求和限制相当小。但因为旋翼的能量转换率低，多旋翼无人机的续航时间和飞行距离十分受限，飞行速度也低于其他类型的无人机，如图 8－2 所示是 DG－X410 小型长航时多旋翼无人机。

图 8－2 DG－X410 小型长航时多旋翼无人机

可以看出，以上两种主流无人机类型的优劣势基本互补，多旋翼无人机凭借其灵活的突出优势，在民用领域应用范围更广，因此占据了民用无人机市场的绝大部分份额。

（3）垂直起降固定翼无人机，结合了多旋翼无人机和固定翼无人机两者的优点，可以在旋翼模式和固定翼模式之间切换。相比传统多旋翼无人机，其续航能力和飞行速度都得到了较大提升。如图 8 －3 所示是 DA － VTOL － E 垂直起降固定翼无人机。

图 8 －3　DA－VTOL－E 垂直起降固定翼无人机

2. 无人机的物流配送应用

下面给出两架无人机在物流配送领域的应用实例。

（1）京东的“京鸿”货运无人机应用

“蜀道难，难于上青天”，我国四川省西南部山区的山路自古以来都以崎岖难行闻名，在该山区运输货物的难度可想而知，同时道路的“九曲十八弯”大大延长了运输时间。若赶上恶劣天气，出现道路受损的情况，阻断运输的风险便增加。但崎岖的山路对于无人机来说不是难题，如果使用无人机在我国广大的农村和山区进行物流配送，可以极大缩短配送的交货时间。因此，京东一直致力于研发大型货运无人机，尝试将物流配送无人机推进山区。京东在无人机研发过程中取得的成绩，如表 8 －2 所示。

表 8 －2　京东在无人机研发过程中取得的成绩

时间	成绩
2016 年	在陕西、四川等地开始测试无人机货物配送
2018 年	大型货运无人机“京鸿”首飞成功
2020 年	“京鸿”试验载货检飞成功

早在2016年，京东就在我国陕西、四川等地开始进行无人机货物配送测试。2018年11月，大型货运无人机“京鸿”首飞成功。2020年12月，京东JDY-800“京鸿”货运型固定翼无人机在四川自贡凤鸣通用机场顺利进行载货检飞，标志着京东取得支线物流无人机试验的一个显著的阶段性成果。大型货运无人机“京鸿”是京东自主研发的，翼展超过10米，具有全天候全自主的飞行能力。各种技术指标如下：巡航速度超过200千米/小时，续航1000千米以上，巡航高度可达3000米，起飞重量高达840千克。

（2）顺丰的岛际无人机项目的应用

顺丰是我国快递行业的龙头企业，其在物流无人机的研发和布局上也是领跑企业。顺丰无人机项目的应用发展过程，如表8-3所示。

表8-3 顺丰无人机项目的应用发展过程

时间	成绩
2018年3月	获得国内首张无人机航空运营许可证
2020年4月	在浙江舟山开展无人机岛际运输项目应用
2020年9月	与舟山政府合作，举行无人机首飞仪式，开通7条航线
2021年2月	无人机已经分布在江西、四川、湖北、浙江等地

据顺丰科技方面表示，其在2018年3月就获得了国内首张无人机航空运营许可证。自2020年4月起，顺丰一直在浙江舟山开展无人机岛际运输项目。2020年9月，顺丰与舟山政府合作进行无人机的首飞仪式，在舟山的开渔节上大规模首飞运输了海鲜。完成4000多平方千米的空域申请后，顺丰开通了三江—秀山、六横—梅山等7条航线，来充分适应舟山当地的海岛气候条件。

不难看出，顺丰无人机岛际运输项目是以海鲜产品配送为特色应用场景。海鲜产品配送最重要的标准是保鲜，无人机能够有效满足舟山各个分散岛屿多种路径的运输需求，快速将海鲜产品从海岛转移至顺丰冷链，从而帮助舟山特色海鲜产品从海岛走向全国。据报道，无人机运输使海鲜产品运输效率提高了15倍，原本3小时的水路运输时间甚至可缩短至12分钟。

顺丰官方表示，其针对不同的运营需求，已成功研发了多款无人机机型及其配套软件和硬件。其无人机2021年2月已经分布在江西、四川、湖北、浙江等地，来完成该区域的城际运输、乡村配送、海岛运输等常规化的物流运输业务，从而解决如医疗冷链、应急配送、特种物流、特色经济等各种场景下的物流运输末端配送问题。

三、无人车发展及其相关技术

在新冠肺炎疫情暴发的2020年，线上电商订单剧增但配送员不足，餐饮业和医疗业“无接触配送”需求成为无人车一个快速落地的机遇。由此，很多企业纷纷推出自己研发的各类无人车的相关技术并在实践中开始应用。

1. 无人车的发展历程

无人车是智能汽车的一种，也称为轮式移动机器人，主要依靠车内的以计算机系统为主的智能驾驶仪来实现无人驾驶的目的。无人车是通过车载传感系统感知道路环境，自动规划行车路线并控制车辆到达预定目标的智能汽车。

从20世纪70年代开始，美国、英国、德国等发达国家开始进行无人车的研究，在可行性和实用化方面都取得了突破性的进展。中国从20世纪80年代开始进行无人车的研究。1992年，国防科技大学成功研制出中国第一辆真正意义上的无人车。2005年，上海交通大学成功研制出首辆城市无人车。2011年7月14日，国防科技大学自主研制的红旗HQ3无人车首次完成了从长沙到武汉286千米的高速全程无人驾驶实验，创造了中国自主研制的无人车在一般交通状况下自主驾驶的新纪录，标志着中国无人车在环境识别、智能行为决策和控制等方面实现了新的技术突破。

目前无人车已经成为物流运输设备中重点研发且逐渐投入使用的一种运输工具。在无人车的自动驾驶方面，提出了干线物流、终端配送、封闭场景三种落地场景。在这三大场景中，干线物流的总体运力最大，场景较为集中。同时，干线整车物流运输相对更加标准化，技术的复用度高，所以便于外包，能够产生很强的规模经济效应。因此，干线物流是一个相对更理想且主要的商业场景。目前物流无人车主要被应用于园区内半封闭道路的物流运输。

京东、菜鸟、百度、美团等大型公司积极推动着智能物流无人车技术。京东自2016年开始着手研发无人车配送并率先发布了国内首个物流无人车。2019年年底，京东无人配送车4.0版本正式面世，据称其在物流领域首次实现了真正的L4级自动驾驶。京东无人配送车曾在新冠肺炎疫情防控期间亮相武汉街头。2020年9月8日，京东与厦门金龙联合汽车工业有限公司达成共同研发低速无人车的全面战略合作，并将共同推动其市场化。阿里巴巴的ET物流实验室在2018年9月也向外界展示了一款具有自动驾驶系统的G Plus物流机器人。2020年9月17日，阿里巴巴旗下的首款物流机器人“小蛮驴”在云栖大会上正式亮相。

2. 无人车的相关技术

无人车主要依靠车内的以计算机系统为主的智能驾驶仪来完成无人驾驶。

无人车是多技术融合的复杂机械产品，其关键技术为环境感知技术、定位导航和路径规划技术、运动控制技术。支撑无人车的三大关键技术及其功能如表8-4所示。

表8－4　　支撑无人车的三大关键技术及其功能

技术	功能
环境感知技术	感知车辆周围环境，像无人车的“眼睛和皮肤”
定位导航和路径规划技术	确定无人车的所处位置、在运动中的速度和方向，规划最优路线
运动控制技术	控制无人车在不同情况和环境中的行为并指导其执行

（1）环境感知技术。该技术是无人车的关键和基础的部分。在行驶过程中，无人车需要用激光雷达、毫米波雷达、红外线传感器、摄像头、超声波传感器等设备感知路边的基础设施、周围车辆、障碍物、交通信号灯等。近年来，物联网技术极大地推动了无人车的发展进程，使无人车能够与周围物体进行“交流”。当然无人车对于环境的感知，不仅仅限于近距离与目前环境的感知，也包括远距离感知与环境自动预测，所以，机器学习和深度学习的引入会让环境感知更加合理可靠。

（2）定位导航和路径规划技术。该技术对无人车至关重要。无人车利用定位系统确定自身在周围环境中所处的位置，利用导航技术确定自身在运动规划中的速度和方向。目前，在无人车上广泛使用的定位技术有 GPS 系统及我国自主研发的北斗导航系统，在某些特殊的情况下还需要使用其他惯性制导和导航技术进行辅助，以增强无人车的可靠性和安全性。基于人工智能技术的路径规划是目前的主流，能够使无人车行驶路程最短、燃油消耗率最低，节省汽车乘坐者的时间、支出，并能够节能减排。

（3）运动控制技术，即无人车控制模块控制汽车在不同情况和环境中的行为并指导其执行。无人车完成感知周围环境、定位导航和路径规划后，会在执行器控制和执行机构的操作下向目的地运动。当无人车在运动过程中遇到不可预知的物体发生路径规划更新时，控制系统需要及时做出调整。

四、无人车在物流配送中的应用

无人车灵活、便捷，具备路径规划、智能避障等功能，可以自主进行路径规划，寻找最短路径并规避拥堵路段，从而提高运送效率，解放劳动力。本节以美团的无人车为例，阐述其在配送系统中的应用。2020 年年初，美团成立人工智能平台来整合美团内部的人工智能业务需求，致力于探索基于实际业务场景需求的前沿人工智能技术，并迅速应用于服务场景中。

针对空地一体化的无人配送系统，美团研发的无人车如表 8－5 所示。

表 8－5　　美团无人车

无人车类型	功能	图片
无人配送车“魔袋”	该无人车定位于解决半开放道路长距离内配送的需求，其采用 L4 级别的自动驾驶技术，运用 5G 技术实现车路协同，基于大数据技术进行路径优化与系统调度，以满足在公开道路、园区、楼宇等场景的即时配送需求	
低速无人配送车“小袋”	该无人车定位于解决室外封闭园区的配送需求，其装备了激光雷达、摄像头、超声波雷达、GPS 设备、惯性测量单元件等各类传感器，通过成熟的系统和算法进行感知、定位和决策规划，能够在行驶过程中规避行人、车辆等障碍物，实现安全行驶的目标	
室内配送机器人“福袋”	该无人车定位于解决室内配送需求，其具有高精度的定位功能，包括惯性传感器等，从而保障无人车自身的安全	

美团基于以上三种无人车各自的优势和能力将其投产应用于相匹配的场景中，大大提升配送效率和用户体验。比如，在 24 小时配送的夜间场景中，无人车配送能更有效地解决美团外卖小哥人手不足的问题。在新冠肺炎疫情防控期间，“线上买菜”的需求迅速扩大，美团在美团买菜服务站点配备了无人车，向距离较远的社区进行蔬菜配送，来解决美团配送骑手不足的问题。甚至还拓展了配送药品的业务。因此，无人车与配送人员相辅相成的“人车混送”模式可以最大地发挥各自的优势，丰富用户的体验，真正实现“美团外卖”的服务目标。

第二节　智能技术在物流运输环节的应用

物流运输中实现信息透明化、可视化是目前智慧物流调度管理系统的基本功能，基于计算机网络、GPS、GIS、物联网等多种技术，结合智慧物流、智慧供应链管理思想，在物流活动过程中实现运输车辆定位、车辆实时调度、运输物品监控及其可视化监控管理等功能，能够实现整个物流与供应链的透明化与可视化，实现对物流资源更加合理有效的配置，来提供高效、准确的物流服务。

一、智慧运输过程中的可视化技术

智慧运输过程中采用多种先进技术来实现信息的透明性和可视化，具体包括以下几种。

1. RFID 系统

射频识别（RFID）是一种无线通信技术，无须在识别系统与目标之间建立机械或光学接触，即可通过无线电识别讯号来识别特定目标并读写相关数据。射频识别系统由电子标签、天线、识读设备、数据交换系统组成。电子标签由耦合元件及芯片组成，每个电子标签具有电子编码，其扩展词条唯一。

硬件系统设置在货物通行的地方，电子标签附着在目标对象上并通过天线将射频信息传递给识读设备；当货物通过时，识读设备接收电子标签发出的信号，对货物电子标签和数据交换系统进行更新和改写。

RFID 技术能够让物品“开口说话”，这就赋予了物联网可跟踪性，即人们可以随时掌握物品的准确位置及周边环境。据某零售业分析师估计，RFID 技术带给物联网的这一特性可使沃尔玛每年节省 83.5 亿美元，其中大部分是免去人工查看条码的劳动力成本。RFID 技术帮助零售业解决了商品断货和损耗（因盗窃和供应链被搅乱而损失的产品）两大难题，目前在沃尔玛单是盗窃一项，一年的损失就近 20 亿美元。

2. 微机电系统

微机电系统（MEMS）是由微传感器、微执行器、信号处理和控制电路、通信接口和电源等部件组成的一体化微型器件系统，是比较通用的传感器。其目标是把信息的获取、处理和执行进行集成，组成多功能的微型系统，集成于大型系统中，从而使系统的自动化、智能化程度和可靠性水平得到大幅度提高。

MEMS 赋予了普通物体新的“生命”，有了属于自己的数据传输通路、存储功能、操作系统和专门的应用程序后，它们形成了一个庞大的传感网，这让物联网能够通过物品来实现对人的监控与保护。例如，遇到酒后驾车的情况，如果在汽车和点火钥匙上都植入微型感应器，当司机在酒后拿出汽车钥匙时，钥匙能通过气味感应器察觉到酒精浓度异常，随即一方面通过无线信号通知汽车“暂停发动”，使汽车处于休息状态，同时通过司机的手机向其亲朋好友发送短信，告知位置信息，提醒亲友尽快来处理。这就是物联网世界中“物化”的结果。

3. M2M 系统框架

M2M 是 Machine - to - Machine 的简称，是一种网络化的、以机器终端智能交互为核心的应用与服务，能够实现智能化控制。该技术涉及五个重要的技术部分：机器、M2M 硬件、通信网络、中间件及应用。M2M 技术可以依据传感器网络获取的数据，基于云计算平台和智能网络进行决策，改变对象的行为，进行控制和反馈。

以智能物流货场为例，当车辆驶入或驶出天线通信区时，天线与电子识别卡以微波通信的方式进行双向数据交换，分别从车卡和司机卡上读取车辆及司机相关信息，并判断车卡的有效性和司机卡的合法性；核对车道控制电脑显示的车牌及驾驶员等资料信息，电脑自动将通过时间、车辆和驾驶员的相关信息存入数据库，根据读到的数据判断是正常卡、未授权卡、非法卡还是无卡，据此做出回应和提示。

4. 地理信息系统

地理信息系统（Geographic Information System，GIS）综合了地理学、计算机科学、测绘遥感学、环境科学、信息科学和管理科学，以地理空间为基础，利用地理模型的分析方法提供多种空间动态的地理信息，为有关决策服务。

GIS 的作用主要体现在以下几个方面。①定位。研究对象位于何处？周围环境如何？对象间相互关系如何？②条件。哪些地方符合某项事物（或业务）发生（或进行）的特定经济地理条件？③趋势。研究对象或环境发生了什么样的变化？演变趋势如何？④模式。研究对象的分布存在哪些空间模式？⑤模拟。假设条件下研究对象会发生哪些变化？引起怎样的结果？GIS 最明显的作用就是把数据以地图的方式表现出来，实现物理位置和电子地图显示点之间的对应，把空间要素和相应的属性信息组合起来制作出各种类型的信息地图。

GIS 在物流领域中的应用主要是利用其强大的地理数据功能来完善物流分析技术，合理调整物流路线和流量、设置仓储设施，科学调配运力，提高物流效率。完整的 GIS 物流分析软件集成了车辆路线模型、最短路径模型、物流网络模型、分配集合模型和设施定位模型等。

具体来说，车辆路线模型用于解决在货物运输中如何降低作业费用并保证服务质量的问题，包括决定车辆安排、行驶路线等。物流网络模型可解决货物路径问题，也就是物流网点布局问题。分配集合模型可以确定服务范围和销售市场范围等。设施定位模型可确定一个或多个设施的位置，如在既定区域内设置每个仓库的位置、规模及各仓库之间的物流关系。GIS 在物流领域的应用可以使企业合理分配各种资源，提高运营效率和经济效益。

5. 全球定位系统

全球定位系统（Global Positioning System，GPS）是具有全球性、全能性（陆海空）、全天候性优势的导航定位、定时、测速系统。GPS 在卫星能够覆盖的地区定位简单、经济实惠，可以实现对大多数路面的定位。其在物流领域的应用主要体现在以下两个方面。

（1）货物跟踪调度、车辆定位。可以通过 GPS 和计算机网络实时收集全路列车、机车、集装箱及货物的动态信息，实现对陆运、水运、空运货物的跟踪管理。只要知道运输工具编号就可以立即从运输网络中找到车辆或船舶，知道它们所处的位置、距离目的地里程以及所运货物的信息。GPS 的应用可以大大提高物流运营的准确度和透明度，为客户提供更高质量的服务。

（2）与 GIS 结合解决物流配送问题。物流配送功能包括订单管理、仓储、装卸、递送、报关、退货处理、信息服务及增值业务等，全过程控制是配送管理的核心。供应商需要全面、准确、动态地把握各个中转仓库、经销商、零售商以及各种运输环节之中的产品流动状况，并据此制订生产和销售计划，及时调整市场策略。GPS 和 GIS 相结合能够实现动态监控和调配，进而建立面向全过程的物流服务管理体系。

二、智慧运输过程中的物流调度管理系统应用

通过以上先进技术的应用，物流企业可以通过在每辆配送车上安装 GPS 或带有独立系统电源的 RFID 钢质电子锁，在每件货物的包装中嵌入 RFID 芯片。企业与用户都能登录可视化的物流调度管理系统来了解车辆与运输货物的所处位置及其环境。

另外，在物流运输过程中，还可依据用户需求，对货物进行及时调配，防止货物的遗失、误送等，实现货物运输全过程的实时监控。利用系统积累的数据，建立优化模型，对历史数据进行分析、挖掘，可以在评估货物配送方案、预估配送时间、优化运输路线、缩短中间环节、节约运输时间等方面为用户提供决策支持。

以京东为例，京东运输管理系统，即赤兔系统，通过技术手段实现了运输业务的信息化管理，形成了公司级的运输管理平台，将运输运营、车辆调度、地图监控等业务集成，实现运输运营数据分析及运营调度管理的智能化，从而满足各项业务的运输要求。

赤兔系统提供了丰富完善的运输业务服务，主要包括数据层、业务层、分析层和对外开放层四个层面，如图 8 -4 所示。数据层即软件和硬件基础，系统通过维护车辆、司机、线路基础数据，安装、绑定北斗/GPS/车载终端硬件设备，实现底层数据的建设搭建。业务层是运输业务的核心，主要实现了智能管车、智能调度、运输运营、承运商资源池、财务结算、过程监控与 KPI 考核等功能，进而实现仓储配送运输的全

业务管理。分析层将实体业务运营过程采集的各项数据从多维度进行分析及展现，帮助管理者进行决策，如司机驾驶习惯分析与培养、基于天气与路况的线路推荐、车辆运行安全监控与预警等。除京东内部运输运营外，系统也对外提供运输开放平台，实现运输业务社会化、资源信息共享化的运输生态。

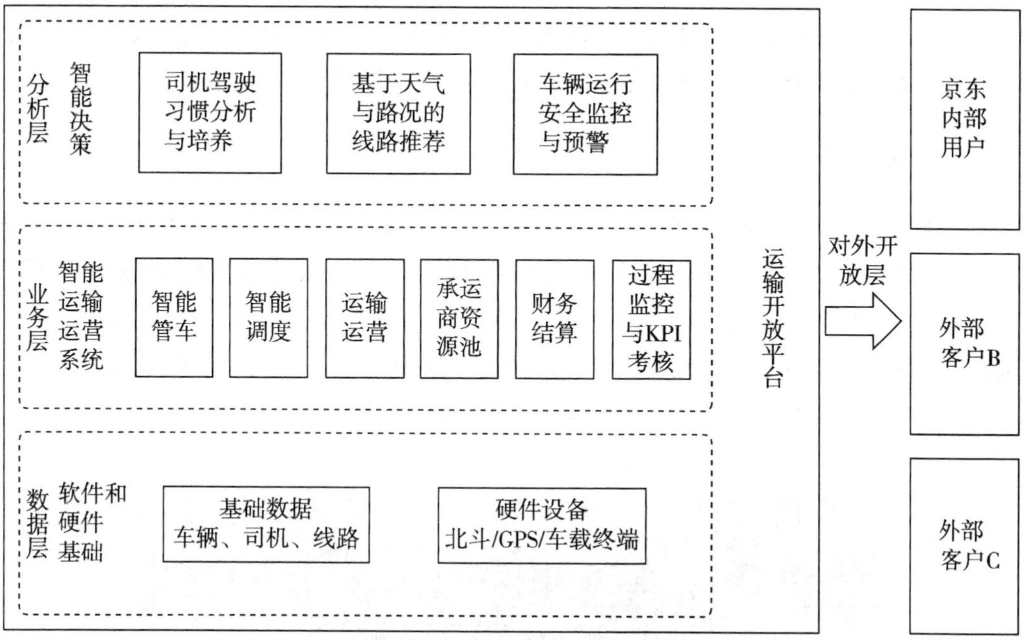

图 8－4　赤兔系统功能架构

赤兔系统实现了运输服务统一化、数据采集智能化、操作流程标准化和跟踪监控透明化，帮助配送运输环节提高效率、降低成本。通过智能数据采集与分析技术，自动采集运输过程中车辆 GPS、OBD（车辆诊断系统）、油耗、ETC（电子不停车收费）等关键数据，实时跟踪运输状态和货物状态，遇到异常情况及时调度，尤其注重对三方承运商的运输监控，降低包裹丢失率和破损率，避免损失。

第三节　智能技术在物流仓储环节的应用

智能技术在物流仓储中的典型应用是智能仓储系统，其是由立体货架、有轨巷道堆垛机、出入库输送系统、信息识别系统、自动控制系统、计算机监控系统、计算机管理系统以及其他辅助设备组成的智能化系统。综合了自动控制、自动输送、场前自动分拣及场内自动分拣，通过货物自动录入、管理和查验货物信息的软件平台，实现仓库内货物的物理运动及信息管理的自动化及智能化。

智能仓储系统的应用保证了仓库管理各个环节数据输入的速度和准确性，确保企业合理保持和控制企业库存，有利于提高仓库管理的工作效率。智能仓储系统中采用了大量的智能技术，下面进行详细阐述。

一、智能仓储系统中的智能技术

智能仓储系统中的先进技术主要应用在货物搬运、码垛及分拣，库存盘点等方面，涉及的智能设备主要有自动导引车、码垛机器人、自动分拣机等。

1. 自动导引车

自动导引车（Automated Guided Vehicle，AGV）是一种柔性化、智能化的全自动物流搬运机器人，如图8－5所示。AGV通过电磁或光学等自动导引装置沿规定的路径行驶，具有安全保护以及各种移载功能。智慧搬运与拣选作业系统可以利用AGV进行物流搬运，能够实现与其他物流系统的自动连接，实时监控，大大节约劳动力，降低人工成本，显著提高劳动生产率。AGV有以下几项优势。

图8－5　自动导引车

（1）极高的可靠性。AGV按预先固定的路径行驶进行物料搬运，因此，不会与加工设备或其他障碍物发生碰撞，几乎不会造成产品或设备的损坏。当一台AGV出现故障时，其他AGV不受其影响，并能够使系统继续保持高度的可利用性。

（2）节能环保。AGV的充电装置和驱动系统耗能较小，能量利用率高，另外AGV的噪声较小，能够最大限度地节约能源和减少环境噪声。

（3）占地面积小，能够在各个车间里穿梭往复。

AGV控制系统包括地面控制系统、车载控制系统及导航导引系统。地面控制系统主要负责分配任务、车辆调度、路径管理、交通管理、自动充电等；车载控制系统在收到地面控制系统的指令后，负责导航计算、导引实现、车辆行走、装卸操作等；导航导引系统为 AGV 单机提供绝对或相对位置及航向。AGV 在移动过程中需要与平台保持实时连接，接收平台下发的指令操作，保障数据实时传输，避免小车在行驶中发生事故。

2. **码垛机器人**

码垛机器人用于在工业生产过程中执行大批量工件和包装件的获取、搬运、码垛、拆垛等任务，集机械、电子、信息、智能技术、计算机科学等应用原理于一体，可以集成在任何生产线中，为生产现场提供智能化、自动化、网络化的服务，实现多种作业码垛。在物流系统中，码垛机器人可以完成物料在托盘上的码垛，如图 8 -6 所示。

图 8 -6 码垛机器人

码垛机器人不仅能够长时间连续作业，其速度、精度以及负重能力都优于人工作业。随着国内劳动力成本的上升，物流行业对码垛机器人的需求也得到了大幅提升。尤其是近年来，手爪夹具等关键部件的技术进步大大提高了码垛机器人的码垛效率和适应性，使其可实现对不同规格尺寸物料的抓取。目前码垛机器人本体技术相对成熟，为使其物流应用更高效，当前的发展更倾向于高效、可靠的夹具研发。近年来通过利用可靠的整层抓取夹具，码垛机器人实现了整层码垛，单台作业效率超过 2500 件/小时。

3. **自动分拣机**

商品的到达、卸货、分类、存储、出货、发出等作业都要通过复杂程度不同的自动分拣机，如图 8－7 所示。自动分拣机可以尽快将这些商品卸下，并按商品品类、货主、储位或发送地点进行准确分类，随后运送到指定地点，如货架、加工区域、出货站台等。

图 8－7　自动分拣机

自动分拣机是利用自动控制技术完成产品分拣与运输的输送设备，是智能配送中心所必需的设施之一，一般由控制装置、自动识别系统、分类装置、输送装置及分拣道口组成。

（1）控制装置。处理和控制整个分拣系统的指挥中心，主要负责将分拣信号（脉冲信号）传送到相应的分拣道口，指示启动分拣装置把被拣商品送入道口。

（2）自动识别系统。物料能够实现自动分拣的基础系统。广泛采用的自动识别系统包括条码系统和无线射频系统。当物料在扫描器可见范围时，自动识别系统可自动读取其条码信息，同时感知其在分拣机上位置信息，将这些信息自动传输到后台计算机管理系统。

（3）分类装置。根据控制装置的分拣指示，在商品经过该装置时改变其在运输装置上的运输方向，使商品进入不同分拣道口。

（4）输送装置。主要是传送带或输送机，一般要连接若干分拣道口，主要作用是使待分拣商品通过控制装置、分类装置，从主运送机滑下，以便进行后续作业。

（5）分拣道口。已分拣商品脱离运送机进入集货区域的通道，使商品从主运输装置滑向集货站台，进行后续作业，如入库、储存、组配、装车。

二、智能技术在物流仓储中的应用

亚马逊是美国最大的网络电子商务公司之一，其物流仓储涉及的货物品类及配送频率波动性很大，是典型的流通型仓储。本节以亚马逊在仓储管理系统中的一些智能技术为例，展示目前的智能技术在物流仓储中的应用情况。

1. 亚马逊 Kiva 机器人

在亚马逊的仓储系统中常常能够看到自动机器人设备，即 Kiva 机器人。其结构设计十分科学，后台支撑技术也处于行业领先水平，可以说是物流机器人领域当之无愧的代表，也是后来很多物流机器人设计制造的参考。

（1）地面基础设施

类似于 AGV，部署 Kiva 机器人的仓库地面都铺设了类似“轨道”的网格，且大约每隔 1 米就有一个二维码，如图 8－8 所示。Kiva 机器人有上下两个摄像头，朝上的读取货架条码以识别货架，朝下的识别地面二维码，运用亚马逊开发的巡航技术，实现定位和移动。与 AGV 不同的是，Kiva 机器人不需要安装类似线圈或导线的设施，就可以大大降低成本。

图 8－8　Kiva 机器人地面设施

（2）Kiva 机器人基本运行原理

Kiva 机器人有两个型号，较小的型号约 0.3 米高，能够抬起重量约 900 斤的货物，而较大的型号可以承载约 2600 斤的货物。驱动系统由两个直流电机控制的独立橡胶轮子组成，使 Kiva 机器人能以 1.3 米/秒的速度移动。每一台 Kiva 机器人有三个独立的自由度，两个驱动轮，加上一个用于起重的旋转电机。

一个仓储中心通常有上万个货架，几十个进货、出货口以及成百上千台 Kiva 机器人，一个货架往往储存重达半吨的货物。在这样复杂且密集的系统里，避免 Kiva 机器人发生碰撞十分重要。Kiva 机器人的表面装有碰撞检测系统，如果路线存在障碍物，传感器和触摸式保险杠会使 Kiva 机器人停止移动。

Kiva 机器人由电池驱动，每次充电可以使用 8～10 小时。一旦电量降低到一定程度，驱动系统会自动驱动 Kiva 机器人到充电站充电，无须人力操作。

（3）Kiva 机器人的工作流程

首先，拣货员在操作台旁取下打印好的订单贴在箱子上，按下按钮向控制中心传递信息。同时，下达订单的驱动单元根据资源分配算法通过仓库内 WiFi 网络向 Kiva 机器人的服务器发出指令，Kiva 机器人接到指令后识别地面上的二维码获取位置信息，按照巡航技术规划的最优路线前往目标货架，如图 8－9 所示。

图 8－9　Kiva 的工作状态

到达目标货架后，扫描货架底部的二维码进行确认，随后升降机开始工作，X 型托盘旋转上升，驱动轮反方向旋转以保持平衡。接下来，同样按照规划路线，Kiva 机器人头顶货架，穿梭于仓库之中，最后在拣货员的操作台旁排好队，如图 8－10 所示。

图 8－10　排队等待拣选的 Kiva 机器人

操作台上悬挂的激光设备会在将要被检索的产品上照射一个红点以标识目标货物，操作台中间安装了扫码系统，拣货员从货架上取下货物后通过该系统进行扫描，验证是否正确。这是 RFID 技术的简单应用，双重保障可以大大降低拣货的错误率。确认后，Kiva 机器人自动离开执行下一条命令，队伍中的下一个 Kiva 机器人向前移动，拣货员开始拣选下一个商品。

美国加州特雷西仓储中心应用 Kiva 机器人之后，取消了拣货员，采用直接把货架送到复合包装人员面前的“货架到人”物流模式，由其完成拣选、二次分拣、打包复核三项工作，把人员数量降到最低。同时也取消了原来由传输线完成的位移，将拣选、二次分拣、打包复核作为定向流程一次性完成，这样就可以大大压缩传统仓库内 90% 以上由人员走动而产生的浪费。

除了劳动力的浪费，拣货员寻找并搬运货物的过程还会造成时间上的浪费，导致效率低下。在使用 Kiva 机器人之后，拣货员每小时可完成 300 件商品的拣选和扫描，效率是以前的三倍。亚马逊高管表示 Kiva 机器人的准确率达到了 99.99%，应用 Kiva 机器人可提高近 50% 的分拣处理能力。

2. 亚马逊的随机存储

一般仓库通常按照商品品类或 SKU（库存量单位）来区分货位进行仓储，而亚马逊打破了商品品类之间的界限，使得同类商品有可能分散在不同的货架上。虽然看上去整个仓储区十分混乱，但存放还是有原则的。例如畅销商品与非畅销商品的分布，采用先进先出原则，相互会影响品质、性状的商品需要分开存储等。随机存储的关键就是数据追踪管理，每个货位均有独立编码，亚马逊的信息数据管理系统会记录每个商品在转运流程中所处的位置，保证数据的连续跟踪。随机存储加快了单个货架的周转频率，达成空间利用率和周转率的双重提升，极大地降低了存储成本。

Cubi 立体测量仪、数据管理系统和衡量库存差异率的指标体系支撑着亚马逊的随机存储。

（1）Cubi 立体测量仪

Cubi 立体测量仪的底盘是称重电子秤，上面伸出三条卡尺，分别测量商品的长、宽、高，如图 8－11 所示。商品第一次进门前都要通过 Cubi 立体测量仪，测量各项参数并录入系统。

（2）数据管理系统

数据管理系统记录统计货架利用率，结合商品参数为员工自动推荐上货区域。系统还会通过历史数据和点击率规划特别区域，比如，为使畅销商品能尽快送达客户，为其安排距离出货区最近的货架区域；而很久没有被浏览的商品则会被放置在距出货

图 8 – 11　Cubi 立体测量仪

区较远或是货架的最低处和最高处。亚马逊先进又强大的系统结合商品尺寸参数和数据支持，可以对货架摆放进行最优设计，还会在高峰期自动发出整理货位的任务，使存储空间安排更合理。

亚马逊建立了一整套基于条码技术的库存管理体系，每个品类的商品在运营中心都有独立编码，记录其数量、属性、生产日期等一系列的数据信息，使商品不仅可以实现快速入库，还可以对效期和后端发货扫描进行有效管控。

亚马逊的库内操作侧重关注商品实物的位置、数据变化和实物与数据的差异。从收货入库开始，商品实物在各种运输工具或货架之间的转移都有对应的数据记录，每一个操作环节都会和系统中的大数据进行匹配，从而可以再次确认实际情况与系统记录之间的差异。

（3）衡量库存差异率的指标体系

数据管理系统的作用在于将各个环节有机地串联起来，实现数据及实物的有序传递。但整个流程的高效运转需要基于系统流程管理的配合，就随机上架而言，为了保证库存空间的利用率和运营效率，亚马逊在管理方面也建立了一套体系。

针对库存差异问题，亚马逊建立了一套衡量库存差异率的指标体系，用于判断物理库存的准确性。从上架端到拣货端都会根据系统即时反馈的库存差异触发货位盘点，同时会定期进行随机抽查，确保库存的准确性。

第四节　智能技术在供应链协同环节的应用

供应链协同是指在供应链系统中各个节点企业之间能够实现协同运作，达到“共赢”的目标。因此，为了实现供应链的协同目标，就需要构建公平、公正的利益共享、风险分担的合作机制，在承诺与信任、合作与共担协议基础上加强合作。而通过智能技术的共享平台建设，可以实现供应链上信息的及时共享，进行面向客户需求的实时反应和成员间协同运作的集成业务流程。目前供应链系统是一个以客户需求为导向的拉式系统，即客户需求是驱动整体供应链运作的起点。因此，很多相关人工智能、智慧技术等在供应链协同环节的管理应用主要聚焦在供应链的下游，如零售端、配送端等，但目前已经逐步向供应链上游的制造端、供应端进行转移。

1. 京东的供应链全链路控制塔

目前供应链控制塔产品的典型代表是京东与雀巢联合打造的供应链全链路控制塔。2018 年，京东 Y 事业部为雀巢打造的供应链全链路控制塔上线。京东的供应链全链路控制塔以实现品牌商全链路、全渠道的供应链计划和供应链运营监控为目标，利用数据化、精准化、可视化的平台管理模式，帮助雀巢实现销售监控、补货预测、库存管理、订单管理以及物流管理功能五大需求，并强化双方间的供应链智能化无缝链接，如图 8 – 12 所示。

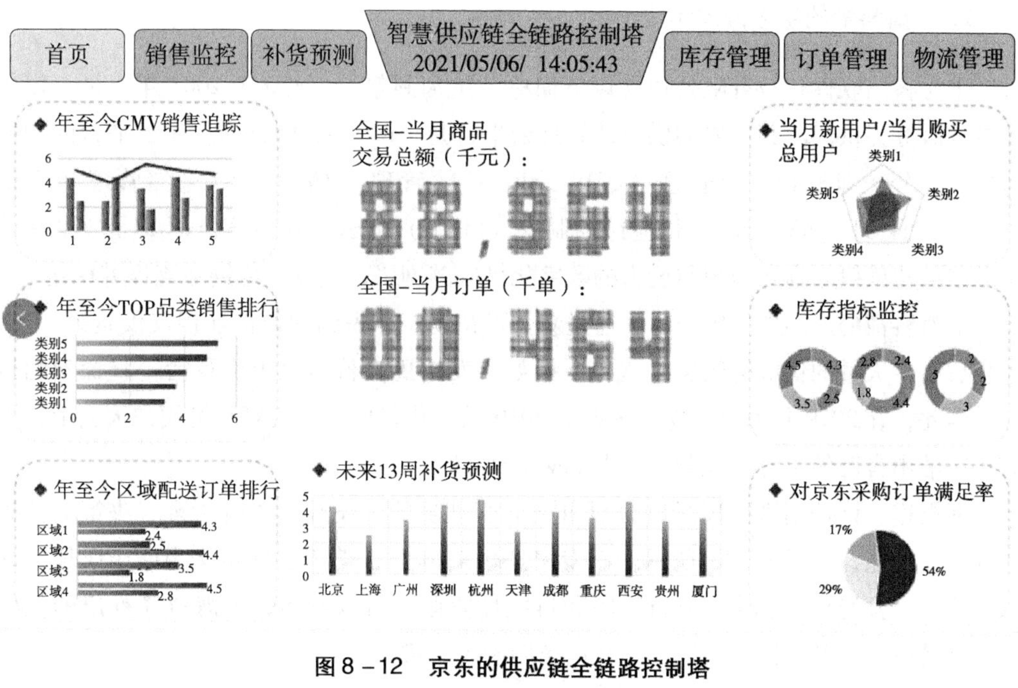

图 8 – 12　京东的供应链全链路控制塔

五大功能详述如下。

（1）销售监控方面。传统的销售流程较复杂，但供应链全链路控制塔可以从时间方面、商品方面、销售渠道方面对产品进行展示和监控，帮助雀巢及时了解销售情况，制订合理的销售计划。

（2）补货预测方面。供应链全链路控制塔的补货预测系统可以对未来 3 个月的各品牌、品类产品的采购计划进行预测。一方面，雀巢可以利用未来 3 个月的补货计划，合理安排生产，协调产品备货。另一方面，雀巢可以根据供应链全链路控制塔的补货预测，对消费者需求进行预测，合理安排生产，提高产品销量。

（3）库存管理方面。京东的供应链全链路控制塔可实时展示雀巢品牌在京东各仓的存货周转率、现货率、滞销商品占比等核心库存指标。供应链全链路控制塔通过可视化信息，来帮助雀巢合理地管理库存。

（4）订单管理方面。通过供应链全链路控制塔，京东将对雀巢采购货品的总数量、在途数量、待确认数量进行数据展示，方便企业的订单管理。同时，京东通过系统可以实现自动订单，方便品牌商管理。

（5）物流管理方面。京东的供应链全链路控制塔中的物流管理系统可以让商品的销售去向可视化，帮助雀巢查看旗下众多品牌、品类在各个区域的订单占比及市场渗透率。同时，物流信息的实时反馈也能让品牌充分了解区域库存布局的盲点，让雀巢可以更好地感知市场需求，优化供应链布局。

2. 上海科箭的供应链控制塔

上海科箭软件科技有限公司（以下简称“上海科箭”）成立于 2003 年，是一家供应链云服务提供商。其主要的供应链管理云平台是 Power SCM Cloud，该云平台的功能包括五部分，即整合订单管理（OMS 云）、运输管理（TMS 云）、仓储管理（WMS 云）、预约管理（AMS 云）、供应链控制塔（SCCT）的云解决方案。而其业务是帮助企业来构建敏捷、高效与智慧能力的数字化供应链网络，实现供应链全流程可视化。

上海科箭的产品总监曾表示，通过新技术帮助企业做到内外部连接仅仅是第一步，连接后产生大量的供应链数据，基于数据如何发挥更大价值是上海科箭一直探索的目标。因此，在 2019 年 10 月 24 日举办的 2019 数字化供应链峰会暨科箭用户大会上，上海科箭推出自己的供应链控制塔，即 Power SCCT。

据报道，该控制塔不仅具有分析可视化管理功能，还具有事件管理、决策支持和业务优化功能，如图 8 - 13 所示。有专家把供应链控制塔的发展定义为四个阶段，即可视阶段、预警阶段、决策支持阶段和自主性阶段。可以看出，上海科箭推出的供应链控制塔已经上升到第三阶段，且在向第四阶段迈进。

Power SCCT 的主要功能包括以下几个方面。

（1）分析可视化管理，通过对企业业务数据多个维度的分析展示，来帮助供应链上各个参与方及时了解供应链的当前状况，实现供应链端到端整体的可见性。

（2）事件管理，在系统中通过预先设定的评价指标，对企业业务执行过程进

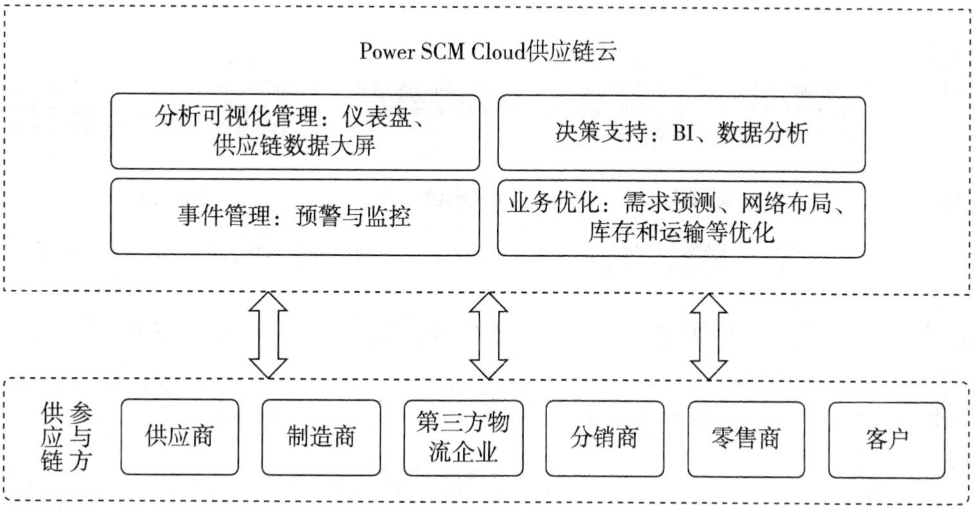

图 8－13　上海科箭 Power SCCT

行监控和预警，包括后续一系列的处理过程与监管，以便实现及时的响应和干预调整。

（3）决策支持，通过对企业业务数据的模拟分析，帮助决策者能够快速决策或调整运营与发展方向。

（4）业务优化，通过人工智能、大数据、云计算等技术支持，帮助供应链企业完成诸如网络布局、需求预测、运输与库存等供应链运营中的优化问题。

具体地，以上海科箭 Power SCCT 中事件管理功能为例，若在企业业务运营中发生了承运商提货延迟的事件，就能在事件管理功能内及时反馈，并及时通知到相关业务的管理者。这里的事件管理与传统的事后管理不同，其是一种事中管理，也就是通过该控制塔的计算和预测，针对事件及时干预且采取应急措施，实现事中预警功能。该控制塔提供了供应链数据大屏，以解决业务可视化的问题。这里的可视化不仅包括业务数据的可视化，还包括整个供应链业务过程的可视化，即从订单、仓储、运输直至结算与支付整个过程，保证整个流程的完全控制。然后，该控制塔还具有强大的数据分析能力，即除了做可视化展示外，客户还能够通过分析历史数据，来了解当前供应链业务的发展规律。

上海科箭推出的 Power SCCT，已经引入多家企业进行实际测试合作。该控制塔能帮助企业进一步应对供应链管理中的挑战，并减少与及时预警供应链运营中出现的各类不确定因素，以实现数字化供应链下供应链的绩效目标。

3. 易流科技的供应链控制塔

易流科技提出的供应链控制塔是通过软件和硬件产品集成得出的，如图 8－14 所示。

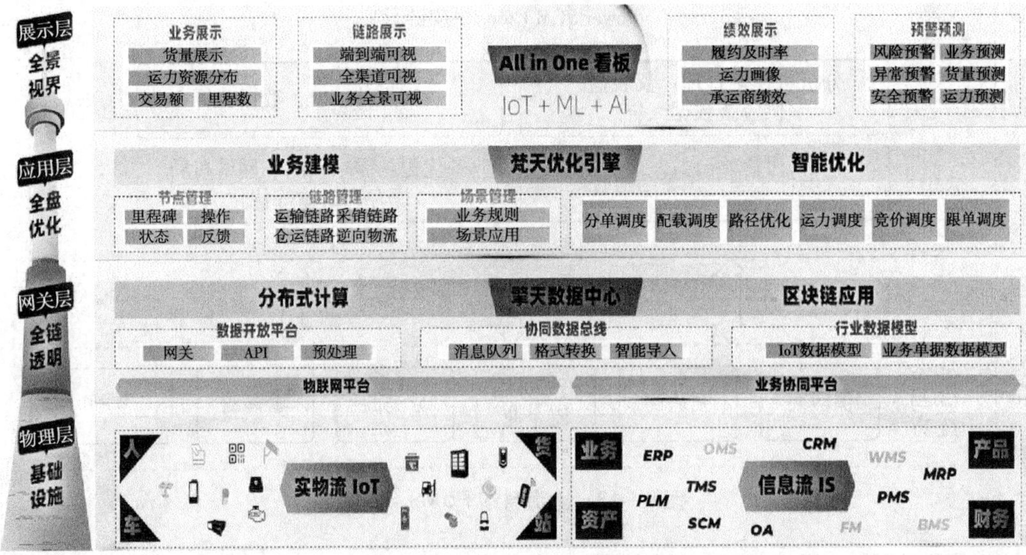

图 8－14 易流科技的供应链控制塔

具体是由擎天数据中心、梵天优化引擎、All in One 看板三个模块组成。擎天数据中心对原有称为“孤岛”的多个信息系统，架设了高质量的桥梁，海量数据通过擎天数据中心进入控制塔，而梵天优化引擎是依据易流科技丰富的行业积累，利用擎天数据中心的数据与计算能力，为供应链物流的运营层面和管理层面提供相关的优化模型。在 All in One 看板中，企业高层管理者通过全景式的表现视界，可以实现对企业整体供应链的监测、控制与部署优化。该解决方案基于易流科技的已有成熟技术能力，又融合了最新的先进技术，因此，推出的供应链控制塔可从全链透明化、全盘优化及全景视界三个方面来推动供应链企业实现全面数智化。

第五节 智能技术在供应链预测与分析环节的应用

供应链预测与分析是供应链计划（包括预测计划、库存计划与分销需求计划等）的重要组成部分，预测与分析的结果是一个组织或企业计划、执行和衡量企业全面物流活动时的主要依据。

一、进行供应链预测与分析的技术

供应链预测与分析的技术有很多，除了第三章介绍的大数据技术、云计算、人工智能等，还有数据仓库、数据挖掘技术、机器学习技术等。

1. 数据仓库

数据仓库（Data Warehouse，DW）是专为支持管理决策而设计的一种数据库管理系统，是一个面向主题的、集成的、时变的、非易失的数据集合。数据仓库是一个非常庞大的数据库，数据来源于不同生产运营系统，为建立一个跨部门、跨业务流程的综合决策分析系统而形成的一个数据集合体。

从图 8 - 15 可以看到，基于数据仓库的在线分析包括：从企业已有的各类数据库中提取数据，比如从市场数据库与订单数据库、客户交易数据库、供应链数据库和 ERP 数据库中提取数据，因为这些数据库中数据统计的标准不一定是统一的，需要按照分析的主题进行清洗与标准化的工作，之后按照分析主题形成一个集成的数据仓库。最后，应用一些统计方法进行数据分析，形成辅助管理者决策的依据。

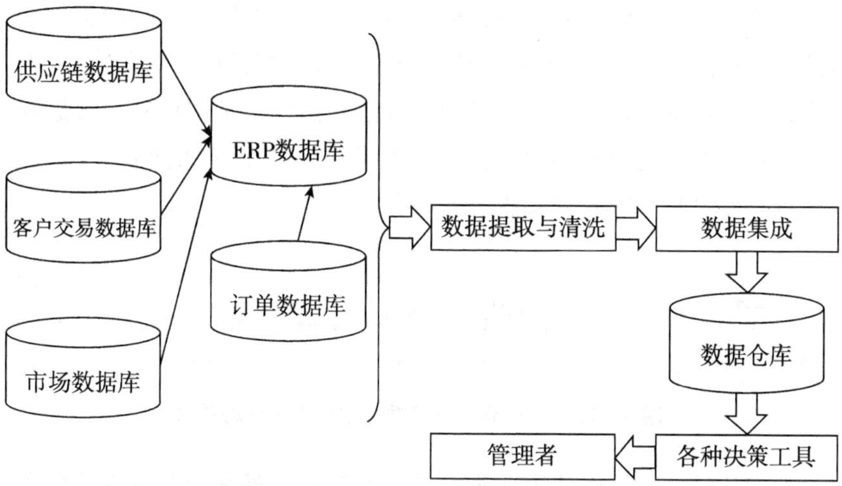

图 8 - 15 基于数据仓库的在线分析

基于数据仓库的在线分析主要有以下几个方面的特征。

（1）集成性。一个企业数据仓库的数据可以来源于企业内部的 ERP 数据库、客户交易数据库、市场数据库、订单数据库、供应链数据库等，是集成性的。

（2）主题性。数据仓库的集成性并不是对来自各个业务数据库系统所有数据的一个简单归并，而是根据决策的问题主题提取数据的过程。比如销售主管为了比较分析关于客户近三年历史同期销售量，就需要数据仓库从客户交易数据库中提取出近三年中的所有销售数据，放入数据仓库。

（3）时变性。因为这些数据来源于不同的数据库系统，数据格式可能不同，就需要数据的标准化处理。为保持最新数据，数据仓库还需要定期接收增加的新数据。定期加入新数据及删除不再需要的旧数据称为数据的净化，这就是数据仓库的时变性。

（4）非易失性。为了分析决策的需要，数据仓库中的数据一般包含 5 ~ 10 年有价值的当前数据和历史数据，定期进行更新，但又保持足够量的分析数据，具有非易失性。

2. **数据挖掘技术**

数据挖掘是一种上年度的数据分析技术，它的出现基于需求拉动，因此，它的定义有两方面，即技术性定义和商业性定义。数据挖掘的技术性定义指从大量的、不完全的、有噪声的、模糊的、随机的实际应用数据中，提取隐含在其中的、人们事先不知道的、但又是潜在有用的信息和知识的过程。而数据挖掘的商业性定义指一种新的商业信息处理技术，其主要特点是对商业数据库中的大量业务数据进行抽取、转换、分析和其他模型化处理，从中提取辅助商业决策的关键性知识。

数据挖掘技术从本质上说都是一类深层次的数据分析方法。总结以上数据挖掘的定义可以描述为：按企业确定的业务目标，对大量的企业数据进行探索和分析，揭示其中隐藏的、未知的或验证已知的规律性，并进一步将其模型化的先进有效的方法。

进一步，数据仓库是数据挖掘的基础，数据挖掘技术是用户基于数据仓库进行的数据提取、分析和查询的决策工具。图 8 - 16 给出一个简单的两者之间关系的图示，可以看出数据仓库对数据挖掘技术是支持关系。

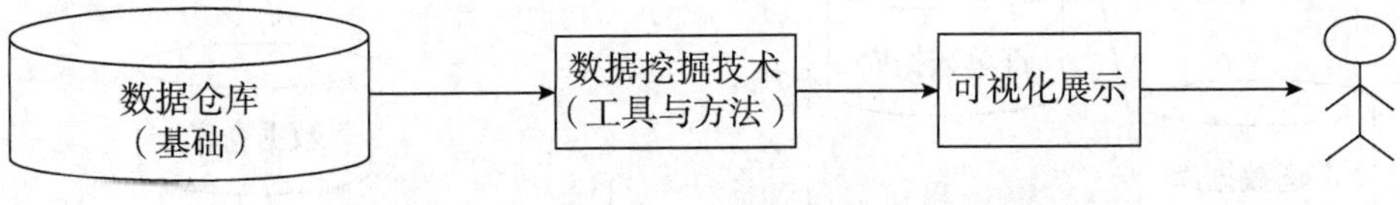

图 8 - 16　数据仓库与数据挖掘技术之间的关系

数据挖掘的任务一般可以分为两类：描述性挖掘任务和预测性挖掘任务。描述性挖掘任务刻画数据库中数据所体现的一般特性；预测性挖掘任务是在当前数据上进行推断，以进行预测。数据挖掘的过程就是根据商业应用需求，获取大量的相关数据进行预处理和转换，并采用数据挖掘技术完成挖掘任务。

一般数据挖掘技术的应用过程可以用图 8 - 17 来表示。

从图 8 - 17 可以看到，数据挖掘过程由选择数据、预处理数据、转换数据、挖掘信息以及表达和解释五个阶段组成。

3. **机器学习技术**

机器学习技术就是使用计算机模拟人类的学习活动。该技术是研究计算机识别现有知识、获取新知识、不断改善性能和实现自身完善的方法，属于一个多学科领域。

当前机器学习技术围绕以下三个主要研究方向进行。

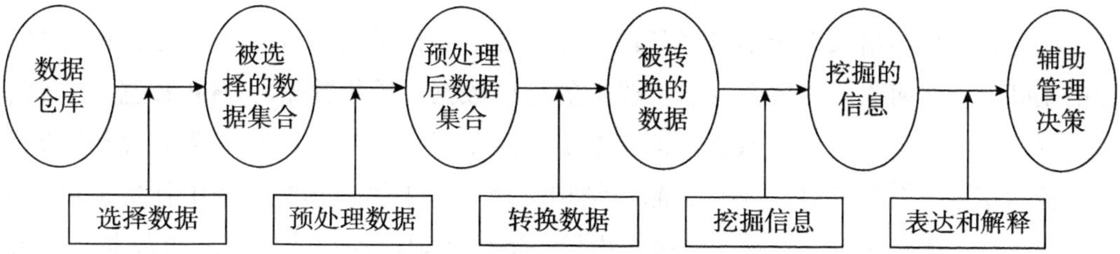

图8－17　数据挖掘技术的应用过程

（1）面向任务，即在预定的一些任务中，分析和开发学习系统，以便改善完成任务的水平。这是专家系统研究中提出的研究问题。

（2）分析模拟，主要研究人类学习过程及计算机的行为模拟过程。这是从心理学角度研究的问题。

（3）理论分析的研究，即从理论上探讨各种可能学习方法的空间和独立于应用领域之外的各种算法。

传统机器学习技术主要有决策树、神经网络、贝叶斯学习等，而在目前大数据环境下，机器学习技术已经向着智能数据分析方向发展，并且包括各种数据分析类型，如文本情感分析、主题词的文本挖掘、视频与图形数据分析、图像检索与理解等。目前机器学习技术主要应用在金融、市场营销、网络分析和电信等领域。例如在市场营销领域，机器学习技术较广泛地应用于分类型和关联型任务，许多电子商务平台通过机器学习技术获得消费者的信息，根据信息刻画消费者画像，了解顾客偏好，进而制定出更加符合顾客需求的销售策略。

二、智能技术供应链预测与分析中的应用

目前大数据、云计算、人工智能、机器学习等技术的发展，促使供应链企业建立了强大的技术分析工具体系，帮助企业从顾客需求出发，结合自身发展目标，为企业实现智能化的决策提供支持和帮助。下面简述两个智能技术在供应链预测与分析中的应用实例。

1. 欧睿数据的应用

欧睿数据是一家专注于时尚商品大数据挖掘和应用的公司。欧睿数据自成立以来，先后为多家国内外知名的时尚企业提供数据、算法、智能商品管理等解决方案。欧睿数据坚持以“需求驱动时尚业供应链数据智能服务”为核心，围绕“经营计划”“需求预测”“分货销补”“供应链计划”等多个领域为时尚企业打造 oIBP（欧睿数据）智能商品管理解决方案。

FMDS（oIBP时尚业全渠道智能商品管理解决方案）紧抓时尚品零售企业的销售瓶颈无法突破、成本增长大于销量增长两大基本痛点，以消费者需求为核心，在数据中台的基础上，对时尚品零售企业线上线下的订单数据、销售数据、CRM数据、电商平台数据、行业大数据、天气数据、地理数据、竞争对手数据、区域消费群大数据等进行分析和挖掘，对经营计划制订、品类结构安排、未来销售预测、季中补货追单、大促活动优化、生产采购计划等实现决策指导，进而实现活动智能选款、动态定价优化、精准商品推荐，构造商品数据分析的微服务，最终实现商品体系、营销体系和供应体系的完美匹配。FMDS产品架构如图8－18所示。

图8－18　FMDS的产品架构

2. **阿里巴巴的供应链中台的应用**

供应链中台是数字化供应链中的核心产品。传统供应链中，计划、采购、生产、物流等主要基于ERP进行串联，而在智慧供应链中，供应链整体的信息化、系统化、互联网化主要基于供应链中台来实现。采用中台架构的数字化供应链，应用互联网的思维和技术，企业的数据就可以做到实时在线、统一和互联互通，就可以保证企业在库存共享、全渠道订单交付、价格管理、分销体系及客户需求管理等供应链运营中具有更好的绩效。

阿里巴巴的供应链中台体系架构如图8－19所示。可以看出，阿里巴巴的供应链中台从不同工作台的视角，把整个业务从计划、采购、履约、库存、结算都包括在内。在数据域应用架构上，设置了不同的规则、应用模型及算法模型。而在实体域数据架构上，根据实际将供应商、商品、订单、库存、结算、会员和模式等进行全面数字化，形成了底层的数据架构，来支撑上层各个业务的运行。

供应链中台帮助零售产业链上各个角色解决面对不同消费群体的需求分层问题，能使其自身供应链适应市场需求并保证利润；同时还可根据市场需求进行供应链网络的渠道化改造，以满足不同商家群体需求并确保盈利。进一步，卖家可通过供应链中台的全链路可视化来分析了解市场动态，实时跟踪供应链的成本和效益，及时

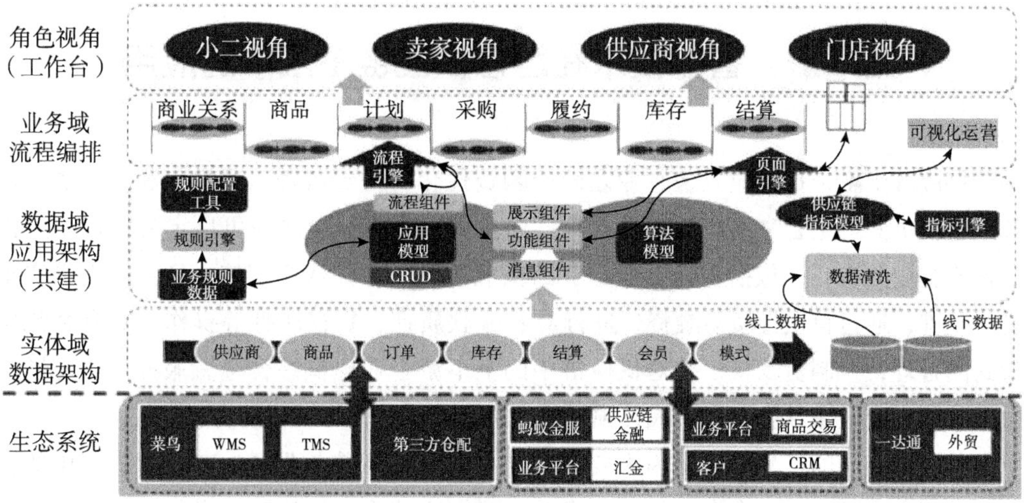

图 8－19　阿里巴巴的供应链中台体系架构

调整自身的供应链需求计划，保证资源的最优配置，制定更靠近消费者的产品差异化策略。

与传统供应链相比，阿里巴巴的供应链中台能够取得更加精准的销量预测，供应链上下游的各个企业实现更高效的计划协同，更平稳的库存管理，以及更优化的网络资源配置，打破了传统供应链分散割裂的信息孤岛，重塑了整条链路，实现了全渠道信息共享和联动。

目前阿里巴巴供应链中台为 2.0 版本，核心能力主要包括以下几个方面。

（1）智能预测备货。供应链中台能帮助业务员根据历史成绩、活动促销、节假日、商品特性等数据预测备货，有效减少库存。例如在 2016 年端午节期间，天猫超市的粽子类商品的中台预测准确度比人工预测提升 30% 以上，库存周转天数减少 20%；在 2017 年情人节期间，天猫超市巧克力类商品的中台预测准确率比人工预测提升 20% 以上，库存周转天数减少 17%。

（2）智能选品。供应链中台可以智能化诊断当前品类结构，优化品类资源配置，实现商品角色自动划分、新品挖掘、老品淘汰等全生命周期智能化管理。天猫电器城接入智慧供应链之后，对黑色家电进行商品生命周期调整、挖掘新品潜力，并快速优化商品品类结构，使得黑色家电成交额增长 3 倍以上。

（3）智能分仓调拨。供应链中台将需求匹配到距消费者最近的仓库，尽量减少区域间的调拨和区域内部仓库之间的调拨，同时优化调拨时的仓配方案，最大化降低调拨成本。天猫超市使用供应链中台智能调拨策略后，使得前置仓库存周转天数降低 15% 以上，在架率提升 10% 以上。

第六节 智能技术在智慧供应链金融中的应用

供应链金融是指供应链中企业之间的融资优化和融资流程，通过与客户、供应商和服务提供商的整合来提高所有参与企业的价值。供应链金融还可以定义为以供应链上核心企业为中心，包括其上下游企业的供应链整体，并依托于核心企业，以真实贸易为基础，通过自偿性贸易融资，进行应收账款质押、货权质押等操作，对资金流实现封闭管理，控制货物权，并对供应链中的上下游企业提供综合金融服务。供应链金融模式分为应收账款类业务模式、预付账款类业务模式、存货类业务模式。

供应链金融的产生早期是因为要满足中小企业、小微企业在生产经营过程中的资金需求而提出的。目前在先进信息技术及互联网支持下，供应链金融与传统行业实现深度融合，创造出智慧供应链金融的创新应用。

一、基于互联网平台的供应链金融模式

构建基于互联网平台的供应链金融模式，一般是依托线上的公共平台，包括各个参与主体、相关的信息化平台及其具体业务的流程。如图 8 - 20 所示，以银行供应链金融平台作为核心，平台系统通过自行审核与评定参与企业的准入门槛、信用评价、订单核查、贷款额度审定与贷款发放、货物仓单监管与后期风险监控等各个步骤，实现供应链上的核心企业、上下游企业等多方在信息平台上的对接，达到信息共享与资源共享的效果。

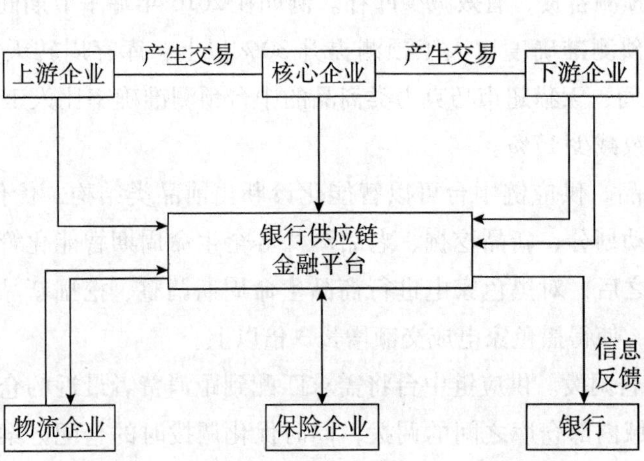

图 8 - 20 基于互联网平台的供应链金融模式

在图8－20中，以下游企业作为融资主体为例，其运营流程为：参与主体在平台进行注册，完成实名认证；下游企业与供应链上的核心企业进行交易，下游企业将核心企业的订单通过银行供应链金融平台完成审核鉴定，且可将未来的货权作为质押，为降低企业的经营风险，借款主体往往自发地或者应借款银行要求，向某一保险企业进行投保，即根据仓单金额给予评价进行投保，一旦发生违约事项，将会根据合同条款，由保险企业对该笔债项进行偿还；物流企业会通过该平台来掌握当前货物的情况及其借款企业所提取的货物比例，并将自身的报价系统与该平台进行对接，为银行等金融机构估值提供依据；银行从该平台上实时调取各环节的信息，对风险进行及时监控；银行对各企业交易环节的大数据进行分析，根据各参与主体的贸易习惯和经营往来进行数据挖掘，并依据挖掘结果，对参与企业进行免担保、免抵押的预授信，来实现供应链金融产品的稳健发展。

以上基于互联网平台的供应链金融模式被成功应用于天津海吉星农产品物流有限公司。天津海吉星农产品物流有限公司（以下简称“海吉星公司”）隶属于深圳市农产品集团股份有限公司，其所承建并负责运营的天津翰吉斯国际农产品物流园，是由深圳市农产品集团股份有限公司与法国翰吉斯国际农产品批发市场强强联合共同打造的，其最大特点就是绿色交易。

由于农产品的特殊性，在供应链贸易过程中往往都是现金支付，无预付款和应收账款的产生，而较多农产品的种植和生产常常是季节性的和周期性的，故会造成商户的临时性资金短缺与商品堆积，于是，海吉星公司下游商户的供应链金融产品中常常是存货类供应链金融业务。

显然，农产品属于非标准化商品，其商品的规格、品质等都难以实施标准化管理，常常是以大宗商品价格来对农产品进行粗略价值评估。另外，因为农产品的应季性很强，而保质期极短，若供应链上借款的企业一旦出现经营性的风险问题，银行就很难及时对抵质押仓单进行处理。因此，会导致银行很难以仓单质押的模式对相关企业进行授信。尤其是经营农产品的企业，其上游一般是广大农户，而下游客户是广大市场消费者，它们在农产品的经营与生产中很难依靠供应链的核心企业信誉资质进行融资。因此，通过海吉星公司与天津建设银行合作，构建了一个基于互联网平台的融资模式，这样可以对通过海吉星公司交易的所有商户经营情况进行大数据分析，且针对长期经营良好的、有历史经营数据支撑的企业给予纯信用的授信。

图8－21给出了具体授信流程，主要步骤包括以下几个方面。①海吉星公司的商户向天津建设银行和海吉星公司分别提交相关材料，在天津建设银行开立结算账户且在海吉星公司注册会员，完成实名认证工作。②海吉星公司利用自己的金融平台为其所有商户维护相关客户信息，生成会员账号。③天津建设银行结算商户的交易账户，并与海吉星金融平台账户实现签约绑定。④海吉星公司的商户通过海吉星

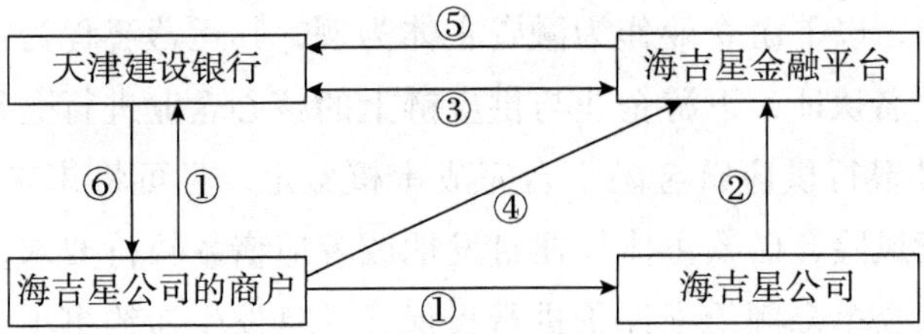

图 8－21　授信流程

金融平台在市场中进行正常经营周转，生成历史交易数据。⑤海吉星公司的金融平台向天津建设银行反馈各个商户的交易信息，天津建设银行针对信息进行数据分析，以日均账户余额、交易量为商户提供一个预审批额度。⑥海吉星公司的商户从天津建设银行预审批额度中用企业网上银行进行线上支用贷款。

二、基于区块链技术的双链通模式

基于区块链技术的透明性、不可窜改及可追溯性的特点，企业信用可以在供应链上进行信用传递。由此，阿里巴巴的蚂蚁金服通过结合供应链系统和区块链技术提出了“双链通”模式。

蚂蚁金服的“双链通”模式就是让供应链上的核心企业的企业信用可以在区块链上逐级流转，这样就使上游的中小企业可获得公平的普惠融资服务。蚂蚁金服提出的“双链通”金融服务平台如图 8－22 所示。

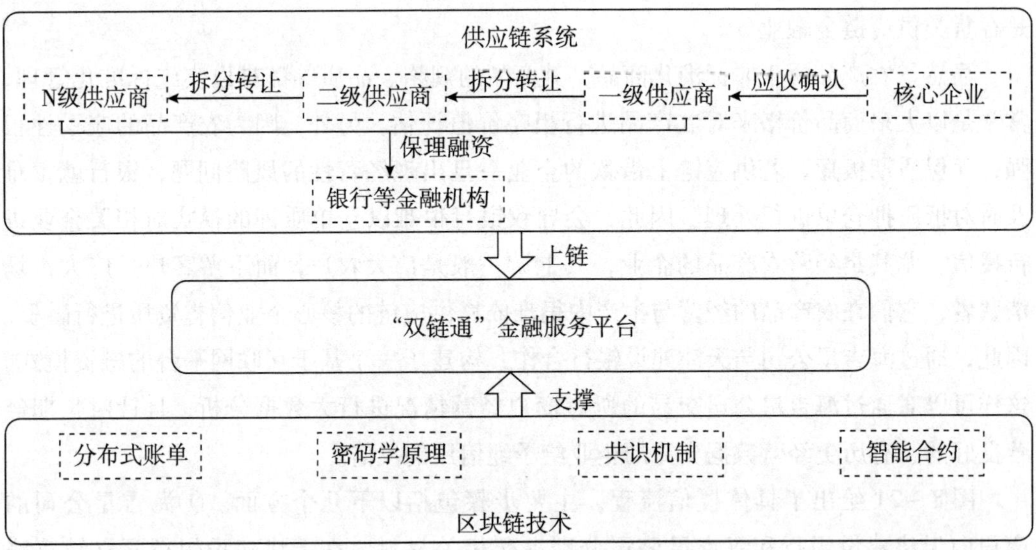

图 8－22　“双链通”金融服务平台

通过将供应链上的核心企业应收账款进行数字化升级，可以把该企业的应收账款作为贷款的信用凭证，在供应链中流转并传递给其上游的供应商，从而能有效地解决供应链末端小微企业有关融资贵、融资难的问题。进一步，该平台还提供了基于金融级别的相关身份安全与商业交易安全认证，这些也为企业在线零接触交易给出了较为完美的解决方案。

蚂蚁金服的“双链通”模式具有以下三大关键能力。

（1）大数据能力。这是“双链通”模式的一种核心资源和分析基础，因为其拥有相关行业内最大体量、最丰富维度的大数据。一方面，基于阿里巴巴长期的商业生态，蚂蚁金服从“强数据、强场景”中积累了大量的、多场景的相关数据；另一方面，通过支付功能将海量线下商户在线化，实现了其他相关竞争者所没有的巨大数据来源，蚂蚁金服的业务也从线上走到线下。

阿里巴巴从2002年就开始了相关数据积累与信用体系的建设，因此，大数据能力充分降低了结构性授信对供应链核心企业的依赖，且数据质押提高了贷款效率。因此，此种情景下商户的运营情况不仅受到其自身状况的影响，同时还会受到交易对手、产业链上下游企业等因素影响。在阿里巴巴的生态体系中，通过积累大量关联数据，蚂蚁金服可从各个维度来分析相关供应链的整体状态，并可用于判断需求方向、需求量、目标客户资信评估、风险分析、警示和控制或者用于精准金融和物流服务等领域的问题。

（2）场景驱动能力。蚂蚁金服的场景驱动能力其实是力求满足小微企业全生命周期的场景需求来形成的个性化产品。具体是指将数据化授信的决策能力输送到各个相关场景中，结合“双链通”系统的金融能力和相关场景，来推出体验更佳的创新产品。

（3）风险控制的建模能力。金融的竞争本质在于风险定价能力，蚂蚁金服可基于自己拥有的海量、非线性的数据构建各种模型来优化决策，辅助判断风险。

供应链金融的建模优化是对金融风控的创新应用，使得中小微企业基于其交易历史等供应链数据，来获得更灵活、更高效的融资可能性。一般地，风险控制模型是高度场景依赖型的产品，因此，每一数据维度都有可能影响风险控制模型的准确性。脱离原有场景的风险控制模型，是不是还继续有效，或者在传统金融机构的严格风险控制机制下，是否能够信任蚂蚁金服的风险控制模型产品的输出，这些都是蚂蚁金服面临的挑战。解决以上问题一方面依赖阿里巴巴长期积累的丰富大数据资源，另一方面也依赖于其场景的驱动能力。

❖ 本章小结

本章主要阐述了智慧供应链管理中无人运输配送设备的典型代表——无人机和无人车的发展历史，其中无人机有三大支撑技术，即飞行控制导航技术、数据链技术和自主控制技术，而无人车的三大关键技术为环境感知技术、定位导航和路径规划技术、运动控制技术。介绍了顺丰的岛际无人机项目的应用、京东的“京鸿”货运无人机的应用及其美团研发的无人车在配送系统中的应用等。

同时，介绍了智慧运输过程中的可视化技术，包括RFID系统、微机电系统、M2M系统框架、GIS和GPS等，并阐述了京东赤兔系统的应用情况。在智能仓储系统中常用的智能技术主要应用在货物搬运、码垛及分拣，库存盘点等方面。然后，以亚马逊的Kiva机器人和随机存储技术为例阐述了这些先进智能技术在智能仓储系统中的应用。

在供应链协同环节，主要介绍了京东的供应链全链路控制塔、上海科箭的供应链控制塔、易流科技的供应链控制塔。在供应链预测与分析中要应用数据仓库、数据挖掘技术、机器学习技术等，并介绍了欧睿数据和阿里巴巴的供应链中台的应用情况。最后阐述了互联网平台下的供应链金融模式，以及蚂蚁金服提出的基于区块链技术的双链通模式应用。

❖ 关键概念

无人机　无人车　智能运输　可视化技术　供应链控制塔　供应链中台　供应链预测　供应链金融　双链通

❖ 思考题

1. 简述物流配送系统中的无人机、无人车的发展历史及其相关技术组成，并查阅资料了解无人机、无人车的应用状况。

2. 智能运输过程中都有哪些可视化技术？请举例阐述电子商务平台支持下，这些技术在企业实践中如何被应用的。

3. 阐述智能仓储系统中都有哪些智能技术。

4. 供应链控制塔如何在供应链协同环节中发挥作用？

5. 在供应链预测与分析中，都会采用哪些智能技术与方法？查阅资料，举例说明这些技术与方法如何在企业实践中应用。

6. 互联网平台下供应链金融的模式有哪些改变？

❖ 案例分析

结合本章所述案例，回答以下问题。

1. 简述京东和顺丰的无人机发展历史及其应用情况。

2. 无人车的应用领域有哪些？简述美团无人车的技术及其应用。

3. 在京东赤兔系统中采用哪些先进技术实现了运输过程的可视化？

4. 随机存储可能会导致货物找不到或丢失，亚马逊的随机存储是如何实现货物有效管理的？

5. 京东的供应链全链路控制塔、上海科箭的供应链控制塔和易流科技的供应链控制塔，它们具有的共同点和不同点是什么？

6. 在阿里巴巴的供应链中台中，预测分析技术、优化调度技术都是如何应用的？

7. 蚂蚁金服的“双链通”模式是什么？其中区块链技术是如何作用的？

第九章　智慧供应链管理的创新方法

❖ 学习目的

通过本章的学习，学员应该能够：

- 了解智慧供应链创新的概念和内涵。
- 掌握智慧供应链创新的三种不同路径。
- 理解不同智慧供应链创新路径的特点。
- 了解不同智慧供应链创新路径的典型案例。

第一节　智慧供应链创新的概念和内涵

案例 9－1　AIRBUS 通过智慧供应链创新提高可视化

AIRBUS（空中客车公司）作为商务客机制造商，曾经为提高总体可视性，创建了一个智能的感应解决方案，用于检测入站货物何时离开预设的道路。部件从供应商的仓库运抵组装线的过程中，它们会途经一个智能集装箱，这种集装箱专用于盛放保存有重要信息的 RFID 标签。在每个重要的接合点，读卡机都会审查这些标签。如果货物到达错误的位置或没有包含正确的部件，系统会在该问题影响正常生产之前向操作人员发送警报，促使其尽早解决问题。AIRBUS 的解决方案是制造业中规模最大的供应链解决方案之一，极大地缩小了部件交货错误的影响范围，也降低了纠正这些错误的相关成本。通过精确了解部件在供应链中的位置，AIRBUS 将集装箱的数量降低了 8%，也因此省去了一笔数额不小的运输费用，还提高了部件流动的总体效率。借助其先进的供应链，AIRBUS 可以很好地应对已知的及意料之外的成本和竞争挑战。

一、供应链创新的概念

供应链是以客户需求为导向，以提高质量和效率为目标，以整合资源为手段，实现产品设计、采购、生产、销售、服务等全过程高效协同的组织形态。供应链创新则是在现有的供应链的各个环节，从供应链的运营模式、技术、制度等方面进行改革，以促进经济运行中物流、资金流、信息流和商流的高效流动和反馈，有效降低企业的经营和交易成本，促进产业跨界和协同发展。

我国高度重视现代供应链创新发展。2017 年，国务院办公厅印发了《关于积极推进供应链创新与应用的指导意见》，对我国供应链创新发展做出全面部署，将供应链的创新与应用上升为国家战略。2018 年，商务部等八部门联合下发《关于开展供应链创新与应用试点的通知》，在全国范围内开展供应链创新与应用试点。

数字技术和创新正在推动供应链不断变革和完善。与此同时，数字化的影响和持续的全球化正将客户服务的期望推向顶峰。今天的供应链所做的不仅仅是将材料和产品进行两个地区之间的转移。在如今日益数字化的世界中，供应链是信息生态系统的支柱。因此，供应链需要通过持续的创新，以实现最大限度地提高效率，满足客户对增加灵活性、可视性和透明度的需求。

案例 9 -2　国务院办公厅《关于积极推进供应链创新与应用的指导意见》的出台背景和意义

早在二十世纪九十年代，国际学术界对传统供应链的普遍定义是：围绕核心企业，通过对商流、信息流、物流、资金流的控制，从采购原材料开始到制成中间产品及最终产品、最后通过销售网络把产品送到消费者手中的一个由供应商、制造商、分销商、零售商直到最终用户所连成的整体功能网链结构。进入二十一世纪，全球物流已进入供应链时代，发达国家纷纷从战略层面推进供应链体系建设。2012 年，美国发布了《全球供应链国家安全战略》，把供应链建设上升到国家战略的高度。随着全球经济一体化和信息技术的不断发展，物流、采购、电商、快递等业态融合交叉发展，现代物流向供应链转型升级成为必然趋势，供应链与互联网、物联网深度融合，已经逐渐发展步入智慧供应链新阶段，成为供给侧结构性改革和构建全球化经济新格局的有力抓手。

改革开放以来，我国经济持续高速增长，综合国力得到极大提升，现代物流与供应链管理规模迅速发展，有力地促进了经济结构调整和发展方式转变，较好地发挥了对国民经济的支撑和保障作用。目前，我国已经成为世界最大的贸易国之一，也是全球供应链重要中心之一。2016 年，我国社会物流总额达 230 万亿元，社会物流总费用超过 11 万亿元，已经超过美国，成为全球最大的物流市场。我国货运量达到 440 亿吨，其中，公路货运量、铁路货运量、港口货物吞吐量多年来居世界第一位。快递业务量突破300亿件，继续稳居世界第一。特别是物流、采购、电商、快递等业态融合交叉，不断创新发展，为我国产业的转型升级，提供了良好的条件和契机。总体而言，我国供应链发展虽然处于初级阶段，但起点高、速度快，供应链在各行业加速创新与应用，形成了多种供应链发展模式，推动了我国经济的转型升级，提升了我国全球市场竞争力。

党中央高度重视我国供应链的发展，多次提出要推进供应链创新，着力加强供给侧结构性改革，形成完整高效的产业供应链。国务院做出全面部署安排，要求以提高经济发展质量和效益为中心，以供应链与互联网深度融合为根本路径，以信息化、标准化、信用体系建设和人才培养为支撑，创新发展供应链新理念、新技术、新模式，高效整合各类资源和要素，提升产业集成和协同水平，打造大数据支撑、网络化共享、智能化协作的智慧供应链体系。

《关于积极推进供应链创新与应用的指导意见》（下文简称《意见》）是我国首次以国务院办公厅名义发布的有关供应链的专题政策，是一个里程碑式的文件，标志着我国进入供应链创新与应用发展的新时代。《意见》包括：供应链创新与应用的重要意义、总体要求、重点任务和保障措施四大部分主体内容。顺应当今时代与行业发展的趋势与特征，《意见》中提出，供应链是以客户需求为导向，以提高质量和效率为目标，以整合资源为手段，实现产品设计、采购、生产、销售、服务全过程高效协同的组织形态。它体现了当今时代发展趋势和特征，强调供应链降本增效、协同整合、开放共赢的功能特征与组织模式，其应用范围从企业、产业之间，延伸到地区、国家之间，实现互联互通。推进供应链的创新与应用，是落实新发展理念的重要举措，是供给侧结构性改革的重要抓手，是引领全球化提升竞争力的重要载体，凸显出供应链重大战略意义。

二、智慧供应链创新的概念及内涵

伴随着第四次科技革命的浪潮，全球供应链发展进入了智慧供应链时代。智慧供应链是以物流互联网和物流大数据为依托，以增强客户价值为导向，通过协同共享、创新模式和人工智能先进技术，实现产品设计、采购、生产、销售、服务等全过程高效协同的组织形态，其“智慧”的特征突出表现在基于现代智能技术和供应链技术的应用，供应链全程运作实现可视化、可感知和可调节等功能。

智慧供应链创新是对智慧供应链业务运行开展的针对性创新活动，旨在创新发展供应链新理念、新技术、新模式，高效整合各类资源和要素，提升产业集成和协同水平，实现智慧供应链高效运行的目标。

由于技术革新带来的供应链模式、运营效率等方面的改变，与传统供应链创新相比，智慧供应链的创新具有时代赋予的独特性，值得我们进行深入的分析和研究。

三、智慧供应链创新的主要特征

信息技术的飞速发展、新型商业模式的更新换代以及社会制度的变迁改革是现代企业经营发展的时代背景。在当下信息互联时代，如何识别智慧供应链创新的特征对企业发展至关重要，它将有助于企业更稳健地推进智慧供应链创新，以期在供应链竞争中取得优势。总结来说，智慧供应链创新主要有以下特征。

（一）资源平台化

智慧供应链创新的主要特点之一是利用平台进行高效快捷的创新。以海外清关代理为例，阿里巴巴旗下的一达通外贸综合服务平台给中小型跨境电商提供了更周到全面的一体化清关服务，基于特色服务的创新更具有广泛的价值。因此，以包容、开放、智慧的理念推动供应链创新，将会获得更大的发展空间与更多的市场机遇。

（二）满足个性化需求

传统供应链以推式生产为主，在市场反馈上具有难以避免的滞后性。而智慧供应链注重体现以顾客为中心的理念，在“供应商—顾客”的链条上以拉式生产的方式实现信息流的互动。具体来说，消费者在购买产品或服务前提出需求，消费后可再次提出反馈建议，从而更好地构建个性化的产品与服务，满足目标人群的潜在需求，结合对未来市场趋势的预测，从而提高可持续发展的可能性。

（三）繁杂冗余的数据冲击

在大数据时代，繁杂冗余的数据不断冲击着企业的正常运作，供应链上时时刻刻都在产生繁杂冗余的数据。为了企业管理者更好地制定决策，从大数据群中高效地提取有效信息，再将之进行分析处理是智慧供应链创新的首要任务。供应链环节的时效分析、服务质量分析、各个流向的环境政策分析等，都依托于大数据。进一步来说，云计算与人工智能依托于大数据，又孕育了新的机遇与空间，为智慧供应链创新添砖加瓦。

（四）多主体协同化创新

在智慧供应链视角下，核心企业基于企业发展战略，将供应链上的各个信息孤岛连接在一起，实现了企业间从产品开端的设计、采购、生产，一直到末端销售、服务等全过程的高效协同，从而最大化整个供应链盈余。合作伙伴联盟的形成使单个企业之间的商务往来变成有组织的系统之间的合作，从而进一步加深行业间信息共享和资源共享的程度，实现向现代化、智能化、高效化的供应链转变。

四、智慧供应链创新的三大路径

智慧供应链创新与传统供应链创新相比具有许多的新特点，结合智慧供应链的特殊性，并根据企业智慧供应链创新的突破口的不同，智慧供应链创新路径可分为智慧供应链技术创新、商业模式创新和制度创新三大路径。

（1）智慧供应链技术创新。技术创新是智慧供应链创新路径的首要选择，它为商业模式创新、制度创新以及其他类型创新的发展奠定了基础。随着科学技术的不断发展，丰富的供应链技术投入企业生产、仓储、运输等各个环节，企业的效率得到极大提升。例如，利用区块链技术打造物流信息平台，去中心化且解决溯源问题；利用物联网标识技术打造智慧供应链管理系统，满足产业链协同需求；利用大数据分析法，把繁杂的数据转换为有用信息，为消费者提供更优质的产品与服务。为满足企业对构建智慧供应链的需求，需要企业根据其资产结构、所在供应链的特点以及其对技术创新需求的平衡点，选择不同的技术创新研发战略。

（2）智慧供应链商业模式创新。进行智慧供应链商业模式的创新设计，需要考虑企业实际运作中的各个环节对构建智慧供应链所起的作用。实际上，商业模式主要考虑成本结构与收入来源两大方面，对企业的重要伙伴、关键业务、核心资源、价值主张、客户关系、渠道通路以及客户细分等方面进行分析，找出适合本供应链的商业模式。如今在发展创新型智慧供应链的大环境下，消费者不断对产品和服务提出新的个性化需求，企业对繁杂冗余的数据进行分析，其结果指向了多种机会与选择，衍生出新的商业模式创新的路径。

（3）智慧供应链制度创新。在宏观层面，供应链制度涉及生产者责任延伸制度、绿色供应链制度、供应链战略联盟制度等。在微观层面，包括第三方监控制度、合作规范、认证制度、反馈制度和契约等。各种宏观与微观制度相互作用，使供应链成员之间朝着一个方向努力，从而减少内部消耗，增加供应链总盈余。当下，我国相对低效粗放的供应链制度限制了供应链企业发展的潜力，因此，研究者们不得不重新审视这种模式所带来的弊端，并寻求建立创新型制度的路径。

第二节　基于技术的智慧供应链创新的路径设计

案例9-3　京东智慧无人仓库的“黑科技”

京东的首个无人仓库也是全球首个全流程无人货仓，坐落在上海市嘉定区的仓储楼群，属于上海亚洲一号整体规划中的第三期项目，总面积达到4万平方米。存储系统由8组穿梭车立库系统组成，可同时存储商品6万箱。从现场看，整个无人仓库分为三个主要区域："入库+分拣+打包"区域、仓储区域和出库区域。京东无人仓库包含了很多"黑科技"。

一、智能控制系统

无人仓库中，操控全局的智能控制系统是京东自主研发的"智能大脑"，仓库管理、控制、分拣和配送信息系统等均由京东开发并拥有自主知识产权，整个系统均由京东集成。无人仓库的"智能大脑"在0.2秒内，可以为计算出300多个机器人运行的680亿条可行路径，并做出最佳选择。智能控制系统反应速度0.017秒，许多心理学专家对人的生理反应时间做过实验，测得结果都大于0.1秒，也就是说，无人仓库"智能大脑"的反应速度大约是人的6倍。

二、无人分拣机器人——"小红人"

在出库区域，大大小小类似扫地机器人的AGV（自动导引车）则"各司其职"。最小型的300多个"小红人"AGV负责将每个订单小包裹按照订单地址投放入不同的转运包裹中，中型AGV完成第二轮分配和打包，大型AGV则直接把最后要送往京东终端配送站点的大包裹送上传送带。而传送带可以直接从库房内延伸至库房外的运输车上。再接下来，就是运输车与终端配送人员的合作，把包裹一个个送到消费者手上。在这个过程中，最亮眼的莫过于300多个"小红人"AGV的密切配合。它们在广阔的分拣区域内背着商品往来穿梭，运行速度为每秒3米，这是全世界最快的分拣速度。同时，"小红人"AGV所有的路线都由计算机控制自行选择，"小红人"AGV会互相避让；如果发现电量低了，它们会自动挪到墙上的充电桩上充电，充电10分钟，可以工作4小时。此外，"小红人"AGV还会根据分拣量大小，自行计算是"靠墙休息"还是驶上分拣场进行工作。

三、机械手

在货物入库、打包等环节，京东无人仓库配备了3种不同型号的六轴机械臂，应用在入库装箱、拣货、混合码垛、分拣机器人供包4个场景下。

四、全自动打包系统

京东在无人仓库的规划中，融入了大数据和云计算技术，利用大数据精确推荐包装材料，可以实现全自动体积适应性包装，不浪费1厘米材料，以缓解人工打包中出现的"小商品大包装"或者"大商品小包装"造成包装过度或者纸箱破损的情况。在测量环节便利用到了物联网中的传感器技术，传感器测出体积后，计算机"大脑"才能判断出选用多大的包装去盛放。

五、订单挑选作业系统

在分拣场内，京东引进了3种不同型号的智能搬运机器人执行任务；在4个场景内，京东分别使用了2D视觉识别、3D视觉识别，以及由视觉技术与红外测距组成的

2.5D视觉技术，为这些智能机器人安装了“眼睛”，实现了机器与环境的主动交互。

由案例9－3可以看出，产业界对智慧供应链创新进行了丰富的探索，无人仓库的相关创新实践融入了大数据、云计算等多种先进技术。

一、基于技术的智慧供应链创新的路径设计

目前广泛而零散的现有技术已然不能完全满足企业对构建智慧供应链的需求，企业需要找寻其资产结构、所在供应链的特点以及其对技术创新需求的平衡点，选择不同的技术研发路径，例如合作研发路径、独立研发路径以及综合研发路径。

1. 合作研发路径

伴随着经济全球化趋势的加快和市场化竞争愈加激烈，单一企业的有限资源已无法满足当下高水准的技术创新，开展协同化的供应链技术创新已然是供应链企业的当务之急。供应链核心企业与上下游成员之间达成协议，通过合作研发，实现产品监控、风险管控、日常运营等多方面所需技术的创新构想。供应链成员利用各自丰富的研究背景进行商业数据分析，提出指向性的供应链技术需求，与企业共同寻找优化的方案，合作研发相应的技术，成功地将技术供应者、技术创新者、技术使用者连接起来，达到合作研发的目的，其研发路径如图9－1所示。合作研发路径也是产业界常见的形式，如案例9－4所示。

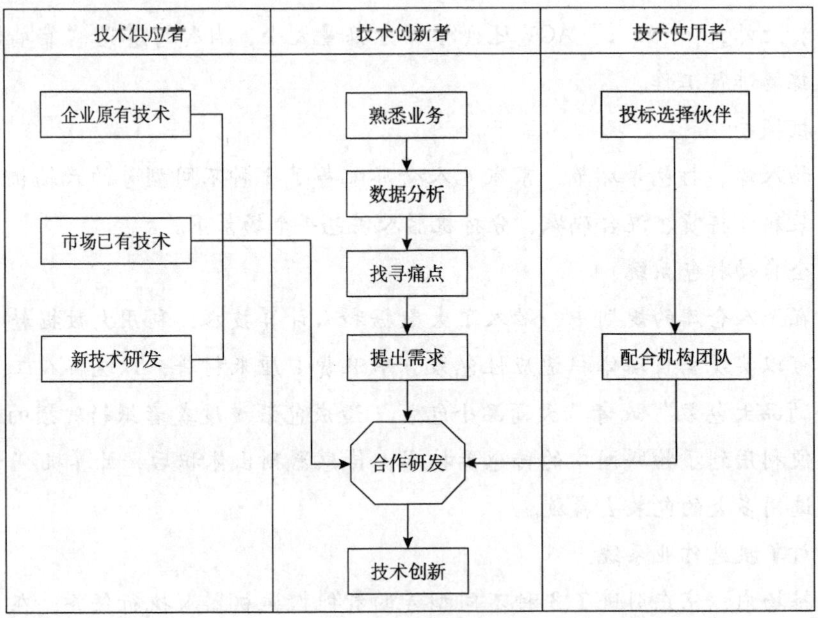

图9－1　技术合作研发路径

案例9－4　中汽创智与中智行达成战略合作，将加快智能汽车技术研发和应用

中汽创智科技有限公司（以下简称“中汽创智”）与中智行科技有限公司（以下简称“中智行”）于2020年10月29日达成战略合作，协力加快智能汽车技术的研发和应用，构建全新的智能汽车产业。

中汽创智专注于研发绿色低碳、智慧安全、极致体验的汽车技术，赋能美妙出行、美好生活的发展愿景，致力于成为汽车行业技术创新的引领者、产业孵化的践行者、数据服务的驱动者。中智行是以人工智能和5G车路协同为基础的中国领先的无人驾驶公司，并在全球范围内率先提出了融合5G的车路协同的技术方案。

双方将致力于建立长期共赢的战略合作伙伴关系，分别发挥在汽车行业和无人驾驶行业的优势，聚焦为中国研发自主可控的智能汽车技术，加快智能汽车技术的研发及推进应用，进而推动和实现中国汽车产业的长足发展。一方面，中汽创智作为整车环节的专业研发平台，在新能源汽车产业发展中地位重要、作用关键。未来，双方依托各自在智能驾驶领域的优势，通过多领域业务融合，共同积极探索单车智能驾驶、5G智能车路协同等汽车科技，开发市场领先的车路协同产品，实现共同发展。另一方面，中智行是基于5G车路协同打造新一代智慧交通公司，致力于加速实现中国的车路协同智慧交通。未来，中智行将充分利用公司在5G无人驾驶和车路协同方面的领先技术和经验，通过与中汽创智的合作双赢实现产业共赢。

2. 独立研发路径

在当代技术外包研发不断增长的趋势下，一些依赖科学知识含量的技术密集型企业却走上了另一条路，即技术的独立研发道路，紧跟科技发展潮流，纷纷建立起属于自己内部的大数据云平台，使各个环节不同部门的工作人员能够高效地进行数据信息的交互。例如，顺丰速运集团建立的顺丰科技致力于打造全方位智能化的供应链解决方案，不仅提供无人机技术等，还致力于打造可持续包装解决方案、信息安全解决方案以及丰溯区块链解决方案。

企业研发机构是企业自主创新能力的中坚力量，为企业产品升级提供技术支撑。在供应链中，前端客户的真实需要传递到供应商节点会不可避免地产生牛鞭效应，其过程会带来大量的信息损耗。技术独立研发路径下，企业内部的便捷沟通，可以带来更加高效的创新价值。前端销售团队负责洞察市场需求；产品团队设计符合市场需求

的新产品并提出新产品需求；技术团队在整合现有技术的条件下开发新技术，实现新产品开发目标，并进一步挖掘新技术潜力；运营团队负责将新产品项目落地实施，并把异常与成果告知客服团队从而再反馈给前端销售团队。综上所述，技术独立研发路径如图9－2所示。本部分也专门介绍了顺丰科技技术独立研发的案例，如案例9－5所示。

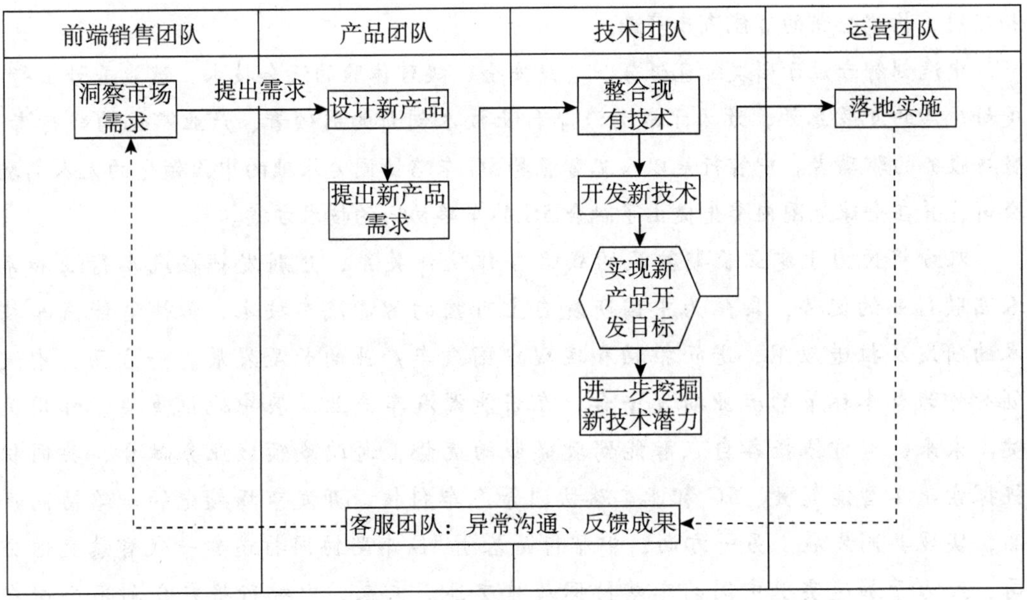

图9－2　技术独立研发路径

案例9－5　顺丰科技自主研发的大数据产品发布

顺丰科技有限公司（以下简称“顺丰科技”）践行科技改变物流和物流改变生活的理念，即用科技辅助管理者，提升决策效率、简化决策和管理流程；用科技赋能收派员，让收派员工作得更高效、更轻松、更开心；用科技温暖客户，给客户更智能、更人性化的服务体验。该公司致力于打造全方位智能化的供应链解决方案，并于2020年7月30日正式推出了自主研发的三款大数据产品，包括大数据平台、数据灯塔和丰溯。

大数据平台作为顺丰速运集团（以下简称“顺丰”）数据中台体系的核心技术底盘和顺丰信息网的核心组成部分，具有低代码、大容量、高性能、全链路、强安全等特性，可以提供数据采集、储存、分析计算等功能，具有大数据全生命周期的服务能力，从而为高速运转的物流管理、运作体系提供算力支撑。数据灯塔是基于大数据平台延伸的一款应用，通过大数据技术对产品的全生命周期进行实时监控，让顺丰的企业客户能够及时掌握物流动态，实时发现可能存在的问题并进行干预，为客户优化物流提供数据支撑。丰溯则通过“区块链 + 物联网”技术实现对产品物流信息的溯源，从生产和加工源头保证产品品质和安全。

对三个产品的运用使顺丰得以实现大数据技术与物联网、区块链、人工智能深度融合，打造完整的数字化供应链体系，帮助企业客户连接产业上下游。

3. 综合研发路径

技术的综合研发路径是将技术的合作研发路径与技术的独立研发路径相结合，依靠市场的力量，将技术研发向供应链的上下游延伸。例如，如果某一个行业的供应链共性技术具有真空地带，在此行业中的领先企业就可以选择把其竞争力从提供领先的产品上转移到提供领先的共性技术上，从而获得更高的技术主动权。例如，亚马逊旗下的无人超市 Amazon Go 结合了 RFID、计算机视觉、感测融合、深度机器学习等技术，实现了店内商品、消费者、计算机三者的实时互联。

但共性技术难以在短期内产生效用，因此，需要坚持较长时间的研发。并且共性技术开发依赖于企业间的合作关系，取决于企业在供应链中的地位，具有很大的风险且竞争十分激烈。技术的综合研发也可来源于其他供应链上的企业，如供应商、客户以及代理等合作伙伴，共同解决整条供应链上的痛点以增加整体盈余。技术综合研发路径如图 9 - 3 所示。此外，按照合作企业在供应链中的位置不同，可将技术综合研发路径分为横向合作研发和纵向合作研发。

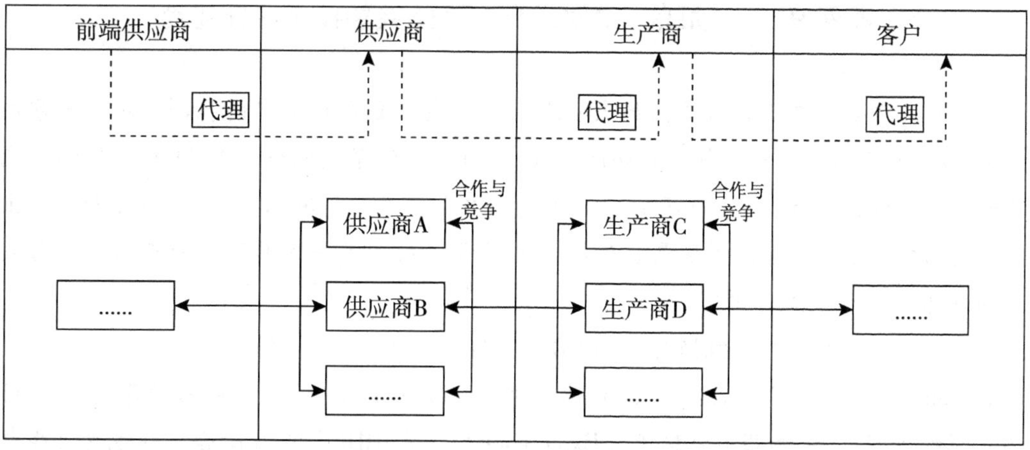

图 9 - 3　技术综合研发路径

二、京东智慧供应链创新的典型实践

作为国内领先的技术驱动型电商平台，京东不断夯实核心技术，始终以技术应用创新为核心竞争力，倡导并引领了合作多赢、协同发展的良好市场格局。京东的技术创新路径是典型的技术综合研发路径，其具有以下特点。

一是针对性强。供应链共性技术是在某一类特定供应链企业中共同使用的技术，其往往针对某一特定产业或供应链。因此，技术的综合研发具有较强的针对性，它往往针对特定类型的供应链，且技术研发成果也仅在达成技术合作的特定供应链企业中共享。对于不同的供应链，其综合研发模式会有所不同。

二是研发时间长、风险较高。通常来说，供应链共性技术难以在短期内产生效用，因此，一般需要较长的研发时间，并且依赖于企业的技术能力、企业间的合作关系、企业在供应链中的地位等多种因素。相较于技术独立研发路径，该路径已经使研发风险有所降低，但总体来说，由于研发时间的延长和模式的复杂化，该路径仍具有较高的风险。

技术综合研发路径主要适用于供应链中的技术领先企业（如供应链中的平台型企业）主导供应链共性技术开发的情况，此时，各节点企业借助自身技术资源和能力参与供应链共性技术研发过程，并获得与所在供应链具有高度针对性和匹配度的技术研发成果。在该路径下，技术领先企业以自己的技术优势辐射供应链上下游合作企业，带动全链条的技术创新和进步，从而获得更大的供应链竞争优势。京东基于技术的智慧供应链创新的典型实践的具体细节如案例 9 - 6 所示。

案例 9 - 6　京东“ABCDE”战略共建技术合作生态

京东本身拥有丰富的场景，加上京东深厚的技术积累和坚实的基础设施，使京东在 AI 技术与大数据、云计算、物联网、5G 等领域实现深度融合，以 AI 和大数据为能力和资产，以京东云、京东 IoT 的“云 + 端”结合方式，利用 5G 技术，一方面为京东自身的零售、物流、金融等场景提供技术与服务支持，另一方面则将积累的经验与成果向外部合作伙伴赋能输出。

京东的技术战略可以概括为“ABCDE”，即以人工智能（AI）为“大脑”，大数据（Big Data）为“氧气”，云（Cloud）为“躯干、肌肉和血管”，物联网设备（Device）为“感知神经”，并加强前沿探索（Exploration），“ABCDE”深度融合，形成更具生命力和竞争力的有机体，为技术的产业化、规模化落地打好坚实的地基。

京东的“ABCDE”技术战略的本质是：促进技术融合，进而促使价值叠加；与行业 Know - how（技术诀窍）进一步紧密结合；与合作伙伴一道共建良好的技术合作生态；时刻以用例为中心，解决真实场景问题，以最终实现面向社会创造更多价值。京东的技术战略涵盖了各个领域。

（1）基础设施领域。作为最早布局智能供应链的物流企业，京东一直致力于成为全球供应链基础设施服务商，不断通过各种技术革新与基础网络升级，探索在不同业务场景下满足不同消费者的多元化、个性化需求，提供精准、优质的服务。与此同时，京东也向社会全面开放物流网络。2018 年的“双 11”全球好物节期间，全国规模最大的京东机器人仓群投入使用，加之智慧系统、数字供应链的协同优化，京东物流仓配一体服务订单中超过 90% 实现了当日达和次日达，这其中不仅包含了爆发式增长的京东自营订单，还有大量使用京东物流仓配一体服务的商家订单。

（2）物流与供应链管理领域。基于多年的供应链管理和实践经验，京东自主研发了全球领先的供应链管理决策与优化平台。该平台以智能选品、智能库存、智能定价功能为核心，优化了“产业链 + 供应链 + 创新链”，促进了零售行业供应链的整体效率提升，改善了消费者的体验，惠及供应链生态闭环中的各个主体，极大降低了社会生产制造行业的运营成本。例如，该平台携手雀巢推进联合补货预测，使雀巢的需求预测准确率从 45% 提升到 85%，产品现货率从 73% 提高到 95%，订单提前期缩短 50%，线上销售额增长超过 3000 万元。此外，与沃尔玛中国上百家门店合作，双方线上线下用户与流量互相转化，平均每个门店的线上订单量增加超过 8 倍。事实证明，资源共享、技术共享，不仅带来良好的社会效益，还会获得市场口碑和合作伙伴的赞誉，也能创造更好的经济效益。

（3）“互联网 + 税务”领域。除此之外，京东也有跟中央企业进行合作。京东表示，京东与超过三分之一的央企有战略合作或项目合作，其中创新是一条鲜明的主线。例如，京东和航天信息股份有限公司合作，共同打造“互联网 + 税务”的创新业务平台，已经实现了增值税发票系统升级版下的电子发票从自动开具、接收、自动记账，再到电子会计凭证自动归档的全系统闭环流程。京东自 2012 年起面向全国近 30 个省市开具电子发票近 5 亿张，帮助企业大幅度节约成本、提高管理效率、实现低碳环保的可持续发展，有助于解决我国电子商务发展过程中诚信体系建立的难题。

京东通过技术创新的方式，正在把自身积累的创新技术和经验开放给社会以及合作伙伴，推动全社会物流效率的提升。一方面，这使得京东加强自身的技术领先优势，保持了市场竞争力。另一方面，这些举措也推动了行业的降本增效，带动了同行业及上下游产业链的协同发展，促进物流基础设施与实体经济的深度融合。数据显示，2018 年，京东的专利申请量已超过 3407 件，进入到国内互联网公司的第一阵营。

第三节　基于商业模式的智慧供应链创新路径设计

案例9－7　什么是海尔COSMOPlat?

海尔COSMOPlat是海尔推出的具有中国自主知识产权、全球首家引入用户全流程参与体验的工业互联网平台，因此，也被称为海尔互联网工业平台。

海尔COSMOPlat的中文名称为卡奥斯，意为“混沌”，即世界一切的起源。物联网时代，事物的发展有三个特点：一是无界，二是无价，三是无序（无序即混沌）。对当今企业来讲，用户需求瞬息万变，企业须在混沌中寻求新生。

海尔利用COSMOPlat将用户需求和整个智能制造体系连接起来，让用户可以全流程参与产品设计研发、生产制造、物流配送、迭代升级等环节，以“用户驱动”作为企业不断创新、提供产品解决方案的原动力，把以往“企业和用户之间只是生产和消费关系”的传统思维转化为“创造用户终身价值”。

在海尔COSMOPlat中，用户可以全流程参与产品交互、设计、采购、制造、物流、体验和迭代升级等环节。该平台差异化特点分为三大方面：以用户体验为中心创造用户终身价值；以互联工厂为载体的大规模定制；通过企业平台化打造了并联开放的生态平台。

截至2019年，海尔在全球范围内已有15家互联工厂，COSMOPlat已赋能15个行业物联生态，覆盖全国12大区域，并在20个国家复制推广。

正如案例9－7所示，基于商业模式的智慧供应链创新路径也受到一些企业的青睐，并产生了优秀的效益。

一、基于商业模式的智慧供应链创新的路径设计

1. 共享化路径

在新兴技术飞速发展的今天，共享化商业模式成为管理供应链资源的先进手段。在共享化平台上，可以随时利用区块链技术进行溯源，实时追踪供应链上的各个环节。例如，新零售业供应链打造了线上与线下深度融合的一种新模式，供应链中多方协作共享，将传统零售以企业为中心转移到通过全渠道满足消费者需求的消费者中心模式。

共享化商业模式致力于打造F2C（从厂商到消费者）商业模式，从供应商直接面向消费者群体，省去了传统供应链中间代理商、经销商环节，直接把人、货、场三者

串联起来。同时，O2O（线上到线下）商业模式也必不可少，将线上线下资源成功对接，打造“互联网+”信任社群。甚至还出现了B2C2B（商家对消费者再对商家）商业模式。该路径以消费者为中心，卖方与交易平台共同为买方提供优质的服务，把供应商、生产商、经销商到消费者的整个产业连接一体，实现产品、服务解决方案的全面升级，如图9-4所示。为了更加直观地理解这种模式，我们以盒马产业基地为例，通过案例9-8进行介绍。

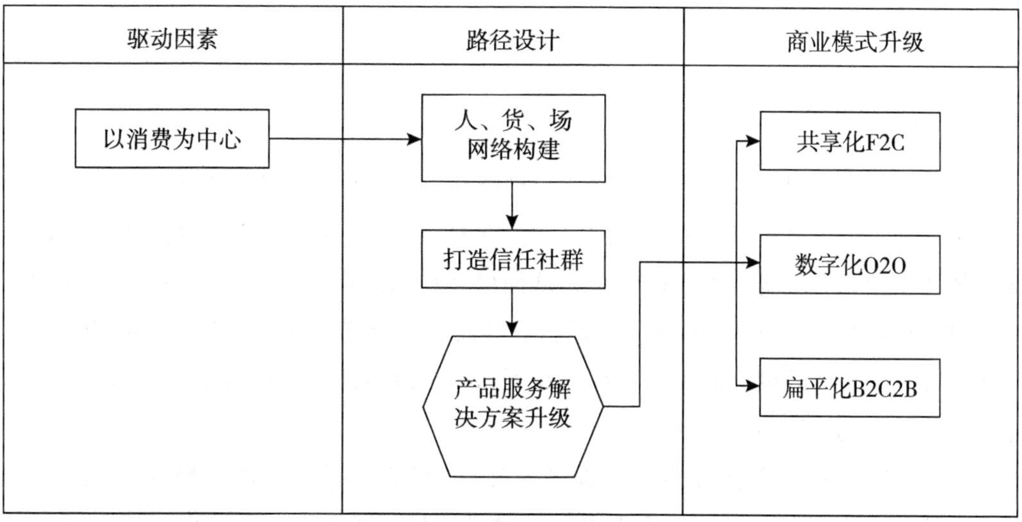

图9-4 商业模式共享化路径

案例9-8 盒马百亿产业基地及总部落户上海浦东

2020年4月17日，盒马产业基地在上海浦东新区航头镇正式动工，盒马总部将正式落户上海浦东，并在此打造百亿产业基地。

盒马产业基地是集全自动存储输送、分拣加工等功能为一体的加工配送中心，预计投产使用后年营收将超100亿元，服务于上海各大盒马门店。此外，盒马已分别与相关政府部门，就特色农产品产销对接、“盒马村”建设签署战略合作框架协议。

“盒马村”是指根据订单为盒马种植农产品的村庄。通过接入盒马遍布全国的供应链网络和销售渠道，这些村庄从分散、孤立的生产单元到连接新零售的销售单元，从传统农业生产升级为“订单农业”和“数字农业”，成为现代农业数字产业链的一部分。

全国首个“盒马村”出现在四川丹巴八科村。随后，湖北、江苏、山东、河北等地的农村也出现了一批“盒马村”。上海的“盒马村”将围绕盒马产业基地，构建从数字化农业基地到生鲜产业基地、再到盒马新零售门店的全链路数字化农产品供应链体系。项目建成后，将带动浦东新区8个农业龙头企业、20个合作社和44个家庭农场实现快速发展，助推农业数字化转型。数据显示，截至2020年3月，盒马门店数量超过220家。新冠肺炎疫情防控期间，全国盒马会员店迎来线上线下双增长，线上流量是去年同期的近3倍，线上订单比重从50%增至80%。

盒马已经迈入新零售2.0时代，即一体化的供应链体系，支持全渠道销售，真正实现线上线下深度融合。新冠肺炎疫情防控期间，在新零售2.0体系的保障下，盒马的网上订单数量相较去年同期激增220%。对此，盒马相关人士表示，疫情加快了新零售的快速普及，加快了新商业变革。

2. 封闭化路径

与共享化路径对应的是封闭化路径，是指在供应链创新中企业将自身的资源或者运营方式等封闭起来进行独家创新的模式。在封闭化路径中，供应链企业可以通过封闭的资金供给与有限研发力量的结合，从而保证技术的保密、独享与垄断。例如技术密集型高科技行业、自然资源能源垄断行业等其他供应链行业，大多建立内部的采购、销售等环节为一体的供应链生态环境，在下一步推进智慧供应链体系建设时，打造自给自足的数字化、智能化平台。

智慧供应链选择商业模式封闭化路径需要三个前提：第一，供应链核心企业必须有行业领域中绝对或者相对强势的议价权，这是进行封闭创新的基础前提；第二，核心企业信用在业界被消费者认可，相信其能提供可靠的产品和服务；第三，只有企业确定进行商业模式变革可以为其带来新的竞争优势时，才是其进行封闭化商业模式创新的最佳时期。图9-5为商业模式封闭化路径。案例9-9介绍了苹果公司的封闭化路径。

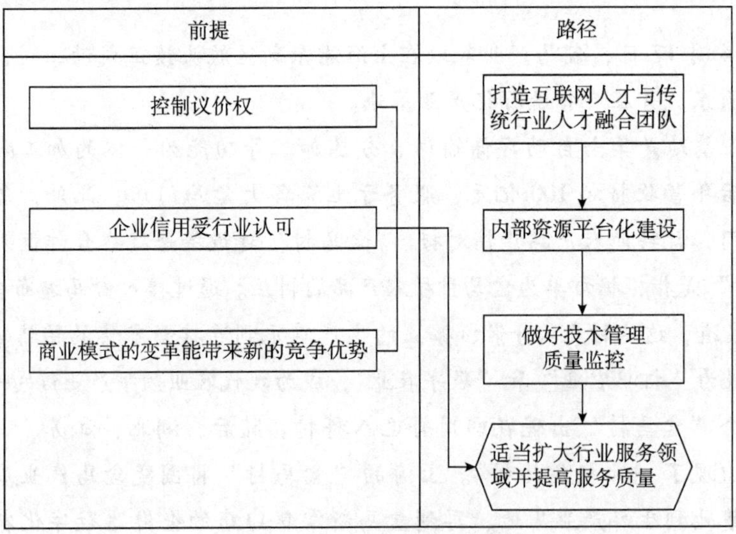

图9-5　商业模式封闭化路径

案例9－9　苹果公司：封闭为王——封闭的全球化

苹果公司未来到底要做软件公司还是硬件公司，这是苹果公司曾经提出的疑问。因为20世纪90年代初期的个人计算机生态，源自微软和PC兼容机制造商的分工协作。除了SUN和SGI等服务器级别电脑制造商，没有谁敢于同时开发自己的硬件，同时又不授权自己的软件给第三方。而乔布斯重返苹果公司后之所以能够快速扭亏，恰恰就是受益于这种硬件兼有软件的封闭技术体系。这种封闭的态度不仅仅体现在苹果公司的技术态度上，苹果产品的全球化制造流程也充满了封闭色彩。

设计于库比蒂诺，生产于中国。在每个苹果产品的背后都会蚀刻上这样的“铭牌”，库比蒂诺是苹果总部所在地。不同于惠普公司和戴尔公司在全球化代工制造浪潮中的彻底下放态度，苹果公司一直坚守最谨慎的OEM（原始设备制造商）代工制造方式，从没有采用过包含代工设计的ODM（原始设计制造商）方式，而且严控代工过程的保密原则。戴维·艾斯沃特分析，苹果公司一直小心翼翼地管控着代工制造商和核心零件供应链条，广达、鸿海、华硕等代工厂每年都以竞标的方式获得苹果公司订单，并且苹果公司一直采用两家以上核心零件供应商的体系，以此分散生产风险。譬如闪存颗粒就分别来自三星公司和东芝公司，为了满足第二代iPad，甚至将印刷电路板供应商的数量由原来的3家扩增到了7家。另外，iPhone和应用软件商店开启的第三方开发者生态，实际上也没有摆脱苹果公司的封闭架构。

而在乔布斯两次病休的时候，蒂姆·库克成为临时接替者，之所以会委任蒂姆·库克，恰恰就是因为他参与构筑了苹果这套封闭的全球化代工体系。或者按照供应链分析投资机构的说法，乔布斯早已制订好商业模式的生态计划，小团队作战的设计研发群体将设想付之于产品，剩下的事情只是蒂姆·库克组织生产，罗恩·约翰逊去多开苹果商店的问题了。而在杰伊·埃利奥特看来，所有与乔布斯密切共事过的人都知道，乔布斯不会放弃对公司或者产品的任何控制权。乔布斯2003年查出胰腺癌，苹果公司现在管理团队的经验储备十分丰富，生产和研发体系又不需要开放给任何合作方，乔布斯用一套以苹果公司自身为核心的商业体系，构筑出了苹果公司内部自我循环的生态系统，一套包含独立技术标准和乔布斯设计口味的商业组织。

3. 综合化路径

综合化路径是将共享化路径和封闭化路径相结合的一种方式，该方式集两者的优点于一体，对外商业交互实施开源共享化管理，对内实施封闭化管理。一些可以从闭环供应链中直接获取经济效益的企业非常适合这种综合化商业模式创新路径，例如汽车、电器等供应链，企业可以对这种产品进行回收再利用。

与传统的供应链信息共享平台相比，这种综合化商业模式创新更专注于企业对其产品进行全生命周期的数据跟踪把控，对正向供应链提供运营与绩效监控服务，提高正向供应链效率，并对逆向供应链提供产品回收定价等服务。同样，这种模式也需要建立全链条的信息采集、传输、存储、加工等的云平台，使不具有利益冲突的供应链上下游企业有效地进行数据共享，便捷地对异常及错误数据进行再采集，商业模式综合化路径如图 9－6 所示。

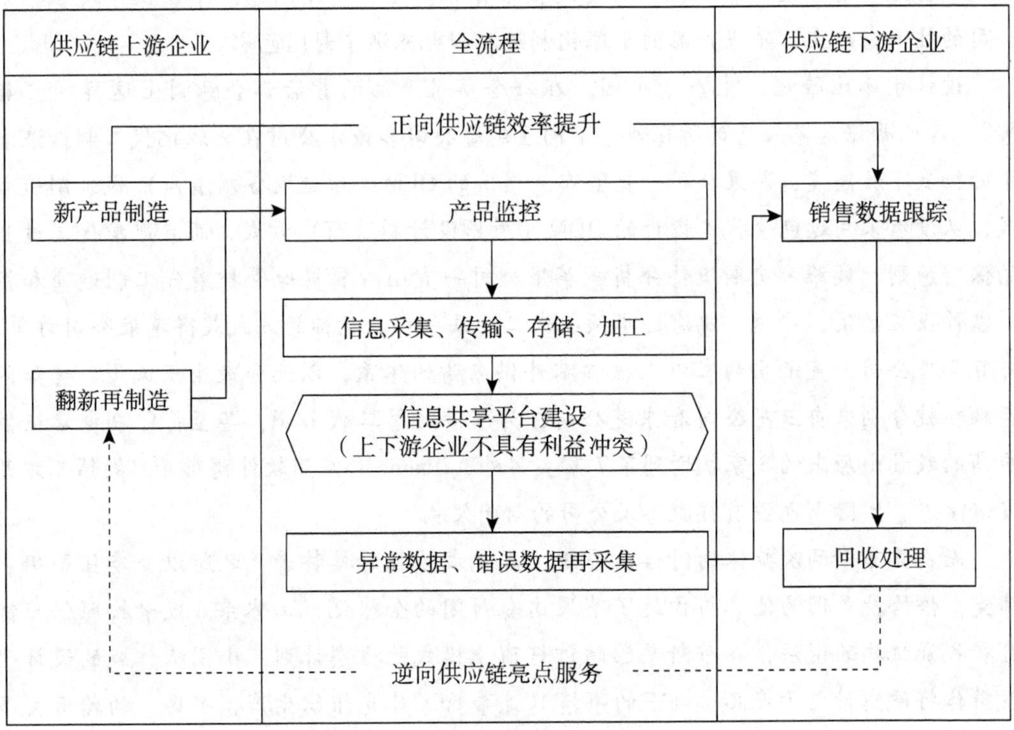

图 9－6　商业模式综合化路径

二、大众汽车智慧供应链创新的典型实践

大众汽车作为一家全球知名的汽车企业，在智慧供应链创新上做出了巨大的努力，通过综合化商业模式创新，成功实现了转型。综合化商业模式创新的典型特征包括以下几个方面。

一是对内封闭。对内实施封闭化管理，产品的自我封闭系统有利于企业牢牢掌握核心资源和核心能力，在重要的环节获得丰厚的利润。在知识产权意识不强的背景下，各企业都跟风抄袭，导致市场上产品同质化非常严重，对于商业模式创新型企业来说，保护产品信息不被泄露，才能保证企业在好的模式下基业长青。

二是对外共享。当前，大数据技术日趋成熟并快速发展，大数据业务模式和应用场景日趋清晰，构建适应未来大数据战略推进的大数据平台，支撑对内对外的数据服务，实现企业对外的商业交互是综合化商业模式创新的另一特征。通过对外与广告、实地销售、金融咨询等多行业进行合作，可快速实现大数据资产的增值，提高企业经营效益和市场竞争能力。

这种综合化商业模式创新主要适用于可以从闭环供应链中直接获取经济效益的企业，将封闭化路径与共享化路径进行结合，对内封闭，对外共享。例如，海尔公司由封闭的制造企业变成开放竞争的综合化平台，在转型前，模具工厂的订单来自集团内部，内部订单直接下达后，模具工厂批量化生产，最终目的是按期交付合格的产品。而平台化的转型战略要求工厂由封闭垄断到开放竞争，由被动接单到抢单制造，由根据资源找用户，变为通过用户找资源。为了更加细致地介绍大众汽车的综合化商业模式创新，我们给出了案例 9 - 10。

案例 9 - 10　打造汽车“安卓平台”，大众汽车或亲手改变传统汽车产业

2019 年的日内瓦车展，汽车世界的目光，依然被特斯拉的喧嚣所吸引。然而，大众汽车展台上发生的一件看似不起眼的小事情，将给传统汽车产业带来真正的冲击。

作为世界上最具竞争力的模块化开发平台汽车制造商，大众汽车将面向电动车产业研发模块化汽车平台（MEB 平台），MEB 平台位列该公司有史以来最重要的汽车项目。为了这个平台的研发，整个公司投入了无数的资源。这个平台，除了最基础的、极具扩张性的、模块化的底盘之外，还拥有所有传统车企中最先进的整车电子电气架构——E3 架构，使得未来的汽车能够进行软件定义。如今，MEB 平台在全球范围内都可以被视为仅次于特斯拉的 Model 3 和 Model Y 共享平台的电动车平台。

在传统的汽车行业商业模式中，汽车企业会极度严苛地守护着自己的秘密，研发中心甚至不允许“可疑人士”靠近，通过保守核心知识产权的秘密，以获得竞争优势。大众汽车倾注集团力量，历时 4 年研发的 MEB 平台，授权“竞争对手”使用，基本上可将其视为一个电动汽车的“安卓平台”，这种模式对汽车产业带来的冲击是巨大的，极大地降低汽车制造的门槛。在大众汽车 MEB 平台的帮助下，其他企业可以共享 MEB 平台的底盘以及供应链，甚至是生产能力，只需要解决电动车产品的应用和运营问题就行。当大量的企业利用 MEB 平台打造汽车产品时，其客观结果就是极大地提升这个生态的规模优势。这会让那些单打独斗的电动车平台在硬件成本上难以与之竞争，在研发效率上也难以与之竞争。更可怕的是，在软件和车联网生态上的竞争力，望尘莫及。

这样的结果将会使得很多汽车企业为了在硬件成本以及软件生态上具备竞争力，而不得不选择加入MEB平台的对内封闭对外开放的综合化商业模式中去。此举将会改变汽车产业的商业模式，在过去的一百年，传统汽车企业的核心商业模式是卖车，核心能力是造车。但由于大众汽车的MEB平台的开放，造车这项核心能力被削弱。其他企业不需要研发汽车，不需要搞定供应链，甚至不需要搞定生产。它们要做的核心工作是：定义产品，在大众汽车提供的OS（操作系统）模块的基础上，研发应用程序，只需要控制用户和数据即可，最重要的是，要降低运营成本，提升运营效率。

对于大众汽车而言，它们提供底盘、供应链、整车电子电气架构，包括OS模块，但不用提供OS模块的深度定制服务，让应用和运营企业自己来做深度定制，只需要把这个生态不断地做大，就将具备无与伦比的影响力。大众汽车MEB平台的开放，必将极大加速电动车替代燃油车的进程。

第四节　基于制度的智慧供应链创新路径设计

一、基于制度的智慧供应链创新路径设计

（一）随机演进路径

随机演进是指制度变迁不是靠人为的有意识设计完成的，而是随着历史过程的自然演化完成的，具有随机性。在供应链创新中，制度的随机演进过程主要分为三个部分。第一，与人类社会制度的随机演进类似，供应链制度随机演进受到员工数量和劳动方式的制约，进而还受到供应链合作方式的制约。第二，供应链制度随机演进的动因主要是资源的稀缺性以及技术的进步，在供应商管理方面往往具有滞后性。第三，制度的随机演进在带来利益的同时，难免也会有一些制度漏洞被供应链中的投机者所利用，相应的自我修复客户管理应运而生，如图9－7所示。相关案例如案例9－11所示。

案例9－11　供应链控制塔的演进过程

近年来，供应链控制塔（SCCT）的概念越来越流行。供应链控制塔从“物流控制塔”演变而来。近年来，一些大型跨国物流公司借用机场控制塔的方法，推出了物流

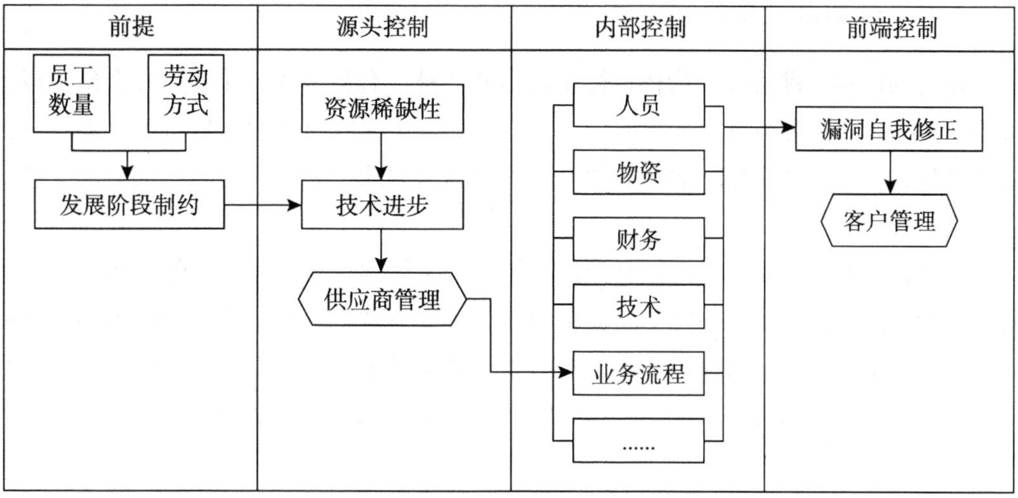

图9－7　制度随机演进路径

控制塔（Logistics Control Tower）的概念。之后，Gartner、埃森哲、阿伯丁等著名供应链管理和咨询机构将物流控制塔上升到供应链控制塔的概念，并把它作为供应链数字化转型的重要举措之一。

在整个供应链控制塔的演进过程中，供应链控制塔1.0和2.0是传统方式的控制塔。它们都是以单个企业为中心，外部的贸易伙伴能见度有限，信息共享程度低。供应链控制塔1.0只有描述性的可视化，供应链控制塔2.0有预测性分析能力，但没有指标性的分析能力。

当供应链控制塔发展到3.0时，其与供应链控制塔1.0和2.0有了本质区别，它存在于客户驱动的供应链网络中，并且控制和管理整个供应链网络。供应链控制塔3.0具有以下特点：企业是供应链网络的一部分；展示价值链的完整视图，具有对供应链每个阶段能力的可见性；具备实时数据流；具有指标性的分析能力，也就是基于数据学习（如机器学习），为决策者提供优化建议和制定最佳的行动方针。

当供应链控制塔发展到4.0时，它和供应链控制塔3.0一样都处于客户驱动的供应链网络中。然而，供应链控制塔4.0是基于人工智能的数字化供应链控制塔，具有自主反应与学习、协同共享信息、校正供应链、机器学习、认知分析等特征。

目前，国内的大多数物流和供应链企业尚处在供应链控制塔的概念学习和应用推广阶段。根据调查，大多数的物流/供应链控制中心或指挥中心尚属于供应链控制塔1.0或2.0，部分达到了供应链控制塔3.0。随着经济技术的不断发展，相信大多数企业将逐渐朝着供应链控制塔3.0和智能化的数字化供应链控制塔4.0迈进。

（二）计划演进路径

制度的计划演进路径是指供应链上的直接主体，包括个人、企业、社会组织以及政府组织等，在制度演进所带来的潜在利润的驱动下，有意识地采取行为推动供应链制度变迁或者对制度变迁施加影响的一种制度演进方式，并且该方式受人为因素影响的程度较大。

计划演进路径从源头上把控整个供应链，把市场的自我调节机制能力用更稳固的计划管理模式替代。通过制定一系列的制度，可以有效把控供应商、生产商的生产活动。通过调节技术水平的高低，从而扩大整个供应链的经济效益。这种计划演进路径通常适用于客户需求稳定的情况，如图 9 – 8 所示。相关案例如案例 9 – 12 所示。

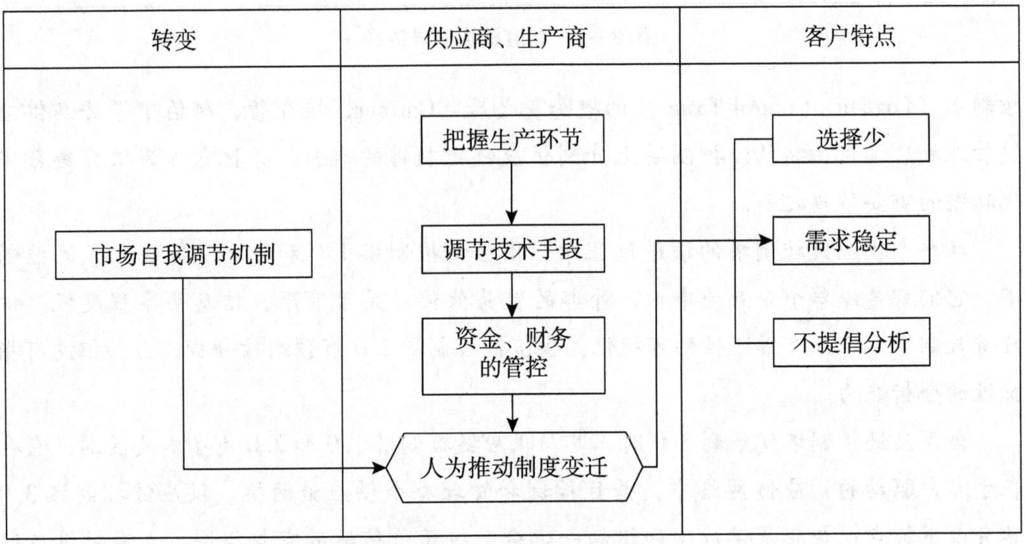

图 9 – 8　制度计划演进路径

案例 9 – 12　智慧供应链支撑的跨境电商海外仓转型

海外仓是跨境电商全球采购、全球销售以及第三方物流企业提升服务质量、获取市场竞争优势的重要抓手。跨境电商设立海外仓是市场竞争下的必然需求。亚马逊等全球领先的跨境电商平台发展势头迅猛，对海外仓的布局和建设起到了推动作用。主要面向国内市场的京东则在全球通过 100% 覆盖产地来布局 110 多个采购海外仓。服务跨境电商或全球物流的第三方物流企业，如顺丰等，也同样在境外加大布局第三方海外仓的运储仓配力度。

尽管海外仓数量急剧增加，但实际上，多数新增海外仓给投资企业带来的运营成本却远高于收益。总的来说，海外仓现存的主要问题，除国际税法差异和海外消费者权益差异导致的政策风险、经营风险、质量风险和成本风险外，绝大多数与信息不对称、数据难共享和预测不精准直接相关，如货物爆仓、滞销滞压、建仓成本高、退换货损失大等。因此，如何解决上述问题，并通过海外仓提升供应链整体利润，成为今后规划和建设海外仓的关键。

事实上，上述问题恰恰是智慧供应链所关注和能解决的，更需要形成跨境电商的智慧产业链生态。从供应链体系和产业链生态来看，海外仓运营的成功与否，取决于其在整个供应链和产业链中所处的位置和所起的作用，取决于运营管理的成本与收益的效率对比，取决于仓储商品类型与供应链类型的匹配度，取决于互联网及信息技术、智能技术等对仓储智慧决策的支撑程度。

海外仓的运营也同样需要如国内仓储一样“结点成网”，利用联盟、资本或信息网络对自身及盟友资源的全票赋要素优化，融合多式联运、中转仓、货运代理、退货换标和报关清关等资源，特别在国内国外两端共建姊妹海外仓、姊妹边境仓，实现全程物流轨迹追踪和全网络协同共赢。此外，海外仓还需要提高节点仓配的即时响应速度。跨境电商平台本就具有全流程、全资源的数字化基础，因此，较易引入自动化装备，利用操作无人化、运营智能化和决策智慧化实现全球跨境电商智慧供应链体系。

（三）综合演进路径

综合演进路径是将随机演进路径与计划演进路径相结合的一种方式，通常在某个环节或者部分采取不同的制度创新方式。第一，要尊重市场的自主调节机制，供应链的生产、流通、消费环节都是由市场通过价格、供求、竞争等要素实现的，市场这只无形的手调节了要素流动，实现了资源的合理配置。第二，要发挥供应链核心企业的计划指导作用，这里的计划不再是僵硬的计划，而是对市场变化进行灵活调整的宏观调控，是一种科学的供应链管理手段。

历史进程决定了现在的发展状态，制度的初始体系一旦形成，往往会沿着既定的路径前进，逆转需要投入非常高的成本，因此，制定初始供应链行动规则非常重要。若企业处在供应链的关键环节，且是整个供应链的规则制定者，那么在制度设定上便具有一定的主导权，可以依照环境的不同而对采取的制度进行调整和改善，再将制度进行细化，分割为多个子制度。不同的制度适用于不同的制度演进模式，根据其特色采取不同的制度。制度综合演进路径如图 9 -9 所示。

二、国家电网智慧供应链创新的典型实践

以制度综合创新为落脚点，国家电网有限公司（以下简称“国家电网”）作为中

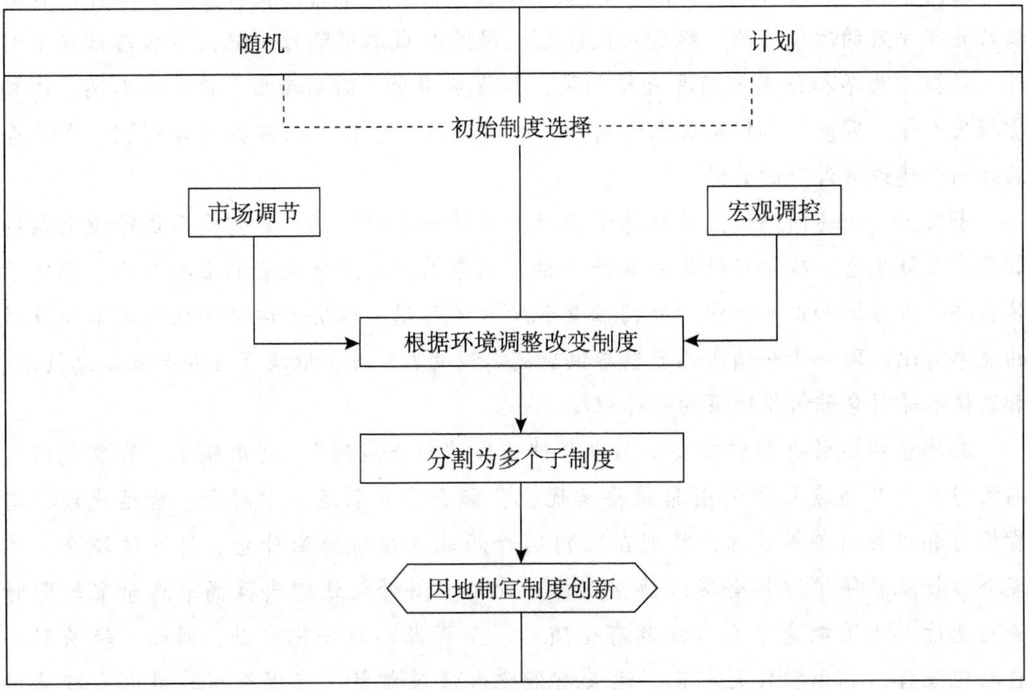

图9-9 制度综合演进路径

央企业的“国家队”，抢抓供应链发展新机遇，积极突破传统采购管理范畴，创新建设具有国家电网特色的现代智慧供应链体系，充分整合供应链上下游资源，推动供应链质量变革和效率变革。在商务部全国供应链创新与应用试点企业中期评估中，国家电网获评“优”，典型经验在全国推广。制度综合演进路径的典型特征包括以下几个方面。

一是优势互补，供需平衡。制度的供给和需求往往呈现出“均衡—失衡—均衡”的周期变化形态，其中，供需失衡的形态构成了制度变迁的动因。因此，智慧供应链制度综合演进本质上就是均衡和非均衡相互作用和转化的过程，在这个过程中，随机演进路径中的市场调节和计划演进路径中供应链核心企业的理性设计共同发挥作用，实现优势互补。

二是因地制宜。在制度的综合演进路径中，供应链制度是根据供应链企业所面临的外部市场和技术环境的变化而发展变化的。因此，特定的技术、组织和环境对应于不同的制度，进而可以采用不同的制度演进路径进行创新。也就是说，供应链核心企业可以根据外部环境因地制宜地实现制度创新。

企业的发展有赖于技术支持，而制度和技术之间是一种相互依赖的关系，因此，如果现有制度无法适应当前的市场环境从而阻碍了技术进步，就需要进行制度的综合演进，以充分适应环境变化。为此，市场上绝大多数供应链节点企业所采用的制度创新方式都是随机演进路径和计划演进路径相结合的综合演进路径，其目的就是要实现供应链制度与技术和环境的协调。尤其是对于供应链中掌握关键话语权的节点企业而言，它们更倾向于采取这种能够适应环境并进行理性设计的科学方法，来应对不断变化的外部冲击，科学、渐进地实现智慧物流和供应链的创新。国家电网具体的实践介绍如案例9－13所示。

案例9－13　深化制度改革，国家电网的现代智慧供应链全景质控业务链应用

国家电网认为全景质控是现代智慧供应链体系三大核心业务链之一。近年来，国家电网坚持“质量强网”理念，全力打造“质控链”智能化运作体系，全方位提升质量检测能力，实现事前管控、事中监督、事后闭环，电网设备质量管理取得显著成效。

事前建立供应商信息“一本账”。近年来，国家电网逐步建立了完善规范的核实制度，由总部和省公司两级组织开展，对主要设备供应商开展全方位量化的“深度体检”，建立高质量的供应商信息库，防范供应商虚假投标风险，实现从源头管控采购设备质量。2020年，国家电网建成了新一代电子商务平台（ECP2.0），对自愿报名参加核实的供应商进行“体检制”云核实，建立供应商信息“一本账”，实现供应商信息全方位数字化管理。不仅如此，ECP2.0供应商信息核实生成的量化可视结果还可直接用于投标环节，为采购策略优化提供保障。

事中织密质量监督“一张网”。从2019年5月起，国家电网开始建设电工装备智慧物联平台（EIP），此前已建成10大品类管理中心。EIP实现了生产制造实时感知与智能监造深度融合，从生产线实时采集数据，打造“透明工厂”。基于EIP的智能监造则实现了物资生产环节的质量管控，在推进产品质量提升的同时，也推动了电工装备产业的升级。

事后下好闭环管控“一盘棋”。国家电网依托新一代电子商务平台深化事后闭环“一盘棋”管理，对质量监督中发现的问题，由平台自动进行分类分级，按照严重程度，对供应商作合同违约责任追究、不良行为处理、绩效评价扣分，并推送至招标采购环节，形成应用闭环。

近年来，国家电网通过深化现代智慧供应链全景质控业务链应用，不断提升电网设备质量。全景质控数据内外贯通、实时交互，引导了上下游产业供需对接，营造出重质量、讲诚信的良性竞争氛围，促进电工装备制造水平整体提升，打造电工装备生态圈，助推电网高质量发展。

第五节　不同创新路径的比较与组合

一、不同创新路径的比较

从上述供应链创新路径设计方式来看，技术创新路径、商业模式创新路径、制度创新路径各自的三种方式的构成各不相同，并且各具特点，表9－1、表9－2、表9－3分别为三种技术创新路径的比较、三种商业模式创新路径的比较、三种制度创新路径的比较。

表9－1　　三种技术创新路径的比较

	特点	主要内容	案例
合作研发路径	(1) 资源共享 (2) 优势互补 (3) 风险共担 (4) 利润共享	打造技术供应者、技术创新者、技术使用者交互网络	供应链企业与研发机构、高校研发团队合作研发
独立研发路径	(1) 专业 (2) 高效 (3) 垄断 (4) 投入高	技术密集型供应链企业打造研发团队，服务于供应链网络	顺丰科技、华为科技等
综合研发路径	(1) 针对性强 (2) 时间长 (3) 具有滞后性	供应链上下游中的技术领先企业进行共性技术开发	亚马逊无人超市等

表9－2　　三种商业模式创新路径的比较

	特点	主要内容	案例
共享化路径	(1) 资源节约型 (2) 成本低 (3) 以消费者为中心	供应商、生产商、经销商到消费者一体化联结，资源需求方与供给方互利互惠	货拉拉、共享单车等
封闭化路径	(1) 垄断 (2) 技术或资源主导 (3) 用户黏性强	建立企业内部采购、销售等环节为一体的供应链生态环境	高科技行业供应链、自然资源能源垄断行业供应链等
综合化路径	(1) 自主与控制结合 (2) 正向与逆向结合	以产品为主体，联结其闭环式生命周期供应链网络	汽车、电器等行业供应链

表 9－3　三种制度创新路径的比较

	特点	主要内容	案例
随机演进路径	（1）适用于初期 （2）资源制约 （3）滞后性	供应链源头、内部、前端的资源、技术、管理方式等发现问题自我修正的过程	早期社会政府企业、传统型供应链企业
计划演进路径	（1）针对性强 （2）效果显著 （3）个性化弱	把控供应商、生产商的生产活动，掌握并调节技术水平的高低，客户少量参与	垄断行业计划生产模式、行业内遏制不良竞争而达成协议的手段
综合演进路径	（1）优劣平衡 （2）因地制宜	随机演进路径与计划演进路径相结合	供应链中关键话语权节点企业

二、不同创新路径的组合

综上所述，选择智慧供应链创新路径的组合如图 9－10 所示，在进行技术、商业模式以及制度创新时，每项创新分别有三条路径可选，在理想情况下构成 27 条组合路径，企业可以根据供应链的发展实际，因地制宜地选择合适的供应链创新路径，达成智慧供应链的创新目标。

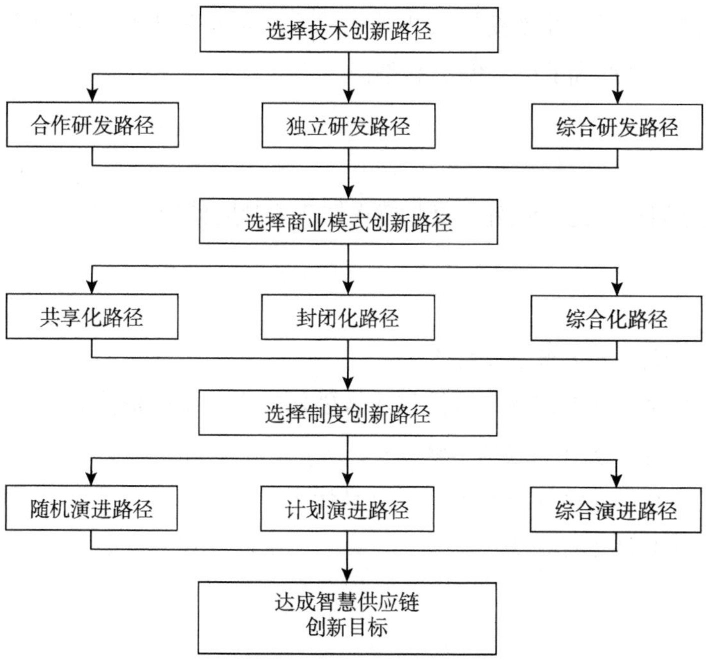

图 9－10　智慧供应链创新路径的组合

❖ 本章小结

本章主要介绍了智慧供应链创新的概念和主要特征，并且介绍了不同的智慧供应链的创新路径及其典型案例。伴随第四次科技革命的浪潮，全球供应链发展进入了智慧供应链时代。智慧供应链创新是对智慧供应链业务运行开展的针对性创新活动，旨在创新发展供应链新理念、新技术、新模式，高效整合各类资源和要素，提升产业集成和协同水平，实现智慧供应链高效运行的目标。智慧供应链创新主要有以下特征：资源平台化、满足个性化需求、繁杂冗余的数据冲击、多主体协同化创新。根据不同的智慧供应链创新突破口，智慧供应链创新路径又可以分为技术创新、商业模式创新、制度创新。其中，技术创新是智慧供应链创新路径的首要选择，它为商业模式创新、制度创新以及其他类型创新的发展奠定了基础。目前广泛而零散的现有技术已然不能完全满足企业对构建智慧供应链的需求，企业需要找寻其资产结构、所在供应链的特点以及其对技术创新需求的平衡点，选择不同的技术创新路径，例如合作研发路径、独立研发路径以及综合研发路径。从商业模式创新角度来看，如今在发展创新型智慧供应链的大环境下，消费者不断对产品和服务提出新的个性化需求，企业对繁杂冗余的数据进行分析，其结果指向了多种机会与选择，衍生出三大类商业模式创新的路径，分别是共享化路径、封闭化路径以及综合化路径。最后，从制度创新的角度来看，制度创新路径又可细分为随机演进路径、计划演进路径和综合演进路径。技术创新、商业模式创新、制度创新三种创新模式相辅相成，又可互相组合。两个或两个以上的不同创新路径的叠加又形成了组合创新的路径。

❖ 关键概念

智慧供应链创新　技术创新　商业模式创新　制度创新

❖ 思考题

1. 智慧供应链创新的概念是什么？
2. 相较于传统供应链创新，智慧供应链创新的主要特征是什么？
3. 智慧供应链创新有哪些基本路径？
4. 不同的智慧供应链创新路径的特点是什么？
5. 组合创新的路径有哪些？

❖ 案例分析

从“真黑五”全球狂欢看亚马逊的“创新路径”

“黑色星期五”具有悠久的历史，与中国的“双 11”类似，这是西方的消费狂欢季，标志着圣诞节和假日购物季的开始。自亚马逊中国 2014 年首次将“黑色星期五”引进中国以来，越来越多的中国消费者参与到这一跨境网购狂欢中，“黑色星期五”也在慢慢成为国人的“跨境电商盛典”。

以在线图书零售商起家的亚马逊，从图书垂直品类，到一切商品品类，如今已经成为全球跨境电商行业的翘楚，其行业影响力也在日益倍增。亚马逊中国通过借助全球强大的科技实力和本地化创新成果，不断降低海淘门槛，从各个环节提升消费者跨境网购体验，使中国消费者感受到海淘的便利。

2020 年 11 月 13 日，亚马逊中国在北京宣布，第七届亚马逊“海外购物节”正式进入“真黑五”全球狂欢阶段。这一年的“真黑五”与往年有所不同。首先，今年的“真黑五”购物季促销时间更长。这是亚马逊海外购史上跨时最长的“真黑五”全球狂欢，横跨整个十一月，覆盖“黑色星期五”和“网购星期一”两大海外促销节点。先后分别为“黑五提前抢”“超级神价日”阶段，17 个品类的国际大牌将依次推出优惠；11 月 26 日至 28 日是活动的高潮——“黑五 72 小时”，亚马逊海外购联合众多国际大牌为中国消费者定制了 30 多个专属优惠，覆盖多个品类；11 月 29 日至 12 月 1 日为“网购星期一”大促，美国、英国、日本、德国四国一系列同步优惠同步上线，其中囊括了飞利浦、李维斯、德龙等国际品牌。“真黑五”全球狂欢时长的增加，让更多的消费者有机会亲自参与并且体验到海淘的乐趣。

在拉长促销时限的同时，亚马逊中国还在选品丰富度上做出了改革创新。亚马逊海外购从最初仅同步来自亚马逊美国的 8 万种商品，到如今成功引入逾 3000 万种来自美国、英国、日本和德国的海外商品，不断满足国内消费者的跨境网购需求。

2020 年“黑色星期五”期间的优惠力度也更强。亚马逊借助自营直采和先天的价格优势，很多品牌的促销价格都是其海外产品售价的直降优惠，有些价格比国内产品促销价格的一半还低。2020 年的“真黑五”不仅补贴力度大大提升，而且可获得额外补贴的商品数量也较去年同期增长 3 倍。此外，亚马逊海外购还联合广发银行制定了满 200 减 50 限时优惠，并与农业银行共同推出 25 元无门槛立减券等，为消费者带来多重本地叠加福利。

在今年的“真黑五”购物季期间，亚马逊海外购在微信小程序的基础上，还上线了亚马逊海外购百度智能小程序商店。该商店将同步来自亚马逊海外购超过 30 个品类的逾 2000 万种海外正品，此次亚马逊“真黑五”优惠活动也将在百度智能小程序商店中同步展开，并为小程序用户提供专属惊喜福利，这使得中国消费者跨境网购的本地化渠道又增添了一个新选择。既能享受到亚马逊全球的海外正品、优惠价格和跨境物流体验，又能获得百度精准的算法逻辑推荐，使消费者购物更加便捷。

亚马逊从2014年首次将“黑色星期五”引进中国，到如今成为消费者跨境网购首选电商，其跨境电商秘籍在本质上，是通过革命性的规模化创新裂变，改进技术和商业模式，扩大生产力，直接促进了中国海淘消费群体的扩大，做大蛋糕并由此获得新兴市场红利的实现。

亚马逊一直秉承“客户至尚”的理念，通过推动技术应用、客户体验及商业模式的创新，打造“中国式”创新路径。

在技术应用方面，亚马逊中国独一无二的全球促销同步技术，确保了中国消费者可以实时享受与美国、英国、日本、德国四国大海外站点同时、同质的商品，从而使中国消费者真正实现一站轻松购全球。在客户体验方面，亚马逊中国海外购的技术研发团队推出了“智能尺码助手”，从而很好地解决了消费者在跨境选购服装、鞋靴等商品时，面临的因为各国及各品牌的尺码差异而产生的不便。此外，为了让中国消费者可以更便捷地买到自己中意的商品，亚马逊海外购自上线以来，积极拓展了包括亚马逊中国网站、手机移动客户端、微信小程序商店等多个渠道，打造了更丰富的线上购物场景。亚马逊中国正逐渐成为亚马逊全球技术创新的典范。

对于跨境电商来说，物流就是“生命线”，亚马逊的海外购跨境前置可谓是其跨境电商秘籍的“镇山之宝”。依托大数据技术进行预测，将爆款产品提前备货至前置仓。国内消费者下单后，货品从海外购跨境前置仓即时发货，可谓是“订单未下，货已先行”。在不久前结束的会员日活动中，亚马逊海外购跨境订单创造了新的物流配送纪录，最快仅耗时1.7个工作日就将跨境包裹送到国内消费者手中，堪称跨境电商的行业标杆。2020年“黑色星期五”期间，亚马逊继续依托全球的成熟物流体系与独创的海外购跨境前置仓，并通过在“最后一公里”与国内顶尖物流服务商顺丰快递合作等举措，为中国消费者在繁忙的大促期提供可靠的跨境物流保障。

在“中国式”创新的路径下，亚马逊不断深化本土化创新，优化物流、售后等跨境电商体验，降低海淘商品价格，扩大选品丰富程度，从而降低了海淘的门槛，使得越来越多的消费者能够享受到海外的优质商品。亚马逊不仅满足了国内消费者对品质生活的要求，还提升了消费者在心理上的幸福感。在创新的基石下，亚马逊给中国消费者打造了“数字购全球”的一站式体验，并为新冠肺炎疫情之后经济复苏形成了新的增长通道，同样也为跨境电商行业打开了新的格局。

1. 亚马逊中国的创新路径有哪些？

2. 案例中亚马逊中国还可以有哪些可以发展的创新路径？

3. 请查阅其他课外资料，讨论一下亚马逊中国的创新路径与其他企业（如当当网、淘宝网）的区别。

第十章　智慧供应链管理的典型实践案例分析

❖ 学习目的

通过本章的学习，学员应该能够：

- 了解企业构建智慧供应链的具体实施过程。
- 了解智慧供应链集群的发展模式。
- 了解区域智慧供应链产业的建设实践。

第一节　企业实践案例分析

案例 10 –1　京东：新零售环境下的智慧供应链战略

2017 年，京东物流展开了密集的行动。4 月 25 日，京东宣布，要正式组建京东物流子集团，5 月 22 日，京东与西安航天基地签订了京东全球物流总部、京东无人系统产业中心、京东云运营中心合作协议，在智慧供应链领域展开布局，并计划到 2022 年为该项目投资 205 亿元。2017 年 5 月 19 日，京东及中国物流与采购联合会共同发布《中国智慧物流 2025 应用展望》，该报告的数据统计结果显示，中国物流数据、物流云、物流技术服务的市场规模到 2016 年时已突破 2000 亿元大关，2017 年京东在全国建设了 7 个“亚洲一号”智能物流中心，利用先进的技术手段代替人工劳动，实现了自动化货物存取、包装、出库及入库等操作。与此同时，京东开发的无人机也在陕西、江苏、北京等地完成了配送任务，2017 年 6 月，京东无人车完成首单配送任务。由此可见，作为电商企业，京东在智慧供应链的布局、对智慧物流的发展领先于同行，在时间方面占据了优势。京东的智慧供应链战略围绕数据挖掘、人工智能、流程再造和技术驱动四个源动力，形成覆盖商品、价格、计划、库存、协同五大领域的智慧供应链解决方案，用技术帮助京东与合作伙伴解决“卖什么、怎么卖、卖多少、放哪里”的问题。图 10 –1 为京东智慧供应链架构。

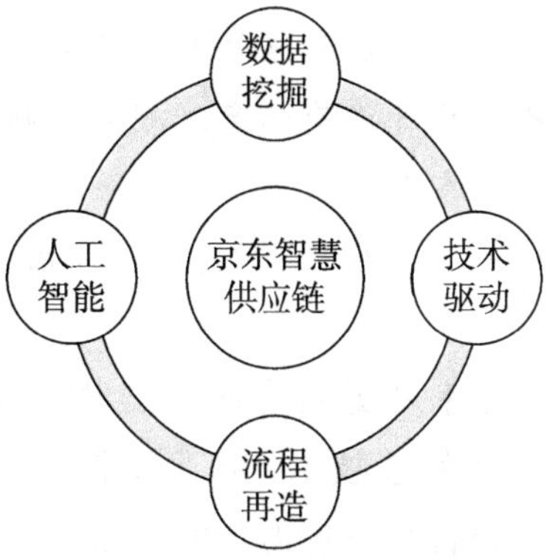

图 10－1 京东智慧供应链架构

(1) 人工智能算法支撑大数据挖掘

2019 年，京东服务超过 2 亿用户，1 万多家活跃的供应商，每月产生的对外采购订单超过 200 万单。同时，京东拥有百万级的在库商品，24 小时全天候为消费者提供服务，商品促销降价都在线上发生。为了快速响应消费者需求和市场变化，京东基于数年的线上销售数据，通过机器算法智能地将商品选择和商品价格与消费者期望协调起来。通过打造大数据选品平台和动态定价平台，提升京东零售的商业预测能力，制定匹配市场的零售计划，用计划来指导自动化的库存管理，并通过供应商协同平台将技术能力开放给合作伙伴。

(2) 无人技术打造智慧物流

物流作为始终贯穿整条供应链的重要因素，京东从一开始便对其物流、仓储有着近乎偏执的投入，也正因此物流费用、仓储费用在账面上不那么好看。但是事实证明，京东在物流仓储的建设布局、自动化技术的应用、无人技术的研发应用让其在配送时效及配送质量方面拥有行业绝对竞争优势。更重要的是，京东结合大数据技术，将其运用在仓储、运输、分拣及派送的各个环节，全面打造智慧物流，提高效率降低成本。数据显示，中国商品的平均搬运次数为 7 次，而京东只需要搬运 2 次，这归功于其智慧物流系统。

(3) 技术升级驱动流程再造

随着当今消费意愿高涨带来消费需求的升级，传统的采购销售流程也面临着巨大的挑战。消费者期待的是更加透明、便捷、迅速且安全的商品及服务。京东深谙此道，不断进行技术升级优化供应链流程，比如在生鲜类商品中运用最新的区块链技术，实现产品从生产到最终使用者手上的过程中信息不可篡改。区块链技术具有去中心化、公开透明、每个人均可参与记录等特点，对信息可以实现加密保护、共识共享。目前，国内生鲜农产品市场供应链形态相对分散，大多数生鲜农产品的原材料端集中在小农户手中，没有形成规模效应。同时，农产品分配流程相对较长，产品要从农民手中经过合作社到批发市场再到门店，才能最终销售给消费者。这一过程涉及众多交易主体，产品信息的录入和共享基本缺失。多次的流转也导致食品二次污染的可能性增加，进一步威胁到消费者的食用安全。由于没有信息追溯的机制，一旦出现问题，也无法准确找到污染环节和涉事主体。京东Y事业部区块链溯源项目正是基于此，创新地将区块链技术结合云计算技术打造一个全流程的信息追溯体系。

京东在构建智慧供应链的过程中始终专注于技术的创新与供应链的打造及优化。一方面，京东依托大数据与人工智能技术，提高了补货环节的自动化、智能化水平，在数据获取与分析的基础上选择符合市场需求的商品并制定合理的价格。在企业产生供货需求时，可利用智能库存系统自动发送采购信息，代替传统的人工劳动。智能库存系统的数据能够为企业的库存管理提供精准的数据参考，保证产品供应满足企业的销售需求。

另一方面，京东积极建设人工智能平台，在开展平台运营的同时，推出一些相配套的应用产品。在这方面，京东推出的零售人工智能算法平台具备信息预测、优化管理、模拟仿真、舆情分析等功能。与此同时，京东还不断加强与合作企业之间的沟通互动关系，向合作伙伴开放自身的供应链技术，促进共同发展。

未来，随着京东对智能供应链的深度布局，其平台活动的效果也将得到进一步提升。

案例 10-2　阿里巴巴：深化智慧供应链建设，提升核心竞争力

近年来，阿里巴巴已逐渐组建了一个高效协同的供应链体系，阿里巴巴希望将商流、物流、资金流、信息流都悉数控制在自己手上。而从阿里巴巴的结构体系来看，阿里巴巴也已构建商流、物流、资金流的三流合一结构体系，即商流（淘宝、天猫、速卖通）、物流（菜鸟网络）、资金流（蚂蚁金服）。阿里巴巴在供应链体系框架中整合了上下游资源，协同起来提供端到端的供应链服务。2018年8月，在第二届阿里巴巴供应链开放日上，阿里巴巴才抛出这个“核武器”——智慧供应链，同时也发布了阿里巴巴智慧供应链服务——水晶球。至此，阿里巴巴智慧供应链平台开始对商家开放。而它就像一个商业智慧大脑，为各个零售业务提供供应链管理的优化方案和大数据决策能力。阿里巴巴方面表示，希望通过这个平台助力商家的生意“越做越简单”。智慧供应链平台可以利用大数据实现精准的选品、智慧的预测、最优的线网布局以及平稳的库存管理等功能。实际上，阿里巴巴内部已经形成了一套顶尖的智慧供应链体系，用不同的模型来适配不同类型的商家。

（1）菜鸟网络：大数据驱动的智能供应链平台

菜鸟网络（以下简称“菜鸟”）成立于2013年，是阿里巴巴建立的大数据驱动的智能供应链协同平台。目前，菜鸟正以数据处理、应用为核心，以包含仓储、干线运输、配送的多级物流网络为载体，为商家提供供应链解决方案。近年来，菜鸟逐渐形成了“线上线下一盘货”解决方案，即“全链路、全渠道、全场景”，将电商库存全面打通、实现共享，通过2B/2C（面向企业/面向消费者）融合直达消费者。具体来讲就是整合线上渠道，实现一盘货；线下数字化，包括门店、仓储、物流整个体系的数字化，以便掌握商品流通。值得注意的是，在2018年，马云更在全球智慧物流峰会上宣布，将投入千亿元，建设一张国家智能流骨干网。马云称，要去做别人做不了的事情、做别人不愿意做的事情。菜鸟方面表示，要用技术连接物流的现实世界和虚拟世界，实现人、车、货、仓、店等物流全要素的数字化和智能化。菜鸟战略投资科技企业，并加快世界级物流枢纽建设等，而这正是阿里巴巴在强化协同能力上做的系列动作。不难看出，菜鸟在阿里巴巴整个智慧供应链中意义重大，弥补了阿里巴巴在物流上的短板，让阿里巴巴不仅拥有在电商供应链及销售端的数据，还补齐了商品流通及配送的数据。

（2）跨境供应链升级

谈及阿里巴巴的跨境供应链，首先会提及天猫国际。实际上，随着政策范围的不断扩大和电商的迅猛发展，跨境电商这个万亿市场竞争越来越激烈，而智慧供应链管理优势将更加凸显。天猫国际作为阿里巴巴跨境购物频道，具有先天的知名度优势。而对于跨境供应链建设，阿里巴巴自然极为重视。资料显示，天猫国际的供应链主要分两个部分：前台由天猫国际基于C端需求计划供应链，后台由菜鸟完成仓储配送，两者相互协同。为此，阿里巴巴专门建立了跨境供应链平台，为买家和卖家订单交付履约的一揽子需求提供服务。跨境供应链平台是由阿里巴巴外贸综合服务平台一达通升级而来。升级后，阿里巴巴将整合阿里国际站、菜鸟和蚂蚁金服等业务资源，提供跨境支付结算、供应链金融、流通供应链和生产供应链等全链路服务。当然，还有早前上线的1688跨境专供市场平台。这个平台主要对接着工厂、品牌商、产业链源头，通过提供跨境专供超级买家、企业超级账号、API系统对接、金融解决方案等方式，提供一站式货源和服务，解决跨境卖家供应链路、商品采购等问题。

（3）开放合作的阿里巴巴供应链金融

自2007年起，阿里巴巴供应链金融业务，大致可分为以下三个发展阶段。第一个阶段，采用与银行合作的联保贷款，解决规模较大的商户融资。第二个阶段，阿里巴巴分别在杭州和重庆注册了两家资本分别为6亿元和10亿元的小贷公司，向其平台上的商家发放贷款。目前，已经向金融机构开放平台合作。产品模式有“阿里小贷”“淘宝小贷”和“合营贷款”，分别针对不同的客户类型，采取不同的贷款方式。第三个阶段就是菜鸟供应链金融服务。目前阿里巴巴供应链金融包含了存货融资、预付融资、信用融资、车辆融资、保理等在内的多元化解决方案。2018 年，菜鸟更是宣布升级供应链金融服务，从过去部分商家的“专利”变成所有商家“入仓即可获得贷款”。

面对变化越来越迅速的市场，企业痛点急速叠加，无法精准预测消费需求，难以前瞻性地规划生产和销售，产品在不同渠道孤立流转，有的渠道堆积如山，有的渠道经常缺货，企业一不小心就会陷入亏损死胡同。而在阿里巴巴智慧供应链的构建中，除了菜鸟供应链服务能力不断提升，阿里巴巴内部也培育出很多带有供应链属性的业务，比如天猫国际、盒马鲜生、淘宝心选等。它们与菜鸟协同作战，打造了一套国内乃至全球最顶尖的智慧供应链体系，用不同的模型来适配不同类型的商家。

案例 10－3 华为：布局全球供应链

从 2018 年开始，华为在全球范围内供应。华为的合作伙伴超过万家，分布于半导体、电子元器件、原材料、软件开发、生产代工、工程服务、物流服务、综合采购、行政采购等领域，其中核心供应商有 100 多家。除中国区以外，华为设有多个海外供应中心，将产品和服务供应到全球 170 多个国家和地区，服务于 30 多亿人。据华为 2019 年年报显示，2019 年华为向市场交付了 2.4 亿部手机，比 2018 年增长了 14%。

（1）建设全球化的供应能力

近几年，华为开始对全球资源进行整合，建设全球化的供应能力。首先，着手解决标准化问题，对 IT 管理系统进行改造，将公司的集成供应链功能扩展到全球。华为启动了海外子公司 ERP 系统实施项目，开始在海外国家的办事处实施 ERP 系统，以提高海外业务的处理效率和运作效率。通过总部专家组的支持，整合地区部、子公司的运作流程，贯彻落实集团会计政策。华为开始在有条件的子公司，如在尼日利亚、埃及、沙特阿拉伯、南非、英国、巴基斯坦等国家的子公司优先试点实施 ERP 系统，支持地区部和子公司的供应链运作及财务管理。其次，对全球供应网络进行规划和布局。所谓供应网络规划，是解决从以产品为起点到以市场需求为终点的整个流通渠道中，以什么样的供应网络结构服务客户需求的问题，根据供应网络节点所服务的客户群体、产品类别，决定供应网络节点的类型、数量与位置，以及产品在节点之间的物流方式。供应网络规划还需要解决空间和时间问题及二者与成本之间的平衡问题。空间问题是指对各类设施如工厂、仓库、零售点的平面地理布局，要在考量设施选址、数量和规模的同时兼顾客户服务水平与成本之间的平衡；时间问题是指客户花多少时间获得产品，要寻求客户服务时效与库存、物流运输等之间的平衡。为了有效支持公司拓展全球市场，除中国区以外，华为在国外建立了供应中心和区域配送中心，既快速响应了市场需求，又降低了物流运作成本，基本完成了全球供应网络的布局。以欧洲地区为例，匈牙利供应中心能够保证欧洲大部分国家的订单需求得到满足，保证两周内及时交货。此外，除中国大陆外，华为还分别在美国、日本、德国和中国台湾地区建立了四个采购中心，以集中认证、分散采购为原则，统一管理全球范围内的元器件供应商。最后，建立全球化的集成供应链。华为产品的海外销量已经超过国内，海外销量预测的必要性越来越大，过去那种以国内销量衡量海外供应量的模式已不再可行，海外预测销量的缺失及不准确会导致全线产品的供应问题。预测的量多了，会造成库存及流动资产的大量浪费；预测的量少了，供应又无法得到保障。为了有效管理全球的需求和订单，华为开始深入全球市场的前端，推动高级计划和排程系统（APS）在全球范围内的执行，沿袭国内的销售和运营计划（S&OP），要求全球的销售部门、国内的生产部门和采购部门每月举行一次例会，以检视需求和供应之间的差距，并据此调整采购计划、生产计划和交付计划，保证各个部门及时获取和更新信息，并将可承诺的交货信息发布给全球的销售部门和销售人员。此外，华为投入了大量精力，研究交付的逻辑和算法、贸易结算方法，根据每个供应中心的供货能力来平衡各地区的订单。当客户下单到供应链系统后，系统能够自动运行拆分逻辑，将订单拆分到最近、最便捷、成本最优化的地区供应中心进行备货，在确保遵从海关法规的前提下，既缩短了货期，又节省了运输成本。

（2）培养国际化团队的工作能力

在增强全球供应链硬实力的同时，华为也在同步强化供应链的软实力。华为开始加强本地化建设和对国际化团队能力的培养，提升全体员工的全球化工作能力。一直以来，华为都将国际化、职业化、成熟化作为发展目标，在国际化方面更是提出“市场国际化、技术国际化、资金国际化、人才国际化”的具体要求。在国际化能力建设中，除了建立地区供应中心、采购中心、物流中心外，华为还加快海外供应链本地化建设的步伐，大量招聘和起用本地员工，加强对本地员工的培训，将本地员工培养为业务骨干，使其了解、熟悉本部的运作，进而加强供应链一体化的沟通与协作。此外，华为还引进大批具有国际化视野的职业经理人和专业人士，提升供应链团队的素质和能力。对于与海外接洽的业务人员，华为将英语能力作为任职的基本要求，任职人员必须具备英语口语交流和文档阅读的能力。对于干部的选拔，华为也以能否适应国际化为标准，对于不能胜任的，则会下调职务。在这一过程中，华为内部的文档资料和流程系统也逐步实现双语化。

（3）持续的供应链变革和精细化管理

ERP 系统的上线和全球供应网络的建立为华为的全球供应链构建了基础。但是，没有任何一种供应链运营模式能够适用于所有业务和全球所有地区。全球化的供应链系统要求根据不同国家及地区特定的法律、法规和客户需求，制定个性化的管理模式，持续推进精细化管理，对现有系统做出补充。比如，不同的地区有不同的库存要求、不同的交付要求、不同的物流运输条件，华为在全球化发展过程中，应不断激励和驱动一线员工，不断创新和优化全球供应链管理系统。目前，华为已打通了全球供应网络，形成了良好的全球供应链。华为的全球供应链俨然成为其核心竞争力的一部分，有效支撑了公司的高速发展。

华为布局全球供应链，保证了新流程和管理系统的落实，使供应链能力和客户服务水平得到持续改善。同时华为全球供应网络的布局、全球供应链体系的构建，串联起了华为在多个国家和地区的业务组织，有效支持了华为海外业务的扩张，帮助华为更好地抓住市场机遇，创造了更多的经济效益，也为华为未来的全球化高速发展奠定了良好的基础。

华为在布局全球供应链的过程中也将国内的成功模式快速复制到海外市场，将先进的理论知识和成熟的技术体系与全球范围内的员工广泛分享，从这个意义上讲，华为也是知识型、学习型组织的典范。员工主动分享、提炼、使用知识，让公司的知识资产不断良性循环，发挥最大效用。知识管理不仅可以提升员工的认知能力，还能确保公司业务的效率与质量不断提升。正是通过学习和分享，华为进一步巩固了公司的管理文化、管理思想和管理体系。

案例 10－4　海尔：构造智能制造供应链，提升企业核心竞争力

(1) 以“市场链”为基础的业务流程再造

海尔集团（以下简称“海尔”）对业务流程进行调整，把原来各事业部的采购、配送、销售业务全部分离出来，借助先进的信息技术对供应链中的商流、物流、信息流和资金流等进行全面规划，整合成立商流推进本部、物流推进本部、资金流推进本部，实行全集团统一营销、采购、物流配送和全面预算，这样就形成了直接面对市场的、完整的核心流程体系和 3R（研发、人力资源、客户管理）、3T（全面预算、全面生产管理、全面质量管理）等支持体系。海尔业务流程再造框架如图 10－2 所示。

(2)“一流三网”的同步模式，为订单信息流提速

“一流”是指以订单信息流为中心，“三网”分别是全球采购资源网络、全球配送资源网络和计算机信息网络。围绕订单信息流为中心，将海尔遍布全球的分支机构整合在统一的平台上，从而使供应商网络、客户网络、企业内部信息网络同时执行，为订单信息流的增值提供支持。海尔“一流三网”同步模式如图 10－3 所示。

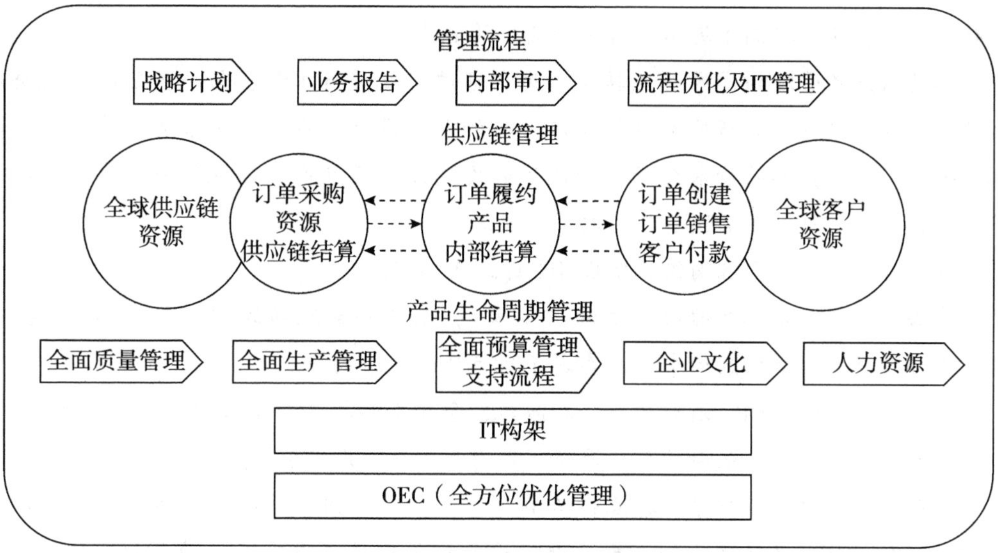

图 10－2　海尔业务流程再造框架

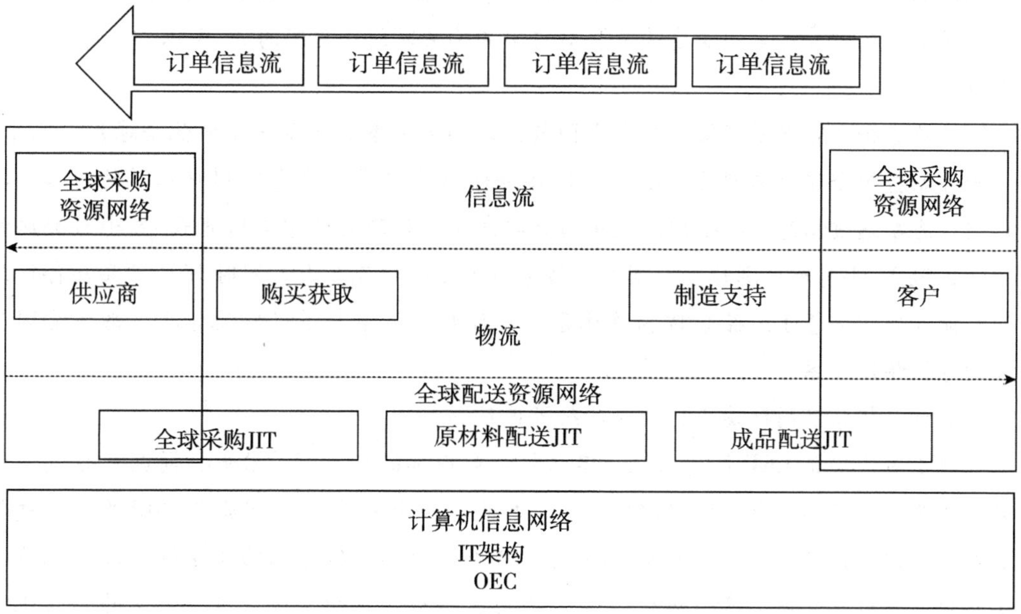

图 10－3　海尔“一流三网”同步模式

①整合全球供应链资源网络，快速满足用户需求。

随着资源在全球化范围内调配，企业间的业务联系越来越紧密，海尔提出与供应商共同面对市场，共同满足消费者的需求，建立起全球采购资源网络，实现双赢的合作伙伴关系。

一是从买卖关系到战略合作关系转变。海尔通过资源整合不断优化供应商的结构，国际化供应商的比例提高到80%以上，同时与这些供应商在全球范围内建立战略联盟的伙伴关系，极大提高了海尔应对市场变化的能力。

二是从采购管理到资源管理转变。海尔通过实施并行工程，与一批国际化大公司合作，让其以高科技和新技术参与海尔产品的前端设计，不但保证了海尔产品技术的领先性，增加了产品的技术含量，加快了开发速度，而且供应商也可以提高自身配套产品的技术，这样双方共同发展，共同受益。

②整合全球配送资源网络，实现JIT过站式物流。

在海尔，仓库不再是储存物资的“水库”，而是一条流动的“河”，采购、生产、配送全部都是以订单信息为中心，实现了对市场的快速响应。

一是为订单而采购，消灭库存。在海尔，仓库中的物资都是按照订单信息来采购、制造，从根本上消除了呆滞物资、消灭了库存，实现JIT过站式物流。

二是看板拉动料件配送，建立快速响应订单的生产组织系统。为实现“以时间消灭空间”的海尔物流管理目的，生产部门按照订单需求采用看板拉动式管理实现柔性生产，通过物流容器单元化、标准化、集装化、通用化和物料搬运机械化，逐步深入工位的五定送料的改进，使每条生产线每天可以生产几十个国家上百种规格的产品，实现了柔性生产和订单的快速响应。对订单的响应时间从原有的36天以上，降低到10天以下。

三是整合全球配送网络，形成全国最大的物流体系。海尔一手抓住全球用户需求，一手开始整合全球配送网络，建立起连接全球供应链资源与全球用户资源的网络。在国内，海尔通过信息化将全国配送中心连接成网，实现物流中心城市6~8小时配送到位，区域24小时配送到位，全国主干线分拨配送平均4.5天，同时B2C产品与备件配送全面开展，完善了成品分拨物流体系、备件配送体系与返回物流体系，形成全国最大的分拨物流体系。

③计算机信息网络建设，连接新经济速度。

海尔对内实施ERP信息系统，建立起企业内部的信息高速公路，将用户信息同步转化为企业内部的信息，实现以信息替代库存。在企业外部，CRM与BBP平台搭建起企业与用户、供应商沟通的桥梁。在成品配送方面，海尔智慧物流系统，成功地将运输、仓库和订单管理高度一体化整合，从而提高对客户的响应速度。海尔的信息化贯穿整条供应链始末，目的是贴近用户，并以比竞争对手更快的速度满足用户的个性化需求，从而形成企业的核心竞争力。

（3）COSMOPlat：以用户为中心的大规模定制平台

物联网时代，传感器、RFID技术、人工智能等的飞速发展，共享和处理实时数据已变得更容易，行业间的物理边界正在消失，单纯地销售硬件产品在物联网时代已无法吸引用户。因此，企业即将从产品品牌竞争、平台品牌竞争转移到生态品牌竞争。

物联网时代，海尔的品牌战略升级为生态品牌战略，建成U+、COSMOPlat等全球平台，推出全场景定制化智慧成套方案，创物联网时代的第一生态品牌，率先实现智慧家庭领域的“换道超车”。海尔COSMOPlat平台，其差异性体现在两个方面：一是以用户体验为中心的大规模定制；二是开放的多边交互共创。以用户体验为中心是指由原来的为库存生产，转向为用户创造，用户可以从交互、设计到生产服务全流程参与体验。比如海尔全空间保鲜冰箱大规模定制，就有510万用户参与社群交互，全球4000多家供应商资源提供解决方案，整个方案迭代了56次。在这一过程当中，采购、生产、物流、服务、全流程、全要素资源都在平台上面和用户进行沟通和交流，颠覆了原来产品六个月才上市的开发体系，最快45天就可上市。开放的多边交互共创共享平台，则意味着它不仅适用于工业，还适用于农业，各个行业均可以在这一个平台上提升全流程竞争力。用户、企业和资源均可以在这个平台上面零距离交互，共同创造用户价值，分享增值。

海尔在构建智能制造供应链的过程中全面综合考虑了从客户到供应商过程中的物流、信息流和资金流的优化管理，强调供应链的速度和全流程管理的能力。海尔建立从目标到目标，从用户到用户，“端到端”的卓越运营平台，致力于为客户提供一体化、差异化服务解决方案和最佳用户体验，创造互联网时代下的世界品牌。

海尔的供应链模式创新取得了一系列成果，在采购、生产、运输、服务各环节的供应链成本优化增强了企业的核心竞争力。并且海尔为订单而采购，消灭库存，采购成本大幅降低，通过即时采购、即时配送、即时分拨，搭建起零库存下的即需即供的供应链网络。同时，海尔以供应链利益最大化为目标，搭建了一个供应链平台生态圈，这个平台上，除了企业内部的研发部门、制造部门、销售部门要利益共享之外，还要引入外部的供应商，实现利益上的协同，实现资源不断优化。

第二节　产业集群实践案例分析

案例10-5　宁波电商经济创新园区：打造千亿智慧供应链产业集群

作为产业互联网平台、物流供应链及跨境为主的产业集聚区，近年来宁波电商经济创新园区积极探索新型产业互联网供应链，目前已搭建了多个以智慧供应链为核心的项目集群，其中生鲜电商、金属新材料、塑化供应链、时尚服装等项目的产值已经突破100亿元。通过产业链上相对成熟的龙头企业带动，园区不断培育新经济，孵化新产业，打造智慧供应链产业集群，助力园区产业数字化转型。

(1) 强化园区规划谋划，明确行动目标

园区以智慧供应链产业创新服务综合体为载体，采用“政府+平台+项目”市场化运行新模式，将信息技术与智慧供应链深度融合，打造平台、资本、人才、生态高度融合的智慧供应链先行示范区，使宁波电商经济数字化转型动力更足。以优化产业生态、招商引资为重点，不断提高整体实力，实现电商生态基本完善、电商经济体系基本健全、电商人才高地基本形成、电商核心区基本建成的目标。

(2) 强化招商首位工程，推进重点突破

围绕“1+4”产业体系，促成电商产业链、价值链、创新链、服务链企业集聚，形成互联网企业集群、大宗商品电商企业集群、行业和商会电商企业集群、品牌电商企业集群、电商物流企业集群、跨境电商企业集群、智慧产业企业集群、互联网金融企业集群、文创产业企业集群、区域总部企业集群，构建各类企业和人才快速集聚的良好态势。推进保税仓跨境进口基地、B2B小额出口电商基地建设。加快电商产业基金、股权投资基金、股权孵化中心等类金融产业发展。

(3) 强化项目建设推进，提升发展环境

完善空间布局，加快项目建设，形成“一核多园”发展格局，在核心区内形成“四块N栋特色楼宇”的发展格局。“一核多园”空间布局就是坚持重点集聚和全面布局相结合，结合园区电子商务发展实际和基础，以宁波电商经济创新园区为核心，以各街道（镇）若干个电子商务产业园为多园的电商产业协调发展格局。“四块N栋特色楼宇”格局，就是在电商经济核心区内，形成北门户商务区、前洋e镇、姚江北岸5号区块、电商物流中心四个功能性区块，同时打造跨境电商楼宇、互联网金融楼宇、品牌电商楼宇、电商服务链楼宇等N栋特色电商楼宇。

(4) 强化企业服务提升

围绕项目招商和企业服务，进一步推进“四众”工程建设，强化完善企业服务联盟，建立健全科技、创业、资本、政务、人才、物流六大公共服务平台，为园区内企业的技术创新和商业模式创新提供系统、高效、便捷、低成本的公共服务，促成活力十足的电商经济生态圈。特别是搭建以创业创新为主旨的人才平台，打造创新体系和服务链条，营造特定的众创氛围，实现电商人才“拎包入驻”，让各类电商人才在创业之初真正做到“轻资产、低成本、高成功率”。

依托良好的产业基础和营商环境，园区正以数字化、平台化、产融一体化思维，大力构建智慧供应链产业创新服务综合体，发展新经济形态，打造“六流合一”协同共赢产业生态圈，为宁波多产业集聚提供良好示范。在产融数字化发展趋势下，园区正大力构建智慧供应链产业创新服务综合体，努力打造产业互联网生态圈，力争产业集群能进一步提升。作为智慧供应链产业创新服务综合体的核心，前洋产业赋能中心将面向园区企业，提供包括顶层设计、人才引进、产业金融等在内的深度一体化服务，助力构建智慧供应链生态体系，实现园区产业数字化转型与可持续发展。

案例10－6　深圳盐田智慧供应链产业集群孵化基地：探索政企共建产业生态圈

深圳盐田智慧供应链产业集群孵化基地（下称“孵化基地”）由广盈控股集团与盐田区工业和信息化局联合共建，于2019年8月18日正式揭牌，是国内首个政企共建的智慧供应链产业集群孵化基地。孵化基地立足于服务贵金属、有色金属、能源化工、农副产品、黑色金属等大宗商品，吸引大宗商品供应链相关企业入驻，设立产业互联网平台、物联网技术创新与应用研发试验中心、供应链金融中心以及相关服务配套机构，旨在构建新的循环生态圈，打造千亿级的智慧供应链综合服务平台。孵化基地的建设是深入推进智慧供应链产业在盐田区规模化、集群化的有益尝试。

近年来，盐田区大力实施“产业兴盐”战略，瞄准产业链、价值链中上游，不断激发传统产业新活力。在国务院办公厅印发了《关于积极推进供应链创新与应用的指导意见》后，盐田区积极响应国家政策的号召，也出台了相关落地政策支持、鼓励智慧供应链的发展。广盈控股集团正是看好盐田区良好的产业基础、政策环境、营商环境，选择了入驻盐田区，并与盐田区工业和信息化局联合共建了深圳盐田智慧供应链产业集群孵化基地，希望能通过智慧供应链的产业化、规模化、集群化发展，打造一个全新的智慧供应链产业生态圈，助力盐田区经济高效益、高质量发展。

政企共建产业生态圈的价值，体现在在政府的政策指导、支持下，在龙头企业的影响和带动下，促成各要素资源的高效集聚，实现整个产业链条的增值。自揭牌至今，已经有几十家企业入驻孵化基地，入驻企业的产品及服务基本覆盖了大宗商品智慧供应链各环节。良好的发展态势，让孵化基地本身以及这种政企共建产业生态圈的模式，受到行业内外的一致好评与高度关注。

第三节　区域实践案例分析

案例10－7　粤港澳大湾区“9＋2”城市智慧供应链产业升级

互联网时代下，城市智慧供应链的创新解决的就是效率问题。第一是破局，从数字供应链的角度，可以把业务环节分成若干环节，在这些环节中，数字化和数据化可起到提升效率和降低成本的作用；第二是重塑，即让仓配建立前所未有的紧密度，重塑仓配交接作业形态；第三是革新，在配送运输的环节，进行智能排线以提升交付效率；第四是高效，实现收货预约，满足严格的收货时间窗口，实现高效妥投；第五是极致，涉及最前端的订车，缩短至秒级，以压缩货物与车辆匹配时间；第六是精细，精确到单票货物的IOT追踪技术，让每次交付可追溯；第七是开放，作为运输方和货主方的开放式的API接口，各WMS系统、ERP系统毫秒级接入；第八是预知，利用大数据进行预测性分析，对于车辆运行在空间和时间上开展预测，并与货物实现精准匹配。

粤港澳大湾区“9+2”城市包括：广州、深圳、珠海、佛山、惠州、东莞、中山、江门、肇庆（以下简称大湾区九市）和香港、澳门，发展定位是国际一流湾区和世界级城市群。2018年2月，中共中央、国务院发布《粤港澳大湾区发展规划纲要》，作为指导粤港澳大湾区（以下简称大湾区）建设的纲领性文件，对香港、澳门、广州、深圳四大中心城市（以下简称港澳广深）及其他节点城市做出不同的定位及要求。

近年中国物流与采购联合会和国家发展和改革委员会联合发布的数据显示，中国物流产业市场价值逐年稳步攀升，同时，物流成本增长率持续降低，其中，运输、仓储及管理成本的增速放缓，使得2014年至2018年物流成本占GDP比重从16.5%下降到13.8%。近年来大湾区物流效率高于全国平均水平，根据《广东省现代物流业发展规划(2016—2020年)》，近年来大湾区的物流服务能力显著提高，特别是在全省交通基础设施的公路、港口和航空货运设施逐步形成，全省物流运输网络日趋成熟。大湾区各类物流企业数量约达20万家，其中民营企业占72%以上。多数物流企业积极应用现代物流信息技术来升级供应链管理及物流服务系统，但仍存在众多问题，如货运主要依靠高速公路，而有效的陆海空联运也尚未形成体系，这意味着货物必须长时间存放在仓库中，运输周期也较长，导致物流成本居高不下。一些物流企业的包装标准和产品规格与物流设施不兼容，使用具有标准接口的信息技术物流系统的物流企业数量较少，这是提高货运物流效率的主要障碍之一。为改善物流效率低下的状况，大湾区正在对传统物流业进行产业升级，鼓励物流企业将大数据、云计算、人工智能、物联网、区块链等先进信息技术应用于物流整体供应链运营管理系统中，到2020年，打造出一个高效的现代物流服务体系，实现大湾区物流产业增加值的GDP占比从7%提高到8%，并将物流总成本的GDP占比从2015年的15%降至2020年的14.5%。为达成上述大湾区物流产业“提效率、降成本、抓机遇”目标，完成“最后一公里”的智慧物流产业价值链再造，迫切需要在理论层面构建全新的智慧物流供应链生态闭环系统。如图10-4所示。

目前，大湾区物流产业升级策略主要集中在以下三个方面。

①充分利用港澳广深航空枢纽设施地缘利好，提前布局物流供应链管理中的“黑科技”。

大湾区九市正在努力寻求的各产业的转型升级，通过转向产业附加值较高业务，

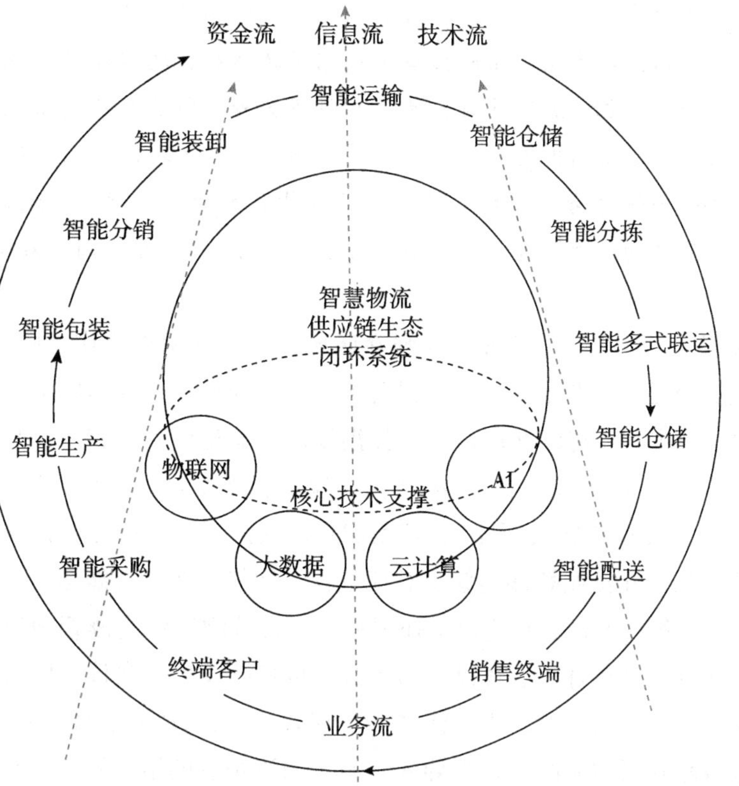

图 10－4 智慧物流供应链生态闭环系统

开发高技术含量、高精度的电子产品、精密零部件、医疗器械等产品来增强区域产业国际竞争力。这些高附加值产品通过航空运输，以快速打入变幻莫测的海外市场，许多高价值的生产材料从国外经港澳进入广东来实现及时的生产、加工、制造。随着大数据、云计算、人工智能、物联网技术的广泛应用及发展，以智能物流设备制造、智能物流软件和硬件、智能物流机器人、物流大数据信息处理平台、智慧供应链＋区块链双链价值融合等新技术为载体的智慧物流新业态不断涌现，新动能不断发挥出来。

②利用大湾区九市“政产学研资”优势，嫁接港澳国际金融资本，促进物流供应链价值再造。

大湾区的物流企业加强与高等院校、国家级智库、政府研究机构、港澳第三方物流服务供应商的合作，利用港澳发达的金融服务、贸易融资来提升供应链中的资本要素流动管理，从产品的研发、设计、制造，到后续的营销和售后服务等全链条式环节来降低资金成本，以提升供应链一体化商物运营管理效率，进而提高国内及国际业务双向联动的物流整体绩效。

③升级冷链物流服务、促进跨境电商产业发展，构建全新智慧物流供应链生态闭环系统。

随着消费者对冷藏、冷冻、鲜活食品需求的不断增长，物流产业正在积极拓展冷链物流业务。大湾区各类快消品进出口企业利用港澳相关物流仓储设施来支持冷藏和冷冻食品进口业务。但是除了建设冷库等硬件设施外，物流企业急需先进的冷链物流一体化解决方案，运用国内大数据、云计算、物联网、区块链等新一代信息技术集成管理系统，加强冷链运输的监控和检查，改善货物的存储、转运、装卸、配送过程，实现物流产业资源的有效配置，构建全新的智慧物流供应链生态闭环系统。

随着大湾区“9 +2”城市继续加强在区域立体交通网络合作，提升通关便利化，完善区域发展交通基础设施，进一步提升大湾区物流效率，缩短物流周转时间，降低区域综合物流成本。大湾区九市也在依托港澳的物流运营商完善的国际物流网络、先进的物流供应管理技术，建立大湾区物流供应链管理联盟，围绕“港澳所需”，聚焦“大湾区所向”，发挥“物流所能”，切实肩负起大湾区物流产业及供应链管理深度合作示范区的担当，并按照智能运输、智能仓储、智能装卸、智能搬运、智能流通及加工、智能包装、智能配送、智能信息处理平台、智慧物流供应链管理等数字物流产业内在需求，明确定制化打造承载智慧物流产业可持续发展的实体空间及第三方物流服务产业链上下游配套的标准，为物流产业实现智慧化、数字化奠定基础，以更好地指导区域未来战略新兴物流产业资源导入、明星物流企业的培育及成长，一体化区域物流产业的升级及转型，助力区域新兴战略性物流产业颠覆式创新及跨越式发展，引导大湾区物流经济向新的广度和深度纵深发展。

❖ 本章小结

本章首先选取了京东、阿里巴巴、华为以及海尔的智慧供应链建设的典型案例，从不同角度对企业进行智慧供应链建设的过程进行了介绍，并分析不同企业构建智慧供应链的特点与优势；其次选取宁波电商和深圳盐田两个实践案例，对智慧供应链产业集群的发展模式进行探究；最后选取粤港澳大湾区“9 + 2”城市智慧供应链的案例，介绍了区域智慧供应链产业的建设实践，分析一体化区域物流产业的升级及转型的过程。

❖ 关键概念

智慧供应链　企业实践　智慧产业集群　区域实践　智慧城市

❖ 思考题

1. 对比来看，京东、阿里巴巴、华为和海尔的智慧供应链建设就像一场战役，分析四家企业对哪些方面进行了布局。

2. 针对京东、阿里巴巴、华为和海尔的智慧供应链建设过程，分析企业怎么才能获得未来的长期竞争优势。

3. 分析京东、阿里巴巴、华为和海尔四家企业在智慧供应链的建设方面有何不同？为何会产生差异。

4. 综合宁波电商和深圳盐田两个案例，分析智慧产业集群具有哪些特征。

5. 从宁波电商和深圳盐田的建设来看，如何才能使产业集群更好地转型和发展。

6. 分析粤港澳大湾区城市智慧物流产业有哪些核心竞争力。

❖ 案例分析

联想与顺丰达成战略合作协议，携手共建智慧物流产业生态

2020 年，联想宣布与顺丰正式达成战略合作。双方将充分发挥各自优势，联合打造具有技术先进性和行业创新性的综合物流解决方案，以生态化的商业模式满足多样化的市场需求，赋能中国乃至全球智慧物流行业的蓬勃发展。

在集团 3S 战略（Smart IoT 智能物联网、Smart Infrastructure 智能基础架构、Smart Vertical 行业智能）的指引下，联想始终坚持以“全球化 + 中国特色”战略、以端到端的智能化转型解决方案赋能客户，推动中国智能化变革。联想和顺丰在过去已建立了良好的合作基础，本次战略协议的签署将推动双方进一步深化合作，共同助力智慧供应链生态体系的发展，以高质量的解决方案让更多中国企业受益。

联想是顺丰重要的战略合作伙伴，希望秉承互惠互助、强强联合、共同发展的原则，在不同领域进行资源共享，并借助双方的全球化布局和供应链能力，深耕海外业务的合作。

以合作创造新价值，多元领域强强联手“1 + 1 > 2”。

根据协议，未来双方将在推进顺丰自身企业信息化的基础上，在智慧物流园区、区块链等领域进行共同开拓，并在此基础上加强国际化业务的合作，共同提升双方的行业竞争力与影响力。此次合作将不是对双方能力的简单叠加，而是将联想在智能化转型方面的积累与顺丰在物流领域的经验有机结合，开创全新的智慧供应链解决方案，为客户创造更大的价值。

在企业信息化领域，联想将凭借其在智能基础架构方面的领先优势，为顺丰提供服务器、存储、网络等传统 IT 架构，以及超融合、高性能计算、SAP 一体机和数据库一体机等智能化综合架构，依托其软硬一体的一站式服务能力，实现技术赋能，助力顺丰加速信息化建设进程。

在智慧物流园区领域，联想将提供信息化基础设施、基础管理系统和数字孪生园区，结合顺丰在物流人员、车辆、物流运营以及智慧供应链方面的解决方案，打造新

一代的全景式智慧物流园区解决方案产品及服务。

在区块链领域，联想和顺丰将整合各自在区块链应用的发力方向和优势，在农副产品溯源、可信供应商管理、采销协同、链上物流、资产追踪和渠道销售管理等供应链与区块链的协同应用方面进行深入合作，共同推动区块链在供应链领域的领先应用。

在国际合作领域，双方将结合联想的全球业务部署和顺丰的全球供应链服务能力，为以联想为代表的中国企业提供安全、高效的全球供应链解决方案。

顺应新基建下智能化转型大潮，打造智慧物流“生态圈”。

当前，新型基础设施建设的东风正吹遍中国大地，强势推动各行业加速智能化转型。智慧供应链作为能够真正帮助企业实现降本增效的重要手段之一，其市场前景不容小觑。

作为国内领先的快递物流综合服务商，顺丰凭借自身在物流网络和一体化综合物流解决方案方面的优势，正不断地在智慧供应链领域进行探索。但实现智慧供应链并非一蹴而就，其前提是供应链的数字化和物流网络建设的日益完善，而这需要5G、物联网、人工智能、云计算和区块链等新技术的发展和应用进行支撑。因此，积极拥抱前沿技术，打造一个协同共享的产业新生态是智慧供应链下一步发展的关键。

此次联想和顺丰强强联手，正是这种“协同共享、能力互补”理念的最佳体现。联想作为智能化变革的引领者和赋能者，凭借在IT基础架构、5G和区块链等领域的技术实力，围绕集团3S战略所形成的解决方案，以及在智慧园区这一细分行业的积累，能为顺丰提供多元化的优质产品和服务，加速顺丰“物流方案+转型战略”的实施。同时，双方将通过共同推出生态化的智慧供应链解决方案，推动行业和社会的高质量发展。

下面简单介绍联想的智慧供应链运作内容。

1. 联想基本战略

联想是一家成立于中国，同时业务遍及国际市场的全球化科技公司。联想聚焦全球化发展，树立了行业领先的多元企业文化和运营模式典范，服务全球超过10亿用户。作为值得信赖的全球科技企业领导者，联想助力客户，把握明日科技，变革今日世界。

联想作为全球领先ICT科技企业，秉承“智能，为每一个可能”的理念，为用户与全行业提供整合了应用、服务和最佳体验的智能终端，以及强大的云基础设施与行业智能解决方案。

作为全球智能设备的领导厂商，联想每年为全球用户提供数以亿计的智能终端设备，包括电脑、平板、智能手机等。作为企业数字化和智能化解决方案的全球顶级供应商，联想积极推动全行业“设备+云”和“基础设施+云”的发展，以及智能化解决方案的落地。

面向新一轮的智能化变革的产业升级契机，联想提出智能变革战略，围绕智能物联网、智能基础架构、行业智能三个方向成为行业智能化变革的引领者和赋能者。联想全球供应链的愿景是打造业界最佳数字化供应链，以客户为中心向数字化转型，追求极致的客户体验、行业领先成本以及卓越恒久品质，实现绿色可持续发展。

2. 联想智慧供应链运作模式分析

（1）基本结构

联想的智慧供应链是围绕智能控制塔进行构建的，联想智慧供应链结构如图 10－5 所示。

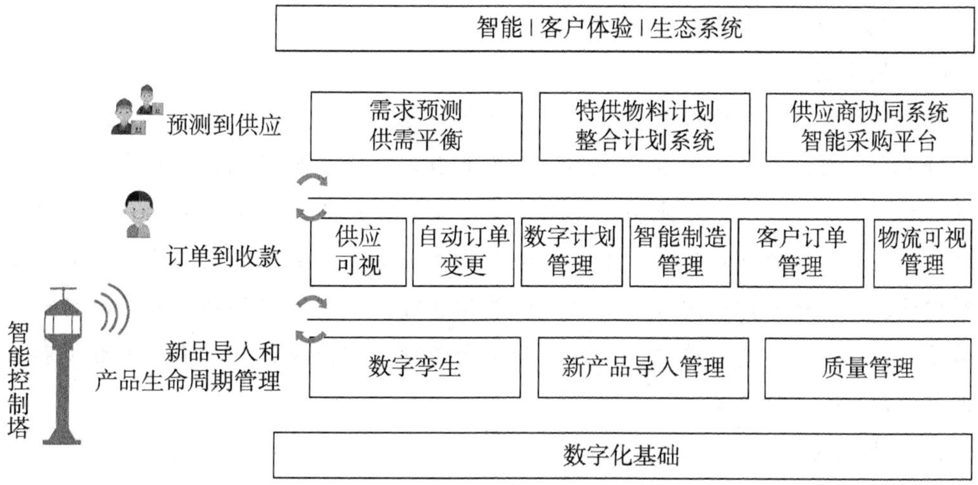

图 10－5　联想智慧供应链结构

智能物联网实现预测到供应，包含需求预测和供需平衡、特供物料计划和整合计划系统、供应商协同系统和智能采购平台。订单到收款功能具体包含供应可视、自动订单变更、数字计划管理、智能制造管理、客户订单管理和物流可视管理。新产品导入和产品生命周期管理基于联想智慧供应链的数字化基础实现数字孪生、新产品导入管理和质量管理三大功能。联想的智能控制塔作为智慧供应链的核心，实现供应链运作数字投射，包含数据模型、应用系统和用户界面等核心要素。

（2）运作流程

联想智慧供应链运作流程主要包含以下三个环节。

第一，实现需求到供应的转化，从需求预测、物料需求计划到最终的采购供应，建立生态系统。第二，实现订单到现金的转化，从客户订单、订单信用、生产制造、订单履行到最后的交付。第三，实现与客户的连接，全程供应可视和客户订单管理可视。依据数字孪生进行新产品的研发和导入管理、产品生命周期管理。

（3）运作特点

联想在构建智慧供应链的过程中依托智能控制塔，实现了供应链运作的数字投射，主要有以下三个特点。

数据链接的全方位感知生态运作。通过实时数据和唯一数据进行数据治理，从360度去感知、监控、发现并解决问题，包含客户、区域、运输、零件、产品和制造六个维度。

供应链端到端全链覆盖。基于全局视角与关键控制点，各部门协同运作，实现全链覆盖，包含供需管理、订单管理、采购管理、制造管理、物流管理、质量管理、成本管理等。

闭环管理的智能运营。运营看板可以实时显示业务状况，分析旅程，探究原因，提出改善建议；自动触发事件管理，闭环执行，自动关联。

3. 联想智慧供应链创新方法分析

（1）技术创新

联想在智慧供应链的构建过程中积极把握新技术，基于对行业变革、技术演进深入的研究和理解，再结合自身的实践，开发出互联互通、柔性制造、虚实结合、闭环质量、智能决策五大核心智能制造技术能力。互联互通是指从生产到运算，从工厂到最终用户的全链路的互联互通。柔性制造是指高度自动化的混线柔性生产，其主要是应对少量、多样化的订单需求。虚实结合是指物理与虚拟数字的映射和闭环控制。闭环质量是指端到端的质量追溯、监控、分析和管理。智能决策是指通过大数据和人工智能驱动预测性分析决策。

（2）模式创新

联想采用了科技行业少有的供应链混合制造模式，即自有工厂、OEM和ODM的混合制造模式。这种混合制造让联想的产品质量、交付能力，以及成本，拥有综合竞争力，推动了产品质量、运作效率和生产成本的优化与革新，保证了供应链的快速决策和高效运转。此外，联想秉持“全球资源＋本地交付”的发展模式，利用全球优势供给生产，销售和服务等环节则采用本地化运营。联想智能制造工厂如图10－6所示。

图10－6　联想智能制造工厂

1. 联想进行智慧供应链创新有何优势？
2. 联想智慧供应链运作模式包括哪几个方面？
3. 结合案例谈谈，联想与顺丰是如何开展智慧供应链合作创新的。

参考文献

[1] 文丹枫，周鹏辉. 智慧供应链——智能化时代的供应链管理与变革［M］. 北京：电子工业出版社，2019.

[2] 丘群业. 企业私有云计算基础架构研究与设计［D］. 广州：华南理工大学，2012.

[3] 罗军舟，金嘉晖，宋爱波，等. 云计算：体系架构与关键技术［J］. 通信学报，2011，32（7）：3－21.

[4] 朱巍，陈慧慧，田思媛，等. 人工智能：从科学梦到新蓝海——人工智能产业发展分析及对策［J］. 科技进步与对策，2016，33（21）：66－70.

[5] 沈文玮. 论当代人工智能的技术特点及其对劳动者的影响［J］. 当代经济研究，2018（4）：63－69.

[6] 郭凯明. 人工智能发展、产业结构转型升级与劳动收入份额变动［J］. 管理世界，2019，35（7）：60－77＋202－203.

[7] 崔雍浩，商聪，陈锶奇，等. 人工智能综述：AI的发展［J］. 无线电通信技术，2019，45（3）：225－231.

[8] 谭磊，陈刚. 区块链2.0［M］. 北京：电子工业出版社，2016.

[9] 刘晓明. 德邦物流公司采购管理优化设计［D］. 长春：吉林大学，2014.

[10] 张为华. 美国消费者保护法［M］. 北京：中国法制出版社，2000.

[11] 程小芽. 小微电商退货的管理研究［D］. 南京：南京航空航天大学，2019.

[12] 宋华. 智慧供应链金融［M］. 北京：中国人民大学出版社，2019.

[13] 王道平，张博卿. 供应链管理［M］. 北京：清华大学出版社，2015.

[14] 韩小霞，王钢. 供应链管理［M］. 北京：清华大学出版社，2016.

[15] 陈丽华，金弘泰，侯顺利，等. 农产品流通体系创新管理［M］. 北京：北京大学出版社，2015.

[16] 庞国锋，徐静，沈旭昆. 网络协同制造模式［M］. 北京：电子工业出版社，2019.

[17] 刘伟华，刘希龙. 服务供应链管理［M］. 2版. 北京：中国财富出版社，2019.

[18] 楼高翔．供应链技术创新协同研究［D］．上海：上海交通大学，2009.

[19] 蓝骞．基于群体智能算法的电力物资仓储网络综合布局研究［D］．北京：华北电力大学，2017.

[20] 施先亮．智慧物流与现代供应链［M］．北京：机械工业出版社，2020.